グローバリゼーションと日本資本主義

鳥居伸好・佐藤拓也 編著

中央大学経済研究所
研究叢書 57

中央大学出版部

はしがき

　本書は，中央大学経済研究所の日本資本主義分析研究部会における2009～2011年度の共同研究の成果を取りまとめたものである。この研究期間である2011年3月11日に，東日本大震災が発生した。大震災による衝撃は，共同研究の方向性をも変えるものであり，それは，本書の多くの論文で東日本大震災に触れられ，2章・3章については，震災復興をテーマとして，震災に関連する問題の論究が試みられていることにも端的に示されている。東日本大震災が日本資本主義にどのような影響を及ぼしたのかという点や復興のあり方については，本書に収められた諸論文の論考に委ねることとして，まずはこの場を借りて，東日本大震災で亡くなられた方々のご冥福をお祈りするとともに，今後の適切な復興が速やかに進められることを祈念したい。

　共同研究を取りまとめて本書のタイトルを設定する際に，世界金融危機や欧州信用不安に示されるような世界経済の歴史的構造転換と日本資本主義に及ぼすその影響とが念頭に置かれ，「グローバリゼーションと日本資本主義」というタイトルで諸論文をまとめる方針が立てられた。一見タイトルの内容からずれているように思われるかもしれない東日本大震災関連の諸論文においても，その方針は貫かれている。その意味で，本書は，各執筆者による個別のテーマを重視しつつ，全体のまとまりを，本書のタイトルである「グローバリゼーションと日本資本主義」で示されるようにしてある。そこで，以下では各章の内容について簡単に紹介することにしよう。

　第1章　世界経済の歴史的構造転換と日本経済（一井　昭）では，21世紀の初頭から始まっている世界経済の世界史的構造転換について，その政治・経済・軍事面にわたる重要な特徴を4点に要約して検討している。その4点として挙げられている事柄は，基軸通貨ドルの不安定性，先進国対発展途上国の世界経済に占める地位の「逆転傾向」，先進国経済の主として核に依存してきた

エネルギー政策から再生可能エネルギーへの転換，欧州信用不安がもたらしつつある独自の金融経済の破綻である。本章の課題は，その4点を中心に事実の経緯の特徴を検討することにあり，エネルギー政策の転換については，東日本大震災の問題を取り上げている。世界経済の世界史的構造転換に関する基本的な問題点を明らかにするという課題が検討されながら，これらの諸問題が持つ歴史的意義への接近の必要性が示されている。

第2章 東日本大震災・原子力災害からの500日（米田 貢）は，東日本大震災・原子力災害が発生して500日が経過した現時点で，被災者と被災地がいまだに厳しい状態に置かれていることに鑑み，被災者の救済と被災地の復旧という2つの側面から，復興災害，さらに今回新たに指摘されるようになった復興格差を生み出しつつある新自由主義的な創造的復興政策の問題状況を整理するということが，本章の検討課題がとなっている。ゼネコンや内需関連の大企業やグローバル企業の利益を優先する復興政策ではなく，被災者本位の復興政策への転換が図られなければならないとし，被災地の地理的条件，地域経済の成り立ちを考えるならば，農林漁業の早急な再開を軸に，被災地そのものを地域社会・地域コミュニティとして復旧する地域政策，それぞれの地域の特殊性を生かした地域循環経済の確立が必要であることが説かれている。

第3章 東日本大震災復興構想に見る日米関係（平野 健）は，第2章と同様に東日本大震災の復興をテーマとしているが，その視点は，表題が示すように，日米関係とアメリカの世界戦略が中心テーマとなっている。東日本大震災からの復興事業は，「東日本大震災復興基本法」の基本理念に則って，また復興特区，規制緩和，手続き簡素化，税制減免措置，復興交付金などの特別措置をとって進められることになっているが，ここにはアメリカの要求が巧みに組み込まれていることが指摘される。震災復興構想に対するアメリカの介入を検討することを通じて，アメリカの世界戦略とそれにそった対日要求の一端を明らかにすることが試みられている。外見上は，「環境・少子高齢化・地域活性化などの課題に，地域の草の根から，多様な主体の参加で取り組んでいく」「原発の安全対策強化」「災害救助・人道的活動・医療活動の支援」などとして

進められている復興であるが，その本質は，災害便乗ビジネスの新自由主義的な展開，アメリカの軍事戦略への追従，そして対米従属体制のより一層の深化にほかならないことが示されている．

　第4章　グローバリゼーション下の日本機械工業と産業集積（渋井康弘）では，東日本大震災によって生じた自動車・電機といった輸出依存の日本資本主義を代表する諸産業の生産停止・停滞が，日本経済に打撃を与えただけでなく，材料・部品の供給停止を通じて海外の諸産業にも大きな混乱をもたらしたことを取り上げ，日本製の材料・部品が諸外国で多用されていることは，一面では日本の製造業，特に機械工業の技術力の高さ，品質の高さ等を示すものであるが，同時に，震災を機とする諸外国による調達先の変更を考えるならば，産業空洞化がさらに一層促進されることを問題にしている．また，日本機械工業では，多くの現場で，かんばん方式とも呼ばれるトヨタ生産システムにより在庫をできる限り少なくする方針が取られており，それが各地でサプライチェーンの寸断を引き起こしたという見方について，むしろ在庫の少ないかんばん方式だったからこそ問題の早期発見につながり，またそれ自体が柔軟な対応力を備えた労働者を育成していたこととも相まって，かえって生産回復を早めたことも指摘されている．本章は，そのようなかんばん方式と産業空洞化に関わる問題を念頭に置いて，日本機械工業の現状を分析し，それらが今後はいかなる方向に展開しうるのかを検討している．

　第5章　グローバル資本主義と地域経済（鳥居伸好）は，グローバル資本主義における資本の動きが地域経済にどのような影響を及ぼしているのかという問題を解き明かすことを中心的な課題とし，その課題に関連する諸問題を，グローバル資本主義の内容を確認しつつ，グローバル資本主義における国家の役割，グローバル化の地域経済への影響，グローバル資本主義における地域づくりのあり方を検討している．その際に，福祉国家型政策と新自由主義的政策の比較検討をし，国家の役割の相違と共通性について論じるとともに，グローバル資本主義における新自由主義的政策の地域経済への影響を，日本，ドイツ，韓国の事例に基づいて論究している．そのような諸事例の検討を踏まえて，現

在の地域経済の諸問題を具体的に示すとともに，地域内循環経済システムによる地域経済の活性化への道が示されている。

　第6章　日本資本主義の長期停滞と蓄積構造（秋保親成）は，資本蓄積の観点から日本のバブル崩壊以降の長期停滞について，その経済的特質を検討している。そして，1990年代以降の蓄積構造と雇用構造の検証を通じて日本の長期停滞の発生と展開の基本構図を捉え，その影響および今後の展開についての検証を試みている。バブル崩壊後の日本の長期停滞は，端的には資本節減，すなわち投資と雇用の減退を基礎に進行してきたものであり，それらはグローバル競争の激化を背景とするマクロ面での変化と，経営行動の変化を中心とするミクロ面での変化を要因として推し進められた。これら一連の事象によって従来の成長メカニズムが破綻させられるだけでなく，外的な経済環境の変化による影響を過度に受けやすいものにされ，経済社会の維持をより困難なものにする要因となりうることが示されている。

　第7章　世界経済危機からの「回復」と経済政策の矛盾（佐藤拓也）では，2007～2008年の世界経済危機以降の回復過程に焦点を当て，現代資本主義における経済政策の検討が試みられている。日米の公式見解によれば，両国ともに2009年を「谷」としてすでに景気の回復過程にあるとされているが，アメリカの異常に高い失業率を引くまでもなく，マクロ経済の実態は脆弱なままである。ところが，資本の利潤率は急回復し，一層豊富な資金が積みあがっている。企業利益の急上昇と，投資や雇用，消費，経済成長率といった諸指標に表れる経済停滞の併存は，今回の危機前から続く現代資本主義的な特徴である。これはまた，日米ともに政権交代が実現したにもかかわらず，危機後の経済政策を危機前のそれと共通のものとさせる背景ともなっている。これらの考察を通じて，グローバリゼーションの進む現代資本主義の性格の一端と，そこで行われる経済政策が抱える矛盾とが明らかにされている。

　第8章　現代世界恐慌分析の基礎視角（松橋　透）では，1980年代以降繰り返し世界経済を襲っている経済・金融危機／恐慌（Krise）の真因をその全体像において根底的に解明するための基本的分析枠組と，そこで解明されるべき主

要な理論的諸問題および現状分析へ向けての論点展開の方向性を示すことが課題となっている。それは，マルクスが構想した世界市場恐慌論を現代の世界恐慌分析に適用するための理論的基礎を確定しようとする試みでもある。現代世界恐慌は，過剰な投機資金の運動とその実体経済への影響，世界市場規模で進展する過剰蓄積過程の構造と動態，および資本制的生産の内的制限機構とその作動メカニズムという3つの問題視角から相互の密接な有機的連繋の下に解明される必要があるとして，その詳しい論究が試みられている。

　経済研究所の日本資本主義分析研究部会は，その前身となる複数の研究部会との継続性を考えれば，これまでに『日本資本主義の歴史と現状』(研究叢書18, 1987年刊)，『戦後日本資本主義』(研究叢書32, 1999年刊)，『現代日本資本主義』(研究叢書42, 2007年刊) と，その研究成果を世に問うてきている。本書も，先行書同様に，活発な諸議論の展開を促す文献として活用していただけることを期待したい。

　最後に，本書の取りまとめに際して，中央大学経済研究所事務室の三輪多紀氏には大変お世話になった。ここに記して感謝を申し上げたい。また，本書の刊行まで温かく見守り励まし続けていただいた，中央大学経済研究所前所長の音無通宏名誉教授，現所長の石川利治教授にもお礼申し上げたい。さらに，出版部の菱山尚子氏には，論文の取りまとめから編集まで，一方ならぬお世話になった。記して深甚の謝意を表しておきたい。

2012年9月

編著者　鳥居伸好
佐藤拓也

目　次

はしがき

第1章　世界経済の歴史的構造転換と日本経済 ………… 一井　昭… 1
　はじめに ……………………………………………………………………1
　1. 戦後世界経済構造転換の起点――1970年代中葉の金＝ドル
　　 交換制から変動相場制への変質…………………………………………2
　2. 世界GDPに占める先進国対発展途上国の比重の「逆転傾向」 ………3
　3. 日本経済の脆弱さ…………………………………………………………7
　4. 欧州の信用不安の顕在化とギリシャ危機・独仏蜜月
　　 （「メルコジ」から「メルコランド」へ）の行方 ……………………17

第2章　東日本大震災・原子力災害からの500日
　　　　――創造的復興ではなく被災者の救済と被災地の
　　　　　　復旧を――　……………………………… 米田　貢… 35
　はじめに……………………………………………………………………35
　1. 大災害のもとでこそ国民の基本的人権と社会的生存権が
　　 尊重・保障されなければならない……………………………………36
　2. 地域社会・地域コミュニティの復旧と再建なしに被災地の復興は
　　 ありえない………………………………………………………………57

第3章　東日本大震災復興構想に見る日米関係 ……… 平野　健… 71
　はじめに……………………………………………………………………71
　1. 日本の財界・政府の復興構想の策定プロセスと構想内容 …………71
　2. アメリカ側の関与プロセスと提言内容 ………………………………74

3. 新自由主義改革の再起動 …………………………………… 77
4. 復興ビジネスをめぐる日米間の協調と対抗 ……………… 80
5. 原 発 政 策 ……………………………………………………… 85
6. 日米同盟の深化＝市民社会レベルでの日本統合 ………… 90
お わ り に ……………………………………………………………… 92

第4章　グローバリゼーション下の日本機械工業と産業集積
　　　　　　…………………………………………………渋井康弘…95
は じ め に ……………………………………………………………… 95
1. かんばん方式と変化，問題への対応 ……………………… 97
2. グローバリゼーションと産業空洞化………………………106
3. 国内生産を有利にする可能性を持つ産業集積……………120
お わ り に ………………………………………………………………136

第5章　グローバル資本主義と地域経済 ………鳥居伸好…139
は じ め に ………………………………………………………………139
1. グローバリゼーションとグローバル資本主義……………140
2. グローバル資本主義における国家の役割…………………143
3. グローバル化の地域経済への影響…………………………148
4. グローバル資本主義における地域づくり…………………158
お わ り に ………………………………………………………………162

第6章　日本資本主義の長期停滞と蓄積構造 ………秋保親成…165
は じ め に ………………………………………………………………165
1. 長期停滞のマクロ的構造……………………………………167
2. 資本蓄積の停滞とグローバル化……………………………177
3. 資本の節減と雇用の停滞……………………………………191
4. 長期停滞の要因と影響………………………………………214

おわりに ……………………………………………………………226

第7章　世界経済危機からの「回復」と経済政策の矛盾
　　　　　………………………………………………佐藤拓也…231
　はじめに ……………………………………………………………231
　1. 投資停滞下で生じた経済危機とその後の「回復」……………233
　2. 危機後の経済政策とその矛盾……………………………………250
　3. 現代資本主義の長期停滞と新自由主義，「日本化」…………268

第8章　現代世界恐慌分析の基礎視角 ……………松橋　透…277
　はじめに ……………………………………………………………277
　1. 世界経済危機分析の視点
　　──マネタリストおよびケインジアン的見解を超えて──…………277
　2. 現代資本主義における金融市場と実体経済……………………281
　3. 遊離貨幣資本の発生源泉とその増幅機構およびマネーの運動が
　　実体経済に及ぼす影響……………………………………………283
　4. 世界市場の有機的連関と過剰蓄積の進展メカニズム…………287
　5. 資本制的生産の内的制限機構と現代世界恐慌…………………290

第 1 章

世界経済の歴史的構造転換と日本経済

　　はじめに

　21世紀の初頭から世界経済の世界史的構造転換が始まっている。その政治・経済・軍事面にわたる重要な特徴は，以下の4点に要約できよう。1）戦後のブレトンウッズ体制が依拠してきた「金＝ドル交換」と米ドルとの主要通貨との固定レート制が崩壊し，1973年の主要先進国の変動相場制への移行によって基軸通貨ドルが大きく不安定性を強め始めたこと，2）それとともに，世界経済のいわゆる不均等発展過程が進行し，先進国の比重が大きく停滞ないし衰退し，発展途上国の一部，とりわけBRICS5やASEAN10などの経済成長率の持続的「躍進」が続き，先進国対発展途上国の世界経済に占める地位の「逆転傾向」が生じつつあること，3）2011年3月11日に生じた東日本大震災と福島原発の「メルトダウン」事故が世界に与えている大震災の深刻さは先進国経済の主として核に依存してきたエネルギー政策から再生可能エネルギーへの転換を促し，イノベーション＝技術革新の脆弱さを脱却し，先進国経済政策の一大転換を迫っており，4）さらに2011年9月頃から深刻化した欧州信用不安がもたらしつつある独自の金融経済の破綻状況はそれに先行した実体経済の深刻な打開政策の不振の反映でもあり，特にギリシャ財政危機から抜け出す統合的な方策が見出せていないこと，などがEU不安定化の当面の焦点となってい

る。

　そこで，本章の課題は，上記4点を中心に事実の経緯の特徴を述べつつ，世界経済の世界史的構造転換に関する基本的な問題点を明らかにし，これらの諸問題が持つ歴史的意義への接近の必要性を確認することである。

1. 戦後世界経済構造転換の起点
——1970年代中葉の金＝ドル交換制から変動相場制への変質——

　これまでの私の諸論文において述べてきたこととの重複を含むが，戦後，世界経済関係の史的構造の変革過程を簡単に跡づけておくことにしよう。第2次世界大戦後の世界経済体制のスタートを切ったのは，言うまでもなく私の言う「原型 IMF」体制である[1]（井村喜代子氏の命名では「初期 IMF 体制」である[2]。すなわち，戦後のブレトンウッズ体制下における金＝ドル交換制とドルと各国との固定為替相場制が維持されていた時期で，それは戦前の帝国主義的ブロック化経済の閉鎖性という弊害の除去と新しい国際的な通貨体制の安定を目指し，かつ戦後世界経済の発展を意図した体制は，IMF・GATT を中軸とし，アメリカの圧倒的な政治力・経済力（とりわけ，工業生産力と金保有高）・軍事力（1949年4月調印の NATO 結成後は1955年発足の WARSAW PACT との拮抗関係を含む）との核開発競争・経済援助競争の形をとって米ソ「冷戦体制」が支配する1941～71年までの「原型 IMF」体制である）。別の用法で言えば，「パクス・アメリカーナ」の生成・確立期，と「パクス・アメリカーナ」の相対的安定期に相当する（＝ケインズ主義的国家独占資本主義）。したがって，この時期の特徴は，主として米国主導の資本主義固有の景気循環と1953～54年，57～58年，62～63年の世界同時恐慌の勃発という矛盾を示しつつ，他方では先進資本主義グループの技術革新＝イノベーションと比較的高い雇用を生み出す産業基盤投資や広義の社会政策・制度の導入によって，実質経

---

1) 一井昭（2009）『ポリティカル・エコノミー：『資本論』から現代へ』桜井書店，118ページ参照。
2) 井村喜代子（1993）『現代日本経済論—戦後復興，『経済大国』，90年代大不況—』〔新版〕有斐閣，285-331ページ参照。

済成長率の向上をもたらしもしたのである。しかしながら，先進諸国相互間の不均等発展過程は，朝鮮戦争，ベトナム戦争，米ソ軍拡競争を介して，米国の圧倒的な優位性を掘り崩すことになり，日本や当時の西ドイツ，イタリアの経済的な「飛躍」の追撃を受け，1960年代のドル危機の頻発や貿易収支の黒字の縮減など，米国の相対的な経済的優位性は徐々に深刻な影響を受けるようになった。

その後，1971年のニクソン米大統領は「原型IMF」体制（井村氏のいう「初期IMF体制」）を支えていた金とドルとの交換を停止し，米ドルと主要通貨の固定為替制を廃止した。1973～74年には，前者は停止したまま再建されず，後者も変動相場制に移行した。これ以降の変質した「IMF体制」（井村氏の命名では「戦後IMF体制」）こそは，戦後世界経済構造の世界史的転換を形作る一大転換期を画する起点をなすことになったのである[3]。もちろん，この転換期は中長期的な国家独占資本主義としての新自由主義的国独資段階や短期的な「パクス・アメリカーナ」の動揺期や「パクス・コンソルティス」への過渡期と密接に関係しているのである[4]。

2. 世界GDPに占める先進国対発展途上国の比重の「逆転傾向」

このテーマに入る前にオバマ大統領が2012年2月13日，議会に提出した2013会計年度（12年10月～13年9月）の予算教書の狙いを概観して，米国の財政状況の深刻さを見ておきたい。まず短期的には公共事業などで景気刺激を

---

[3] 戦後，世界各国・各地域における実質経済成長率の数値については，さしあたり次を見られたい。拙稿（2007）「世界経済システムの転換と戦後日本資本主義」一井昭・鳥居伸好編著『現代日本資本主義』中央大学出版部所収。なお，最新の当該地域の数値については，次を参照されたい。角田収「中国の経済大国化と東アジア」（『経済』2012年1月号所収）。なお，アジア開発銀行（ADB）は4月11日，日本など先進国を除くアジア・太平洋の45カ国・地域の今年の実質経済成長率が6.9％になるとの見通しを発表した。日米欧への輸出が伸び悩み，昨年を0.3ポイント下回るという。また，消費が拡大して，来年は7.3％に回復すると予測している（2012年4月12日付『朝日新聞』）。

[4] 国家独占資本主義と「パクス・アメリカーナ」との関係については，さしあたり一井昭，前掲書，113-114, 115-119ページを参照されたい。

続け，長期的には増税などで赤字削減を図るのが特徴だ。財政削減は遅れることになり，就任時に公約した「4年間での財政赤字半減」は絶望的になった。予算教書によると，2012年度の財政赤字は1兆3,270億ドル（約100兆円）。赤字額は1兆4,130億ドルだった2009年度に次いで過去2番目の大きさだ。2013年度の財政赤字は9,010億ドル（約70兆円）の見通し。歳出がわずかに増えるが，景気の緩やかな回復や税制改革で歳入は18%増えると見込んでいる。今後の計画では，歳出面で，道路や鉄道整備などに6年間で4,760億ドル（約37兆円）を費やす。給与減税などの雇用対策も盛り込む。一方，今後10年間で財政赤字を計4兆ドル（約310兆円）削減したいという考えだ。柱は富裕層への増税で，現在の減税をやめ，超富裕層向けには税率を引き上げる。しかし，富裕層（年収100万ドル超）への増税法案（バフェット・ルール，最低30%）に対して米上院は4月16日，投票を行った結果，賛成が6割（60票）に達せず，同法案は却下されている[5]。

　話を約40年前に戻そう。1970年代中葉からの基軸通貨ドル体制の動揺と世界経済における先進国と発展途上国の比重の接近傾向が徐々に開始されることになった。一部の発展途上国の急成長が見られるようになる。

　ちなみに，「原型IMF」体制の下では，金1オンス＝35米ドル，例えば1米ドル＝360円が公的レートであったが，「変質したIMF」ではスミソニアン体制下の1971年12月では金1オンス＝38米ドル，1米ドル＝308円であり，1978年4月のキングストン体制では，金1オンス＝1SDRも改訂され，1米ドル＝1SDR＝金約0.88…g相当の価値表現となるという具合に1米ドル自体の金の重量表示価値も下落し続け（この時点で従来の15分の1程度），例えば名目10億ドル表示の意義もそのような通貨価値の相対的表現とみなさなければならない[6]。

---

[5]　2012年2月14日付『朝日新聞』夕刊，および2012年4月18日付『しんぶん赤旗』参照。

[6]　この点は，一井昭・鳥居伸好編著（2007）『現代日本資本主義』（中央大学出版部所収）の一井昭「戦後日本資本主義の構造把握」の第5節「金・ドル交換停止から変動相場制へ」，15-20ページを参照されたい。

ところで，1980年時点での世界GDP（11兆6,625億ドル）の「グループ」別割合を推計すると，資本主義「工業国」（OECD）64.5%，高所得石油輸出国を含む発展途上国17.6%，「社会主義国」（16ヵ国）17.9%という構成であった[7]。その後，東欧「革命」やソ連解体により上の「グループ」別区分は意味がなくなった。発展途上国の大枠分類にも検討が加えられる必要があろう。ここでは，20世紀初頭の世界の激変の兆候を確認するために最も先進的な一握りの「グループ」と比べて一部の途上国「グループ」との比重の傾向を確かめておくことである。その後の世界の国内総生産（暦年の前の数値は名目GDP，10億米ドル表示）は，世界計では，1985年には13,024.3米10億ドル，1990年には22,241.4米10億ドルとなるが，2006年以降は49,602.9，55,885.9（2007年），61,232.8（2008年），57,960.1（2009年），63,064.0（2010年）というように推移してきている。これらの数値を主要先進国（ここでは7ヵ国に限定）と発展途上国（15ヵ国）（BRICS（5）プラスASEAN（10）に限定的に抜粋）とに二大区分すると，その構成比は，表1-1の通りである。まだ2つの「グループ」間の逆転は生じていない。

しかし，表1-1に示されているように，7大主要先進国の国内総生産（GDP）はこの5年間にその比重が57.3%から50.3%にまで下落したのに対して，15発展途上国のそれは14.4%から21.0%にまで明確に上昇している。両者のこの傾斜勾配の逆転は，欧州連合の多数の国家群，大多数の中南米諸国（第6回米州サミット参加国では35ヵ国中33ヵ国），中東の多くの国家群を途上国参入のために再検討するなかで，より詳細な「逆転傾向」が得られるであろう。なお，世界銀行総裁が2012年4月16日の理事会で，ゼーリック総裁の後任に米ダートマス大学学長のジム・ヨン・キム氏を選んだ（任期は7月1日から5年間）が，アジア系で初の世銀総裁の誕生となった。次期総裁には米国が推すキム氏のほか，ナイジェリア財務相のヌゴジ・オコンジョイウェアラ氏，コロンビア元財務相のホセ・アントニオ・オカンボ氏が立候補。3氏はその後，総裁の選

---

[7] 前掲一井，6-7ページ参照。

表 1-1　世界の国内総生産（GDP）の構成比

		2006 年	2007 年	2008 年	2009 年	2010 年
世界	GDP(10億米ドル)	49,602.9	55,885.9	61,232.8	57,960.1	63,064.0
	構成比	100.0	100.0	100.0	100.0	100.0
主要先進国（7 カ国）		57.3	54.6	52.3	52.4	50.3
	アメリカ	26.8	25.0	23.2	23.9	22.9
	日　本	8.8	7.8	8.0	8.7	8.7
	カナダ	2.6	2.5	2.5	2.3	2.5
	イギリス	4.9	5.0	4.3	3.7	3.6
	イタリア	3.8	3.8	3.8	3.6	3.3
	ドイツ	5.9	5.9	5.9	5.7	5.2
	フランス	4.5	4.6	4.6	4.5	4.1
BRICS（5 カ国）		12.2	13.7	15.3	16.3	18.0
	ブラジル	2.2	2.4	2.7	2.7	3.3
	ロシア	2.0	2.3	2.7	2.1	2.3
	インド	1.9	2.2	2.1	2.3	2.7
	中　国	5.6	6.3	7.4	8.7	9.1
	南　ア	0.5	0.5	0.4	0.5	0.6
ASEAN（10 カ国）		2.2	2.3	2.5	2.6	3.0

（注）ASEAN10 は，インドネシア，シンガポール，タイ，フィリピン，マレーシア，ブルネイ，ベトナム，ミャンマー，ラオス，カンボジア。
（出所）総理府統計局編『世界の統計』第 3 章国民経済計算，2012 年より抜粋して作成。

図 1-1　BRICS の名目国内総生産

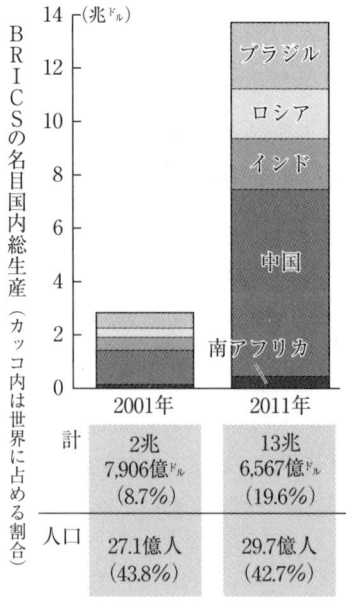

（出所）2012 年 3 月 30 日付『朝日新聞』。

定権を持つ 25 人の理事と面接した（2012 年 4 月 12 日付『朝日新聞』夕刊）。4 月 16 日には，世銀理事会が選出したと発表した。米候補が「指定席」の総裁職を守ったが，キム氏は「総裁として急速に変化する世界に世銀を適合させていきたい」との談話を発表し，途上国の声に耳を傾けることを約束した（2012 年 4 月 17 日付『朝日新聞』夕刊参照）。世銀総裁の選出を巡る今回の動向も，世界経済の実態を反映する大きな変化と言うべきであろう。

3. 日本経済の脆弱さ

2011 年 3 月 11 日に生じた東日本大震災・大津波・福島原発の「メルトダウン」事故と日本資本主義の現状と問題点については，拙稿「東日本大震災・『メルトダウン』事故と日本国家独占資本主義」[8]でもすでに言及したところである。

2012 年度予算が 4 月 5 日に成立した。一般会計総額 90 兆 3,339 億円で，憲法の規定に基づき成立した。東日本大震災からの復興対策費を特別会計に計上したこともあり，実質的な歳出規模は 96 兆円台に上り，過去最大となった。2012 年度予算は同日の参院予算委員会とその後の参院本会議で，自民，公明両党などの反対多数で否決された。衆参両院で議決が異なったため，両院協議会が開かれたが，平行線に終わった。このため，この後の衆院本会議で横路孝弘議長が憲法 60 条の衆院優越の規定に基づいて衆院の議決が国会の議決となることを宣言，予算は成立した。両院協議会を経た予算成立は 2 年連続[9]である。

また，日本経済の停滞ぶりは国内総生産（GDP）でも続いている。2011 年暦年は実質が 506 兆 8,333 億円，前年比 0.9% 減，名目が 2.8% 減の 468 兆 738 億円となった[10]。この間もしかりだが，日本経済はマネーゲームの様相を呈

---

8) 一井昭（2012）「東日本大震災・『メルトダウン』事故と日本国家独占資本主義――併せて建部正義氏の拙論批判に応う――」徳重昌志・日髙克平編著『岐路にたつ日本経済・日本企業』中央大学出版部所収。
9) 時事通信，2012 年 4 月 5 日 17 時 30 分配信。
10) 時事通信，2012 年 2 月 13 日 8 時 2 分配信。

しているように思われる。まず，米連邦準備制度理事会（FRB）が先月「インフレ・ターゲット」を 2014 年を通じて 2% とする政策を決定したことを受けて，「日本銀行は 2012 年 2 月 14 日の金融政策決定会合で，物価が下がり続ける「デフレ」から抜け出すため，金融政策の目安となる物価上昇率のめどを新たに「1%」と定めた。事実上の「インフレ目標」を日銀として初めて導入したことになる。あわせて金融機関への資金供給枠を（金融機関から資産の買い入れなどをする「基金」の規模を今の 55 兆円から）10 兆円増やし（65 兆円にする），追加の金融緩和にも踏み切った。日銀の決定を受け，14 日の金融市場は円安と株高が進んだ[11]。さらに，年金 2,000 億円の大半が消失したことが明らかになり，国会の予算委員会での証人喚問が続けられた。当初の報道は次のようであった。「独立系の投資顧問会社，AIJ 投資顧問（東京都中央区，浅川和彦社長）が，企業年金から預かった約 2,000 億円の資産の大半が無くなっていることが 24 日，わかった。資産が外部にさらに流出することを避けるため，金融庁は同日，金融商品取引法に基づき，1 カ月間の業務停止命令を出した。／金融庁と証券取引等監視委員会は今後，年金資産の大半が無くなった原因が，運用の思惑が外れて生まれた損失なのか，AIJ による無断流用なのか，などについて調べる」[12]。

また，製造業の不振も際立っている。ここでは，大型液晶テレビには触れないが，半導体産業で世界を主導していたエルピーダが倒産し，負債 4,500 億円，公的資金の損失も伝えられたことは記しておきたい。「半導体の DRAM ディーラム製造で世界 3 位のエルピーダメモリ（東京都中央区，東証第 1 部上場）

---

[11] 2012 年 2 月 15 日付『朝日新聞』などを参照。また，その後 1 カ月半ほど以下のような円安・株高傾向が続いた。「15 日の東京株式市場で，日経平均株価は大幅に値上がりしている。上げ幅は一時 164 円を超え，今年最大。取引時間中としては昨年 8 月 8 日以来，約 6 カ月ぶりに 9,200 円を上回った。」「15 日の東京外国為替市場では円安が進み，約 3 カ月ぶりの水準となる 78 円台半ばで取引されている。午前 11 時現在は，前日午後 5 時時点より 60 銭円安ドル高の 1 ドル＝78 円 57〜62 銭。対ユーロでは同 48 銭円安ユーロ高の 1 ユーロ＝103 円 03〜04 銭」（いずれも，2012 年 2 月 15 日付『朝日新聞』夕刊参照）。

[12] 2012 年 2 月 24 日付『朝日新聞』夕刊，参照。

は27日，会社更生法の適用を東京地裁に申請し，倒産した」[13]。

しかも，東日本大震災と福島原発事故の影響は1年以上経った現在も多岐にわたっており，とりわけ①17歳以下からの放射能の影響の継続的審査を実施する必要のほかに，②雇用・失業手当や損害補償が継続されること，③仮設住宅のみならず恒久的な住宅問題の解決が緊急の課題であることに変わりはない。また，ますます重要な問題として浮上しつつあるのは，④がれき最終処分は未だ6.4％にすぎず抜本的な対策が急がれること，さらに，⑤海洋研究開発機構が3月6日に明らかにしたように，東電福島原発事故で，海に流出した放射性セシウム137の総量は，5,600テラ・ベクレル（1テラは1兆）であると推定されるにもかかわらず，海洋生物への残存汚染量などの正確な調査は行われていないこと。そして，中長期的な問題点にも関わる「国の借金」の2012年度末の残高が1,085兆5,072億円となる見通しを財務省は1月26日に公表したが，そのなかで⑥福島原発の廃炉問題と今後40年に及ぶすくなくとも3兆円以上と報じられている財政問題の深刻さの議論の道筋が全く付いていないこと，また，核燃料サイクル政策の見直しを議論している内閣府原子力委員会の小委員会は4月19日，原発の使用済み核燃料の処理にかかる総費用の試算を初めて公表したが，2020年までに原発をゼロにし，再処理せずすべて地下に直接処分すると，青森県六ヶ所村の再処理施設の廃止に伴う費用約5兆円を含めて7.1兆円。全量再処理を基本とする現行計画より2〜3割安くなった。今後小委員会がシナリオを絞り込んだ上で，政府の「エネルギー・環境会議」で今後のエネルギー政策を決定するという大きな壁が待ちかまえている[14]。

さらに，⑦もっと直接的に深刻な問題は，「原子力規制庁」の4月発足が遅れているために，事実上稼働原発ゼロを回避すべく野田政権は，関西電力大飯原発3，4号機を再稼働させる条件となる暫定基準を4月6日に決めた。安全性判断基準を関係閣僚会合による「政治判断」で決定し，再稼働を説得する動きが急速に高まってきている。表1-2に認められるように，暫定基準は，3本

---

13) 2012年2月28日付『朝日新聞』参照。
14) 2012年4月19日付『朝日新聞』夕刊参照。

表 1-2 再稼働のための安全性判断基準の概要

① 地震・津波による全電源喪失を防ぐための次の点での安全対策。所内電源設備，冷却・注水設備，格納容器破損，管理・計装設備
② 「福島第 1 原発を襲ったような地震・津波でも炉心と使用済み燃料ピットまたはプールの冷却が続き，同原発事故のような燃料損傷に至らない」と国が確認
③ 保安院がストレステスト審査で一層の取り組みを求めた事項や，福島第 1 原発事故に関して示した 30 の安全対策について，着実な実施計画を事業者が明示

（出所）2012 年 4 月 7 日付『朝日新聞』。

表 1-3　電力会社 9 社の今夏の需給見通し

電力会社	供給力	ピーク時の電力使用 2010 年並みの猛暑	ピーク時の電力使用 平年並みの暑さ
北海道	485	500 (▼3.1%)	484 (0.1%)
東北	1,475	1,434 (2.9%)	1,350 (9.3%)
東京	5,771	5,520 (4.5%)	5,360 (7.7%)
中部	2,785	2,648 (5.2%)	2,585 (7.7%)
関西	2,535 (2,550)	3,030 (▼16.3%)	2,950 (▼13.5%)
北陸	578	558 (3.6%)	538 (7.5%)
中国	1,235 (1,233)	1,182 (4.5%)	1,143 (7.9%)
四国	587	585 (0.3%)	561 (4.5%)
九州	1,574 (1,622)	1,634 (▼3.7%)	1,613 (0.6%)

（注）供給力と電力使用の単位は万キロワット。供給力は 2010 年猛暑並みと平年並みの暑さで異なる場合は，かっこ内に平年並みを記した。電力使用のかっこ内は（供給力－ピーク時の電力使用）÷ピーク時の電力使用。プラスは電力の余り，マイナス（▼）は不足の割合を示す。電力使用には節電努力を織り込んでいる。

（出所）2012 年 4 月 24 日付『朝日新聞』。

柱で構成され，① 地震や津波が起きても全電源が失われないような対策と，② 炉心などの冷却機能を維持する対策に加え，③ 電力会社に中長期の安全対

策の実施計画の提出を求めることとなっている。この暫定基準については，館野淳・元中央大学教授から，①電源車配置や建屋の耐水性向上を図ったことの保安院への報告済み，②ストレステストの審査書の結論，③残る30項目の中長期的安全対策で電力会社の「計画」の提出のみ（その後関西電力は9日，「免震事務棟」の2015年度完了とする方針を経済産業省に提出し，直ちに開かれた第4回の関係閣僚会合は「ほぼ妥当」としたが住民や自治体の約80％を納得させるような内容とはなっていない。12日の関係閣僚会合も最終決定には至っていないが，13日夕の第6回関係閣僚会合では遂に関西電力の今夏の電力需給不足18.4％の見通しを加えた再稼働の政治決断を「妥当」だとする最終決断を決定。枝野経産相を14日に福井県に派遣する。この方策は将来に必ず禍根を残す決定となろう）であるとして，館野氏は直ちに「科学的検討を置き去り」にした「安全抜き」の「再稼働させたい基準」だと論じた鋭い批判を寄せている[15]。

　ここで振り返って，最新の重要データを確認しておこう。まず，東日本大震災についての直接的な人的被害は，死亡1万5,857人，行方不明者3,057人（警察庁発表，2012年4月25日現在）となっており，震災関連死者1,618人（2012年3月末時点，復興庁まとめ4月27日発表），避難者は34万3,935人（復興庁2012年2月23日現在）である[16]。住民が旧生活圏をやむなく「強制的に」移動させられた推計統計は，次のようなものもある。［転出超過数］各県が毎月公表している推計人口統計をもとに，転出者から転入者を差し引いた「転出超過数」を集計した。県外への転出超過は，岩手県が前年同期とほぼ同じ約4,000人，宮城県は13.5倍の約8,200人，福島県は5.6倍の約3万1,400人。このほかに住民票を元の自治体に残したまま県外避難している被災者も相当数いると見られる。

　最新の津波被害の調査情報もますます明らかになりつつあるが，2012年3月6日公表の東京海洋大学・岡安章夫教授の調査では岩手県宮古市姉吉地区

---

15)　2012年4月7日付『しんぶん赤旗』参照。
16)　2012年3月11日付『朝日新聞』，2012年1月11日付　YOMIURI ONLINE，および2012年4月28日付『朝日新聞』参照。

38.9メートル，福島県富岡町21.1メートルに至っており，海洋汚染の放射性セシウム137では，5,600テラ・ベクレル（1テラは1兆）である。しかも，NHKスペシャルMEGAQUAKEⅡは有益な報道番組であるが，南海トラフ沿いの巨大地震についての内閣府が設けた有識者の検討会が3月31日，新たな想定をまとめたところでは，震度7になりうる地域は10県153市町村に及び，面積で従来想定の23倍に拡大した。最大で34.4メートルの津波（高知県黒潮町，すでに地元では20メートル超の津波対策センターが構築されたがそれも及ばぬ）が想定され，従来にはなかった20メートル以上の津波が来る可能性がある地点は6都県23市町村に広がったのである。

　福島第1原子力発電所関連の実情はこの期に及んでも不明な点が多く残ったままである。原子炉内部や周辺の状況が未だに明らかになっていないことの恐ろしさは表現するのも困難を禁じえないが，一例を挙げておこう。この4月5日も東京電力は福島第1原発で放射能汚染水の浄化処理で出る廃液がホースから漏れたと発表した。廃液の漏れは止まったが，近くの排水溝に流れ込んでおり，一部が海に流れた可能性が高いという。漏れた量は約12トンと見ている。3月26日も今回の場所の近くでホースから廃液が漏れた。3月26日に漏れた廃液は，放射性セシウムで1リットル当たり1万ベクレル，放射性ストロンチウムなどベータ線を出す物質の放射能総量は1億4,000万ベクレル。今回もほぼ同じ濃度と見られる。5日午前1時5分頃，廃液がホースから漏れているのを作業員が見つけた。5分後に装置を止め，さらに35分後にホースの弁を閉めて，水漏れを止めた。しかし，その後も水は漏れ続け，午前2時20分に漏れが止まったという。ホースのつなぎ目が外れていた。海へとつながる排水溝の周りに土嚢を積んで流出を防ごうとしたが，廃液の一部が排水溝に流れ込んだ。堰を作るなどの対策はできていなかったというのである。

　政府はこの4月から国の新基準（1キロ当たり100ベクレル）を超える放射性セシウムが国民の食生活に影響しない措置をとろうとしている。にもかかわらず，4月の5, 9, 10, 11, 12, 13, 20, 25, 27, 29日，6月27, 29日に各県で次々に新基準を超過した放射性セシウムが検出されている。これらもまた，

軽視すべきではないであろう。なお，子どもに配慮した「乳児用食品」（50 ベクレル）の区分を新設，「牛乳」と「水」を 200 からそれぞれ 50，10 ベクレルとしたが，この 3 分類で新基準値を超えたものは出ていない。

　5 日。千葉県木更津市と市原市のタケノコ，宮城県村田町の原木シイタケ（露地栽培），福島県の酸川支流で採れるヤマメの出荷停止を各県に指示した。4 月から適用された新基準に基づき，出荷停止を決めたのは初めて。群馬県の牛肉（新基準値適用は 10 月から，昨年 8 月以降 100 ベクレルを超えたのは 4 例目），茨城県の 5 市でとれたシイタケ（最大 960 ベクレル）・タケノコ（最大 240 ベクレル），愛知県の岡崎市で幼稚園の給食用の乾燥シイタケ（最大 1400 ベクレル）が検出されている。

　9 日。福島県いわき市のタケノコと，福島市など 5 市町のフキノトウ（野生）の出荷停止を県に指示した。一方，茨城県太子町産の茶については出荷停止を解除した。新基準での解除は初めて。いわき市のタケノコは 1 キロ当たり 920 〜290 ベクレルを検出。昨年 6 月に解除されていたが，再び規制されることになった。フキノトウが出荷停止になったのは福島市のほか，川俣町，田村市，相馬市，広野町。210〜110 ベクレルを検出した。

　10 日。栃木県と千葉県の原木シイタケについて，出荷停止地域の拡大を両県に指示した。新基準（1 キロ当たり 100 ベクレル）を超える放射性セシウムが検出されたため。新たに規制されたのは栃木県の宇都宮市，さくら市，芳賀町，塩谷町，高根沢町，那須町の 6 市町と千葉県白井市で，いずれも露地栽培が対象。芳賀町と那須町は施設栽培も含まれる。

　11 日。宮城県と栃木県の原木シイタケ（露地栽培），千葉県のタケノコについて，出荷停止地域の拡大を各県に指示した。新基準（1 キロ当たり 100 ベクレル）を超える放射性セシウムが検出された。新たな対象地域は，原木シイタケが宮城県の気仙沼市と南三陸町，栃木県の日光市，大田原市，益子町。タケノコは千葉県の柏市，八千代市，白井市。

　12 日。政府は国の新基準（1 キロ当たり 100 ベクレル）を超える放射性セシウムが検出されたとして，仙台湾でとれるスズキの出荷を宮城県に指示した。福

島県以外の海産物の出荷停止は初めて。また，宮城県，栃木県の原木シイタケ，千葉県のタケノコについて出荷停止地域の拡大を各県に指示した。原木シイタケで新たに出荷停止になったのは，露地栽培が宮城県栗原市と，栃木県の足利市，鹿沼市など8市町，施設栽培が栃木県大田原市。タケノコは千葉県船橋市。他方，宮城県は12日，同県蔵王町の会社が製造した「ヤーコン茶」から新基準を大幅に超える1万7,200ベクレルの放射性セシウムが検出されたと発表した。同社は同製品の自主回収を始めた。

13日。政府は国の新基準を超える放射線セシウムが検出されたとして，茨城県沖のシロメバルや，岩手県陸前高田市と住田町の原木シイタケ（露地栽培）などの出荷停止を各県に指示した。露地栽培の原木シイタケが出荷停止になったのはこのほか，茨城県のひたちなか市と那珂市，栃木県の栃木市と壬生町。茨城県の石岡市，龍ヶ崎市など6市町のタケノコも出荷停止となった。

20日。東京電力は福島県楢葉町の木戸川河口沖合の海域で採取した13種類の魚介類のほとんどから放射性セシウムが検出されたと発表した。3月末以来2回目の測定結果で，スズキが最も高く，セシウム134と同137をあわせると1キログラム当たり1,610ベクレルであった。

25日。東京電力は福島第1原発（福島県大熊町，双葉町）から放出された放射性物質の影響を調べるために行った木戸川河口（福島県浪江町）沖合2キロメートルと5キロメートルで刺し網で採取した魚介類の大半から放射性セシウムが検出されたと発表した。3月末に開始して以来3回目で，前者ではババガレイが最も高く，1キログラム当たり1,260ベクレル，後者ではマコガレイから920ベクレルが検出された。

27日。東京電力は福島第1原発（福島県大熊町，双葉町）から放出された放射性物質の影響を調べるために行っている魚介類調査の4回目の結果を発表した。同原発の沖合10キロメートルで採取した魚介類での最大はヒラメで，1キログラム当たり880ベクレルの放射性セシウムが検出された。

5月1日。厚生労働省によると，4月29日までに，肉や魚・野菜など一般食品の新基準値（1キロ当たり100ベクレル）を超えた放射性セシウムが検出され

たのは，9県（岩手，宮城，山形，福島，茨城，栃木，群馬，千葉および神奈川）の計51品目333件だった。このうち主要なものは既発表であるが，福島の水産物は31品目110件と最も多いが市場には流通していない。その他，新基準値を超えたのは，川魚ではヤマメ（群馬など4県），海水魚のヒラメ（宮城など3県），原木シイタケ（岩手や栃木など6県），タケノコ（茨城，千葉など5県）。

6月27日。東京電力は福島第1原発（福島県大熊町，双葉町）1号機原子炉建屋地下で建屋内では過去最大の1時間当たり1万ミリシーベルト（10シーベルト）を超える放射線量を計測したと発表した。

6月29日。東京電力は福島県浪江町を流れる請戸川沖合18キロメートルの海域で14日に採取したマコガレイから放射性セシウムが1キログラム当たり135ベクレル検出されたと発表した。

その他，日本の政治経済上の重要な問題が (1) ～ (8) のように生じている。

(1) 消費税率を2014年4月に8%，15年10月に10%に引き上げる消費増税関連法案は6月26日午後の衆院本会議で可決される。民主党執行部は反対姿勢を見せる議員の説得を続けるが，小沢一郎元代表や鳩山由紀夫元首相のグループを中心に大量の造反議員が出る見通し。小沢氏は採決で反対したうえで，同日夕から離党や新党結成の時期についてグループ議員と協議する（2012年6月26日付『朝日新聞』夕刊）。

(2) 消費税関連8法案が26日，衆院本会議で可決された。増税法案採決では民主党の小沢一郎元代表や鳩山由紀夫元首相ら57人が反対，16人が棄権・欠席した。増税関連法案は参院に送付され，成立に向け前進したものの野田佳彦首相の求心力が低下するのは必至。小沢氏は党内情勢を見極めたうえで，離党や新党結成時期について判断する方針。大量造反で民主党は事実上，分裂状態に陥った（2012年6月27日付『朝日新聞』）。

(3) 消費増税関連法案に反対した民主党の小沢一郎元代表ら衆院議員38人と，参院議員12人の計50人が2日，離党届を提出した。小沢氏は記者団に「もはや政権交代を果たした民主党ではない」と述べ，近く自らを党首とする新党を結成する考えを表明。民主党分裂は決定的になった。野田佳彦首相は2日の

党役員会で，造反議員の処分について興石東幹事長とともに一任を取り付け，小沢氏の離党届の受理を含め同時に判断する方針を示した（2012 年 7 月 3 日付『朝日新聞』）。

（4）民主党は 3 日の常任幹事会で，衆院採決で消費増税法案に反対し，離党届を提出した小沢郎元代表ら衆院議員 37 人を除名する方針を決めた。反対票を投じた鳩山由紀夫元首相は党員権停止 6 カ月（後 2 カ月）の厳しい処分にする一方，参院議員 12 人の離党届は受理。処分を見送ることで，法案採決時の連携の可能性を残した（2012 年 7 月 4 日付『朝日新聞』）。

（5）東京電力福島第 1 原発事故を検証する国会事故調査委員会（黒川清委員長）は 5 日，最終報告書を決定，衆参両院議長に提出した。東電や規制当局が地震，津波対策を先送りしたことを「事故の根源的原因」と指摘し，「自然災害でなく人災」と断定。首相官邸の初動対応を批判する一方，東電側の責任を厳しく糾弾する内容だ。東電が否定する地震による重要機器損傷の可能性も認め，今後も第三者による検証作業を求める提言をした（2012 年 7 月 6 日付『朝日新聞』）。

（6）「脱原発」を訴える大規模な市民集会「さようなら原発 10 万人集会」が 16 日午後，東京・代々木公園で開かれた。作家の大江健三郎さんらが呼びかけた署名活動「さようなら原発 1,000 万人アクション」の一環。約 17 万人（主催者発表）が全国から集まり，原発再稼働に踏み切った野田政権に方針撤回を迫った（2012 年 7 月 17 日付『朝日新聞』）。

（7）北陸電力志賀原発（石川県）の原子炉建屋直下の断層が活断層の可能性が高いことがわかった。経済産業省原子力安全・保安院は 17 日午後，専門家会議で意見を聴き，必要があれば北陸電力に掘削調査を指示する。原発の重要施設は活断層の上に設置できないとする国の基準に反するおそれがある。活断層と確認されれば，志賀原発は運転できなくなる可能性がある（2012 年 7 月 17 日付『朝日新聞』夕刊）。

（8）原発の再稼働に反対する首相官邸前での抗議行動に 20 日も 9 万人（主催者発表）が集まった。金曜夜の恒例になった行動は 16 回目（2012 年 7 月 21

付『朝日新聞』)。

4. 欧州の信用不安の顕在化とギリシャ危機・独仏蜜月(「メルコジ」から「メルコランド」へ)の行方

　2008年秋のリーマン・ショックの爆発の導火線の発火点になったのは,欧州の金融危機であった。その後,世界のソブリン債務危機は収まらず2010年5月のギリシャをはじめ,ユーロ圏のポルトガル,アイルランドやユーロ圏外のハンガリー,ルーマニアにも拡大し,2011年秋から頻発することになった欧州信用不安の顕在化によってユーロ危機への打撃が進行した。債務危機の直接の要因をなすのは,当該国の債務予測とそれに伴う緊縮策と資金供給対応策に追われており,根本的な解決策の整備には向かっていないことである。ここでは2012年の事態のメモランダムを中心に記しておこう。その際,頻出することになるのは,当然のことながら,信用不安の当事国,欧州連合(EU)の当該機関,国際通貨基金(IMF),それに加えてヘッジファンド(4月19日の時事通信によると,調査会社ヘッジファンド・リサーチは最新の2012年1～3月末の時点で試算運用額を過去最高の推計2兆1,296億ドル,約174兆円と発表した),そしてS&P(スタンダード・アンド・プアーズ),M. I. S.(ムーディーズ・インベスターズ・サービス),F. R.(フィッチ・レーティングス,といったお馴染みの格付け会社である。なお,以下の報道の情報源は脚注欄で番号順に一括して示した[17]。

---

[17]　なお,欧州の信用不安に関する報道の出所等は以下の通りである。(1) 2012年1月12日付『朝日新聞』,(2) 2012年1月14日付『朝日新聞』夕刊参照,(3) 2012年1月14日付『朝日新聞』夕刊,(4) YOMIURI ONLINE 2月13日8時2分配信,2012年2月13日付『朝日新聞』夕刊,(5) 2012年2月12日付『朝日新聞』参照,(6) 2012年2月14日付『朝日新聞』夕刊参照,(7) 2012年2月16日付『朝日新聞』,(8) 2012年2月16日付『朝日新聞』夕刊,(9) 2012年2月21日付『朝日新聞』夕刊,(10) 2012年2月22日付『朝日新聞』,(11) 2012年2月22日付『朝日新聞』夕刊,(12) 2012年2月27日付『朝日新聞』,(13) 2012年2月27日付『朝日新聞』夕刊,(14) 2012年2月28日付『朝日新聞』夕刊,(15) 2012年3月2日付『朝日新聞』夕刊,(16) 2012年3月3日付『朝日新聞』,(17) 2012年3月10日付『朝日新聞』,(18) 2012年3月10日付『朝日新聞』夕刊,(19) 2012年3月10日付『朝日新聞』夕刊,(20) 2012年3月13日付『朝日新聞』夕刊,(21) 2012年3月14日付

（1）まず，欧州連合（EU）の欧州委員会が 2012 年 1 月 11 日，ハンガリーの財政再建に向けた取り組みが不十分だ，との勧告で新年の幕が切って落とされる。昨年末の新しい制裁ルールに基づき，EU 27 カ国の財務相理事会による協議を経て，初の制裁が発動される可能性が出てきたためだ。EU の財政協定では，国内総生産（GDP）に占める政府の財政赤字の比率を 3% 以下に抑える必要がある。ハンガリーは 2011，12 年と 3% 以内に収まるが，2013 年に 3% を超す見通しとなっている。同様に欧州委が審査していたマルタ，キプロス，ベルギー，ポーランドの 4 カ国は有効な対策を示したとして，制裁を免れた。

（2）次いで，欧州信用不安は，1 月 13 日，米格付け会社スタンダード・アンド・プアーズ（S&P）が複数のユーロ圏の国債格付けを引き下げると報じた新しい局面に突入した。この欧州 17 カ国のうち 9 カ国の国債の格付けに関する一斉引き下げは，即座に関係する欧州委員会のレーン副委員長，ドイツ財務相ショイブレ，フランス財務相バロワンらによって，「各国の政策を指図するのは格付け会社ではない」との反論を呼び起こした。

（3）S&P は今回，最上位の格付け「AAA」（トリプル A）だったユーロ圏 6 カ国のうち，フランスとオーストリアの 2 カ国の格付けを 1 つ下の「AA＋」（ダブル A プラス）に下げた。ドイツやオランダなど 4 カ国は最上位の格付けを変えなかった。財政不安が高まっているイタリアやスペインは 2 段階下げた。S&P は格下げの理由として，欧州連合（EU）が昨年 12 月に開いた首脳会議（サ

『朝日新聞』夕刊，(22) 2012 年 3 月 16 日付『朝日新聞』夕刊，(23) 2012 年 4 月 18 日付『朝日新聞』夕刊，(24) 2012 年 4 月 20 日付『朝日新聞』夕刊，(25) 2012 年 4 月 21 日付『朝日新聞』夕刊，(26) 2012 年 4 月 23 日付『朝日新聞』夕刊，(27) 2012 年 4 月 27 日付『朝日新聞』夕刊，(28) 2012 年 5 月 4 日付『朝日新聞』，(29) 2012 年 5 月 7 日付『朝日新聞』夕刊，(30) 2012 年 6 月 19 日付『朝日新聞』，(31) 2012 年 6 月 20 日付『しんぶん赤旗』，(32) 2012 年 6 月 20 日付『朝日新聞』夕刊，(33) 2012 年 6 月 22 日付『朝日新聞』，(34) 2012 年 6 月 27 日付『朝日新聞』，(35) 2012 年 6 月 26 日付『朝日新聞』夕刊，(36) 2012 年 7 月 5 日付『しんぶん赤旗』，(37) 2012 年 7 月 10 日付『朝日新聞』夕刊，(38) 2012 年 7 月 13 日付『朝日新聞』，(39) 2012 年 7 月 11 日付『朝日新聞』，(40) 2012 年 7 月 13 日付『朝日新聞』，(41) 2012 年 7 月 18 日付『朝日新聞』，(42) 2012 年 7 月 21 日付『朝日新聞』，(43) 2012 年 7 月 21 日付『朝日新聞』，(44) 2012 年 7 月 18 日付『朝日新聞』参照。

図1–2 スタンダード・アンド・プアーズ（S&P）による欧州と主な国の格付け

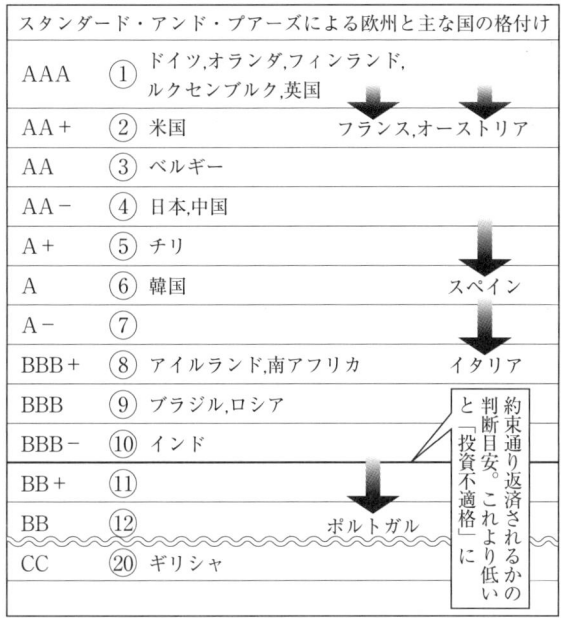

(注) 格付けは21段階，数字は上から何番目かを示す。
(出所) 2012年1月14日付『朝日新聞』夕刊。

ミット）の結果が不十分だったことを挙げた。

（4）EU信用危機はギリシャ問題が緊急性を帯びてくる。政権の骨格を改変する事態が展開し，緊縮策には，最低賃金を22％引き下げ，2012年中に公務員を全体の2％に当たる1万5,000人減らす内容が盛り込まれることになり，ギリシャ議会（定数300）は13日未明（日本時間同日朝），ユーロ圏などから総額1,300億ユーロ（約13兆円）の第2次支援を受ける前提条件とされた財政緊縮策と構造改革について採決を行い，〔賛成199票の〕賛成多数で承認した。同国の「突然の債務不履行（デフォルト）回避に不可欠な第2次支援実施に向け，最も重要な条件が整った。だが，国民の強い反発を受け，〔連立与党から43人が造反し〕不賛成に回る与党議員も相次いだ。ユーロ圏17カ国は15日の臨時財務相会合で支援の可否を決める見通しだが，ギリシャ政府の財政再建努力への不信感も強く，今後の展開は予断を許さない。〔ギリシャは3月20

日，国債145億ユーロ（約1兆5,000億円）の返済期限を迎えるが，EUなどの追加支援がなければ支払えない。ユーロ圏各国は，追加支援の判断を今月15日まで先送りしており，国会承認を1つの条件としていた。」

(5) S&P格下げは10日，イタリアの34金融機関の格付けに及んだ。欧州の政府債務（借金）危機の影響で1月にイタリア国債を格下げしたため，同国内の金融機関の格付けも見直したという。

(6) 米国の格付け会社 M. I. S. は13日，欧州通貨「ユーロ」を使う6カ国を格下げした。スペインは2段階，イタリアとマルタは1段階下げて「A3」（21段階のうち上から7番目），スロバキアとスロベニアは1段階下げて「A2」（6番目），ポルトガルは1段階下げて「Ba3」(13番目)とした。ムーディーズは格下げの理由として，厳しい財政や景気低迷が改善する見通しが立たず，債務危機への対応もおぼつかないことを挙げている。「Ba1」(11番目)以下は投資に向いていない「投機的等級」。最上位の「Aaa」が付くフランス，オーストリアと，ユーロを使っていないイギリスは据え置いたものの，ネガティブの見通しにした。S&Pは1月にフランスを最上位から1段階引き下げている。一方，S&Pは13日，スペインの15金融機関の格付けを一斉に引き下げた。スペイン国債を持つ金融機関の経営が悪化するおそれがあるためだ。最大手のサンタンデールなどが格下げされた。

(7) 欧州のGDPは0.3%減（10〜12月期）。欧州連合（EU）統計局が2月15日発表した2011年10〜12月期のユーロ圏（17カ国）の実質域内総生産（GDP）は，前期（7〜9月）比で0.3%減となり，ドイツ不振が響いた。政府債務（借金）危機に苦しむ南欧諸国だけでなく，ドイツもマイナス成長となり，欧州の景気悪化が改めて確認された。前期は0.1%増だった。ユーロ圏が前期比でマイナス成長に陥るのは2009年4〜6月期以来，10四半期（2年半）ぶり。12年1〜3月期も続けてマイナス成長に落ち込めば，「景気後退局面」と認められる。

(8) ギリシャ支援，20日決定，債務不履行を回避へ「欧州連合（EU）のユーロ圏17カ国は20日の財務相会合で，財政危機のギリシャに追加の資金支援を

することを決める見通しになった。ギリシャは3月下旬に投資家から借りた資金を返す期限を迎えるが，返済できない「債務不履行」（デフォルト）はひとまず避けられそうだ。ユーロ圏の財務相らが15日夜に電話会議を開き，ギリシャに追加支援の前提として求めていた3条件が満たされたことを確認した。ユンケル議長（ルクセンブルク首相）は会議後，「すべての必要な決定が20日にできることを確信する」との声明を発表した。追加支援は総額1,300億ユーロ（約13兆3,000億円）に及ぶ。EU側は，ギリシャが財政再建策を確実に実行できるかどうか不安視されたため，支援決定を延ばしていた。そして，先週のユーロ圏財務相会合でギリシャに3条件を提示し，15日までに答えるよう求めていた。3条件は，①財政再建策については国会承認を得る，②今年の3億2,500万ユーロ（約333億円）の歳出カットの中身を具体化する，③連立与党党首が財政再建策の実行を書面で確約する，というものだった。このうち国会承認は13日に終わった。15日のユンケル議長の声明によると，残る2条件についても，ギリシャの連立与党2党の党首から財政緊縮策を実行するとの「力強い保証」を得て，今年の歳出削減策の中身についても確認できたという。ただ，詳細は明らかにされていない。一方，ギリシャ政府は借金の総額を元本で約2,000億ユーロ（約20兆4,000億円）の国債を持つ銀行など金融機関との間で，実質的にどれくらい借金返済を割り引いてもらえるか交渉している。追加支援の決定とともに，この具体策も最終決定すると見られる。

（9）欧州連合（EU）のユーロ圏17カ国は20日夕からブリュッセルで財務相会合を開き，財政危機のギリシャに1,300億ユーロ（約13兆7,000億円）の追加支援をするかどうか話し合った。ロイター通信は，21日未明（日本時間同日午前）の段階で大筋合意に達したと報じた。これまでの欧米メディアの報道によると，当初の想定よりもギリシャの景気が悪くなったため，支援額を実質55億ユーロ（約5,800億円）前後増やさないと，ギリシャが計画通りに借金を減らせない，という懸念が出ていた。追加支援は，EUと国際通貨基金（IMF）が行う。これと同時に，ギリシャ国債を持つ銀行などの民間投資家が損失をかぶることでギリシャの政府債務（借金）を減らす。その結果，ギリシャの政府

債務の残高を現在の国内総生産（GDP）比約160％から，2020年までに120％に下げ，借金返済が続けられるようにする計画だ。しかし，欧米メディアによると，ギリシャの景気悪化が予想以上に深刻なため，現状の支援策では借金は2020年でGDP比129％までしか減らないと報じられている。このため，20日始まった財務相会合では，支援額を実質的に増やすことについて話し合ったと見られる。具体策としては，すでに実施した1次支援での融資の金利を下げることや，ギリシャ国債を持つ欧州中央銀行（ECB）などが債務削減に協力する案などが浮上した模様だ。さらにロイター通信によると，民間投資家がかぶる損失を増やすことも検討されており，ギリシャ国債の元本のカット率を10月に決めた50％から53.5％に引き上げる検討もしたという。

（10）欧州連合（EU）のユーロ圏17カ国は21日，ブリュッセルで開いた財務相会合で，財政危機のギリシャに対する約1,300億ユーロ（約13兆8,000億円）の追加支援を決めた。民間投資家が持つ国債で自発的に損をする割合を増やし，融資額を当初予定に抑えた。ギリシャは3月の国債返済を乗り切り，この時点での国家破綻は避けられそうだ。昨年10月に決めた追加支援の大枠では，EUと国際通貨基金（IMF）による融資のほか，民間投資家が持つギリシャ国債を条件の悪い新しい国債と交換し，ギリシャの政府債務（借金）を減らそうとした。その結果，政府債務の残高を現在の国内総生産（GDP）比約160％から，2020年までに120％に下げ，持続的に借金が返せるようにする計画だった。しかし，その後想定よりも景気が悪化し，EUとIMFはギリシャに追加の歳出削減を求めていた。21日の会合では，新たに民間投資家がかぶる元本の損失を当初予定の50％から53.5％まで広げた。新発債の金利も当初で2％，最高4.3％に抑えた。ロイター通信によると，元本と金利を合わせた総額では73～74％の損になるという。さらに，個別の国への財政支援ができない欧州中央銀行（ECB）も間接的に支援に加わる。ECBが過去に市場で購入したギリシャ国債で受け取った利益をユーロ圏各国の中央銀行に配分し，各国政府がギリシャ支援に回す。また，ギリシャの借金返済が確実に実行されるよう，追加支援のお金をギリシャの国庫とは別勘定にして使い道を明らかにする仕組みも

表1-4 IMFの経済成長見通し

	2012年	2013年
世界	3.3（▼0.7）	3.9（▼0.6）
先進国	1.2（▼0.7）	1.9（▼0.5）
米国	1.8（　0.0）	2.2（▼0.3）
ユーロ圏	▼0.5（▼1.6）	0.8（▼0.7）
日本	1.7（▼0.6）	1.6（▼0.4）
新興国	5.4（▼0.7）	5.9（▼0.6）
中国	8.2（▼0.8）	8.8（▼0.7）

（注）実質国内総生産（GDP）成長率。単位は%，▼はマイナス。かっこ内は昨年9月の前回発表からの増減幅，▼は減少。
（出所）2012年1月25日付『朝日新聞』夕刊。

盛り込んだ。ユーロ圏の財務相はこれらの対応でギリシャのGDP比の債務残高が20年までに120.5%まで下がる道筋が整ったと判断。追加融資を決めた。

（11）主要20カ国・地域（G20）が，25，26日にメキシコで開く財務相・中央銀行総裁会議で，国際通貨基金（IMF）が資金基盤（融資枠）を十分に増やせるよう，支援を表明する方向で調整に入ったことがわかった。欧州の債務（借金）危機の波及を防ぐため，協調する姿勢を示すのがねらいだ。

（12）主要20カ国・地域（G20）財務相・中央銀行総裁会議が25日夕（日本時間26日朝），メキシコ市で開幕した。欧州の債務危機への対応について，欧州が自前の安全網を拡充するよう求めた。それが実施されれば，G20が4月の次回会合に向け，国際通貨基金（IMF）の融資枠の拡大を検討することで一致した。26日夕（同27日朝）に採択される共同声明でこうした内容が盛り込まれる方向だ。IMFは，財政危機に陥った国が出た場合に備えた融資枠を，今の3,900億ドル（約31兆円）から，さらに5,000億ドル（約40兆円）積み上げたい意向だ。しかし，欧州以外の国々の多くは，新たにつくる欧州の安全網である欧州安定メカニズム（ESM）の上限が5,000億ユーロ（約55兆円）では不十分だと指摘。IMFの融資枠を増やす前提として，ESMの拡充を求めた。

（13）メキシコ市で開かれた主要20カ国・地域（G20）財務相・中央銀行総

裁会議は26日午後（日本時間27日朝），閉幕した。欧州が自前の安全網の拡充策について3月中の結論をめざし，その結果をふまえて4月の次回会議で国際通貨基金（IMF）の融資枠の拡大を決める方針を確認した。会議で採択された共同声明に盛り込まれた。欧州が財政危機の国などを助ける自前の安全網の拡充を決めれば，4月にIMFの融資枠を増やすことで合意する見込みだ。ただ，欧州最大の経済大国のドイツには自前の安全網拡大に慎重な世論があり，3月に拡大が決められるかはまだわからない。IMFも，融資枠を5,000億ドル（約40兆円）積み増す方針だが，米国が資金を出すことに慎重なため，満額増やせるか否定的な見方もある。IMFの融資枠拡大について，声明では，欧州危機に対応するため十分な規模を確保できるよう検討を進めていて，各国から融資を受ける方法で資金を集めることまでは合意したことを明らかにした。ただし，各国が出す額など具体策については結論を先送りし，欧州自身の検討結果を待つことにした。欧州危機について，声明では，「市場の改善を歓迎する」とし，ギリシャへの追加支援の決定などで投資家の不安を和らげたことを評価した。ただ，依然として「（世界景気を押し下げる）下方リスクは引き続き高い」と指摘し，楽観を戒めた。一方，世界経済については，先進国の成長が弱く，新興国では減速しつつも強く拡大しているという「不均衡（ゆがみ）」があることに言及。発展度合いの差や債務の多さは引き続き「世界経済にとっての重しとなっている」と位置づけた。また，イランへの米国による経済制裁や世界的な金融緩和に伴い，上昇が続く原油価格が世界経済に与える悪影響に懸念を表明。「石油価格の上昇リスクを警戒しており，十分な供給を引き続き保証するとの産油国の約束を歓迎する」とし，イランからの供給が減る分を，サウジアラビアなど他の産油国からの供給を増やして補うことに期待を示した。

（14）S&Pは27日，ギリシャの長期国債の信用格付けを，21段階のうち最下位の「選択的デフォルト（債務不履行）」と呼ばれる「SD」に引き下げた。SDとは，一部の債務が約束した通りに返済できない状態に陥ったことを意味する。財政危機のギリシャは21日，政府債務（借金）を減らすため，同国の国債を持つ民間投資家に「自発的な」形で国債の元本（額面）を53.5%減額し

てもらう計画を決めた。ただ，この計画を受け入れる投資家が少ない場合は，元本カットを「強制的に」実施しなければならず，ギリシャ政府はその手続きも準備している。これを受けて，S&Pはギリシャ国債の元本が「強制的に」カットされる可能性が高まったと判断し，格付けを上から20番目の「CC（ダブルC）」から下げたという。大手格付け会社がSDに相当する格付けまで下げたのは初めて。ただ，S&Pは，民間投資家が債務カットを受け入れ，計画通り「自発的な」債務削減手続きを終えれば格付けを引き上げ，上から18番目の「CCC（トリプルC）」にするという。削減手続きは3月12日の終了を予定している。ユーロ圏財務相会合のユンケル議長（ルクセンブルク首相）は「同様の格付け判断は十分に予想し，債務削減の手続きでも考慮に入れていた」とし，「民間投資家の高い参加率を期待する」とする声明を出した。

（15）欧州連合（EU）のユーロ圏17カ国は3月1日に開いた財務相会合でギリシャの財政再建策に「十分な進展があった」との認識で一致した。1,300億ユーロ（約14兆円）の追加支援を実行する準備がほぼ整った。追加支援の前提としてギリシャ政府が民間投資家との間で進める債務削減交渉については，現在，投資家に参加を求めている。どの程度応じるかは来週，確定する。これを受け，ギリシャへの追加支援を最終的に決める。

（16）M. I. S.は2日，ギリシャの長期国債の格付けを「Ca」から最下位の「C」に引き下げたと発表した。Cはデフォルト（債務不履行）に陥ったことを意味する。2月下旬にまとまったギリシャ支援策では，銀行などの民間投資家が持っているギリシャ国債の元本削減が盛り込まれ，投資家が大きな損失を被る見通しになったと判断した。格下げは予想されていたため，金融市場が混乱することはないと見られる。米格付け会社S&Pも2月下旬，ギリシャ国債の格付けを最下位の「選択的デフォルト」と呼ばれる「SD」に引き下げている。

（17）民間投資家に債務（借金）返済の一部免除を求めていたギリシャ政府は9日，元本（額面）で1,720億ユーロ（約18兆6,000億円）の国債を持つ投資家が要請に応じたと発表した。元本全体の83.5％にあたり，目標の90％には届かなかった。このためギリシャ政府は，要請に応じない投資家が持つ国債の

元本も強制的にカットすることを決めた。一部投資家にとっては一方的に借金を踏み倒されることになる。自発的に債務削減に応じてもらう方針を断念し，削減を強制する「債務不履行」（デフォルト）になった。債務不履行は，先進国としては戦後初。ただ，これで昨秋から検討されてきたギリシャの債務削減が実行に移されることが正式に決まった。民間投資家への借金2,060億ユーロ（約22兆円）がほぼ半減する。計画通り債務を減らすことができる「管理された債務不履行」になった。かつてのロシアやアルゼンチンで起きた債務不履行のように，突然借金が返せなくなり，金融機関や市場が混乱する，という事態は避けられる見通しになった。ほとんどの民間投資家に損をかぶってもらうことになったため，欧州連合（EU）などによるギリシャへの1,300億ユーロ（約14兆円）の追加支援が実施できる条件が整った。EUのユーロ圏各国は9日に電話会議を開き，ギリシャからの報告を受けて追加支援を実行する方針を確認した。ギリシャ政府はこれまで，ギリシャの政府債務のうち，民間投資家が持つギリシャ国債の元本を53.5％カットしてもらうよう求めていた。元本全体の90％超の同意が得られれば，削減額の目標にほぼ達する予定だった。だが，全体の83.5％にとどまったため，残りの投資家にも削減を強制できる仕組みである集団行動条項を発動せざるをえなくなった。国債の発行条件の違いからすべてを強制できないものの，全体の95.7％にあたる1,970億ユーロ（約21兆3,000億円）が削減の対象になるという。元本で1,050億ユーロ（約11兆3,000億円）分の債務を減らすことができる。世界的な株安やユーロの値下がりといった金融市場の混乱につながらなければ，日本など欧州外の国々への影響も限られそうだ。

　(18) F. R. は，ギリシャ格付けを「一部債務不履行」に引き下げ。ギリシャ政府が求めた債務返済の免除に8割超の民間投資家が応じたことを受け，国際通貨基金（IMF）がギリシャに280億ユーロ（約3兆円）の融資を実施する見通しになった。ラガルド専務理事が9日，IMF理事会に来週提案すると発表。理事会の承認を経て正式決定する。

　(19) 金融派生商品を扱う金融機関などでつくる国債スワップデリバティブ

協会（ISDA）は9日，ギリシャの債務削減が「債務不履行（デフォルト）」に当たると認定した。これにより，損失を穴埋めする保険の一種「クレジット・デフォルト・スワップ（CDS）」の契約をしていた投資家に「保険金」が払われる。一部投資家が，強制的に借金を踏み倒される結果になったため，デフォルトと判断した。CDSを発行する金融機関が保険金の支払いによって資金不足に陥り，金融システム全体を揺るがす心配もあるが，ISDA幹部は「金融市場に重大な影響があるとは思わない」との見方を示した。ギリシャ国債では，同じ金融機関がCDSのかけ手と売り手を兼ねる例が多いという。実質的に支払われる保険金は最大32億ドル（約2,600億円）で，国債の発行残高の1%程度にすぎない。

　（20）欧州連合（EU）のユーロ圏17カ国は12日の財務相会合で，ギリシャへの追加支援を正式承認した。国際通貨基金（IMF）も15日の理事会で承認する見通しで，2014年までの総額1,300億ユーロ（約14兆円）の追加支援が確定。ギリシャが資金繰りに行き詰まる恐れは当面なくなった。ギリシャは9日，ギリシャ国債を持つ民間投資家の元本（額面）を強制的に減らすことで，借金を減らすことを決めた。12日の会合後の記者会見でユンケル議長（ルクセンブルク首相）は，こうした債務削減と追加支援で，ギリシャの国内総生産に占める借金の割合が2020年に117%となり，当初目標の120%を下回るとの見通しを明らかにした。一方，他国への危機の波及を防ぐため，現在5,000億ユーロ（約54兆円）を上限とするユーロ圏の安全網の拡大は，結論を持ち越した。EUの欧州委員会が拡充策の具体案をつくり，月末の財務相会合で最終決定する。

　（21）欧米系格付け会社のF. R.（フィッチ・レーティングス）は13日，ギリシャ国債をRD（一部債務不履行）からBマイナスに格上げした。ギリシャ政府が金融機関との債務削減交渉を終え，これまで発行されてきた国債を，満期が長く，金利の低い国債に交換したため。Bマイナスは21段階ある格付けのなかでは，上から16番目で「非常に投機的」とされる水準。フィッチは声明で「債務削減が終わっても依然，債務が多く残ることを踏まえると，重大な債務不履

行の可能性は残っている」と厳しく評価している。

（22）国際通貨基金（IMF）は15日の理事会で、ギリシャへの280億ユーロ（約3兆円）の追加融資を承認したと発表した。融資期間は4年間。欧州連合（EU）のユーロ圏17国も14日に追加支援を正式承認しており、あわせて1,300億ユーロ（約14兆円）の支援を実行することが正式に決まった。IMFのラガルド専務理事は「ギリシャには構造改革がまず必要だ。再建計画は大きなリスクを伴っているが、遅れる余地はもはやない」と釘を刺した。

（23）国際通貨基金（IMF）が検討している資金基盤の上積みが3,500億〜4,000億ドルほど確保できる見通しになった。

（24）主要20カ国・地域（G20）財務相・中央銀行総裁会議が19日夕（日本時間20日朝）、米ワシントンで開幕した。焦点となる国際通貨基金（IMF）の融資枠の拡大については、新興国が現時点での拠出額確定に難色を示し、決着は6月のG20サミットに先送りされる見通しとなった。……この日はBRICS5の新興5カ国の財務相がG20会議とは別に会談。ブラジル政府高官によると、「IMF改革が進むとの約束が確認できなければ拠出額の確定は難しい」との意見が主流になったという。

（25）米ワシントンで開かれた主要20カ国・地域（G20）財務相・中央銀行総裁会議は4月20日午後（日本時間21日未明）、閉幕した。最大のテーマだった国際通貨基金（IMF）の融資枠の拡大は、各国が4,300億ドル（約35兆円）超を出すことで合意した。IMFの強化は、欧州自身の安全網の拡充に加え、二段構えで欧州危機の拡大に備えるもの。拡大幅は1月にIMFが掲げた5,000億ドル（約41兆円）の目標には届かなかったものの、現在使えるIMFの融資枠は3,900億ドル（約32兆円）から2倍超に広がる。3月に欧州自身が整備した安全網を加えると、計1兆9,000億ドル（約150兆円）規模の資金で、欧州危機の封じ込めを図ることになった。20日に採択した声明では、「国際金融の安定を守り、世界経済の回復をより確実にする国際社会のコミットメント（約束）だ」と説明した。

（26）フランス大統領選挙の第1回投票が4月22日に行われ、即日開票され

た。内務省の集計によると，社会党のフランソワ・オランド氏が首位（約29％），民主運動連合（UMP）の現職ニコラ・サルコジ氏が2位（約27％）。2大政党の候補が5月6日の決選投票に進むことになった。一方，脱ユーロを掲げた右翼・国民戦線のマリーヌ・ルペン氏が約18％，反緊縮財政のジャンリュック・メランション氏が約11％を得た。EUの動向や欧州信用不安に大きな影響をもたらす決選投票となろう[18]。

(27) S&Pは4月26日，厳しい財政状況にあるスペインの長期国債の格付けを「A（シングルA）」から「BBB＋（トリプルBプラス）」に2段階引き下げたと発表した。「BBB＋」は，全部で21段階ある格付けの上から8番目。今後の格付け見通しも，追加引き下げの可能性がある「ネガティブ（弱含み）」とした。

---

[18] 田中素香「ユーロ危機をどう見るか」（『世界経済評論』2012年1・2月号所収）。
【ディナースピーチ】と銘打ってあるが仲々の力作である。まず「ユーロ危機の背景」では，今でいうPIIGS―ポルトガル，アイルランド，イタリア，ギリシャ，スペイン―のソブリン危機に陥った原因を，①ユーロに危機対応の制度が整っていなかったこと②先進国と新興国（東欧諸国＋南欧諸国）とが併存していたことという2つの設定時の想定外を検出し，水平的同盟が垂直的同盟になっていたので，ギリシャの場合，財政赤字，インフレ，通貨（ドラクマ）の切り下げの三位一体を続け，リーマンショック後には隠しきれなくなった。「ユーロ危機への対応」では，ギリシャ危機から今年〔2011年〕の夏イタリア，スペインに金融危機が波及してからは，「本気の対応」がとられ，イタリア，ギリシャに財政状況の査察にEUとIMFも入っている。ユーロ包括策や欧州金融安定化基金（EFSF）の強化も合意されている。「歴史的に見た欧州危機と今後の展望」では，第1次グローバル化（1880年代から第2次世界大戦まで，植民地化，と国家社会主義，帝国主義，共産主義の併存対立）と今回の第2次グローバル化（低開発国を市場経済化し，先進国間は自由化していくという流れ）とが対比され，1930年代に比べると価値観の根本的な対立は見られず，歴史はずっと進んでいる。今後の展望として田中素香氏が提起するのは，ユーロ加盟国で脱退を望んでいる国はなく，ドイツもしかりである。とすれば，まず欧州の分裂を防がねばならず，国際協力が不可欠だ，とされる。そこで登場するのが，現に認められる「ユーロ圏財務省の方向への第一歩」（35ページ）と先述されていた「ブリューゲル（ブリュッセルにあるシンクタンク）」のレポートにもある「ユーロ圏財務省の構想」（36ページ）だと力説されている。私見を述べるならば，EUの統治・行政機構論についてはこれまでのところ筆者はPaul TaylorのConsociationalism的解釈をとっているので，一国の省庁になぞらえる「ユーロ圏財務省の構想」がEUの国民国家主権とが両立するかどうか，慎重に検討を加える必要があろうと考える。

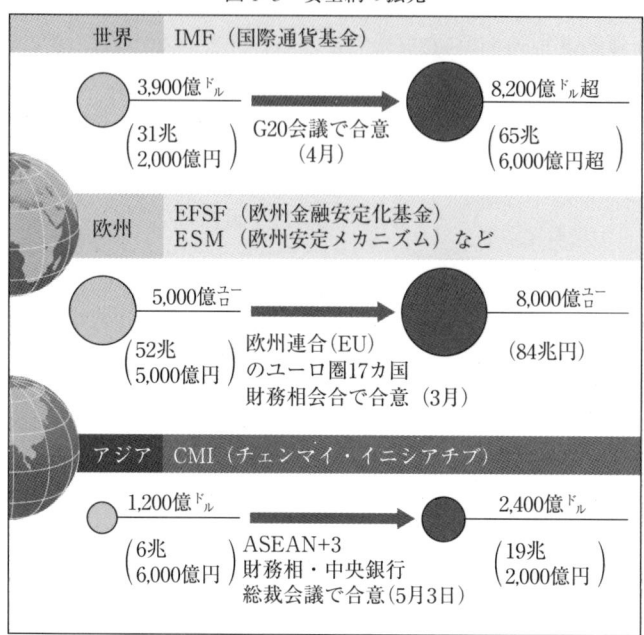

図1-3 安全網の拡充

世界	IMF（国際通貨基金）
3,900億ドル (31兆2,000億円)	→ G20会議で合意（4月） → 8,200億ドル超 (65兆6,000億円超)

欧州	EFSF（欧州金融安定化基金） ESM（欧州安定メカニズム）など
5,000億ユーロ (52兆5,000億円)	→ 欧州連合（EU）のユーロ圏17カ国財務相会合で合意（3月） → 8,000億ユーロ (84兆円)

アジア	CMI（チェンマイ・イニシアチブ）
1,200億ドル (6兆6,000億円)	→ ASEAN+3 財務相・中央銀行総裁会議で合意(5月3日) → 2,400億ドル (19兆2,000億円)

（出所）2012年5月4日付『朝日新聞』。

(28) 東南アジア諸国連合（ASEAN）と日中韓の「ASEAN+3」は5月3日の財務相・中央銀行総裁会議で，自前の安全網の大幅な拡充を決めた。10年余りにわたり，欧米の金融危機をきっかけに本格的な枠組みへと進化しつつある。チェンマイ・イニシアチブ（CMI）は1997年のアジア通貨危機を受けて2000年に創設されたが，拡充策はゆっくりとしか前に進まなかった。安全網の効果には課題が残る。域内各国の経済を監視し，変調をいち早く察知できるようにすることが欠かせず，当面その役割を担うスタッフ20人の「ASEAN+3マクロ経済リサーチオフィス（AMRO）」体制の強化にかかっている。

(29) 仏大統領にオランド氏，ギリシャ2大政党惨敗「フランス大統領選は5月6日決選投票があり，即日開票の結果，社会党のフランソワ・オランド氏が，民衆運動連合（UMP）が推す現職ニコラ・サルコジ氏を破り，初当選した。社会党の大統領は，ミッテラン氏が退いて以来となる17年ぶり。仏内務省の

集計(在外投票を除く確定)で,オランド氏の得票率は51.67%,サルコジ氏は48.33%だった。欧州危機や緊縮財政への国民の不満を吸収した。任期は5年。投票率は前回2007年の大統領選をやや下回る81.03%だった。なお,棄権率は18.97%だった。オランド氏は15日までに大統領に正式に就任し,首相を任命して組閣を指示すると見られる。その直後にドイツのメルケル首相と会談し,独仏が主導して欧州の統合を進める姿勢を確認する方針だ。オランド氏は6日夜,仏中部の地元チュルで「変革は今,始まる」と勝利宣言。「欧州の新たな出発となる」とも述べ,債務(借金)危機の克服を急ぐ姿勢を強調した。オランド氏は経済成長重視の工程表を示しており,一部の人についての年金を60歳に戻したり,教職員の増員を約束していた。いきなり歳出増と財政規律との両立が問われることになる。

他方,欧州の債務危機の発端ギリシャの総選挙が6日投開票され,大連立で財政再建を進めてきた2大政党が惨敗し,わずかながら過半数に届かない見通しになった(新民主主義党,全ギリシャ社会主義党で150議席前後)。緊縮策への国民の抵抗は強く,債務返済の拒否を訴えた左派政党が第2党(急進左翼進歩連合)に躍進した。ギリシャの場合,連立協議での組閣の道筋が不透明だ。

(30) 日米欧に中国などの新興国を加えた主要20カ国・地域(G20)首脳会議が18日午後(日本時間19日未明),メキシコのロスカボスで始まった。最大のテーマである欧州経済危機への対策では,19日に発表される共同声明で「ユーロ圏の安定のためあらゆる必要な措置をとる」との文言が盛り込まれる見通しだ。具体的には,欧州内で金融機関の監督や預金保護制度などを統一する「銀行同盟」の発足などを求める。

(31) 国際通貨基金(IMF)のラガルド専務理事は18日,欧州債務危機の波及阻止に向けたIMFの資金基盤強化について「(融資枠が)約4,560億ドル(約36兆円)に拡大したと発表した

(32) 主要20カ国・地域(G20)首脳会議は19日午後(日本時間20日朝),欧州の経済危機が世界に波及するのを防ぐため,ユーロ圏各国が「地域を安定化させるすべての必要な措置をとる」ことをうたった共同声明を採択,閉幕し

た。

（33）ギリシャのサマラス新政権の閣僚名簿が，21日発表された。財政再建を担う財務相には，同国最大手銀行のラパノス頭取が就任した。一方，連立パートナーの2党は閣外協力を選択。政権基盤にもろさを抱えての船出となった。

（34）欧州連合（EU）のファンロンパイ首脳会議常任議長は26日，域内で経済・財政統合を進めるための今後10年の長期展望を示した報告書を公表した。EU全体で金融行政を統一する「銀行同盟」や債券発行を一緒にする「共同債」の発行などが柱で，個別の政策の導入時期などを今後，各国首脳と協議する。

（35）米格付け会社 M. I. S. は25日，スペインの銀行28行の格付けを1～4段階引き下げた。13日にスペインの長期国債の格付けを「A3」から「Baa3」に3段階引き下げたことに伴う措置と説明している。

（36）5月の大統領選挙で誕生したフランスのオランド政権が年収100万ユーロ（約1億円）以上の富裕層に最高75％の所得税を課す方針を打ち出しました。3日，エロー首相が国民議会（下院）で施政方針演説を行い，明らかにした。現在フランスの所得税率は年収7万ユーロ（約700万円）超の41％が最高です。

（37）欧州連合（EU）のユーロ圏17カ国は9日開いた財務相会合で，経営難に陥っているスペインの銀行を救うため，ユーロ圏の救済基金からスペイン政府に対して今月末に300億ユーロ（約3兆円）を融資する方針を決めた。

（38）米国の格付け会社 M. I. S. は13日，イタリアの国債格付けをは「A3」（21段階のうち上から7番目）から，2段階下の「Baa2」に下げた。あと2段階下げられると「投機的」な階級になり，投資家の信用を大きく失って国債が売られるおそれがある。

（39）欧州連合（EU）のユーロ圏17カ国は9日開いた財務相会合で，今月末にもスペインに300億ユーロ（約3兆円）を融資する方針を決めた。スペインの銀行救済にようやく一歩を踏み出した。ただ，政府を介さずに銀行に直接

支援したり，EUの救済基金で国買い入れたりする危機対応策の具体化はこれからだ。

(40) 欧州連合（EU）が検討しているスペイン支援の原案が明らかになった。9月中に銀行の特別検査を終え，11月から資本注入を始める。不良債権処理を進める一方，銀行の一部投資家にも負担を強制し，公的負担の最小化を狙う。20日に正式に決める。

(41) 欧州の政府債務問題が続くなか，大手格付け会社への風当たりが強くなっている。銀行や国債を格下げするたびに，市場を揺さぶる存在になっているためだ。欧州議会は6月中旬，「欧州債務危機でわかったことは，格付け会社があまりに大きな影響力を持ってしまった，ということだ。それは政策決定に影響を及ぼすほどだ」との談話を発表し，国債格付けへの規制を強めるべきだと訴えた。

(42) 欧州連合（EU）のユーロ圏17カ国は20日，財務相による電話会議を開き，スペインに対する最大1,000億ユーロ（約9兆7,000億円）の支援を正式に決めた。不良債権に苦しむスペイン国内の銀行救済が目的だが，金融市場ではスペイン財政懸念がぬぐえないままだ。

(43) 20日のロンドン外国為替市場では，欧州共通通貨ユーロが売られ，一時1ユーロ＝95円40銭台に急落した。2002年1月にユーロが現金として出回るようになってからの最安値を1カ月半ぶりにぬりかえた。これまでの最安値は6月1日につけた1ユーロ＝95円59銭だった。スペイン財政への懸念からスペインの国債価格が下落，国債利回りが「危機水準」とされる7％を超えて7.2％台に上昇したことが影響した。

(44) 米格付け大手M.I.S.は16日，イタリアの13金融機関の債務や預金などに関する格付けを1～2段階引き下げたと発表した。同国国債を2段階格下げしたことに伴う措置で，同国最大手ウニクレディトの長期債務格付けは「A3」から「Baa2」に2段階引き下げた。

第 2 章

東日本大震災・原子力災害からの 500 日
――創造的復興ではなく被災者の救済と被災地の復旧を――

はじめに

　2011 年 3 月 11 日に東北地方太平洋沖で発生した巨大地震とそれによる大津波，さらにそれに続く東京電力福島第一原子力発電所での過酷事故は，東日本の広範な地域で史上未曽有の大災害をもたらした。筆者は，東日本大震災復興構想会議（五百旗頭真議長）が策定した『復興への提言―悲惨のなかの希望』に基づく復興政策では，阪神・淡路大震災の復興過程で発生した復興災害がより大規模に起こらざるをえないと，2011 年秋の小論で警鐘を鳴らした[1]。東日本大震災・原子力災害が発生して 500 日が経過した現時点で，被災者と被災地は，筆者の予想を大きく超える厳しい状態に置かれている。本章の目的は，復興災害，さらに今回新たに指摘されるようになった復興格差を生み出しつつある新自由主義的な創造的復興政策の問題状況を，被災者の救済と被災地の復旧という 2 つの側面から整理することである。なお，原子力災害に苦しむ福島県を中心とする被災者，被災地の問題状況の解明は独自の考察を必要とするため，別の機会に譲らざるをえない。

1）　米田貢「大震災・原子力災害からの復旧・復興と経済体制の転換」（『前衛』2011 年 12 月号）。

1. 大災害のもとでこそ国民の基本的人権と社会的生存権が尊重・保障されなければならない

1-1 東日本大震災・原子力災害の深刻さと被災者の救済を最優先した復旧・復興政策への転換の必要性

今回発生した地震はM 9.0 という日本の観測史上最大の巨大地震であり[2]，これにより東北地方の広範囲の海岸線で顕著な地盤沈下が発生した。また，連動型の巨大地震によって津波の規模も巨大化し，地域によっては最大で30メートルを超える地点にまで津波が押し寄せたところもある。この巨大地震・大津波によって，東北地方の太平洋側の沿岸部を中心に，各地で生活と営業のあらゆる基盤が根こそぎに破壊され，押し流された。表2-1によれば，2012年6月6日現在で，死亡者1万5,861人，行方不明者3,018人，その後の震災関連死1,632人に達し，家屋の被害は，全壊12万9,944戸，半壊25万8,839戸で，一部破損は71万1,839戸家屋に達している。まさに，アジア太平洋戦争での大空襲後の「焼け野原」が各地に出現した。

もとより，これだけの甚大な大災害からの復旧・復興過程がさまざまな困難を伴い，長期化することは十分に予想された。特に千年に一度の連動型の大津波で町ごと押し流された被災地の被災者が，将来的にこれらの大津波にどう備えるべきなのかについては，重大な，それゆえ慎重な判断が求められる。そもそも，これらの被災地の多くは，漁業や農業が基盤産業であり，これらの生業は職住一体を前提に家族労働や地域的協働によって営まれてきたのであるから，田畑や漁場を守ることと安全な居住地を確保することとの調整は，時間のかかる極めて困難な課題である。

だが，大震災後1年4カ月が経過した現時点で，被災者と被災地が直面している深刻な事態は，単に大震災それ自体の爪痕の大きさに起因するものでは決

---

[2] 震源域は長さ約450キロメートル，幅約200キロメートルの広範囲に及び，三陸沖の震源直上の海底は，東南東方向に約24メートル移動し，約3メートル隆起した。

表 2-1 東日本大震災の概要

※ わが国の観測史上最大規模の地震，世界的にも 1900 年以降 4 番目の規模の地震		
項　目	データ	被害状況等（6月6日現在　出典：警察庁，復興庁等） (1) 人的被害 　ア　死者　　　　　15,861 人 　イ　行方不明　　　 3,018 人 　ウ　負傷者　　　　 6,107 人 　エ　震災関連死（※2）1,632 人（3月31日現在） (2) 建築物被害 　ア　全壊　　　129,944 戸 　イ　半壊　　　258,839 戸 　ウ　一部破損　711,839 戸 ※　未確認情報を含む。 ※　平成 23 年 4 月 7 日に発生した宮城県沖を震源とする地震, 　4 月 11 日に発生した福島県浜通りを震源とする地震, 　4 月 12 日に発生した福島県浜通りを震源とする地震, 　5 月 2 日に発生した千葉県北東部を震源とする地震, 　7 月 25 日に発生した福島県沖を震源とする地震, 　7 月 31 日に発生した福島県沖を震源とする地震, 　8 月 12 日に発生した福島県沖を震源とする地震, 　8 月 19 日に発生した福島県沖を震源とする地震, 　9 月 10 日に発生した茨城県北部を震源とする地震, 　10 月 10 日に発生した福島県沖を震源とする地震, 　11 月 20 日に発生した茨城県北部を震源とする地震, 　平成 24 年 2 月 19 日に発生した茨城県北部を震源とする地震, 　3 月 1 日に発生した茨城県沖を震源とする地震の被害を含む。 ※2 「震災関連死の死者」とは，「東日本大震災による負傷の悪化等により亡くなられた方で，災害弔慰金の支給等に関する法律に基づき，当該災害弔慰金の支給対象となった方」と定義（実際には支給されていない方も含む。）。復興庁等調べ。	
発生日時	平成 23 年 3 月 11 日　14 時 46 分	
震源およ び規模（推定）	三陸沖（北緯 38.1 度，東経 142.9 度，牡鹿半島の東南東 130 km 付近） 深さ 24 km，モーメントマグニチュード Mw 9.0	
震源域	長さ約 450 km，幅約 200 km	
断層のすべり量	最大 20〜30 m 程度	
震源直上の海底の移動量	東南東に約 24 m 移動，約 3 m 隆起	
	震度7	宮城県北部
	震度6強	宮城県南部・中部，福島県中通り・浜通り，茨城県北部・南部，栃木県北部・南部
	震度6弱	岩手県沿岸南部・内陸北部・内陸南部，福島県会津，群馬県南部，埼玉県南部，千葉県北西部
	震度5強	青森県三八上北・下北，岩手県沿岸北部，秋田県沿岸南部・内陸南部，山形県村山・置賜，群馬県北部，埼玉県北部，千葉県北東部・南部，東京都 23 区，新島，神奈川県東部・西部，山梨県中部・西部，山梨県東部・富士五湖

（注）気象庁資料・海上保安庁資料による。
（出所）復興庁『復興の現状と取組』（2012 年 6 月 11 日）。

してない。そうではなく，生活と営業のあらゆる基盤を一挙になくした被災者をいかに救済するのかという基本的な観点を欠いた創造的復興政策が強行されているがゆえに，被災地では新たな生活破壊が進行しているのである。そのいくつかの事例を示しておこう。

　その端的な事例の 1 つは，生活保護受給者が義援金や東電からの原発事故の

仮払補償金の受け取りを理由に，生活保護を打ち切られるという事態が，いくつもの自治体で発生したことである[3]。義援金は，不幸にして災害に遭遇した被災者たちを励まし，以前の生活に少しでも早く戻ってもらいたいという国民の善意の結晶である。しかも，その支給金額は，死亡・行方不明者や住宅が全壊・全焼した人たちに対してすらわずか35万円にすぎない。家族を失ったり避難所等で耐えがたい避難生活を強いられている被災者に対して，この程度の臨時的な収入を理由に生活保護を打ち切るなどということはあってはならない。厚生労働省は，2011年5月2日付の「東日本大震災による被災者の生活保護の取り扱いについて（その3）」で，かつての事務次官通知に基づいて義援金等を収入として認めないことを各自治体に求めていたが，住民と直接向かい合う行政の現場では，福祉切り捨ての新自由主義的構造改革の時代潮流にそって，被災者の生活実態無視の行政対応が一部で行われたのである。

　同様のことは，今年に入ってもさまざまな形で現われている。国税庁は，原発事故により東電が支払っている原発賠償金について，精神的損害に対する賠償金（避難指示対象地域の被災者1人につき月額10万円）や避難費用などに対する賠償金は非課税としているが，避難指示による営業困難，「風評被害」による減収，出荷制限指示による損失に対する賠償金を事業所得に関わる収入として課税対象としている。同様に，原発事故によって就労機会をなくした雇用者の給料の減損失に対する賠償金も，雇用主以外からの一時所得の収入として課税される。法律的に財産権の補償と生存権の補償とは区分されるべきとの立場からの行政対応であるが，原発推進政策によって，将来的に長期間に生命と健康を脅かし，現実に財産や生活の糧を稼ぐ手段を福島県民から奪うことになった国の加害責任を考えれば，一定期間の非課税措置は当然であろう[4]。さら

---

3) 宮城県の仙台市，塩釜市や福島県の南相馬市，いわき市などで，このような事例が多数確認されている。県は，厚労省の指導もあり，市側のこれらの措置について義援金は収入外との認定を行い，生活保護打ち切りの改善を図っている。J-CASTモバイルニュース http://www.j-cast.com/m/news.html 2011/6/22『読売新聞』2012年3月10日付，参照。

4) 『しんぶん赤旗』2012年1月21日付，参照。

に，「風評被害」の影響で売り上げが落ち，年金の社会保険料の支払いが滞った酪農家に対して，銀行口座に振り込まれた原発賠償金を日本年金機構が全額差し押さえたということも報道されている。

　復興構想会議の提案を受けて，民主党政権は，亡くなった犠牲者を鎮魂するためにも単なる復旧ではなく創造的復興をという耳触りのよい掛け声の下に復興政策を開始した。だが，上記の事例から明らかなように，日本政府は，日本国憲法の基本的人権や社会的生存権を大震災の被災者に対して保障しようとはしていない。家族をなくし，住居を押し流され，生業の基盤を根こそぎなくした人々に対して政府がまずなすべきことは，被災者の生活を全面的に保障することである。そうすることによって，被災者は物理的，精神的な痛手から次第に立ち直り，生活の糧を自ら稼ぐ意欲を取り戻し，新たな希望を抱いて再出発することが可能になる。

　財界のシンクタンクが描いた大規模な地域開発計画を遂行するために，多くの被災地ではがれきが撤去され，人っ子ひとりいない更地が大規模に出現している。政府は，これらの地域で大規模な産業基盤や生活基盤を優先的に整備し，住民の生活と営業実態を無視した市街地を作ろうとしている。宮城県がその典型である。だが，このような復興政策によって，たとえ立派な防災設備や公共施設が立ち並んだとしても，新しい市街地に住民は戻ってはこない。新しい市街地ができる前に，生活と営業の基盤を奪われた被災者はバラバラにされ，次第に働く意欲，生きる意欲をなくしていくことになろう。阪神・淡路大震災における復興災害，その象徴としての仮設住宅や公営住宅等における多くの孤独死の発生から，政府は何を学んだのか[5]。創造的復興政策を直ちに止

---

5) 塩崎賢明・西川榮一・出口俊一　兵庫県震災復興研究センター『大震災15年と復興の備え』（クリエイツかもがわ，2010年）は，阪神・淡路大震災に関連する孤独死について，応急仮設住宅時代に233人，復興公営住宅に移行して以降633人，総計866人であり，それが今も増加しているとしている。そして，それからの教訓として，「震災で失った住宅，居住環境，人間関係が仮設住宅や復興公営住宅で再生できていれば，その多くは孤独死に至らなかったのではないか。復興が震災前より高い居住水準をめざすべきであったとすれば，なおのこと，孤独死に至るような境遇の人を救わねばならなかったのである。」としている（同上書，10ページ）。

め，被災者の救済を最優先にした復旧・復興政策に直ちに転換しなければならない。

1-2 避難が長期化せざるをえない大災害では被災者の救済には現金の支給が不可欠である

ところで，今回のように避難が長期化せざるをえない大災害の場合には，被災者の救済はいわゆる現物給付では明らかに不十分であり，生活と生業を再建するための現金の支給が不可欠である。この点で，現行の災害救助法の規定がどうなっているのかを，まず確認しておこう。

災害救助法は，第1条で，「災害に際して……応急的に，必要な救済を行い，災害にかかったものの保護と社会の秩序の保全を図ることを目的とする」と謳い，第23条で救助の種類を具体的に定めている。1項1号から順に，収容施設の供与（1号），食料等の給与（2号），被服・寝具等の給与等（3号），被災者の救出（5号），生業に必要な資金，器具または資料の給与（7号）等が示され，2項において，都道府県知事が必要と認めた場合には，現金の支給ができるとされている。災害救助法は，被災者の救出をはじめ，まさに政府の応急の対応について定めているものであるから，それがいわゆる現物給付を中心とした救済内容になっていることは当然である。巨大地震や大津波，大洪水で生きるか死ぬかの境目にいる人々の救済はカネの問題ではない。だが，同時に，このような性格の災害救助法においても，1項7号や2項にあるように，現物給付以外の現金の給付・支給による救済が排除されているわけではない。ところが，1995年5月に被災者生活再建支援法が制定されるまで，政府は，かたくなに被災者への現金給付を拒んできたのであり，現金給付をできるだけ抑制するという姿勢は，被災者生活再建支援法が新たに改正された今回の東日本大震災からの復旧・復興過程でも同じである。

まず，今回の大震災において，被災者に実際にどのような形で現金支給が行われているのかを明らかにしておこう。現在，被災者に対して災害救助に関連する法律に基づいて支払われる現金には大きく2種類のものがある。第1に，

災害弔慰金法に基づく弔慰金の遺族への支給がある。支給額は，死亡者が生計維持者であった場合に500万円が支払われ，それ以外の家族の死亡に対しては250万円が支払われる。表2-2によれば，この災害弔慰金は，2012年4月17日現在で，1万7,965件，約536億円（1件当たり約300万円）が支払われている。6月6日現在で死者1万5,861人，行方不明者3,018人であることからすれば，一部の行方不明者の遺族を除いてほぼすべての遺族に対して弔慰金は支払われたと言えよう。なお，災害障害見舞金はわずかに38件にすぎず，規程ならびにその運用上に問題があることが窺われる。

第2に，1998年5月の制定以来今回まで改定を重ねてきた被災者生活再建支援法による現金支給がある。これには，住宅の被害状況において支給される基礎支援金と住宅の再建方法に応じて支給される加算支援金がある。前者は，2007年の改正によって使途制限や年齢・収入要件が撤廃されたが，全壊等の場合の支給額は100万円，大規模半壊の場合には50万円である。後者は，建設・購入の場合には200万円，補修の場合には100万円，賃借の場合（公営住宅を除く）には50万円が支給される。この政府支援金に加えて県や市町村が独自の上乗せの給付を行っている。だが，それらを加えても，政府が見積もっている1戸当たりの住宅再建費用1,700万円（建設単価17万円／m^2×100m^2）に対して，あまりに過小な支給額であることは明らかである。表2-2によれば，2012年4月30日現在，使途制限なしの基礎支援金は17万7,004世帯に対して1,387億円（1世帯当たり約78.4万円）が支払われているのに対して，住宅建設・購入や補修，賃貸のために支払われる加算支援金は7万1,861世帯に対して790億円（1世帯当たり109.9万円）にとどまっている。

以上のように，大災害の発生から1年4カ月が経過して，災害救助に関連する法律に基づいて被災者に直接政府から支給された現金は，弔慰金・見舞金と支援金を合わせて約2,714億円にすぎない。

この間日本国民だけでなく海外からも善意の義援金が日本赤十字等に多数寄せられた。その総額は，表2-2にあるように3,553億円に達し，そのうち4月27日現在3,124億円が被災者に配布された。日本政府は，事故発生以降，2011

表 2-2 義援金, 災害弔慰金, 被災者生活再建支援金の実績

(1) 義援金の配布状況（厚労省調べ，4月27日現在）

募金総額	配　　分			配付件数
	都道県への送金額	うち市町村への送金額	うち被災者への配付額	
3,533 億円	3,492 億円	3,396 億円	3,124 億円	1,275,706 件
	98.3%	97.3%	92.0%	

（注）日本赤十字社，中央共同募金会，日本放送教会，NHK厚生文化事業団の4団体に寄せられた義援金を集計したもの。

(2) 災害弔慰金の支給状況（厚労省調べ，4月27日現在）

	支給済件数	うち被災3県	支給済額	うち被災3県
災害弔慰金	17,965 件	17,773 件	535 億 9,500 万円	527 億 2,500 万円
災害障害見舞金	38 件	36 件	6,625 万円	6,250 万円

（注）災害弔慰金：災害により死亡された方のご遺族に対して支給するもの。
　　　災害障害見舞金：災害による負傷，疾病で精神又は身体に著しい障害を受けた方に支給するもの。

(3) 被災者生活再建支援金の支給状況（内閣府調べ，4月30日現在）

	世帯数	うち被災3県	支給額	うち被災3県
基礎支援金	177,004 世帯	162,489 世帯	1,387 億円	1,284 億円
加算支援金	71,861 世帯	63,096 世帯	790 億円	682 億円

（注）被災者生活再建支援金：災害により居住する住宅が全壊するなど，生活基盤に著しい被害を受けた世帯に対して支給するもの。
　　　東日本大震災財特法の一部改正により，東日本大震災に限った措置として国の補助率を50％から80％に引き上げ。
　　　また，地方負担（20%）のための基金積み増し分について，平成23年度第2次補正予算で増額される特別交付税により全額手当。

（出所）表 2-1 に同じ。

年度に第1次補正予算4兆153億円，第2次補正予算1兆9,106億円，第3次補正予算9兆2,438億円を復興のために組み，2012年度予算では新たに3兆7,754億円を復興予算として計上している。単純合計では総額約18.9兆円もの巨額の資金が復興予算として計上されながら，被災者を救済するために被災者に対して直接現金で支払われた額は，その1.4%にすぎず，国内外から寄せられた義援金額にすら及ばないのである[6]。

図 2-1, 2-2 は，東日本大震災の被災者に対して，生命保険・損害保険会社

が支払った保険金額を示したものである。生命保険については，2012年3月14日現在1万9,969件，1,522億円（1件当たり762万円）であり，想定された支払見込み額の約91％が支払済みである。損害保険は，2011年12月14日現在で，73万5,071件，1兆1,930億円（1件当たり162万円）であり，支払見込み額の約98％が支払済みである。生命保険会社や損害保険会社は，東日本大震災の深刻な被災状況に鑑み，全国各地から人員を投入し，被災状況の実態に即した基準の明確化や損害調査の効率化，保険金請求手続きの簡素化に努め，保険金支払いに遺漏が生じないように特別の体制をとった。民間保険会社によるこれらの保険金支払額と比較するならば，政府による被災者への直接的な現金給付がいかに貧弱であるかは一目瞭然である。

　ところで，阪神・淡路大震災の復旧・復興過程では，この貧弱な政府支援策の柱の1つである被災者生活再建支援法すら存在しなかったことを想起しなければならない。この法律を政府に作らせたのは他でもない阪神・淡路大震災の被災者たちであり，彼らの運動が2,400万人もの国民的支持の下に，現物給付による救済に固執する政府に生活再建支援の名目で現金支給を認めさせたのである。これが，不十分であるとはいえ，東日本大震災の被災者にとって1つの支えになっていることは疑いない。被災者の救済は，他人事ではないのである。それは，自分たちが万が一に大災害に遭遇した場合のセーフティネットを確保しておくことを意味する。民間の保険会社に高い保険料を支払う余裕がない者であっても，大災害という悲惨な事態の下でも「健康で文化的な最低限度の生活を送る権利」が保障されていることが，安心・安全な社会の基礎になければならない。阪神・淡路大震災の復旧・復興過程で先駆的な政策提言とその実現に多大な貢献を行ってきた兵庫県震災復興研究センターの『東日本大震災

6）　もちろん東日本大震災の影響で解雇された労働者に対して，特例として失業保険の給付期間が延長されたし，また生計の手段を絶たれた自営業者等が新たに生活保護を受けるようになった事例も多く存在する。これらの形で被災者に支払われた現金部分も別途存在するが，災害救助に関連した法律に基づいて直接被災者個人に対して現金として支給されたものを，ここでは災害弔慰金と被災者生活支援金に限定している。

図 2-1　東日本大震災に係る生命保険金等の支払状況（2012 年 3 月 14 日現在）

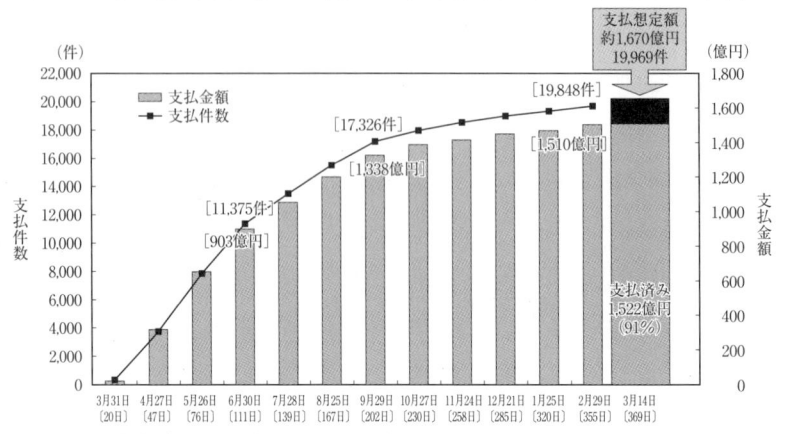

(注)　横軸〔　〕内は地震発生からの経過日数。
(出所)　生命保険協会『東日本大震災における生命保険業界の取組および今後の課題と対応』(2012 年 3 月 16 日)。

図 2-2　東日本大震災に係る損害保険金支払状況（2011 年 12 月 14 日）

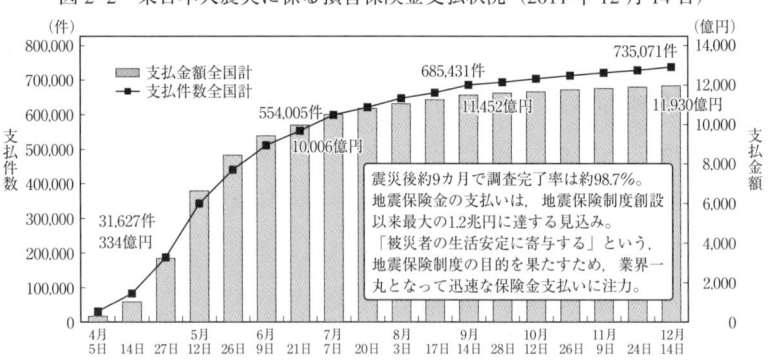

(出所)　日本損害保険協会「東日本大震災に係る地震保険の支払件数・金額について」(2011 年 12 月 14 日現在)。

の救援・復旧に関する第 4 次提言』(2011 年 6 月 20 日) は，「現行のセーフティネットの対象外の各層に，生活支援金―標準世帯（夫婦 30 代）で月額最低 20 万円程度の「災害保護」―を災害救助法第 2 条第 2 項を適用して支給すること」[7]を提言した。いまからでも遅くはない。被災者の深刻な生活実態を踏ま

---

7)　塩崎賢明・西川榮一・出口俊一　兵庫県震災復興研究センター『東日本大震災復興への道～神戸からの提言』(クリエイツかもがわ，2011 年)，167 ページ。

え，ただちに被災者に必要な生活資金を給付する特別の被災者保護措置を講ずるべきである。

1-3 適切な応急的な仮設住宅の確保は被災者の生活復旧の最優先課題である

(1) 被災者の立場に立って生活再建を考えるならば，当座の生活資金の確保に次いで問題となるのは，生活の場としての住宅の確保である。今回のような大災害では，まさに一時的な避難場所の確保ではなく，一定期間の居住を想定した住宅確保の問題が生じる。まず，その現状を見ておこう。表2-3〜2-5および図2-3によれば，大震災発生直後に約47万人が最寄りの学校や公民館等に緊急に避難した。それから1年余りが経過した2012年5月10日時点で，避難者は一定数減少したとはいえ，なお約34万人に達している。緊急の避難所から出た避難者が居住している施設別にその内訳をみると，親族や知人宅等に仮住まいしている人が1万7,030人いるが，32万3,943人は政府による被災者への住宅の現物支給である応急仮設住宅等に入居している。その内訳は，公営住宅が1万9,041戸，民間借上げ住宅が6万8,177戸，仮設住宅が4万8,839戸である。

これらの避難者の避難所での困難でかつ劣悪な生活ぶりについては，ここでは直接言及しない。避難所から出た後，被災者がどのような居住環境に置かれてきたのか，置かれているのかが検討課題である。この点で，仮設住宅問題が

表2-3　避難者・仮設住宅の状況——避難者等の減少

○避難者数は約34万人，うち避難所にいる者は約250人。
○仮設住宅は約53,000戸を完成。

	発災3日目[1] （平成23年3月14日）	現時点[2] （平成24年5月10日）
全　体	約47万人	341,235人
うち避難所にいる者の数		254人

(注)　[1]．緊急災害対策本部資料。
　　　　青森県・岩手県・宮城県・福島県・茨城県・栃木県の避難状況の合計。
　　　[2]．復興庁調べ。
(出所)　表2-1に同じ。

表 2-4　仮設住宅等の状況

	入居戸数	備　考
公営住宅等*1	19,041 戸	全国計 提供戸数内訳 岩手県：1,420 戸　　宮城県：1,769 戸 福島県：2,237 戸　　その他： 13,615 戸
民間住宅等*2	68,177 戸	全国計 うち　岩手県： 3,599 戸　　宮城県：26,050 戸 　　　福島県：25,388 戸　　その他：13,140 戸
仮設住宅	48,839 戸*2	岩手県・宮城県・福島県・茨城県・千葉県・長野県・栃木県*3 必要戸数　　　　　：53,916 戸 着工済み戸数　　　：53,089 戸 （うち完成戸数　　：52,858 戸）

（注）*1. 復興庁調べ（5 月 7 日現在）。　　*2. 厚生労働省調べ（5 月 29 日健在）。
　　　*3. 国土交通省調べ（5 月 1 日現在）。
（出所）表 2-1 に同じ。

表 2-5　避難者等の数（施設別）

施設別	避難者等の数（人）
避難所（公民館，学校等）	254
旅館・ホテル	8
その他（親族・知人宅等）	17,030
住宅等（公営，仮設，民間，病院含む）	323,943
計	341,235

　　（注）避難者等のほぼ全てが仮設住宅等に移転済。
（原出典）復興庁調べ（平成 24 年 5 月 10 日現在）。
　　（出所）表 2-1 に同じ。

まず明らかにされなければならない。今回，被災地の多くが大津波で町ごと流出し，さらに今後一定期間巨大地震や津波の再来がありうることなどから，仮設住宅をどこに建てるのか，安全な場所をどの程度確保できるのかなどの問題を考慮せざるをえず，その結果として仮設住宅の建設が遅れたことは否めない。だが，同時に，復興構想会議や政府が，復旧過程の当初から産業基盤や生活基盤に関連する大規模なインフラの復旧ばかりに目を向け，被災者の生活の

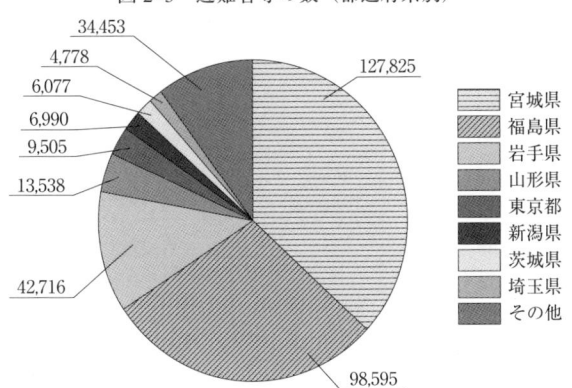

図 2-3　避難者等の数（都道府県別）

凡例	人数
宮城県	127,825
福島県	98,595
岩手県	42,716
山形県	13,538
東京都	9,505
新潟県	6,990
茨城県	6,077
埼玉県	4,778
その他	34,453

（注）1．全国 47 都道府県，1,200 以上の市町村にまたがって，約 34 万人が避難。
　　　　（避難者等の数：341,235 人　避難先：47 都道府県　1,211 市区町村）
　　　2．また，避難者のうち，県外への避難等については，岩手県から約 1,600 人，宮城県から約 8,400 人，福島県から約 62,000 人。
（出所）表 2-1 に同じ。

復旧それ自体を最優先してこなかったことがさまざまな問題を生みだした。

　第 1 に，建設が遅れた仮設住宅は，当初から入居者が敬遠する事例が目立った。表 2-6 に示されているように，仮設住宅への入居が始まった 2011 年 7 月初旬には完成戸数に対する入居戸数の割合は，岩手県が 7,181 戸／9,919 戸，72％，宮城県が 9,619 戸／1 万 5,756 戸，61％，福島県が 5,533 戸／9,212 戸，60％であった。住民の意向を十分にくみあげないままに数量だけを確保すればよいという発想で建設を進めたがゆえに，立地場所が不安（浸水地域や原発に近い），逆に職場や学校に遠すぎて通勤・通学することが困難，臨時の仮設住宅（2 年間で取り壊すことが前提）であるがゆえの間取の狭さや壁の薄さが耐えられない，避難生活が長引きそうだから遠くてもきちっとしたところに住みたいなどのさまざまな理由から，仮設住宅が敬遠された。

　第 2 に，行政が住民の生活の実態をしっかりと踏まえ，仮設住宅ではあっても被災者に少しでも快適な住居を提供するという立場をとらなかったがゆえに，入居後被災者から劣悪な生活に対する不満・苦情が噴出した。表 2-7 は，仮設住宅の入居者から出された不満を時系列的に示したものである。窓の二重

表 2-6　仮設住宅の入居状況

	完成戸数	入居戸数	入居率(%)
岩　手　県	9,919	7,181	72
陸前高田市	1,664	1,304	78
大 船 渡 市	1,439	1,347	94
釜　石　市	2,315	1,612	70
大　槌　町	1,389	482	35
山　田　町	876	644	74
宮　古　市	1,581	1,234	78
岩　泉　町	143	123	86
田 野 畑 村	186	144	77
野　田　村	213	184	86
久　慈　市	15	9	60
洋　野　町	5	5	100
住　田　町	93	93	100
宮　城　県	15,756	9,619	61
仙　台　市	1,505	812	54
石　巻　市	4,540	1,556	34
塩　釜　市	206	113	55
気 仙 沼 市	1,977	1,403	71
名　取　市	889	698	79
多 賀 城 市	323	287	89
岩　沼　市	384	371	97
東 松 島 市	1,549	956	62
亘　理　町	1,126	836	74
山　元　町	668	559	84
七 ケ 浜 町	421	406	96
女　川　町	675	393	58
大　郷　町	15	15	100
美　里　町	64	48	75
南 三 陸 町	1,414	1,167	83
福　島　県	9,212	5,533	60

(出所)『毎日新聞』2011年7月10日付。

表 2-7　仮設入居後に起きた主な問題

入居　夏
〇食事支給などの打ち切り

〇熱中症の多発
・壁の断熱材が不十分
・鉄柱が屋内外にむき出し
・玄関に網戸がなく開放できず

〇湿気，カビ発生
・側溝など排水設備がなく，雨が敷地にとどまる

秋

〇火災対策の不備
・消火器が各戸になく各棟1台
・消火栓が近くにない仮設も

〇毛布の支給不足
・民間支援だのみ，災害救助法に基づく寝具支給を徹底せず

冬

〇寒さ，結露対策の遅れ
・断熱材追加
・窓の二重ガラス化
・ストーブなど暖房機器設置
・玄関前の風除室

〇光熱水費の増加
・風呂の追いだき機能がなく，入るたびお湯の入れ直しが必要

〇水道管の凍結
・凍りやすく，解氷しにくい樹脂管を使用
・床下をシートで覆う対策の遅れ

(出所)『しんぶん家族』2012年3月3日付。

ガラス化や風呂の追いだき機能の追加要求などは，東北地方の冬の気象条件等を少しでも考慮すれば，今回の被災地に建てられる仮設住宅の最低装備の1つであることは明らかであろう。特に，この点で，宮城県の村井県政は，「スピード重視」という名目で大手プレハブメーカーに一括して発注することによって，地元の建設・住宅業者を排除し，その結果被災地の生活にそぐわない仮設住宅が供給され，また被災者の切実な住宅改善要求への対応も後手に回らざるをえなかった[8]。

(2) 今回の東日本大震災では住宅に関する被災者支援として，従来の仮設住宅だけでなく民間の賃貸住宅を県が借り上げ，それを被災者に提供するという支援策が大きな割合を占めた。民間賃貸住宅の借上げは，災害救助法で仮設住宅の建設と同じ位置づけがなされており，国と県で100％資金手当てをする。先の表2–4に示されているように，今年の5月時点で，応急仮設住宅の内訳は，公営住宅1万9,041戸，仮設住宅4万8,839戸に対して，民間借上げ住宅が6万8,177戸とほぼ半分を占めている。これは，そもそも今回東日本大震災の中心的な被害地であった岩手，宮城，福島の3県の被害地域が広大で，かつ，被災状況が深刻であるがゆえに，被災地の近隣で大量の仮設住宅を建設する土地を確保することが困難であったこと，また過酷な原発事故に見舞われた福島県では多くの市町村ですべての住民が着の身着のままで避難し，しかも避難先を転々としながら県外にまで逃げざるをえなかったことなどに，根本的に規定されている。

加えて，この事態に直面した政府が，民間の賃貸住宅を応急仮設住宅として本格的に利用するために，従来の市町村を通じての借り上げ住宅の利用・入居方式以外に，被災者が自ら入居先を探し契約した賃貸住宅を事後的に県が借り上げるという方式を特例として認めたことが，大きく作用している[9]。

---

[8] 宮城県の被災地で，追い焚き機能無しの風呂に入らざるをえない被災者の気持ちをイメージできない人間が，被災者本位の復旧・復興計画を立てることはできない。被災者に想いを寄せるということは，日常生活の一こまから大規模な都市移転計画の全体に貫かれなければならない。

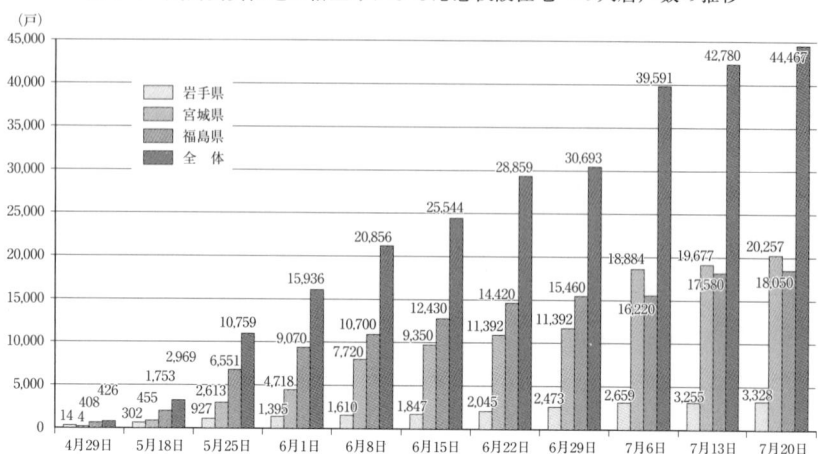

図 2-4 民間賃貸住宅の借上げによる応急仮設住宅への入居戸数の推移

日付	岩手県	宮城県	福島県	全体
4月29日	14	4	408	426
5月18日	302	455	1,753	2,969
5月25日	927	2,613	6,551	10,759
6月1日	1,395	4,718	9,070	15,936
6月8日	1,610	7,720	10,700	20,856
6月15日	1,847	9,350	12,430	25,544
6月22日	2,045	11,392	14,420	28,859
6月29日	2,473	11,392	15,460	30,693
7月6日	2,659	16,220	18,884	39,591
7月13日	3,255	17,580	19,677	42,780
7月20日	3,328	18,050	20,257	44,467

(注) 1. 各県からの報告に基づき作成。
2. 全体には，岩手，宮城，福島以外の県において借り上げているもの (2,826 件) を含む。
(出所) 復興庁「民間賃貸住宅の借上げによる応急仮設住宅への入居戸数の推移」。

　この特例措置により，図2-4にあるように，4月末時点ではわずか426戸にすぎなかった民間借上げ住宅は急激に増加し，7月20日には4万4,467戸に達した。4月30日の通知で言及され，7月15日付の通知によってより明確にされた，5月1日以前に被災者自身が賃貸契約を結んだ賃貸住宅への遡及適用も，この制度の利用の急増に増大に貢献した。ただ，この民間賃貸住宅借上げという支援策は，そもそも民間借上げ住宅がどの程度存在していたのかによって根本的に制約されている。その結果，民間賃貸住宅の借上げ戸数と仮設住宅の建設戸数との割合は，表2-8のように，例えば宮城県と岩手県との間で，あるいは仙台市と釜石市・女川町などとの間でのように地域的にかなりの差が

---

9) 2011年4月30日付で，岩手県，宮城県，福島県知事あてに出された厚生労働省社会・援護局長名の「東日本大震災に係る応急仮設住宅としての民間賃貸住宅の借上げの取扱について」は，3項で，「発災以降に被災者名義で契約したものであっても，その契約時以降，県（その委任を受けた市町村）名義の契約におきかえた場合，1.と同様とする」と記している。1項の内容は，「現に救助を要する被災者に，県が民間賃貸住宅を借り上げて提供した場合に，災害救助法の適用となって同法の国庫負担が行なわれる。」である。

表 2-8 被災 3 県の市町村での応急仮設住宅の供給状況

岩手県	借上	建設	宮城県	借上	建設	福島県	借上	建設
宮古市	585	2,010	仙台市	8,147	1,544	福島市	225	0
大船渡市	592	1,811	石巻市	6,433	7,587	郡山市	1,014	9
久慈市	48	15	塩釜市	335	206	いわき市	2,421	189
陸前高田市	125	2,168	気仙沼市	1,584	3,184	白河市	198	140
釜石市	428	3,164	名取市	1,213	889	須賀川市	509	177
大槌町	129	2,146	多賀城市	1,291	373	相馬市	313	1,000
山田町	308	1,990	岩沼市	408	384	南相馬市	3,952	2,529
岩泉町	17	143	登米市	209	427	鏡石町	127	100
田野畑村	24	186	東松島市	1,274	1,753	矢吹町	58	85
野田村	88	213	大崎市	400	0	広野町	803	708
その他	1,122	138	亘理町	674	1,126	楢葉町	1,455	1,234
計	3,466	13,984	山元町	742	1,030	富岡町	3,305	1,882
時点	10/7 現在	全戸完成時	松島町	73	0	大熊町	2,437	1,286
			七ヶ浜町	214	421	双葉町	1,128	764
			湧谷町	47	0	浪江町	3,757	2,847
			美里町	69	64	新地町	44	573
			女川町	430	1,004	川俣町	254	230
			南三陸町	312	1,768	葛尾村	193	440
			その他	896	335	川内村	492	451
			計	24,751	22,095	飯舘村	1,576	665
			時点	11/14 現在	全戸完成時	その他	389	479
						計	24,650	15,788
						時点	1/4 現在	

(注) 戸数はそれぞれ以下を示す.
　　岩手県：当該市町村の域内に位置する住宅の入居（借上）・建設戸数
　　宮城県：［借上］当該市町村で申請を受け付け決定した住宅の戸数，［建設］当該市町村の域内に位置する住宅の戸数
　　福島県：当該市町村の被災者向けに提供される住宅の入居（借上）・建設戸数
(出所) 米野史健「被災者に対する住宅供給の現状・課題」(BRI-H 23 講演会テキスト).

出ている。また，6万8,177戸のうち1万3,140戸は岩手県・宮城県・福島県以外の全国各地の都道府県で供給されており，県外にまで避難せざるをえない福島第一原発事故の深刻さを物語っている。

だが，被災者の側で希望の多かったこの民間賃貸借上げ住宅の提供においても，被災者の目線に立って少しでも普通の暮らしに近づけるという発想に欠ける行政対応が目立った。いつまで待たされるかわからない仮設住宅への入居をあきらめて，通学・通勤可能な地域で自ら民間の賃貸住宅を契約した被災者のなかには，仮設住宅では装備されている冷暖房機器や給湯器を自前で購入しなければならなかった人も多い。特に宮城県では，県知事の姿勢を反映して，本来県が支払うはずの敷金・礼金や家賃が数カ月間も被災者の立替払いにされ続け，資金力のない被災者にとって大きな苦痛となった。宮城県は手続きの煩雑さや申請件数の急増などを遅延の理由にしたが，2011年9月半ば時点で，福島県では2万1,860件のほぼすべてが，岩手県でも3,898件の大半が支払い済であったのだから，宮城県が2万3,360件中わずかに2,172件，支払い率は9.3％に留まっていたことは異常と言わざるをえない。また，5月1日以前の被災者自身による賃貸契約への遡及適用についても，岩手県や福島県が国の判断を待たずに独自に救済措置に踏み切ったのに対して，宮城県は国の財政措置待ちの姿勢をとり続けた[10]。

1-4　恒久的な住宅をいかにして建設するのか

被災者の生活が本格的に復旧するためには，応急的な仮設住宅ではなく今後ずっと住み続けることができる恒常的住宅が最終的に確保されなければならない。岩手県の住宅復興の基本方針（2011年10月）では，恒久住宅の供給戸数を，公営住宅約4,000～5,000戸（災害復興公営住宅と一般公営住宅），民間持家住宅約9,000～9,500戸（一部自宅の改修を含む），民間賃貸住宅等約3,000～3,500戸（既存の賃貸住宅を含む），総計約1万6,000戸～1万8,000戸を見込んでい

---

10)　『河北新報』2011年9月26日付，参照。

る。宮城県の復興住宅計画では，応急的な住宅，自立再建，公営住宅の総計を7万2,000戸とし，そのなかで公営住宅を当初の約1万2,000戸（17市町）から約1万5,000戸（21市町）に引き上げた（2012年4月）。公営住宅の比率は，岩手県で25〜27.8％，宮城県では20.8％（引き上げ後）と一定の比率を占めている。巨大地震，大津波の被害の大きさのゆえに，自力での自宅再建を諦め復興公営住宅への入居を考えざるをえない人がかなり発生したことは事実である。だが，復興公営住宅に過大な期待を抱いてはならない。

なぜなら，津波で流出した被災地の多くは職住一体の農林漁業を営んできた地域であり，多くの被災者は昔ながらの自然のたたずまいのなかで，隣を気にすることなく広い敷地と家屋で暮らしてきた人々（農村）であり，山がちの地形のゆえに狭い空間に密集して家屋を建て日々海を見ながら暮らしてきた人々（漁村）である[11]。都会に住み慣れた神戸市の長田地区の住民たちですら，遠く離れた仮設住宅や公営住宅での暮らしにとけこめず，コミュニティの崩壊にも苦しんだ。まして，戦後日本の住宅政策は，自助努力による持ち家推進政策でしかなく，公営住宅は一貫して軽視され，近年ではそれらの建設はほとんどの地方自治体で行われてこなかった。このような日本で復興公営住宅に利便性や快適さを求めることはできない。だとすれば，一定の質と量を公営住宅については確保しながらもそれに過度に依存せず，被災者自身による自力での自宅の再建を後押しすることを，恒久的住宅の確保の基本に据えるべきであろう。

だが，先に示したように，自立再建を期待するには，現在の国による被災者

---

11) 富田宏氏（（株）漁村計画代表）は「444の生業とくらしのかたち」）（『世界』，2011年7月号）で，東北三陸リアス地域における漁業の実態と漁村での人々の生活ぶりを克明に紹介し，漁業と漁村の日常感覚を無視した「創造的復興論」に対して，漁村再生について次のように述べている。「漁師たちは，親から子へ，子から孫へと漁船や漁具を受け継いできた。……それらが一瞬にして消えた。しかし，海や漁業に関する知恵や知識や技術は残っているし，何より，彼らは海と漁業が好きである。……津波が去った後の，いつもの穏やかな海を背景にした彼らの顔は，生き生きとしている。……「創造」が，単純な効率化や経済合理主義といった意味に転換されるようであれば，現実的ではない。東北の津々浦々に成立する皮膚感覚の日常とは，個人個人の自己実現であり，譲れない個々の誇りの集積であるからである」と（同上書，145ページ）。

自立再建支援法による住宅再建への支援額（基礎支援金100万円，加算支援金200万円）はあまりにも貧弱である。岩手県は，2012年2月に市町村と共同で100万円（複数世帯）の上積みを独自に行い，さらに，住宅のバリアフリー化のために最大90万円，県産材を使用する住宅に対して最大40万円を追加して支援することとした[12]。それでも国と県市町村の支援合計額は530万円にとどまっている。宮城県は，未だに県独自の支援策を採用していない。仮設住宅の建設にあたって地元の建設業者への発注を重視したり，県内産の木材住宅を積極的に活用する岩手県の取組みから明らかなように，自宅の自力再建をめざす被災者をバックアップすることは，被災地の産業と経済の立て直しにも大きく貢献する。国が被災者生活再建支援法の基礎支援金や加算支援金を大幅に増額することは当然である。さらに，すべての県や市町村が，被災者自身による住宅再建を支援する独自の上積み制度を，この機会に創設・拡充することが求められている。阪神・淡路大震災の際にはなかったこの被災者生活再建支援制度の創設が，その後発生したいくつもの災害で，被災者の生活の再建に大きく貢献したことはよく知られている。全く支援がなかった過去を引き合いに出して，不公平が拡大するから拡充はできないと言うのであれば，阪神・淡路大震災の被災者に対して遡及して支援金を支払えば済むことである。地震の活性化時代に入り，いくつかの巨大地震の発生が想定されている今日，被災者生活再建支援法の体制を強化しておくことは，国民的視点からしても災害時のセーフティネットの拡充として大きな意味を持つであろう。

　被災者自身による住宅再建を促進する上で，資金面での支援の強化と並んで重要なことは，政府や自治体，すなわち行政サイドが，上から都市計画，復興計画を住民に押し付けて，被災者自らが自らの土地に自主的に持ち家を再建しようとする意欲を削いではならないということである。千年に一度の大津波（レベル1）の再来を恐れつつも，多くの被災者が住み慣れた土地での営業の再開，住宅の再建を望んでいる。震災直後から政府が創造的復興のかけ声の下に

---

[12] 『しんぶん赤旗』2012年2月7日付，参照。

推進しようとしてきたのは，広大な被災地に建築制限をかけ，その一方で市街地や広大な地域を丸ごと高台へ移転させる構想であった．特に，大震災からの復興過程を大規模な地域開発と産業競争力強化の千載一遇のチャンスと位置づけた村井宮城県政は，震災復興計画の第1のポイントとして災害に強いまちづくり宮城モデルを提起し，職住分離という発想の下に高台移転を強力に推進しようとしてきた[13]．だが，この構想は，永年海のそばで職住一体型の生業を営んできた被災地の漁師らの反対や町を丸ごと移転することによって自分たちの故郷とかつての生活を維持することができるのかという地域住民の当然の疑問によって，一定の修正を余儀なくされている．

　国土交通省がまとめた表2-9によれば，2012年4月24日現在，岩手県，宮城県，福島県の3県で各市町村が進めている復興計画は，31市町村208地区であり，それらは移転，現地集約，かさ上げ，移転プラスかさ上げ，現地復興の5パターンからなる．高台ならびに内陸部への移転を計画しているのは25市町村127地区と過半を占めているが，それらは地区単位，小集落ごとの移転計画であり，多数の小規模移転が並行的に計画されているというのが実情である．住民の意向を尊重するならば，こうならざるをえないのは当然であろう．

　だが，地区単位，小集落ごとに移転する予定のこれらの計画ですら，そのほ

---

[13] 東日本大震災復興構想会議の『復興への提言—悲惨のなかの希望—』（2011年6月）は，新しい地域づくりとして，被災地の被災状況に対応する形で，【類型1】平地に都市機能が存在し，ほとんどが被災した地域，【類型2】平地の市街地が被災し，高台の市街地は被災を免れた地域，【累計3】斜面が海岸にせまり，平地の少ない市街地および集落，【類型4】海岸平野部，【類型5】内陸部や，液状化による被害が生じた地域，という荒っぽい分類に基づいて，5つの集団的な移転計画，市街地開発計画を提示した．いずれも，被災地でどのような生活と営業が行われていたかを全く考慮することなく，純粋な土建屋的発想からの防災計画であり，ゼネコンが喜びそうな大規模な公共事業が想定されていた．それに呼応する形で提起された村井宮城県政による『宮城県震災復興計画—宮城・東北・日本の絆・再生からさらなる発展へ—』（2011年10月）は，復興の第1のポイント「災害に強いまちづくり宮城モデルの構築」を挙げ，そのなかで市街地・住宅の高台移転とあわせて，職住分離を新たに提唱している．この提案が，TPPへの参加を前提に，職住一体型の従来型の農業・漁業を解体し，農業・漁業を効率化・集約化し，それらを民間資本に開放しょうとする提案と一体的なものであることは明らかである．

表2-9　各自治体の再建手法

移　転	【岩手】	野田村，田野畑村，岩泉町，宮古市，山田町，大槌町，釜石市，大船渡市，陸前高田市
	【宮城】	気仙沼市，女川町，南三陸町，石巻市，東松島市，七ケ浜町，仙台市，名取市，岩沼市，亘理町，山元町
	【福島】	新地町，相馬市，南相馬市，広野町，いわき市
現地集約	【岩手】	山田町，釜石市
	【宮城】	石巻市
かさ上げ	【岩手】	宮古市，釜石市
	【宮城】	女川町，塩釜市，名取市
	【福島】	新地町，いわき市
移転＋かさ上げ	【岩手】	野田村，田野畑村，宮古市，山田町，大槌町，大船渡市，陸前高田市
	【宮城】	気仙沼市，女川町，東松島市，塩釜市
	【福島】	いわき市
現地復興	【岩手】	洋野町，田野畑村，久慈市，野田村，宮古市，釜石市
	【宮城】	南三陸町，松島町，利府町，塩釜市，七ケ浜町，多賀城市，仙台市，亘理町
	【福島】	相馬市，いわき市

（注）【　】は県名。国土交通省調べ。
（出所）『読売新聞』2012年4月25日付。

とんどが，まだ当該対象地域の住民の合意を得られていないという状況にある[14]。にもかかわらず，これらの地域では建築制限がかけられており，自分の土地でありながら勝手に家や営業のための施設を建ててはならないことになっている。東日本大震災からすでに1年4カ月が経過している。被災者は，日々の労働と営業で生活の糧を稼ぐしか生きる手段を持たない勤労国民なのである。地域単位，集落単位での集団移転には，住民の合意が必要であり，そのために住民自身によるあらゆる条件を考慮した徹底した議論が必要であろう。防災対策と言っても，千年に一度の巨大地震や大津波によるレベル1の史上未曾有の大災害と近代に入って以降も何度か見舞われているレベル2の災害では，その対応は異ならざるをえない。科学的な知見と技術的可能性を十分に考慮しつつ，自分たちのいのちと生活を将来にわたってどう展望するのか，先祖

---

14)　『毎日新聞』2012年2月28日付，参照。

代々のその地の歴史と伝統をいかに守り，継承するのか，現行の制度で何が活用でき，新たに政府や自治体に対して何を要求すべきなのか，それらすべてを十分に考慮した上で，復興計画は慎重に決断されるべきである。それに時間がかかるのであれば，行政が行うべきは，住民の意思形成を促進するために必要な援助を行いながら，最終合意ができるまでは，住民の自主的な判断に基づく復旧・復興活動を尊重することであろう。

2. 地域社会・地域コミュニティの復旧と再建なしに被災地の復興はありえない

2-1 被災地の復旧は，地域社会を支えてきた生業としての農林漁業の復活・再建から始まる

創造的復興のかけ声の下で復興災害，復興格差というべき新たな人災が深刻化している第1の原因は，上述のように，政府が行っている復興政策が被災者の救済それ自体を直接の目標とする復旧・復興政策ではないことにある。第2に，これに関連して，この復興政策が被災者の生活の場である地域社会・地域コミュニティの復旧を独自に追求していないことの問題性を指摘せざるをえない。東日本大震災の被災地の多くは，東北の海岸線に沿って点在していた漁業や農業を生業とする多数の市町村であり，そのなかで相対的に独自の生活圏を築いてきた小漁村・小農村であった。それらの小集落では，生活空間と労働空間は一体化しており，このような被災地の復旧はその地で長年にわたってつつましやかに行われてきた漁業や農業の復旧・復活でなければならない。だが，かつての自民党政権と同じように，グローバル企業の利益を最優先する新自由主義的政治を推進している民主党政権は，被災地における生業の復活ではなく，この大震災を漁業や農業における集約化や民間資本の導入の絶好の機会と位置づけている。漁業を例にこの問題を見ておこう。

親潮と黒潮がぶつかる三陸沖から常磐沖にかけての海域は，世界3大漁場の1つである。この豊かな漁場に支えられて青森県から千葉県にかけて太平洋岸には，全国有数の漁港や港湾が並んでいる。表2-10によれば，東日本大震災

の主要被災地である岩手県，宮城県，福島県の東北3県には，実に263の漁港と18の港湾が存在しており，1,704 kmの海岸線に平均で約6キロメートルごとに漁港・港湾が立地している。漁港の大部分は，地元での漁業に特化している第1種（200港）と第2種（50港）の小規模な漁港であり，それらの周囲には444もの漁業集落が存在していた。今回の巨大地震と大津波は，これらの漁港・港湾を壊滅させ，それらを中心に生活してきた多くの地域住民の生命を奪い，生き残った人々の生活と生業の手段を流し去った。

表2-10　主要被災東北3県に立地する漁港・港湾の立地状況

都道府県名		漁港						うち離島漁港(全て1,2種漁港)	港湾			漁村漁業センサス漁業集落
		計	種別漁港数						計	重要	地方	
			第1種	第2種	第3種	第4種	特定第3種(うち数)					
岩手県	実数(港)	111	83	23	4	1	0	なし	6	4	2	194
	比率(%)	100.0	74.8	20.7	3.6	0.9	0.0	0	100.0	66.7	33.3	100.0
宮城県	実数(港)	142	115	21	5	1	3	気仙沼漁港塩釜漁港石巻漁港	10	2	8	218
	比率(%)	100.0	81.0	14.8	3.5	0.7	2.1	17	100.0	20.0	80.0	100.0
福島県	実数(港)	10	2	6	2	0	0	なし	2	2	0	32
	比率(%)	100.0	20.0	60.0	20.0	0.0	0.0	0	100.0	100.0	0.0	100.0
東北3県計	実数(港)	263	200	50	11	2	3	3漁港	18	8	10	444
	比率(%)	100.0	76.0	19.0	4.2	0.8	1.1	17	100.0	44.4	55.6	100.0
	対全国比	9.0	6.9	1.7	0.4	0.1	0.1	3.4	1.8	6.3	1.1	7.0
合計(全国)	実数(港)	2914	2205	496	114	99	13	13漁港	997	126	871	6,377
	比率(%)	100.0	75.7	17.0	3.9	3.4	0.4	494	100.0	12.6	87.4	100.0

（注）1. 第1種漁港：その利用範囲が地元の漁業を主とするもの
　　　　第2種漁港：その利用範囲が第1種より広く，第3種漁港に属さないもの
　　　　第3種漁港：その利用範囲が全国的なもの
　　　　第4種漁港：離島その他にあって漁場の開発又は漁船の避難上特に必要なもの
　　　　特定第3種漁港：第3種漁港のうち水産業の振興上特に重要な漁港で政令で定めるもの
　　　　（全国で13港指定）
　　　　以上，漁港漁場整備法第5条及び第19条の3に基づく分類。
　　　　　　　　　　　　　　　　（資料）水産庁漁港漁場整備部（平成22年4月1日現在）
　　　2. 重要港湾：国際海上輸送網又は国内海上輸送網の拠点となる港湾その他の国の利害に重大な関係を有する政令で定められた港湾（全国103港指定）（対象地域内立地港：久慈，宮古，釜石，大船渡，仙台塩釜（仙台）（塩釜），石巻，相馬，小名浜）
　　　　地方港湾：重要港湾以外の港湾（対象地域内立地港：八木，小木，松島，女川，雄勝，荻浜，表浜，金華山，気仙沼，御崎）
　　　　以上，港湾法第2条第2項に基づく分類。
　　　　　　　　　　　　　　　　（資料）国土交通省港湾局（平成22年4月1日現在）
　　　3. 漁業センサスの漁業集落数（第12次漁業センサス　平成20年）農林水産省大臣官房統計部経営・構造統計課センサス統計室の御協力による。
（出所）前掲　富田宏論文。

第2章　東日本大震災・原子力災害からの500日　59

　復興庁が2012年6月11日に発表した「復興の現状と取組」からの図2-5によれば，東北3県の主要な魚市場（久慈，宮古，釜石，大船渡，気仙沼，女川，石巻，塩釜，小名浜）での水揚げは，2012年3月には被災前の2010年3月比で水揚量で78％（1.7万トン），水揚金額で84％（22億円）にまで回復したとされている。だが，これは，あくまでも気仙沼，石巻，塩釜の特定第3種港の3港を含む全国有数の漁港での話であり，圧倒的大部分の中小漁港での復旧・復興は決定的に遅れている。この点を，農林水産省が2012年4月に発表した「東日本大震災による漁業経営体の被災・経営再開状況（平成24年3月11日現在）―漁業センサス結果の状況確認の概要―」によって確認しておこう。図2-6，2-7および表2-10は，北海道から千葉県の7道県について，被害を受けた漁業経営体の営業再開状況の全体を，また図2-8，2-9および表2-11はそのうちの養殖業について調べたものである。これらによれば海面漁業と養殖業を合わせた全体の再開状況は，原子力災害によって全面的な停止に追い込まれている福島県を別としても，岩手県で53.4％，宮城県で41.7％であり，養殖業で

図2-5　被災3県の主要漁港における復旧の状況

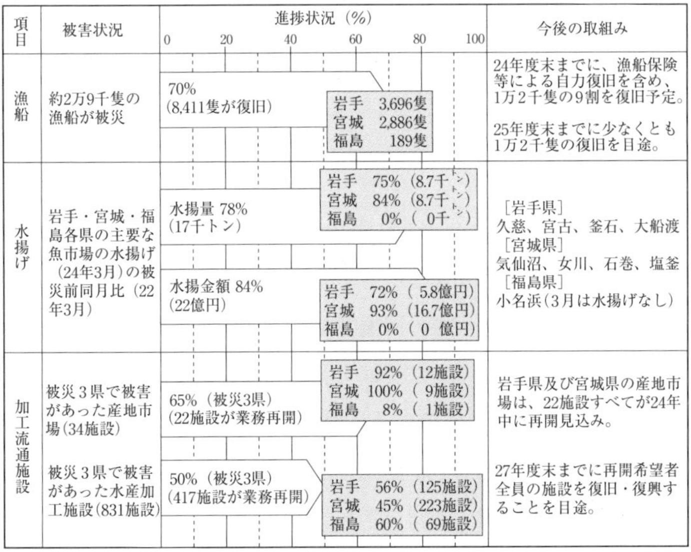

項目	被害状況	進捗状況（％）	今後の取組み
漁船	約2万9千隻の漁船が被災	70％（8,411隻が復旧） 岩手 3,696隻 宮城 2,886隻 福島 189隻	24年度末までに，漁船保険等による自力復旧を含め，1万2千隻の9割を復旧予定。 25年度末までに少なくとも1万2千隻の復旧を目途。
水揚げ	岩手・宮城・福島各県の主要な魚市場の水揚げ（24年3月）の被災前同月比（22年3月）	水揚量78％（17千トン） 岩手 75％（8.7千トン） 宮城 84％（8.7千トン） 福島 0％（0千トン） 水揚金額84％（22億円） 岩手 72％（5.8億円） 宮城 93％（16.7億円） 福島 0％（0億円）	［岩手県］ 久慈，宮古，釜石，大船渡 ［宮城県］ 気仙沼，女川，石巻，塩釜 ［福島県］ 小名浜（3月は水揚げなし）
加工流通施設	被災3県で被害があった産地市場（34施設）	65％（被災3県）（22施設が業務再開） 岩手 92％（12施設） 宮城 100％（9施設） 福島 8％（1施設）	岩手県及び宮城県の産地市場は，22施設すべてが24年中に再開見込み。
	被災3県で被害があった水産加工施設（831施設）	50％（被災3県）（417施設が業務再開） 岩手 56％（125施設） 宮城 45％（223施設） 福島 60％（69施設）	27年度末までに再開希望者全員の施設を復旧・復興することを目途。

（出所）表2-1に同じ。

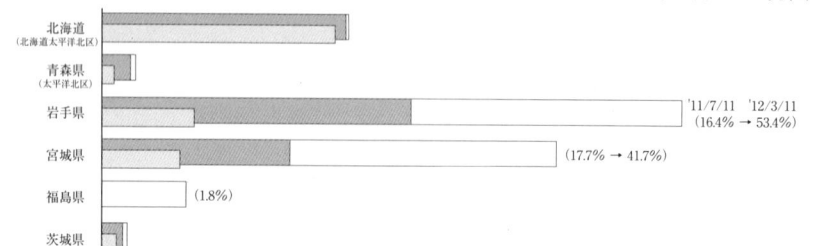

図2-6 被害のあった漁業経営体(養殖業を含む)の再開状況(2012年3月11日現在)

'11/7/11　'12/3/11
岩手県 (16.4% → 53.4%)
宮城県 (17.7% → 41.7%)
福島県 (1.8%)

凡例：2011/7/11現在で再開している漁業経営体／2012/3/11現在で再開している漁業経営体／再開していない漁業経営体

(注)( )は再開経営体数割合。
(出所)農林水産省『東日本大震災による漁業経営体の被災・経営再開状況(平成24年3月11日現在)—漁業センサス結果の状況確認の概要—』。

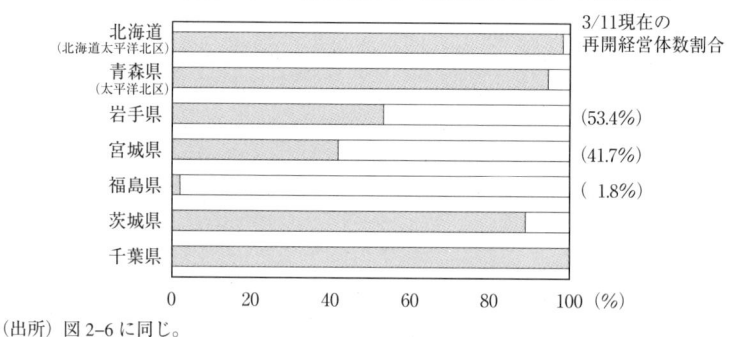

図2-7 被害のあった漁業経営体(養殖業を含む)の再開割合

3/11現在の再開経営体数割合
岩手県 (53.4%)
宮城県 (41.7%)
福島県 (1.8%)

(出所)図2-6に同じ。

も，岩手県58.8%，宮城県45.1%にすぎない。国際的サプライチェーンの問題性が明らかになった自動車関連の部品工場等の早期の回復ぶりと比較して，漁業，しかも中小漁村での漁業の回復の遅れは顕著である。

経営が再開できないでいる理由を示したものが，図2-10，2-11である。第1に挙げられているのは，「漁船や漁具が確保できない」ことであり，養殖業の場合には，これに「養殖施設が確保できない」が加わっている。いかなる生産活動も，生産手段と労働力が結合されて初めて行われる。零細な漁家が海で魚をとったり，牡蠣やわかめの養殖を再開したいと思っているのに，海に出る

表 2-11 被害のあった漁業経営体（養殖業を含む）

	経営体数	再開している経営体			再開していない経営体（不明を含む）
		経営体数	割合	（参考）H23.7.11 現在漁業再開割合	
7 道県計	13,200	7,690	58.3	…	5,490
北海道（北海道太平洋北区）	2,180	2,150	99.0	97.1	20
青森県（太平洋北区）	300	290	95.1	49.0	10
岩手県	5,100	2,720	53.4	16.4	2,380
宮城県	3,990	1,660	41.7	17.7	2,330
福島県	740	10	1.8	…	730
茨城県	210	190	89.4	74.2	20
千葉県	660	660	100.0	69.6	0

（出所）図 2-6 に同じ。

船，魚をとる網，牡蠣を養殖するための施設，すなわち生産手段が揃わないがゆえに，漁に出ることができない状況が続いている。目の前に広がる海で漁業を営んできた中小零細の漁業者にとって，1 年以上たっても漁を再開できないならば，それは廃業を意味せざるをえないであろう。日本は，世界でも有数の工業国であり，ありとあらゆる生産技術を開発してきた国である。それぞれの浜，漁場では独自の仕様の船，網，養殖施設が必要とされていたとはいえ，それが他の漁業集積地で生産することができないはずはない。問題は，漁業の再開にいま直ちに必要なこれらの生産手段の確保，場合によっては生産を，零細な漁業関係者任せにするのではなく，農林水産省や経済産業省，県や市が一体となって，産業復興政策として推進することである[15]。もちろん，漁業関係者

---

15) 東北地方の被災地の復興，被災地の地域経済の復興のためには，漁業の再開が決め手であり，さらには水産加工，流通，造船業を含む地域的な産業集積をいかにひとまとめにして復旧させるのかという視点が極めて重要である。井上博夫・中村八郎・坂庭国晴・森靖雄（対談）「被災者が求める生活・地域の再建」『経済』2011 年 8 月号），29-32 ページ，参照。

図 2-8　被害のあった養殖業経営体の再開状況（2012 年 3 月 11 日現在）

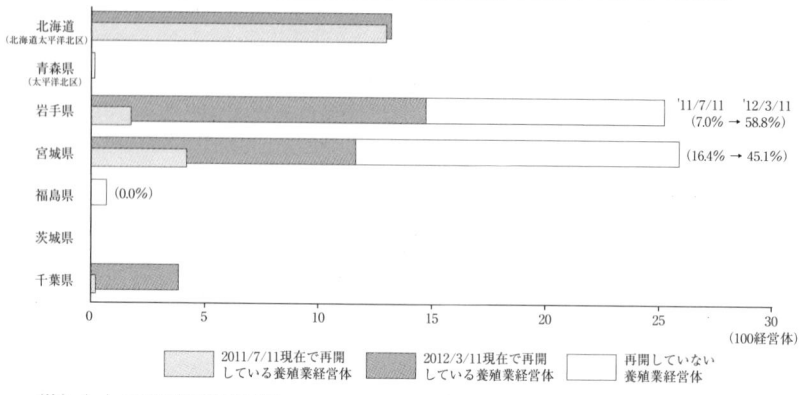

'11/7/11　'12/3/11
岩手県　(7.0% → 58.8%)
宮城県　(16.4% → 45.1%)
福島県　(0.0%)

（注）（　）は再開経営体数割合。
（出所）図 2-6 に同じ。

図 2-9　被害のあった養殖業経営体の再開割合

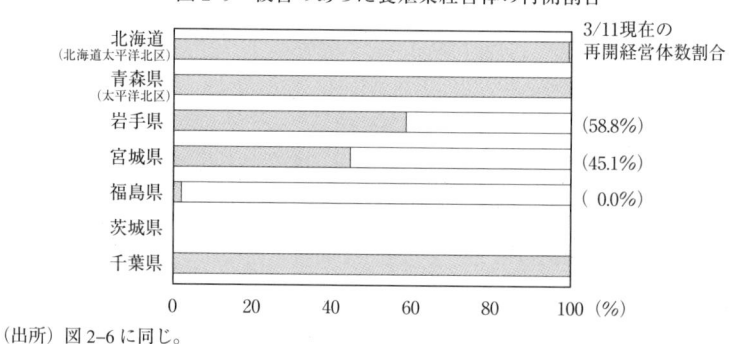

3/11現在の再開経営体数割合
岩手県　(58.8%)
宮城県　(45.1%)
福島県　(0.0%)

（出所）図 2-6 に同じ。

が，それらを購入する資金が足りない，あるいは二重ローン問題に直面しているのであれば，それへの金融的対応も必要である。いずれにしても，漁業とそれに関連する水産加工業等で地域経済と地域コミュニティが成立してきた被災地の復旧のためには，漁業そのものを早急に再開させることが不可欠なのである。

再開できない理由の第 2 に，「漁港の環境が整わない」ことが挙げられていることに注目したい。なぜ，多くの漁業関係者が漁港環境の未整備を挙げているのかと言えば，政府が被災した 319 の漁港のうち，2015 年度末までに完全に復旧させるのを，東北の主要 8 港だけに限定しているからである。後 4 年間もの間，自分たちの漁港が完全に復旧されないのであれば，中小零細規模の漁

表 2-12　被害のあった養殖業経営体

| | 経営体数 | 再開している経営体 ||| 再開していない経営体（不明を含む） |
		経営体数	割合	（参考）2011.7.11 現在漁業再開割合	
7 道県計	6,900	4,360	63.2	…	2,540
北海道（北海道太平洋北区）	1,330	1,320	99.5	99.5	10
青森県（太平洋北区）	10	10	100.0	40.0	0
岩手県	2,520	1,480	58.8	7.0	1,040
宮城県	2,590	1,170	45.1	16.4	1,420
福島県	80	0	0.0	…	80
茨城県	−	−	−	−	−
千葉県	390	390	100.0	5.4	0

（出所）図 2-6 に同じ。

業者はお手上げであろう。グローバル企業の利益を農林漁業の復旧に優先させるだけではなく，この機会に，多くの漁港や漁村で営まれてきた中小零細規模の漁業を一挙に整理してしまおうという政府の姿勢が見てとれる。日本で有数の漁業県の知事でありながら，村井宮城県知事もまた，被災した県内の 142 の漁港のうち 60 港だけを拠点港と位置づけ，その復旧を他港に先駆けて行う計画を打ち出した。このもくろみ自体は，漁民だけでなく県民の広範な批判によって頓挫したが，図 2-6〜2-9 および表 2-11，2-12 に示された宮城県における漁業経営体の再開の遅れは，村井県政の漁港復旧に関する差別的な政策運営にも一因があると見るべきであろう。なお，周知のように，村井県政は，漁業権を民間資本にも開放することによって，漁協が国民の負託に基づいて持続可能な漁業と美しい海を守るために共同的に管理・運用してきた漁業権を漁協から奪おうとしている[16]。彼がめざしているものは儲かる漁業，利潤原理で

16)　現在の漁業権がいかなる歴史的経緯に基づいて成立してきたのかについては，庄司捷彦「復興に「漁業権特区」は必要か」（『季論 21』14 号），70-73 ページ，参照。

図 2-10　再開できない理由割合（複数回答）漁業経営体

（％）　2011/7/11 時点の理由
　　　　2012/3/11 時点の理由

項目	2011/7/11	2012/3/11
漁船や漁具の確保ができない	88.4	80.2
漁港の環境が整わない	67.9	60.1
海中のがれき等により操業できない	41.6	4.4
資金面の不安により再開できない	56.3	25.2
その他（病気やけが等）	10.6	28.8

（出所）図 2-6 に同じ。

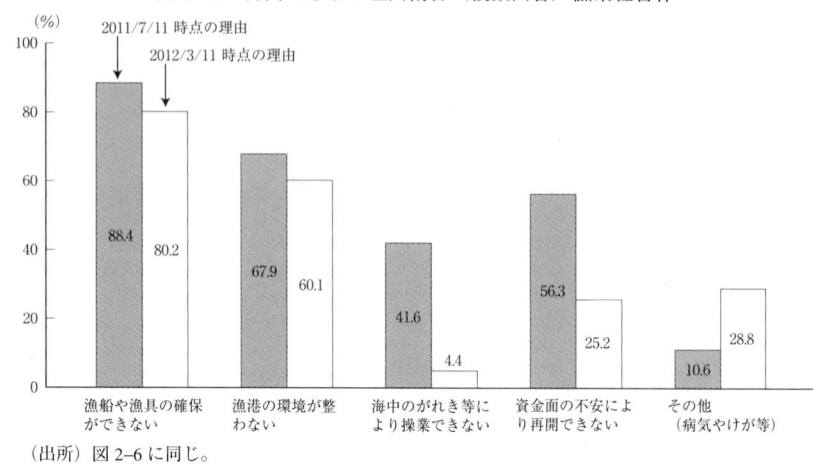

図 2-11　再開できない理由割合（複数回答）養殖業経営体

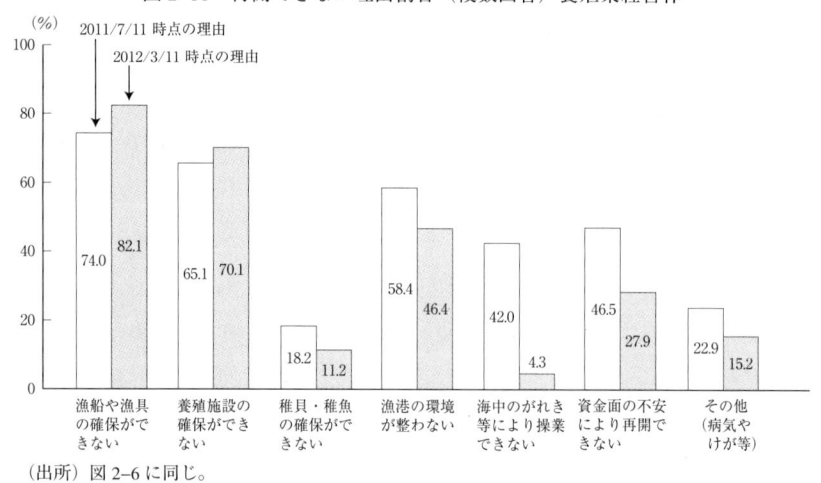

（％）　2011/7/11 時点の理由
　　　　2012/3/11 時点の理由

項目	2011/7/11	2012/3/11
漁船や漁具の確保ができない	74.0	82.1
養殖施設の確保ができない	65.1	70.1
稚貝・稚魚の確保ができない	18.2	11.2
漁港の環境が整わない	58.4	46.4
海中のがれき等により操業できない	42.0	4.3
資金面の不安により再開できない	46.5	27.9
その他（病気やけが等）	22.9	15.2

（出所）図 2-6 に同じ。

動く効率的な漁業であり，TPP への参加を意図している新自由主義者たちが，東日本大震災を彼らの望む構造改革推進のための千載一遇のチャンスと見なしていることは，この点でも明白である。

2-2 いま求められているのは，上からの大規模公共事業の押し付けではなく，被災地の地域特性と地域住民の暮らしを最優先した地域計画である

表 2-13 は，2012 年度予算も含めた東日本大震災の復興関係予算の一覧である。政府の復興の基本方針では 2015 年度末までの 5 年間を集中復興期間と位

表 2-13　復興関係予算（単位：億円）

23 年度 1 次補正予算	23 年度 2 次補正予算	23 年度 3 次補正予算	24 年度予算
(1) 災害救助等関係経費　4,829	1. 原子力損害賠償法等関係経費　2,754	(1) 災害救助等関係経費　941	(1) 災害救助等関係経費　762
(2) 災害廃棄物処理事業費　3,519	(1) 原子力損害賠償法関係経費　2,474	(2) 災害廃棄物処理事業費　3,860	(2) 災害廃棄物処理事業費　3,442
(3) 災害対応公共事業関係費　12,019	(2) 原子力損害賠償支援機構法関係経費　280	(3) 公共事業費の追加　14,734	(3) 公共事業費の追加　5,091
(4) 施設費災害復旧費等　4,160	2. 被災者支援関係経費　3,774	(4) 災害関連融資関係経費　6,716	(4) 災害関連融資関係経費　1,210
(5) 災害関連融資関係経費　6,407	(1) 二重債務問題対策関係経費　774	(5) 地方交付税交付金　16,635	(5) 地方交付税交付金　5,490
(6) 地方交付税交付金　1,200	(2) 被災者生活再建支援金補助金　3,000	(6) 東日本大震災復興交付金　15,612	(6) 東日本大震災復興交付金　2,868
(7) その他の関係経費　8,018	3. 東日本大震災復興対策本部運営経費　5	(7) 原子力災害復興関係経費　3,558	(7) 原子力災害復興関係経費　4,811
	4. 東日本大震災復旧・復興予備費　8,000	(8) 全国防災対策費　5,752	(8) 全国防災対策費　4,827
	5. 地方交付税交付金　4,573	(9) その他の関係経費　24,631	(9) その他の関係経費　3,999
			(10) 東日本大震災復興予備費　4,000
			(11) 国債整理基金特会への繰入　1,253
計 40,153 *1	計 19,106	計 92,438 *2	計 37,754 *3

（注）*1. 財務省公表資料（一次補正歳出額）に記載されている既定経費の減額（37,102 億円）については計に含めず。
　　　*2. 財務省公表資料（三次補正歳出額）に記載されている年金臨時財源の補てんや B 型肝炎関係経費等は計に含めず。
　　　*3. このうち，復興庁設置法に基づき，復興庁において 20,433 億円を一括して計上。
　　　4. 平成 23 年度 4 次補正予算（2 兆 5,345 億円）及び平成 24 年度予算の一般会計予算予算総則において，株式会社東日本大震災事業者再生支援機構法に基づき，株式会社東日本大震災事業者再生支援機構の借入れ又は社債に係る債務について，政府保証枠 5,000 億円を設定。
　　　5. 4 つの「計」の単純な合計：約 18.9 兆円
　　　6. 「5 年間で少なくとも 19 兆円」の復興事業規模との関係：
　　　　23 年度 1 次〜3 次補正：14 兆円台半ば（除染費用など東京電力への求償が想定される経費等除き）＋24 年度当初：3.4 兆円（予備費除き）－24 年度当初除染：0.5 兆円＋その他地方が実施する緊急防災・減災事業（地方単独事業を含む）：0.6 兆円≒18 兆円程度

（出所）表 2-1 に同じ。

置づけ，10 年間の復興対策費約 23 兆円のうち約 19 兆円のこの期間に集中的に投入する計画である。第 1 次補正予算ではまさに被災者の救助や激甚災害指定に伴う復旧関係費が計上された。第 2 次補正予算では東電救済のための原子力災害賠償関係費が計上されるようになった。被災者生活支援金や二重ローン問題対策費も予算化されたが，全体の復興予算額のなかでは，ごくわずかな金額にすぎない。第 3 次補正予算から公共事業関係費が本格化し，また自治体に一括交付される復興交付金も計上され出した[17]。

　問題は，これらの予算の支出を通じて何が，どの程度復旧・復興してきたのかである。高速道路や新幹線は直ちに復旧され，主要な国道，通信網，そして基本的な生活インフラである電気や水道等もほぼ復旧した。だが，被災地の基盤的産業である漁業に関して言えば，全面回復した漁港は 20% であり，農業の場合には，津波で浸水した農地のうち作付可能な農地は 36% にすぎず，生活復旧の重要条件である災害公営住宅は，計画のわずか 1% しか建設されていない[18]。しかも，2012 年度予算では，三陸縦貫自動車道，三陸鉄道の復旧，多くの海岸線での堤防の護岸工事など大型の公共土木事業が目白押しであり，今後 3 年間で 17 兆円規模と予想される東北地方における復興特需にゼネコン，鉄鋼，セメント，住宅設備メーカー各社は湧きかえっている。だが，どれだけ立派な防災施設や産業・生活インフラが整備されようと，それらが完成する以前に，漁業や農業で生計を立ててきた被災者が被災地での生業の再開を諦めてしまえば，それは住民不在の防災都市になってしまうであろう。

---

17) 復興交付金は，2012 年 3 月 2 日に事業費 3,165 億円（うち国費 2,611 億円）が，5 月 25 日には事業費 3,053 億円（うち国費 2,509 億円）が交付された。これは，地方自治体に対して効果促進事業等の一定割合を一括配分することによって，交付金の使い勝手を抜本的に向上させるものとされている。だが，対象とされている防災集団移転促進事業，都市再生区画整理事業，市街地再開発事業，津波復興拠点整備事業，漁業集落防災機能強化事業等の 40 事業は，いずれもそれらを所管する 5 省庁によって適切であるか否かの判断がなされるものであり，自由度にはおのずと限界がある。高瀬康正「被災地復興まちづくり，克服する課題は何か」（『前衛』2012 年 8 月号），135 ページ，参照。

18) 『朝日新聞』，2012 年 7 月 22 日付，参照。

では，巨額の予算をつけながら，なぜこのような状況になっているのであろうか。その原因は明白である。戦後日本社会では，日米安保条約を絶対的な条件として，大企業の成長が日本の国民経済発展の原動力として位置づけられてきた。国民生活の向上は，大企業，特に輸出志向型の大企業の成長があってこそ実現されると，政府も国民も信じ続けてきた。基盤産業としての農林漁業や地域経済を支えてきた多種多様な地場産業（それらの大部分の担い手は中小零細企業や自営業者），そして地方のどの町にも必ず存在していた商店街を顧みることなく，大企業最優先の産業政策・国土開発政策を採用してきた中央政府の下で，自治体の多くは地域経済の発展をめざして大企業誘致を競ってきた。この結果成立した東京一極集中型の国民経済は，国民経済発展の原動力であった輸出志向型の大企業がグローバル化し，生産拠点や下請けシステムを広く海外に求めるようになった結果，いまや日本各地で，地方都市，地域経済を崩壊させ，過疎地で限界集落を多数発生させている。地方都市だけでなく，江戸時代以来の商業の町，経済の都であった大阪すらが，いまや深刻な地盤沈下に直面し，それがハシズムへの期待を生むに至っている[19]。この大企業依存の国民経済成長戦略（企業国家としばしば表現される）がグローバル化の時代にはもはや時代錯誤であり，景気対策としても失敗の連続であったことは，「失われた20年」の日本経済の現実が証明している[20]。にもかかわらず，自民党政権だけでなく「コンクリートから人へ」を選挙公約にして権力を手にした民主党政権までもが，現代の経済的条件に合致しなくなった国民経済成長戦略にしがみついている。民主党政権は，東日本大震災の発生当初から，それからの復興過程を，一方では，大型公共事業による景気対策，マイナス成長打開のチャンス

---

[19] 宮本憲一氏は，大企業依存の経済成長体制と東京一極集中の国民経済のあり方が，大阪の地盤沈下の根本原因であり，これまでに失敗したセカンド東京政策の再版にすぎない橋下大阪市長の大阪都構想では問題は解決しないとし，『都市格』のある街づくりを提唱されている。同著「都市格のある街をつくろう」（『世界』2012 年 7 月号），88-92 ページ，参照。

[20] グローバル経済段階においては，もはやグローバル企業の成長と国民生活の安定化・向上とは両立しえないことの基本論理については，米田貢「グローバル経済段階の経済運営はいかにあるべきか」（『経済』2012 年 8 月号），参照。

として，他方では，さまざまな規制を一気に突破してグローバル企業・財界が望む各種の特区を実現する（自由主義的構造改革）の千載一遇の実験機会として，位置づけた。それが，上述してきたような被災者の救済と被災地の復旧を後回し，あるいは無視した大型公共事業中心の，そして，大企業が望む特区構想に傾斜した復興政策がとられてきた根本原因である。

　ゼネコンや内需関連の大企業やグローバル企業の利益を優先する復興政策ではなく被災者本位の復興政策への転換が図られなければならない。被災地の地理的条件，地域経済の成り立ちを考えるならば，それは農林漁業の早急な再開を軸に，被災地そのものを地域社会・地域コミュニティとして復旧する地域政策でなければならない。この地域計画の基本的な内容は，一言にすれば，それぞれの地域の特殊性を生かした地域循環経済の確立である。それぞれの地域は，自然的，地理的，歴史的，文化的諸条件に応じて，それぞれに独自の地域社会を形成してきた。それらの特殊性を生かした産業（程度の度合いに違いはあれ，農林漁業が基盤産業でなければならない）を軸にして，東京に本社のある大企業に依存することなく，当該地域社会内でモノ，カネが循環し，地域経済として独自の資本蓄積がなされ，地域内で安心して世代交代（若者の定着）ができるような，相対的に独立した持続可能な地域経済の確立である[21]。それは，単なる産業政策や地域開発政策によって実現できるものではない。そこに住み，働き，子育てをし，そこで生涯を終える人々の生活全体を包み込むような総合的な地域政策でなければならない。

　このような地域おこしの先進的な経験は，宮城県の大崎市，大分県の湯布院

---

21)　地域内再投資による内部循環型地域経済の確立の必要性を主張されている岡田知弘氏は，中越大震災からの復興過程における山古志地域の先進的な経験を，地域内再投資と住民自治の二側面から教訓化されている。同著『震災からの地域再生―人間の復興か三次便乗型「構造改革」か―』（新日本出版社，2012年），第5章，参照。また，吉田敬一氏は，同じく地域内経済循環力の強化をめざす岩手県の住田町や葛巻町における取組み，さらには今回の東日本大震災からの復興過程での宮古市における取組を紹介されている。同著「東日本大震災からの復興を巡る2つの道筋と激変する中小企業の経営環境問題」（『企業環境研究年報』2011年12月号），13-15ページ，参照。

町（合併後は由布市），徳島県の上勝町，長野県の栄村，阿智村，岩手県の住田町など，すでに全国各地で生まれている。これらに共通しているのは，地域住民が主体となって自分たちの暮らしと生活の場としての地域を，産業，雇用，医療，保健，教育，福祉，環境，文化等の多様な側面から社会的な結びつきを重層的に織り上げていることである。これらの地域は，その結果住民と基礎自治体との関係は密であり，政府の道州制をにらんだ広域合併に対して「小さくても光り輝く自治体」づくりをめざしている。今回のような大災害からの復興過程では，ある程度政府主導で，高速道路・国道や鉄道，港湾，防潮堤等の復旧・再建が優先されざるをえない面がある。だが，被災地の復旧は，それらの大規模な公共事業による一般的なインフラ整備とは別に，地域住民主体の総合的な街づくり計画に基づいて，住民と基礎自治体の協働の地域おこしとして実践されなければならない。被災者を仮設住宅に押し込めたまま，被災地域の生活実態を無視して，政府と一体となり県が「職と住の分離」を掲げ，高台移転を政策的に誘導する宮城県のやり方は，住民主体の地域おこしとは全く対立するものである。「平成の大合併」によって住民生活と一体的に運営されてきた基礎自治体の多くが消滅させられてきたことが，今回の復旧・復興過程での行政対応の遅れを加速化している。政府の責任と地方自治体の協力の下に，被災地に基礎自治体に対して復興事業に不可欠な行政の専門家集団をより多く集中的に投入することによって，住民自治を支える基礎自治体の体制強化が早急に行われなければならない。

第 3 章

東日本大震災復興構想に見る日米関係

は じ め に

 2011年3月11日の東日本大震災から11カ月たった2012年2月10日，ようやく復興庁が発足し，復興事業が本格化する。この復興事業は「東日本大震災復興基本法」の基本理念に則って，また復興特区，規制緩和，手続き簡素化，税制減免措置，復興交付金などの特別措置をとって進められることになっているが，ここにはアメリカの要求が巧みに組み込まれている。本章は震災復興構想に対するアメリカの介入を検討することを通じて，アメリカの世界戦略とそれに沿った対日要求の一端を明らかにしようと思う。

 以下，第1節で日本の財界・政府による復興構想の形成過程，第2節でアメリカのシンクタンクの関与について概観した上で，第3～6節で復興構想に対するアメリカ側の思惑を4点にわたって述べていくことにする。

1. 日本の財界・政府の復興構想の策定プロセスと構想内容

1-1 復興構想の策定プロセス

 日本の政府・財界が復興構想を議論し策定していくのは同年4～7月の間である。震災が発生した翌週（3月15日，3月16日）にはさっそく経済同友会と日本経団連が「緊急アピール」を発表しているが，ここではまだ人命救助，ラ

イフラインの復旧,義援金,支援活動,節電などに触れられているにすぎない。3月31日の日本経団連「震災復興に向けた緊急提言」において初めてこうした「復旧」と区別される「復興」についての提言を出しており,「復興」構想の議論はここから始まる。その後,表3-1にあるような推移をたどって,最終的には7月29日（8月11日改訂）の東日本大震災復興対策本部「東日本大震災からの復興の基本方針」で基本骨格が固まった。このプロセスは,復興構想の内容に沿って見るなら,大きく次の4段階に分けることができる。

まず第1段階は,3月31日の日本経団連「震災復興に向けた緊急提言」である。ここでの特徴はまず第1に復旧と復興とを初めて区別したことである。復旧が当面の震災対応であるのに対し,復興とは中長期的な日本経済の再生・強化の計画であるとした上で,復興計画を建てることの重要性を強調している。その上で,特徴の第2として,その復興構想の枠組みを提示していることである。具体的には,①「基本法」の制定,②強力な指揮命令権を持つ司令塔を確立,③「震災復興庁」の設置,④道州制の導入を視野に入れる,⑤広域復興基本計画や広域インフラ整備計画などの各種基本計画を建てる,⑥復興特区やPFI手法の大胆な活用など,震災という緊急事態を理由に平常時にはできない特別体制を組むことが強調されている。

しかしその一方でそのような枠組みで何を実現するのか,その内容については多くは述べられていない。それが提起されるのが第2段階,4月6日の経済同友会「東日本大震災からの復興に向けて〈第二次緊急アピール〉」である。ここでの特徴は,復興について「新しい日本の創生」と呼び,その内容につい

表3-1 財界団体と政府による復興構想の形成過程

2011. 3.31	日本経団連「震災復興に向けた緊急提言」
2011. 4. 6	経済同友会「東日本大震災からの復興に向けて〈第二次緊急アピール〉」
2011. 5.17	閣議決定「政策推進指針～日本の再生にむけて～」
2011. 5.27	日本経団連「復興・創生マスタープラン～再び世界に誇れる日本を目指して～」
2011. 6.25	東日本大震災復興構想会議「復興への提言～悲惨のなかの希望～」
2011. 7.28-8.11	東日本大震災復興対策本部「東日本大震災からの復興の基本方針」

（出所）日本経団連,経済同友会,内閣府のホームページより。

て従来の既定方針であった「税と社会保障の一体改革」と「新成長戦略」を遅滞なく実行することとしていることである。また「マニフェストの白紙見直しなどによって，歳出削減の徹底を」と述べて，2009年の政権交代の際に民主党が掲げたマニフェストの撤回も求めている。

第3段階は，5月17日の閣議決定「政策推進指針〜日本の再生にむけて〜」である。ここでは，日本再生の方針について，4月6日の経済同友会の見解を継承して「財政・社会保障の持続可能性確保」と「新たな成長へ向けた国家戦略の再設計・再強化」を2本柱とした上で，後者の「成長戦略の再設計・再強化」について次のように具体化している。①「新たな成長の芽」として，コンパクトシティ，エコタウンの建設，省エネ・新エネビジネス，分散型エネルギーシステムの展開，地域のニーズにあった社会保障サービス，農林水産業の6次産業化などを列挙し，「革新的エネルギー・環境戦略を検討する」とも言っている。②日本国内投資促進，アジア拠点化，グローバル人材の育成，パッケージ型インフラ海外展開などグローバル戦略を列挙し，高いレベルの経済連携推進を検討するとして，TPP協定交渉参加についても触れている。すなわち，ターゲットとなる部門について列挙しつつ，グローバル戦略をアップデートすることが成長戦略の「再設計・再強化」ということになる。

第4段階は，5月27日の日本経団連「復興・創生マスタープラン〜再び世界に誇れる日本を目指して〜」，6月25日の東日本大震災復興構想会議「復興への提言〜悲惨のなかの希望〜」，7月29日（8月11日一部改訂）の東日本大震災復興対策本部「東日本大震災からの復興の基本方針」であり，ここでは「地域づくり」「減災」「土地利用」「雇用対策」「教育」「地域経済」「エネルギー供給」「開かれた復興」など，これまでの方向性をより具体的な項目に沿って分解・具体化している。この段階で目につくことは，当初財界が主張した「強力な指揮命令権を持つ司令塔を確立」という方針が徐々に後退し，代わりにNPO，NGO，企業，地縁など多用な主体の参加による「新しい公共」重視する論調が徐々に増大していき，5月27日の日本経団連「マスタープラン」ではまだ両論が併記されていたが，6月25日の復興構想会議「復興への提言」や

7月28日の復興対策本部「復興の基本方針」になると「司令塔」という言葉は見あたらなくなったことである。

1-2 復興構想の内容

こうして，以上のようなプロセスを経て策定された日本側の復興構想は，基本的に次の4つに構成要素から組み立てられている。すなわち，a「復旧」と「復興」を区別して「復興」を「日本経済の再生・創生」と結びつけていること，b「税と社会保障の一体改革」「新成長戦略」「TPP協定参加」など，財界が「デフレ状況からの脱却」などとの関連で震災以前から要求してきた政策の実現にあること，cそのなかでは今後成長が期待される分野として環境・エネルギー，医療・社会保障サービス，IT・インフラ構築，農林水産業などに注目していること，そしてd復興構想を実行する手法として「強力な指揮命令権を持った司令塔の確立」「基本法の制定」「道州制を視野に入れる」「復興特区」「広域産業復興計画」など，かつてない大胆な手法の採用が提言されていること，の4つである。

2. アメリカ側の関与プロセスと提言内容

2-1 関与のプロセス

以上のような財界・政府の復興構想の策定プロセスの背後にはCSIS（戦略国際問題研究所，Center for Strategic & International Studies）の関与がある。CSISとは，アメリカの保守系シンクタンクの1つだが，マイケル・グリーン，リチャード・アーミテージ（元米国務副長官），ジョセフ・ナイ（ハーバード大学教授）などいわゆるジャパン・ハンドラーたちの総本山とも言える研究所である。

マイケル・グリーンによると「合衆国は日本の復興に多大なる利害関心を持っている。中国が台頭している下で，日本は国家安全保障・経済政略の点でわれわれのアジアにおける軍事的展開と外交的プレゼンスにとっての絶対不可欠なくさび（要）である」との認識から，「同僚である経団連と相談の上，復興と再建のプロセスで米日がどのように共同できるかについて提言するため

第 3 章　東日本大震災復興構想に見る日米関係　75

表 3-2　CSIS の関与プロセス

2011. 4.11	CSIS，東日本大震災からの復興構想に関するタスクフォース設立を発表。
2011. 4.20	タスクフォースが最初の全体会合を開く。6 つのワーキング・グループを作る。
2011. 5.24	マイケル・グリーン，所感文書 "Crisis as Opportunity : The future of Japan after 3-11" を発表。
2011. 6.11	リチャード・アーミテージ，タスクフォースを連れて来日。日本の財界・政治家・官僚・専門家・東北関係者などと懇談。
2011.11. 3	タスクフォース，レポート "Partnership for Recovery and a Stronger Future" を発表。
2011.11. 8	CSIS と日本経済新聞社の共催でシンポジウム「東日本大震災，トモダチ作戦と日米同盟の未来」を開催。

（出所）CSIS（2011.11.2），Green（2011.5.24）より作成。

の，優秀なアメリカ人たちのハイレベルなタスクフォースを設置することを決断した」。その発表は 4 月 11 日に行われ，4 月 20 日にはタスクフォースの最初の全体会議を開いて，「災害救済と防災」「マクロ経済」「エネルギー」「健康」「同盟関係の調整」「市民社会」の 6 つのワーキングループを設置した。6 月にはアーミテージがタスクフォースを連れて日本の政治家・官僚・経団連幹部・専門家・地方の行政者や市民と意見交換し，7 月にはグリーンがワーキンググループの暫定的見解を経団連幹部に提示し，11 月 3 日に "Partnership for Recovery and a Stronger Future" というレポートを発表している[1]。

　CSIS の関与の日程（表 3-2）を見るなら，日本の財界が先行的に構想の基本骨格を作り，CSIS はそれを受けて独自のレポートを出す流れになっているし，CSIS 側も「経団連の集約的な計画に学びつつ，日本の戦略を強化し，日米パートナーシップを再活性化するようなアイデアを提供することを目指した」[2]と述べている。しかし，日本の財界やシンクタンクとアメリカのシンクタンクとの間の政策協議・共同研究は以前から行われており，これが最初のものではない。例えば，3.11 直前のものとして東京財団と CNAS[3]（新アメリカ安

---

1) 以上については，Green（2011.5.24），CSIS（2011.11.3）を参照。
2) Green（2011.5.24），p. 3。
3) CNAS は 2007 年に設立された小型のシンクタンクだが，マイケル・グリーンやリチャード・アーミテージも参加しており，オバマ政権にも影響力が強いと言われている。

全保障センター，Center for a New American Security）の共同研究（2010.10.27）「『従来の約束』の刷新と『新しいフロンティア』の開拓　日米同盟と『自由で開かれた国債秩序』」があるが，内容的に CSIS の論調と重なるところが多い。これらのことを考えるなら，経済同友会や日本経団連の発案する政策や構想自体がもともとアメリカの意向を踏まえたもので，その上でさらに CSIS が改めて日本の財界・政治家・官僚・専門家・地方自治体などと協議して（後に 4-3 などで見るように）今回の復興計画にアメリカ独自の意向を反映させているのである。このような意味で日本の復興計画はアメリカの意を汲んだ日米合作の構想と言って差し支えないであろう。

2-2　提言の内容

　CSIS は 11 月 3 日にまとめのレポートを発表した。また 11 月 8 日には日本経済新聞社との共催でシンポジウム「東日本大震災，トモダチ作戦と日米同盟の未来」を開催し，ここにはマイケル・グリーン，リチャード・アーミテージ，ジョセフ・ナイの他にウィリアム・ペリー（元米国防長官），ジョン・ハムレ（元米国防副長官），デニス・ブレア（前米国家情報長官）らも出席している。

　そこでこの CSIS レポートの内容を確認すると，このレポートは「1. 防災と復興」「2. 経済復興」「3. エネルギー戦略」「4. 健康と復興」「5. 同盟の教訓」「6. 市民社会の連携強化」の 6 章立てであるが，内容的に日本の復興構想と重なる部分が大きい。そこでは，日米の民間セクターのリーダーシップ（実質的には日米の大企業のことであろう）を調査した結果，次のような項目を重視すれば東北さらには日本全体における彼ら（大企業）のプレゼンスを維持・拡大できるだろうとして，① 安定的エネルギー供給（原発存続），② 税制改革（法人税引き下げ，消費税増税），③ 規制改革（特に労働規制の緩和），④ 貿易自由化（TPP 交渉参加）の 4 項目を挙げている（以上，日本の b に相当）。また，東北地方でこれらの改革を迅速に行うためのフレームワークは「経済特区」構想であり（d に相当），東北での実効的な開発戦略は日本経済全体の成長モデルとして役立つだろう（a に相当），などとも述べている。具体的な事業分野について

も，インフラ整備，IT 投資，代替エネルギー戦略，東北地域の医療システム再構築など，経団連などの提言とほぼ同じである（c に相当）。

以上から，大枠において，日本の財界・政府が策定した復興構想と CSIS の提言とが共通する認識に立っていることが確認できる。

3. 新自由主義改革の再起動

3-1 復興構想に含まれる政策群の形成過程

それでは日米で共有されているこれらの政策群はいつ頃から作られていたのであろうか。

そこで日本経団連が発表した政策提言文書を振り返るなら，「税と社会保障の一体改革」は 2008 年 8 月 4 日の「新内閣に望む」において「消費税を含む税制抜本改革，財政健全化，社会保障制度改革，少子化対策を一体的に実行し，国民に将来への安心感を与える」という形で現れている。それ以前の段階では，例えば 2007 年 12 月 11 日の「優先政策事項」では「経済活力・国際競争力の強化と財政健全化の両立に向けた税・財政改革」と「将来不安を払拭するための社会保障制度の一体的改革と少子対策化」とが別々に分けられて述べられており，また 2008 年 1 月 1 日の「成長創造～躍動の 10 年へ～」や 2008 年 5 月 28 日の「逆境を飛躍の好機に変える　2008 年度総会決議」には税制や社会保障の論点には触れられていない。したがって税制と社会保障を一体的にとらえる構想は 2008 年夏頃からと見ていいのではないだろうか。この背景には，言うまでもなく 1999 年と 2004 年の労働者派遣法改正による非正規雇用・不安定就労者の増大が 2007 年頃にはネットカフェ難民やプレカリアートという形で社会問題化しており，そのためにセーフティネットについて言及せざるをえなくなったが，それを従来からの財界の要求である法人税減税と両立させる方向で対処したいという思惑がある。

「新成長戦略」については，2007 年 1 月 1 日「経団連ビジョン」や 2008 年 1 月 1 日「成長創造」でも「新しい成長エンジンに火をつける」として，イノベーションの推進や地球環境対策・エネルギー政策などに触れているが，2009 年

になるとオバマ大統領の「グリーン・ニューディール」政策やその具体化である「米国再生・再投資法（American Rebirth and Reinvestment Act of 2009）」の影響を受けて，金融危機からの回復とより長期的な成長のターゲット産業として環境・エネルギー，医療・社会保障サービス，ITなどへの注目が集まり，2009年12月15日にはそれらを組み込んだ「新成長戦略」が日本経団連「経済危機脱却後を見据えた新たな成長戦略」で打ち出された。

さらにTPPについては，アメリカを含めたTPP拡大交渉会合が2010年3月に開始され，同年11月に横浜でAPEC首脳会議が開かれることに対応して2010年11月1日に日本経団連「TPP交渉への早期参加を求める」が発表されている。

3-2 その実行を担うべき政治主体のゆらぎ

こうして今日の復興構想に含まれている政策群は2008～2010年にほぼ出揃うのであるが，ちょうどその途上でそれらの実行を担うべき政治主体の側にゆらぎが生じた。すなわち2009年9月の政権交代である。8月31日の衆議院選挙で国民は，小泉「構造改革」路線からの離脱と対等平等な日米関係・アジア重視を掲げる民主党に強い支持を与えたのである。こうして成立した民主党新政権に対して，日本経団連は9月15日「新内閣に望む」や12月15日「経済危機脱却後を見据えた新たな成長戦略」などで成長戦略を打ち出すよう民主党政権に迫った。またアメリカも，普天間基地問題について日米合意の普天間移設案をくつがえし「基地は国外，最低でも県外」とした鳩山政権を無視することで揺さぶりをかける。結局，鳩山内閣は12月30日に新成長戦略の「基本方針」を閣議決定し，また翌2010年5月には普天間基地の辺野古周辺移設案でアメリカと再合意し，公約を裏切って退陣に追い込まれた。

その後を継いだ菅内閣は，税制改革を含む「新成長戦略」，普天間基地問題での日米合意遵守など，財界とアメリカへの忠誠を誓って出発したが，7月の参議院選挙で消費税増税を掲げて敗北し，さらにTPP交渉への参加を打ち出すも，農林水産業関係者をはじめとする国民からの強い批判を受けて判断を先

送りした。菅内閣の支持率が低迷するなかで財界から自民党との大連立構想も提案されたが，菅と心中することを嫌った自民党から拒絶されて流産。3.11の原発事故への対応の鈍さで国民からの批判が強まると民主党内にも菅降ろしの動きが強まり，これに抵抗して政権にしがみつく菅は国民の支持を得るために「脱原発依存」を口にするに至った。

こうして2009～2011年，政治の舞台上では，国民からの反構造改革の突き上げとアメリカ・財界からの巻き返しの間に挟まれた鳩山・菅の2つの政権が，いずれも確固とした立場に立ちきれずに短命で終わるという事態が進行した。マイケル・グリーンは所感表明文書であるGreen（2011.5.24）で，菅では強力な政治的リーダーシップの発揮は期待できないとし，吉田茂，中曽根康弘，小泉純一郎に匹敵する偉大な政治的リーダーが出現することを期待すると述べている。これは日米共同の復興構想づくりが進められている最中の発言であり，この時期，復興構想づくりとそれを断固として実行する政治主体づくりの2つが同時並行で模索されていたのである。

国民の世論によって停止を余儀なくされた新自由主義改革の再起動を，大震災という非常事態に便乗して，かつてない大胆な手法も動員して実行しようとする作戦だという意味で，日米合作の復興構想は巷で言われる通り「日本版ショック・ドクトリン」[4]である。その後，復興構想の内容がどのような日程で実行されつつあるかを表3-3で確認しておきたい。

表3-3 復興構想実行の政治日程

2011. 6.27	「東日本大震災復興基本法」成立。
2011. 6.30	社会保障改革に関する集中検討会議「社会保障と税の一体改革案」を決定。
2011. 9. 2	野田内閣発足。消費税増税，TPP推進を表明。
2011.11.11	野田首相「TPP協議に参加」を表明。
2011.11.16	民主党，「労働者派遣法改正案」の骨抜き修正を了承，今国会中の成立を目指す。
2011.12. 7	「東日本大震災復興特別区域法」成立。
2011.12. 9	「復興庁設置法」成立。
2011.12. 9	「修正労働者派遣法改正案」の審議見送りへ。
2012. 1. 6	「復興特別区域基本方針」閣議決定。

（出所）各社新聞記事より作成。

4．復興ビジネスをめぐる日米間の協調と対抗

4-1　CSIS レポートに見るアメリカ企業の利害

　以上はアメリカと日本の財界とが利害を一致させて共同で進めていることであるが，アメリカ企業と日本の財界とは利害が競合する部分もあり，CSIS レポートにはその側面を反映していると思われる記述も含まれている。

　例えば，第1に，日本とアメリカの民間レベルでの協力・共同体制づくりを繰り返し提言している。例えば，「1．防災と復興」章では，災害救済と復興における企業の役割についての日米共同研究体制を築き，また東北地域の中小企業家のネットワークを築くことが，多国籍企業の直接投資を促す上で大きな助けになると述べている。「2．経済復興」章では都市計画や医療施設再建における IT 投資では日本とアメリカが協力しあうことが有益であると勧めたり，「3．エネルギー戦略」章ではエネルギー産業の業界関係者による日米エネルギー・フォーラムを作ることを勧めているのである。

　第2に，CSIS レポートの「1．防災と復興」章ではアメリカのハリケーン・カトリーナの経験を引き合いに出しながら，意思決定のローカライズ（地元化）が大切だとして，日本の財界とは反対方向のアドバイスをしている点である。もともと日本側の復興構想では復興事業を推進する機構として「強力な指揮命令権を持った司令塔の確立」が主張されており，経済同友会の4月6日の「第二次緊急アピール」においては「復興庁」では司令塔として権限が弱すぎるので「復興院」を設置すべきだとの見解すら出されていた。しかし，日本側の提言文書も，その後，地元住民による下からの意思形成や民間企業・NPO・住民など多様な主体の参加によって担われる「新しい公共」を重視する論調が徐々に増大していき，復興構想会議の「復興への提言」や復興対策本部の「復興の基本方針」では「司令塔」という言葉は見られなくなっていく。

　第3に「4　医療と復興」章で，GE 社（General Electric Co.）と宮城県が進め

4）　ショック・ドクトリンについてはナオミ・クライン（2011）を参照されたい。

ているプロジェクトを紹介したり，岩手県と官民パートナーシップを組んでいるアメリカ発の医療支援 NPO 団体プロジェクト・ホープにジョンソン・アンド・ジョンソン社が協力していることに触れたりしていることである。

4-2　期待される成長分野における競合

こうした記述の意味を考える入口として，日本 GE 社（日本 GE 株式会社）の活動を取りあげてみよう。3.11 大震災以後，日本 GE 社が行ってきた支援活動には表 3-4 のようなものがある。ここで目に着くのは宮城県への 1 億円の寄付である。事故を起こした福島第一原発の原子炉は GE 社の開発・製造したものである。事故後，24 時間体制でこれを監視するのは開発・製造者の当然の責任としても，甚大な被害をおよぼした福島県に対してそれ以上の救済も支援を行ってはいない。主要被災地 3 県（岩手県・宮城県・福島県）にまんべんなく支援を行っているわけでもない。なぜ宮城県のみに手厚い支援を行っているのか疑問がわくが，その背景には GE 社と宮城県の特別な関係がある。

GE 社は 2005 年から「エコマジネーション（ecomagination）」と呼ばれる戦略を立ち上げ，太陽光発電，エンジン，排水処理，風力発電，天然ガス・パイプライン，スマートグリッド，医療機器などを主力製品とする環境ビジネスを強化してきた（表 3-5 参照）。その戦略の一環として，日本 GE 社は日本の地方自治体とパートナーシップを組んで，地域が直面する諸問題，特にエネルギー問題や貧富の差による医療格差の問題を解決して「人々が持続的に安心して暮らせる街づくり」をめざす官民共同の取り組み「サスティナブルシティ」なるプロジェクトを推進してきた。そのなかで最も緊密な協力関係を築いているのが

表 3-4　3.11 以後の日本 GE 社の支援活動

・1000 万ドル相当の現金，機器，サービスの寄付。
・日本赤十字社に 1 億円（125 万ドル），宮城県に 1 億円（125 万ドル）寄付。
・ヘルスケア関連製品を寄付。
・工業用内視鏡を寄付。
・福島第一原発を 24 時間監視体制。
・発電セットを寄付。

（出所）日本 GE 社「東日本大震災と福島第一原発に関する情報」より作成。

表 3-5　GE 社のエコマジネーション戦略の概要

2005 年設定目標	2009 年実績	今後 5 年間の目標
環境関連 R&D を 2010 年までに 15 億ドルに	15 億ドル達成	100 億ドルにする
環境関連売上高を 2005 年 50 億ドルから 2010 年 250 億ドルに	180 億ドルを達成	環境関連売上げの成長率を売上げ全体の成長率の 2 倍に
温室効果ガス排出量削減とエネルギー効率の向上	22% 削減と 34% 向上を達成	温室効果ガス削減とエネルギー効率の 50% 向上

（出所）GE「2009 エコマジネーション・レポート要約版」より作成。

宮城県なのである。例えば，日本 GE 社，宮城県，みやぎ高度電子機械産業振興協会の 3 社の共催で 2009 年 12 月 21 日に「GE Day in Miyagi」なるイベントを開催した。これは GE 社と地元企業とがそれぞれ技術や製品を紹介しあい，今後の協業の可能性をさぐるイベントである。このイベントでは GE 社が「省エネルギー」「IT ネットワークによる地域医療連携・遠隔診断支援」「医療現場の安全性と利便性の向上」「在宅介護支援」の 4 つのテーマで技術や製品のデモンストレーションを行い，地元企業との協業の可能性を探った。その開催にあたって日本 GE 社は，宮城県が環境問題・エネルギー問題，医療問題（医師不足，高齢化社会に対応したヘルスケア事業の立ち上げなど）に積極的に取り組んできたと紹介した上で，「さらに宮城県は，将来，発生が危惧されるマグニチュード 7.0 を超える大規模地震に備えるため，エネルギー供給や医療体制を確保するという重要な課題を抱えています」と述べている。

　また 2009 年には世界が直面する医療問題の解決を目指す「ヘルシーマジネーション（healthymagination）」戦略を開始した。GE 社はこれを通じて，「地域に適した技術開発」「ヘルスケア IT の加速」「格差のない医療の提供」「在宅医療の推進」の 4 分野でイノベーションを推進し，2015 年までに 15% の医療コスト削減，15% の医療アクセス拡大，15% の医療の質向上をめざす，としている。震災 2 カ月前の 2011 年 1 月 17 日には日本 GE 社と GE ヘルスケア・ジャパン社との共催で仙台市で「少子高齢化を克服する宮城モデル創出へ」シンポジウムを開催し，病院の医師や東北大学の教員らとともに講演をシンポジ

ウムを行って，医師不足や少子高齢化社会における医療問題，IT 活用による医療技術の革新などについて産官学共同の取り組みを進めている[5]。

　日本 GE 社にとって今回の震災復興事業はすでに 1 年以上前に想定されていたビジネス・チャンスなのである。これに対して，日本経団連は先述のようにアメリカの「グリーン・ニューディール」政策の影響を受けるなかで「新成長戦略」を作成したが，その具体化の一環として 2010 年 6 月に「未来都市モデルプロジェクト」を立ち上げている。2010 年 9 月に「中間報告」，2011 年 3 月 7 日に「最終報告」がまとめられているが，そのなかで「住民，行政その他の主体と連携して，環境・エネルギー，ICT，医療，交通といった今後の成長分野の革新的な技術開発や実用化に取り組む『未来都市モデルプロジェクト』を立ちあげる」「わが国は現在，地球環境問題，資源・エネルギー制約，人口減少・少子高齢化，安全・安心，財政制約，地域活性化，社会インフラの老朽化など，数多くの課題を抱えている」「わが国が世界に先駆けてこうした課題の解決に挑み，その課題解決モデルを世界に展開できれば，わが国が抱える課題を解決すると同時に，国際社会に貢献することもできる」「本プロジェクトの成果は，実施区域に留まらない。……広く国内の各地域，さらには海外市場への展開を目指す」「本プロジェクトを糧に，環境，医療，交通などをわが国の新たな成長産業として発展させることもできる」と述べている。

　明らかに日本 GE 社の「サスティナブルシティ」プロジェクトの日本企業版であり，「最終報告」では 8 事業分野で全国 12 都市・地域の官民共同プロジェクトが選ばれたが，宮城県と日本 GE 社のプロジェクトは外されている[6]。こういったところに，先行する取り組みを後追いしつつ競合するという，アメリカ企業に対する日本財界の関係を見ることができる。

---

5)　以上，日本 GE 社のホームページおよび GE「2009 エコマジネーション・レポート」を参照した。なお CSIS のタスクフォースには GE 社から 4 人が参加しており，これは民間企業からの参加としては最大人数である。
6)　以上，日本経団連（2010.9.13），同（2011.3.7）を参照。

4–3　CSIS レポートの提言の意味

　日米のこのような関係を前提した場合，アメリカ企業としては，復興構想を通じて既定の路線を再起動させるだけでは十分ではない。このような競合関係の中でアメリカ企業が復興事業というビジネス・チャンスに十分アクセスできるような手立てを組み込む必要がある。むしろ，ここにこそわざわざ CSIS が介入する意味があると言ってよい[7]。CSIS レポートにも「大胆な貿易自由化策をとることが輸出を促進し，規制の基準を海外とあわせることで海外直接投資を呼び込む」「経済特別区は他のアジア諸国に匹敵する好ましいビジネス環境を提供できる。特区内で特別税制やより好ましい規制環境を与えれば東北に海外直接投資を呼び込める」と書かれているように，彼らが法人税減税，労働規制緩和，TPP 参加，復興特区構想などを強調するのも，これらによってアメリカ多国籍企業がより低コストで日本へ直接投資できるようになるからにほかならない。しかし復興事業は，アメリカ多国籍企業から見れば外国の一地域に過ぎない日本の東北地域で行われる。いつ，どこに，どのようなビジネス・チャンスが出現するか，その情報を把握して機敏に動くことは必ずしも容易ではない。

　そのような不利を改善する手立ての第 1 が，企業・研究者・専門家を含めた日米協力の体制づくりである。これによって日本で進められる復興プランやその直面している課題についてアメリカ側の企業・研究者・専門家も情報共有することができる。また第 2 に，各地のまちづくり計画を中央の統括で天下り式に策定・実行するのではなく，それぞれの地域で下から立案する方式にローカライズすることである。このほうが意思決定が分散化され，財界の縁故・系列による事業発注もやりにくく，外国企業が参入するチャンスが増える。さらに

---

7) CSIS（2011.11.3）の「序文」には「日本経団連は，CSIS に専門知識，データ，アドバイスを提供したが，このレポートをアメリカ独自の評価とするよう要請してきた」と書かれている。日本経団連といえども，十分に協力はするが CSIS の提言のすべてを受け入れるわけではない，という意思を持っているようで，ここに対米従属をベースにした上での日米間の競合関係が感じられる。

下からの立案・意思決定のプロセス自体が民間企業にとってのビジネス・チャンスとなる可能性も生まれる。例えば，CSISレポートではハリケーン・カトリーナの際にはNPO団体「アメリカ・スピークス」にタウン・ミーティングの運営を外部委託した経験を紹介しているが，調べてみるとそのNPO団体の幹部職員は情報・サービス・コンサルなどさまざまな企業の役員・関係者が兼任していた。2011年6月14日に政府の「新しい公共」推進会議が発表した方針文書「『新しい公共』による被災者支援活動等に関する制度等のあり方について」では，「提案1」のなかで「当事者たちが議論して，復興プランを作り，情報を発信する」ことを強調しつつ，アメリカ・スピークスの事例をそのまま紹介している。「司令塔」構想から「新しい公共」路線への転換にはこのような日米間の利害調整という意味合いが含まれているのである。

5. 原発政策

5-1 SCIS側の意向

　3.11東日本大震災は前代未聞の人災・福島第一原発事故を併発し，今後，日本は原発を全廃するのか，存続させるのかが大きな争点として急浮上した。この問題に関してCSISレポートの「3. エネルギー戦略」章では，脱原発するとGDP成長率が下がり，失業者も増えるぞという脅しをかけた上で，「日本は核の安全，安全保障，不拡散に関するグローバル・スタンダードを確立するうえで重要なリーダーシップの役割を担っている」などと述べている。この文章の意図を理解するために11月8日のシンポジウムでの発言を見てみよう[8]。

　シンポジウムは2部構成となっており，その第1部はウィリアム・ペリー（元国防長官）の講演とパネルディスカッションであった。ペリーは講演で次のように語った。すなわち，アメリカの安全保障政策上の最大の問題は世界の核拡散とアメリカの石油依存体質の2点である。前者ではイラン，北朝鮮，パキ

---

[8] 以下，シンポジウムでの発言等については筆者（平野）の傍聴メモによるものである。

スタン，中国などで開発された核がテロリストの手にわたることが恐ろしい。この点でオバマ大統領の2009年4月プラハの「核なき世界」演説は画期的である。これによりアメリカ政府は核不拡散体制の構築に本格的に踏み出すことになった。後者では，反米勢力の多い中東にアメリカの命綱（石油）を握られている上，多額の資金（石油代金）を支払わざるをえないことが問題であり，なんとかして石油依存度を下げなければいけない。そのために2000年代半ばから原発推進政策がとられたが，それは今回の福島原発事故で困難になった。そこで代替エネルギーと省エネのための新技術がより一層重要になる，と。

　このペリーの講演を受けて，パネルディスカッションでは日本の原発を存続させるべきだという発言が繰り返された。ここで出てきたのが，核兵器の被爆国であり，原発事故の被災国であり，高い技術力を持つ日本が，引き続き原発を保持し，安全技術にも磨きをかけ，国際的にも核管理に神経を使う国になってくれれば，それがアメリカ主導の核不拡散・管理体制強化への大きな貢献となる，という論理である。もし日本が原発をゼロにしたら，核技術も失われるし，そもそも核不拡散・管理強化ではなく本気で核廃絶を主張する国になってしまう，それでは困るというわけである。

5-2　環境イノベーション促進政策と核不拡散政策

　こうした講演・発言を聞くと，オバマ大統領の「グリーン・ニューディール」政策と2009年プラハで行われた「核なき世界」演説は，いずれも広義の安全保障戦略の一部としてつながっていることがわかる。実際調べてみると，この2つの政策は同じ年に誕生した年子の姉妹のようなものであった。

　前者は，2006年1月31日のブッシュJr.大統領の一般教書演説を出発点とする。ここでは，「アメリカは石油に依存しているが，それを世界で最も不安定な地域から輸入している。この依存（addiction）を断つ最良の方法は技術革新である」としてエネルギー政策の転換と中東石油依存からの脱却を主張しており，太陽エネルギー，風力エネルギー，原子力発電，自動車のハイブリッド化・電気化などを列挙しつつ，これらの新技術のブレイクスルーによって

「2025年までに中東から輸入している石油の75%を他に切り替える」と言っている[9]。

同じような変化は「米国経済白書」（正式名称：大統領経済諮問委員会年次報告）にも現れている。2004年の白書では，石油の輸入が最も経済的なエネルギー源調達方法で，国内供給や代替エネルギーは有効ではないとし，さらに環境規制については消極的な姿勢を示しているのに対し（2005年の白書ではエネルギーについて論じた独立の章はなく），2006年白書から石油以外の代替エネルギー源についての記述が増え始め，環境問題，原子力発電に積極的な姿勢を示すようになり，2007年には石油消費削減のためインフラ改善の必要性に触れ，2008年の白書になるとヘルスケア，インフラストラクチャー，代替エネルギーのそれぞれに独立の章を立てている。この時期に環境・エネルギー政策の転換が起きたことは間違いない。

またこの少し前，業界団体，教育機関，シンクタンクなどがアメリカの国際競争力の低下を懸念し，技術革新支援政策を求める報告書や提言を立て続けに出している。それらのなかでも最も注目を集めた「競争力評議会報告（通称パルミサーノ・レポート）」では，大学の教育と研究，労働力の再教育，起業家の育成，ベンチャー企業への投資，技術革新を支援する国民的合意や法制度の整備などを取りあげている[10]。先述のGE社がエコマジネーション戦略を開始するのは2005年であり，アル・ゴアがドキュメンタリー映画『不都合な真実』をヒットさせて環境問題の世論喚起に成功するのは2006年である。これらの芽が2年後にはオバマ大統領のグリーン・ニューディール政策へと育ち，さらには太平洋を越えて日本の「新成長戦略」へ，そして今回の復興構想へとつながっていくのである。

---

9) Bush, George W., (2006) より。
10) この点については田村（2008）を参照。パルミサーノ・レポートの正式名称は，Council on Competitiveness (2004) "Innovate America ; National Innovation Initiative Summit and Report" で，http : //www.compete.org/publications/detail/202/innovate-america/ からダウンロードできる。

後者は，いわゆる「四賢人」（ヘンリー・キッシンジャー，ジョージ・シュルツ，ウィリアム・ペリー，サム・ナン）による核廃絶論を出発点とする。4人は2006年から議論を開始し，2007年1月の『ウォールストリート・ジャーナル』紙上で論文「核なき世界」を発表した。論文は，①核兵器がテロ集団の手に渡れば，抑止戦略で対応することはできない，②核兵器が主権国家に拡散した場合に米ソ間のMAD体制（Mutual Assured Destruction，報復攻撃の脅威による相互的な核使用抑止）を適用すると核兵器使用の危険性が劇的に高まる，などの点について懸念を示し，アメリカが核兵器の拡散を抑止し，核兵器廃絶を最終目標にして脱核兵器依存の方向へ世界を導くよう政策提言している。

2008年にアメリカ連邦議会が超党派の「米国戦略態勢議会委員会」を設置し核戦略の見直しについて検討させたところ，この委員会は2009年5月の報告書で急進的な核兵器削減について消極的な見解を示している。そこに見られるようにアメリカの政界が「核兵器廃絶」路線で一致しているわけではないが，その直前の4月にオバマ大統領が「核なき世界」演説をすることで大統領府としての態度を明確にし，新しい戦略への一歩を踏み出した[11]。

5-3 背景としてのネオコン流「民主主義の拡大」路線の破綻

このような2つの政策転換が同時に生じた背景には，ブッシュ Jr. 政権のアフガニスタン・イラク戦争の失敗があると思われる。冷戦崩壊直後の1990〜93年にアメリカの軍事戦略は大きな転換をとげた。ソ連を仮想敵国として米ソ間での核軍拡競争と核軍備管理を中心とした軍事戦略から，いわゆるならず者国家・破綻国家を仮想敵として，それらの国々とテロリストへの核兵器を含む大量破壊兵器の不拡散防止を中心課題とした戦略へと転換した。ならず者国家として指名されたのはイラク，イラン，アフガニスタン，リビア，北朝鮮であり，それらの多くは潜在的核保有国と考えられ，核兵器・大量破壊兵器・その原料などがこれらの国からテロリスト集団にわたる可能性を脅威の対象と設定し

---

11) 以上については吉田（2009），ペリー（2011）を参照した。

た。中東から東アジアまでの「不安定の弧」で同時に2つの地域紛争に対応できる「二正面作戦」を軍事戦略の中心に据えた。

　この基本路線の上で，ブッシュ Jr. 大統領はさらにネオ・コンサーバティブたちの進言を受け入れて先制行動主義・単独行動主義を採用し，中東の民主化・親米化を通して石油確保と核開発抑止の2課題を一挙に解決する作戦としてのイラク戦争に踏み切った。このイラク戦争は，戦闘自体は短期間で勝利したが，イラクの占領・統治については結局失敗している。アフガン－イラク戦争以後，中東地域における反米感情はかえって増幅し，イラクで2005年1月に行われた戦後初の自由な国民議会選挙でもシーア派イスラーム勢力が圧勝した。イラクを民主化しても親米化は達成できなかったのである。この年にはネオコン流「民主主義の拡大」路線の破綻は明白となり，ここから技術革新による石油依存脱却と多国間協調による核不拡散・管理強化という2つの政策転換が行われたのである[12]。

　中東の民主化・親米化が破綻する一方で，「不安定の弧」のもう一方の極・東アジアでは中国の大国化が加速している。財政赤字で「二正面作戦」が維持できなくなっているアメリカは，今日，東アジアに焦点を移している。経済的な相互依存の深い中国に対しては，米ソ冷戦時代のような「封じ込め」戦略ではなく，一方で東アジアにおける軍事力の強化は図りつつも，他方で中国に選択肢を与えることで中国をアメリカ主導の国際秩序のなかに招き入れる戦略を持っている。核開発問題に即して言えば，CTBT批准で中国と合意を築きつつ，北朝鮮を米中を含む6カ国で共同監視する形を作る方向を模索している。中国をそのような方向に誘導するための国際政治的な条件づくりとしてアメリカは日・韓・豪などの環太平洋の同盟諸国の協力を重視しており，とりわけ日本にかける期待は大きい。アメリカが日本に望むことは，そうしたアメリカの安全保障戦略に沿うような「国際貢献」を「責任ある大国」として担うことであり，原発存続はそのために必要不可欠な政策なのである。

---

12) 以上，福田編（2006）を参照した。

6. 日米同盟の深化＝市民社会レベルでの日本統合

6-1 日米同盟の「機関化」という問題意識

　CSIS が「合衆国は日本の復興に多大なる利害関心を持っている」と言うのは以上のような意味合いにおいてである。そのようなアメリカにとって鳩山政権が対米自立・アジア重視の素振りを見せたことは許し難い裏切り行為であった。シンポジウムでも東京財団・CNAS の共同研究でも，そのことに対する問題意識は非常に鮮明である。曰く，震災直後のトモダチ作戦で日米両軍は一心同体のように行動した，次は政府間の関係をそれと同じようにすることが課題だ，検討しなくてはならないのは政権交代に伴う混乱に耐えうる安定した日米同盟の運営体制を確立することだ，日米同盟は超党派的な問題であり，超党派でコンセンサスを醸成する仕組みが必要だ，等々である。

　それでは，どのようにしてその課題を果たすのであろうか。シンポジウムのプログラムの中には「同盟機関化」という文言があり，これは日米の同盟関係を固定化させるための何らかの「装置」の構築を意味しているのではないかと推測していたが，シンポジウムの中では特に明言はなく，1つのアイデアとして「長期的には日米が共同運営するシンクタンクを設立したらどうか」という発言があったのみであった。しかしアーミテージ，ナイ，春原の共著では，誰が首相の座にあっても日米同盟が常に緊密な状態にあることを「同盟体制の機関化」と呼び，そのためには軍と軍の交流，指令系統の一元化，軍事技術の共同開発，軍事情報の共有，軍需産業の協力体制確立，さらには機密情報とか有事に置ける軍事作成行動計画などを共有する人的交流が必要であるということがすでに語られており[13]，シンポジウムの趣旨もこれと同じであろうと思われる。

　また東京財団・CNAS の共同研究を読むと「日米同盟の基盤強化」という節に次のような2つの提案があるのを見出せる。1つは，日本では安全保障の専

---

13) アーミテージ，ナイ，春原（2010），26–27, 37–38 ページ。

門家たちが大学・シンクタンク・報道機関・政党・企業などに散在しているが，彼らに仲間としてのコミュニティー意識を持たせる枠組みができれば，超党派的コンセンサスを形成しやすい。もう1つは，情報収集・分析体制を合理化して国家安全保障室に一元化し，そうしたインテリジェンス体制を日米同盟の中核を据えること，である。

6-2 CSIS レポートでの「機関化」の具体化

　そうした観点からCSISレポートを読み直すと，やはり類似の提言が随所でなされている。例えば，「6. 市民社会の連携強化」章では市民社会レベルでの日米のつながりを強めることを重視して次のような提言が列挙されている。アメリカ由来を含む国際NGOは日本のなかでの人材育成に積極的に取り組むべきだ，日米の大学間でパートナーシップを築き，人道的活動・国際開発の専門家を育てるプログラムを共同開発するべきだ，アメリカ国際開発庁は日本の国際協力機構と人道支援・開発支援の協力関係を強めるべきだ，アメリカ太平洋軍は日本の自衛隊・外務省・防衛省と協力して日米両国の人道的活動・災害救済活動の訓練やセミナーを行うべきだ，日米の財界はNGOの人材育成や両国間の協力関係を支援すべきだ，等々。また「1. 防災と復興」章では防災と復興のための日米共同施設を建設すれば，日米両国の専門知識と協力関係の構築に役立つとか，「4. 医療と復興」章でも東北の医療機関の再建のためにアメリカの専門家のハイレベル・コンソーシアムを確立し，日本の専門家グループや厚生省との共同関係を作ろう，などとも述べている。

　これらの提言は次のように翻訳することができるだろう。すなわち，日米両国の軍・官庁・財界などは，両国のNGO・大学・専門家集団・ボランティア活動家などと結びつきを強め，災害救助・人道的活動・医療活動などの領域で日米間の協力共同体制を築くよう努めるべきだ，そのことを通じて市民社会レベルで日米同盟の強固な紐帯を作り，もって日米同盟の超党派的・国民的コンセンサス形成の基盤とすべきである，と。思い返せば，日本で原発を推進してきた「原子力村」もまた，IAEAといった国際機関から始まって，財界・政治

家・官僚・大学・専門家・マスコミ・労組・地域社会・暴力団までを巻き込んだ強度の日米利益共同体の成功例に他ならない。今回の大震災をきっかけに類似のものを災害支援・人道的活動・医療活動などの領域へと拡張すべきだとの狙いが込められていると言えよう[14]。

おわりに

以上，震災復興構想のなかに組み込まれたアメリカの思惑について述べてきた。その本質は災害便乗ビジネスの新自由主義的な展開，アメリカの軍事戦略への追従，そして対米従属体制のより一層の深化であるが，外見上は「環境・少子高齢化・地域活性化などの課題に，地域の草の根から，多様な主体の参加で取り組んでいく」「原発の安全対策強化」「災害救助・人道的活動・医療活動の支援」など，一見もっともらしい姿をまとっている。

こうした事実から改めて印象づけられるのは，世界各地に介入しこれを改造しようとするアメリカの構えの大きさである。2011年はナオミ・クラインの『ショック・ドクトリン』が日本でもよく読まれており，これはアメリカの新自由主義が世界各地への介入しては改造していく一連の行動記録であったが，本稿で見た東日本大震災の復興構想もまたこれと同様に東北と日本への改造計画にほかならない。

しかし本稿を準備していてもう1つ感じたことは，こうしたショック・ドクトリンは実はナオミ・クラインが描くほどスムーズでもなければ万能でもなかったはずだということである。日米の政財界は決して一枚岩ではないし，また住民の抵抗も引き起こさずにはすまない。人体実験としてのショック・ドク

---

[14] そもそも災害支援・人道的活動，およびそのための訓練・教育への協力は，軍隊がソフト・パワーを発揮できる典型例としてナイ（2011）が強調していることである。その意味で，東京財団・CNASの共同研究やCSISレポートでのこれらの議論はナイ構想の具体化とも言える。シンポジウムでの発言を聞くと，彼らはトモダチ作戦を米軍が日本人に対してソフト・パワーを発揮して大成功を収めた事例として認識しているようだが，その後の普天間基地問題の進展を見る限り，彼らの現状把握も希望的観測が入り混じったものだと言わざるをえない。

トリンも実際には過去の記憶をきれいに消去することに成功していない（だからこそ障害が残る）のだが，それと同じように，社会における改造もまたそれまでの社会構造（土地とその上に生きる人々の諸関係・諸作用の総体）と衝突することなくスムーズに遂行されることなどありえないはずである。

外部からの介入をはね返すのか，それとも傷を負い障害を抱えることになるのか，それはその衝突の進展によるので安易な楽観論を語ることはできないが，2003年以降のイラクで，また2009年以降の日本で，民衆の世論と行動が支配層の戦略を停止・変更させるだけの力を発揮しえたという事実を改めて思い起こしておきたい。また見渡せば，近年，そうしたたたかいが世界中で頻発しており，その総体としてアメリカの覇権はじりじりと縮小しつつあるという事実も冷静に確認しておきたい。そうした事実も視野に入れて今後の東北の復興事業についても注目していきたいと思う。

付記　本章は平野健（2012）を元に加筆・修正したものである。また中央大学特定課題研究費補助（現代アメリカ経済の総合的把握，2010年4月1日〜2012年3月31日）による研究成果の一部である。

参考文献

アーミテージ，リチャード・L., ナイ，ジョセフ・S., 春原剛（2010）『日米同盟 vs. 中国・北朝鮮』文春新書。

クライン，ナオミ（2011）『ショック・ドクトリン—惨事便乗型資本主義の正体を暴く』岩波書店（原著；Naomi Klein（2007）The Shock Doctrine : The Rise of Disaster Capitalism, Picador USA）。

クリントン，ヒラリー（2011）「米国の太平洋の世紀」フォーリン・ポリシー誌（駐日米国大使館 http://japanese.japan.usembassy.gov/j/p/tpj-20111104-01.html）。

経済同友会（2011.3.15）「東北地方太平洋沖地震への対応に関する緊急アピール」。

——（2011.4.6）「東日本大震災からの復興に向けて〈第二次緊急アピール〉」。

GE「2009エコマジネーション・レポート要約版：効率性と経済性を追求したエコマジネーション」日本GE社のホームページより（http://www.ge.com/jp/docs/1291402871578_2009_ecomagination_report_jp.pdf）。

田村考司（2008）「グローバリゼーションと競争力問題の再来」井上博・磯谷玲編著『アメリカ経済の新展開』同文舘出版。

東京財団・CNAS（2010.10.27）「『従来の約束』の刷新と『新しいフロンティア』の開拓」。

ナイ，ジョセフ（2011）『スマート・パワー』日本経済新聞社。

内閣府（2011.5.17）「政策推進指針〜日本の再生にむけて〜」。
日本経団連（2007.1.1)「経団連ビジョン」。
——（2007.12.11)「優先政策事項」。
——（2008.1.1)「成長創造〜躍動の 10 年へ〜」。
——（2008.5.28)「逆境を飛躍の好機に変える　2008 年度総会決議」。
——（2008.8.4)「新内閣に望む」。
——（2009.12.15)「経済危機脱却後を見据えた新たな成長戦略」。
——（2010.9.13)「未来都市モデルプロジェクト中間報告」。
——（2011.3.16)「未曾有の震災からの早期復旧に向けた緊急アピール」。
——（2011.3.7)「未来都市モデルプロジェクト最終報告」。
——（2011.3.31)「震災復興に向けた緊急提言」。
——（2011.5.27)「復興・創生マスタープラン〜再び世界に誇れる日本を目指して〜」。
日本経団連，日本商工会議所，経済同友会（2010.11.1)「TPP（環太平洋経済連携協定）交渉への早期参加を求める」。
日本 GE 社「東日本大震災と福島第 1 原発に関する情報」同社のホームページより（http : //www.ge.com/jp/news/reports/gereport_march 11_3.html)。
日本 GE 社「宮城県とのパートナーシップ」同社のホームページより（http : //www.ge.com/jp/company/sustainablecities/miyagi.htmll)。東日本大震災復興構想会議（2011.6.25)「復興への提言―悲惨のなかの希望」。
東日本大震災復興対策本部（2011.7.28-8.11)「東日本大震災からの復興の基本方針」。
福田安志編（2006)『アメリカ・ブッシュ政権と揺れる中東』アジア経済研究所。
平野健（2012)「CSIS と震災復興構想―日本版ショック・ドクトリンの構図―」『現代思想』2012 年 3 月号所収。
ペリー，ウィリアム・J（2011)『核なき世界を求めて』日本経済新聞出版社。
吉田文彦（2009)『核のアメリカ』岩波書店。
Bush, George W. (2006) "Address Before a Joint Session of the Congress on the State of the Union", January 31, 2006 (http : //www.presidency.ucsb.edu/ws/index.php?pid=65090).
CSIS (2011.11.3) "Partnership for Recovery and a Stronger Future" Center for Strategic & International Studies.
Green, Michael J. (2011.5.24) "Crisis As Opportunity : The Future of Japan after 3-11", Center for Strategic & International Studies.
（以上の内，経済同友会，日本経団連，内閣府，復興構想会議，復興対策本部，CSIS，東京財団，日本 GE 社の情報はそれぞれのホームページから入手できる。）

第 4 章

グローバリゼーション下の日本機械工業と産業集積

はじめに

　夥しい数の犠牲者を出しながら，各地に計り知れない損害と傷跡を残した東日本大震災は，また日本製造業のサプライチェーン（材料・部品供給網）を寸断することで，日本の経済活動全般にも打撃を与えるほどの大災害であった[1]。特に自動車・電機といった輸出依存の日本資本主義[2]を代表する諸産業

---

1) 東日本大震災で被災した企業数は，「津波被災地域で約3万8千社，地震被災地域で約78万社，原子力発電所事故の避難区域等で約5千社，東京電力管内で約136万社存在し」，その圧倒的多数は中小企業であった（中小企業庁編（2011）『中小企業白書　2011年版』，27ページ）。
　この震災はまた，原子力発電への依存度を高めてきた日本のエネルギー政策の欠陥を露呈し，戦後日本のあり方そのものへの問い直しをせまる災害でもあった。このことの持つ意味は極めて重要だが，本章の紙幅では十分に論じられないので，別の機会に検討する。
2) 2011年に震災の打撃を受けた日本の貿易収支が，原油等の原燃料高による輸入増加や円高による輸出低迷等を背景に31年ぶりに赤字となったことから，輸出で経常収支黒字の一大部分を稼ぐというこれまでの構造が成り立たなくなったという見通しも報道されている。だが念のために述べれば，このことは日本が輸出依存体質でなくなったことを示すものではない。（自動車，電機を中心とする）輸出が増大し続けることを前提にして国内の設備投資がなされ，そのことが経済を拡大する基本的メカニズムになるという点では，日本資本主義は貿易収支赤字になってもやはり輸出依存体質で，むしろそうだからこそ，輸出の伸びが期待できない局面というのは極めて深刻な事態なのである。なお，自動車の輸出依存度の高さについては，後掲

の生産停止・停滞は，日本経済に打撃を与えただけでなく，材料・部品の供給停止を通じて海外の諸産業にも大きな混乱をもたらした。

　自動車で言えば，米ゼネラル・モーターズ（GM）や欧州オペルが部品不足で操業を一時停止し，米フォード・モーターは顔料不足で黒い車の受注を一時取りやめた。日本製の材料・部品は世界中の自動車に搭載されており，ゼネラル・モーターズのダニエル・アカーソン最高経営責任者は，ブラジルでメディアに，「震災の影響はすべての自動車メーカーに及ぶ可能性がある」[3]と述べたという。

　アジアの諸企業の不安も大きく，材料・部品の調達先を日本から他地域へ転換すべく検討する動きも広がった[4]。

　日本製の材料・部品が諸外国で多用されていることは，一面では日本の製造業，特に機械工業の技術力の高さ，品質の高さ等を示すものであるが[5]，同時に，今回の震災を機に諸外国が調達先の変更を検討するならば，それは以前から進行しつつあった産業空洞化をさらに一層促進するだろう。その意味で東日本大震災は，日本機械工業が抱え続けてきた悩みを一気に噴出させ，その再検討をせまるものであったと言えよう。

　他方，日本機械工業では，多くの現場にかんばん方式とも呼ばれるトヨタ生産システム（を基本型とする生産システム）が広まっており，在庫をできる限り少なくする方針が貫かれている[6]。そして，まさにその在庫の少なさが各地で

　　表4-6の自動車生産台数に占める輸出のパーセンテージを参照されたい。
3)　『朝日新聞』2011年3月27日。
4)　アジア諸国の日本からの自動車関連調達部品は，公表されている統計上の数値よりもかなり高いウェイトを占めていると思われる。例えば「中国の日系自動車メーカーは，日本からの輸入部品は電子制御部品など1〜2割程度」とされているが，「現地調達部品の中にも日本からの輸入部品が組み込まれているケースも多」く，「日本への依存度は『実際は5割』（通商関係者）」との指摘もある（『読売新聞』2011年3月17日）。なお，後掲の表4-7もあわせて参照されたい。
5)　今回の震災は，こうした日本機械工業の技術力の高さや生産物の品質の高さが，膨大な数の下請中小企業群に支えられているということも，再確認させるものであった。「震災で偉大な4次，5次メーカーの存在が白日の下にさらされた」（トヨタ自動車幹部）との指摘もある（『日本経済新聞』2011年8月16日，中部経済面）。

サプライチェーンの寸断を引き起こしたため，ここにかんばん方式，トヨタ生産システムの脆弱性，日本経済の弱点を見出す論者も少なくなかった。その意味で東日本大震災は，こうした生産システムの面からも，日本機械工業の特質の再検討を要請していると言えよう。

本章はこうした認識に立ち，以上の2つの側面——かんばん方式と産業空洞化——から日本機械工業の現状を分析し，それらが今後はいかなる方向に展開しうるのかを検討するものである。

1. かんばん方式と変化，問題への対応

本節ではかんばん方式の検討を行い，それが危機的状況においていかなる意味を持ちうるのかを明らかにする。

1-1 在庫の少なさと生産停止

東日本大震災では材料・部品等の生産拠点や輸送ルートが被災し，そのサプライチェーンが寸断されたことによって，被災していない生産拠点も含めて各地で生産活動が停止することとなった。材料・部品の供給が途絶しても，被災していない生産拠点にそれらの在庫があるうちは生産を継続できる。だが在庫を低水準に抑えるかんばん方式は，危機を在庫で乗り越えるという余地を狭めていたのである。

それが特に鮮明に表れたのは，ルネサスエレクトロニクス那珂工場（茨城県ひたちなか市）の甚大な被害による自動車向けマイコンの不足と，それを原因とする自動車産業の生産回復の遅れであった。那珂工場は「取引先から1日に最大2,500人が支援に駆けつけたこともあり，震災後約三ヶ月たった6月に操業を再開した」[7]が，その間の遅れは自動車産業全体の生産回復に支障をきた

---

6) トヨタ生産システムはその発祥の地であるトヨタの名を冠しているが，決してトヨタ自動車だけで採用されているわけではなく，それを基本型としつつさまざまに独自の修正を施されながら，日本の多くの産業（特に機械工業）で採用されているシステムである。

すものであった。

　各種材料・部品の在庫水準の差が，自動車各社の回復速度に影響したことを示唆するデータもある。例えば生産がほぼ正常化するのが他社から遅れて6月末となったホンダの場合，「手持ち在庫の水準が低かったことが，出遅れにつながった」と池史彦取締役専務執行役員が説明している[8]。他方，いち早く回復した日産の田川丈二執行役員は，それについて，「今年，攻勢をかけることが決まっていたので，震災前からある程度，増産のために在庫を抱えていた面も影響している」[9]と述べている。トヨタ系，日産系，ホンダ系部品メーカー各5社の在庫の量的水準を比較してみても，それが前年に比して最も多かったのが日産系で，トヨタ，ホンダはより低い水準であった（表4-1参照）。「手元

表4-1　大手3社と関係の深い部品メーカーの在庫の前年比

ホンダ系	
武蔵精密工業	99.79%
ショーワ	111.24%
エフ・シー・シー	116.12%
ケーヒン	134.01%
ユタカ技研	136.00%

日産系	
ユニプレス	50.75%
愛知機械工業	126.55%
カルソニックカンセイ	135.17%
河西工業	159.12%
ヨロズ	185.44%

トヨタ系	
デンソー	107.50%
アイシン精機	111.58%
豊田自動織機	116.25%
愛知製鋼	129.27%
豊田合成	131.67%

（注）2011年3月末時点の仕掛かり品，原材料および貯蔵品，製品の合計額を前年同期と比較。

（出所）『週刊ダイヤモンド』2011年8月27日号，85ページ。

7）『日刊工業新聞』2011年9月9日。多くの完成車メーカーの2次，3次サプライヤーといったところがこの工場からマイコンの供給を受けており，ここにのみ目を向ければ，あたかも3次，4次サプライヤーの相当部分がここに収斂するかのような観があった。

8）『週刊ダイヤモンド』2011年8月27日号，84ページ。半導体で言えば，「ホンダの場合，新型半導体を発注したばかりで在庫が少なくなっていた直後に地震に見舞われた」という事情があった（『日本経済新聞』2011年6月24日）。

9）『週刊ダイヤモンド』2011年8月27日号，84ページ。

に部品在庫を多く抱えていたところほど，生産の回復も早かった」[10]とも言えそうである。「在庫減らしは自動車生産効率化の要諦をなす。在庫の最小化を狙うジャスト・イン・タイムには，各社揃って知恵を絞ってきた。こうした強みが，大震災の局面においてはリスクとして顕在化した」[11]という評価も，その限りではある程度の説得力を持つと言えよう。

1-2 生産の早期回復

上のような評価がある一方で，震災に伴う被害が未曾有のものであったことを考えれば，日本の製造業が驚くべき速さで立ち直ったということも内外で指摘されている。自動車産業で言えば，被災したサプライチェーンの多くは2週間ほどで再稼働しており[12]，ルネサスエレクトロニクス那珂工場が操業を再開する6月には，多くの企業が生産を正常化させていた[13]。そして9月に入ると，それまでの生産停滞を埋め合わすべく，各社が増産体制に入ったことが報じられている[14]。このようなハイペースでの生産回復について，特に海外

---

10) 同上，同ページ。
11) 同上，85ページ。
12) 自動車大手を見ると，日産は3月27日には追浜，栃木，九州などで一部ではあるが生産を再開した（『日刊工業新聞』2011年3月28日）。トヨタ自動車は3月14日から国内すべての車両工場の操業を停止していたが，3月28日に堤工場とトヨタ自動車九州が生産を再開した（『日刊工業新聞』2011年3月29日）。さらに4月になると，ホンダが8日に埼玉製作所狭山工場や鈴鹿製作所で生産を再開し（『日本経済新聞』2011年4月12日），日産，トヨタは18日に国内全工場を再稼動させた（ただし稼働率は震災前の5割程度。『朝日新聞』2011年4月19日，『日本経済新聞』2011年4月19日）。
13) 経済産業省の調査では，「東日本大震災で被害を受けた生産拠点のうち，6月時点で全体の80％が震災前の生産水準を回復した」とのことで（調査は6月14日～7月1日に大手の製造業，小売・サービス業の計123社を対象に実施），「企業のサプライチェーン（供給網）の急速な回復を裏付けた」と報道された（『日本経済新聞』2011年8月2日）。
14) 自動車業界は9月には部品不足がほぼ解消し，生産・販売の正常化が進んだ。この時期には，「トヨタは9月中の木曜日〔夏の電力需給逼迫に対応し，自動車業界は7月から土・日曜日に工場を稼動し，木・金曜日を休日にしていた…渋井〕をすべて稼動するほか，来年3月まで15日間の休日を稼働日にする。9月は日産自動車が車両組立工場で2～3日間を休日出勤し，マツダ，富士重工が2日間，三菱自動車も2

では驚嘆のコメントも数多く発せられている。ではこうした早期回復は，いかなる要因によって実現しえたのだろうか。実はそこには，サプライチェーン寸断の要因となった低い在庫水準を要求するかんばん方式，トヨタ生産システムが大きく関わっていると考えられるのである。

1-2-1　問題の早期発見

かんばん方式と生産の早期回復との関係について，まず考えられるのは，在庫の少なさが問題の早期発見につながるということである[15]。生産のどこかの段階で問題が生じて作業が滞っても，在庫があるうちはその在庫を後工程へ流せば，生産全体の流れは途切れない。その場合，どの個所で問題が生じているかは，当該工程の担当者以外にはよくわからない。その場所にいる者でさえ，生産の流れがストップしていないので，問題の大きさを過小評価しかねない。

だが在庫が少なければ，問題の発生を在庫の利用で切り抜けることはできない。問題発生はすぐにラインの停止，生産の流れの停止となって現れる。どこでいかなる問題が生じたかが，明瞭に現れざるをえないのである。そしてそのことは，まさにかんばん方式が意図していることでもある。

かんばん方式，トヨタ生産システムは「徹底したムダの排除」という基本思想の下，「後工程から必要なものを，必要なときに，必要なだけ，前工程に引き取りに行き，前工程は引き取られた分だけつくる」[16]という「後工程引き取り」の原則で，生産の全工程を連鎖させていく（その際，前工程に必要なものを

　〜4日間行う予定だ。ホンダは部品工場で行う」と，各社の増産動向が報道された（『朝日新聞』2011年9月2日）。
15)　トヨタ自動車・奥田相談役の「今回も国内外から，ジャストインタイムへの批判があったが，むしろかんばん方式により，どこに弱点があったかを探り素早く解決できたことが大きかった」（『日刊自動車新聞』2011年7月28日）とのコメントは，この点を強調したものと言える。
16)　大野耐一（1978）『トヨタ生産方式』ダイヤモンド社，12ページ。なお，ここでいう「ムダの排除」の「ムダ」とは，内容としては「利潤追求の妨げになるもの」と解釈できる。それがなくなることで費用が削減され，利潤が増大するようなものが「ムダ」として認識されるのである。

連絡するための指示書を「かんばん」という)。これにより余分な在庫を作り溜めしておくことがなくなり,在庫の製造,保管,管理等に関わるさまざまな費用(ムダ)が排除されるのである。だがそれだけではない。在庫を減らすことで問題の早期発見を可能にし,不良品の製造や不良個所の放置によって生ずる各種の不具合——それに伴う費用(ムダ)の発生をも防ごうとしているのである。問題を可視化することで被害を最小限にくい止める。かんばん方式における在庫の少なさには,そうした狙いが込められているのである[17]。

東日本大震災では,いわばその狙い通りに問題のある個所が次々と明らかとなった。在庫が少なくて生産が停止した場所は,まさに停止することで緊急な対処が必要との警報を発したのである。在庫が膨大にあれば,その間,生産はそれなりに持続できたかもしれない。だがその場合,どの工程がいかなる被害にあっているかを把握するのにも時間がかかり,問題はより長く放置されただろう。震災の被害があまりにも大きく広範囲で問題があちこちで同時に確認されたため,すべてを解決するには相当の時間を要したが,それでも問題が素早く発見できたことは生産回復を早期化させる要因になったと言えよう。

1-2-2 柔軟な対応力を前提としたシステム

生産の早期回復を促した要因はそれだけではない。かんばん方式,トヨタ生産システムは生産現場の柔軟な対応力=変化や問題に対応する能力を前提としており,そのことが生産回復の担い手を育てることにもなっていたのである。

そもそもかんばん方式は,日常的に変化や問題への迅速な対応が求められるシステムである。在庫の少なさは,問題の素早い発見を可能にするものだが,それだけで生産が回復するわけではない。問題が発見された場合には,直ちにそれに対応できなければならない。そうでなければ生産活動は停止し続け,かんばん方式の意図に反して莫大なムダが生ずることになるだろう。それを避け

---

[17] かんばん方式,トヨタ生産システムについては,渋井康弘(1992)「トヨタ・システムの再検討」(『三田学会雑誌』第85巻第2号)および渋井康弘(2004)「トヨタ生産システムと大量生産」(今井斉・宮崎信二編著『現代経営と社会』八千代出版,第7章)も参照されたい。

るためには，不測の事態への迅速な対応が不可欠なのである。それゆえかんばん方式を導入する企業は，問題に速やかに対応できる能力を持たねばならない。

またかんばん方式を採用する企業では，生産をできるだけ平準化し，多種のものを同一ラインで混流して流すことが多い。複数種類の製品を扱う場合に，同種のものをまとめて（大きなロット）で生産してからまた別種のものをまとめて生産するということを繰り返すと，品種の変更のたびに各工程の負荷が大幅に変わり，特定の工程が極度に時間をもてあましたり，逆に異常に忙しくなったりするようになる。その場合，時間をもてあましている工程には人や機械が必要以上に配置されていることになるし，異常に忙しい工程には，生産の流れを止めないためにあえて在庫を置かねばならなくなる。いずれも「ムダの排除」とは逆の結果を生んでしまうのである。だが多種のものを（小ロットで）混流させれば，各工程の負荷が常に均一になることで生産の流れが円滑に進み，上のようなムダが生ずる余地もなくなる（もちろん完全に単品生産であれば，同じものを作り続けるだけで良いが）。そしてこの混流生産の実現のためにも，変化への対応が重要な要件となる。同じものがまとまってラインを流れるのではなく，次々と変わる品種に対応しながら加工を行う――そうした変化に臨機応変に対応できる生産現場を前提として，はじめてこのシステムは成立するのである。

さらにかんばん方式を採用する企業では，ムダなものを作らないように，需要の変動に伴う生産量の調整やそれに対応したラインの編成替え，労働者の配置換えがしばしば行われる[18]。この場合もラインの編成替えという変化を経て，新たな生産体制をスムーズに始動させられる現場の能力は極めて重要である。

このようにかんばん方式を円滑に機能させるためには，生産現場が問題の発生や品種・生産量の変更といったものに迅速に柔軟に対応できることが不可欠

---

[18] U字型の生産ラインを採用することで，こうした配置換えを行いやすくしている企業も少なくない。渋井（1992）前掲論文，179–181ページ参照。

である。そしてこれらへの対応を可能とするものは，つまるところ現場の労働者 1 人 1 人の判断に基づく柔軟な対応力である。

　問題の発生について言えば，かんばん方式，トヨタ生産システムでは生産ラインの中に不良品の発生を検知して自動的に機械を止めるシステムや，不具合を発見した現場の労働者が即座にラインストップできるシステム（ラインストップボタンやひもスイッチなど）を組み込んでいるが[19]，それらが機能した後で問題を解決するのは最終的には人間でしかない。非常事態や不具合に臨機応変に対応できる能力を，さらには問題を発生させないような創意工夫を日常的に考える能力を現場の労働者が身につけ，彼・彼女らが日常的に問題を解決しているからこそ，このシステムは「徹底したムダの排除」を実現できるのである。

　混流生産について言えば，ロボットやNC工作機械が，生産管理担当のコンピュータからの情報に基づき，品種の変化に応じて自動的に複数パターンの加工を行う工程も存在するが，その場合でも機械やロボットが手作業による治具の付け替えや調整を必要とすることが少なくない。ましてや人間が自ら操作・運転する機械であれば，その操作法は担当の労働者が品種の変化に応じて柔軟に変えねばならない。さらに組立工程の場合には，機械化・自動化が困難で手作業に依存している工程が非常に多い。こうした工程では，労働者自身が品種の変化に柔軟に対応する能力を持ち，作業の仕方を変えることがシステム全体を円滑に動かす条件となっているのである。もちろんその場合も，全く異なる品物が次々と流れてくるわけではなく，当該企業の守備範囲にある一連の製品の枠内での品種の変化ではあるが，それでも同一製品が大ロットでまとめて流れてくるのに比べれば，頻繁な変化への柔軟な対応力が必要とされることは明らかであろう。

　需要の変動に応じたラインの編成替え（それに伴う人員の配置換え）を行う上で，現場の労働者の対応力が重要であることはほとんど説明を要しないだろ

19）これらは機械に人間の知恵をつけるという意味を込めて，「ニンベンのある自働化」と呼ばれている。

う。新たな工程に配置されても即座に対応できる労働者のいることが,編成替えを円滑に行う条件なのである。

以上のようにかんばん方式,トヨタ生産システムには,自らの判断で変化や問題に柔軟に対応できる労働者の存在が不可欠であり,そうした労働者がいるという前提が成立せねばこのシステムは機能しないのである。

1-2-3　柔軟な対応力を持つ労働者の育成

かんばん方式,トヨタ生産システムが上のような労働者の能力を前提としているため,それを採用する企業の多くは,計画的な作業ローテーションや現場チームによるカイゼン活動などの制度を取り入れている。これらは1人当たりの持ち場拡大やカイゼン提案の採用などによる費用削減→利潤増大をめざしたものだが,同時に,ローテーションによる守備範囲の拡大や,カイゼン提案の検討を通じて,労働者1人1人の判断力,対応力が育成される(もちろん利潤追求のためのムダ排除という枠内での話だが)という側面も持っているのである[20]。

そして何よりも日常的に少ない在庫のなかで生産を継続していくことそれ自体が,変化や問題への対応力を鍛えることにつながる。トヨタ生産システムが機能している職場では,小ロットの混流生産に対応しつつ,問題発生時には即座にそれに対処するのが当たり前となっており,変化や問題への対応が日常化している。こうした環境の中で働き続けること自体が労働者の判断力,対応力を鍛え,問題発生時や非常時にも柔軟に迅速に対応しうる現場を形成するのである[21]。

こうした変化,問題への対応は多くが現場の労働者の判断と行動によっており,しかもそうした対応が日常化しているのだから,現場の労働者は相当な精

---

[20]　なかには,同じ職場のなかでのローテーションや持ち場拡大だけでなく,職場の範囲を越えた配置換えを意識的に行っている企業もある(例えば,組立ラインの中で様々な工程を担当させるだけでなく,組立を経験した後に検査を,検査を経験した後に保全を担当させるといった広範囲に及ぶ配置転換)。

[21]　こうした能力の育成はまた,頻繁なモデルチェンジを可能とする人的,技術的基礎でもある。

神的緊張を強いられる。その上に持ち場範囲や担当分野の拡大等も重なりうるのだから，これは多分に高い労働強度に支えられたシステムと言える。それゆえこの方法での「ムダの排除」が無条件に推進されれば，それは随所で無理な働き方を要求することになるだろう。だが他方で，このシステムはその生産活動自体を通じて，判断力，対応力を持つ生産の担い手を育成するという側面も持っているのである。かんばん方式，トヨタ生産システムが機能する企業は，こうした労働者を育てることによって，非常事態にも対応しやすい体質を作り上げていると言えよう。

　以上の点を考慮するならば，在庫の少なさは必ずしも生産を継続する上でのリスクや弱みとばかりは言えない。もちろん在庫が多いほど，当面，非常事態や危機的状況をしのぎやすくはなるだろう。だがそのことは問題を解決することとイコールではない。かんばん方式，トヨタ生産システムが日本機械工業に広く普及している（もちろんその浸透の度合いは産業，業種によりさまざまだが）ということは，柔軟な対応力を持つ労働者がそのなかで育成されているということであり，それゆえにまた産業自体も，非常事態に対応する力を蓄えやすくなっていると考えられるのである[22]。

＊　なお，かんばん方式が採用されていたか否かとは別に，今回の震災において中小零細企業が様々な支援の輪を広げたことは注目すべき事態である。

22）かんばん方式で対応力を鍛えられた労働者のいる諸企業が，非常事態にいかに即座に対応しうるかを示す一例として，1997年2月に起きたアイシン精機刈谷第1工場での火災事故を挙げておこう。ここでは特殊な形のプロポーショニングバルブ（PV）が生産されており，トヨタ自動車の使用するPVの一大部分がこの工場から納品されていた。そこが火事になったことで，在庫を持たないトヨタ自動車の生産管理担当者は「生産ラインが1か月は止まってしまう」と覚悟したという。しかしながら実際には，トヨタの全面操業停止は3日間。6日後には通常操業に回復した。普段からかんばん方式のなかで働いてきたトヨタとアイシンの下請企業62社の労働者が，これまで作ったこともない特殊なPV図面を受け取り，汎用工作機械でPVの代替生産をしたのである。変化，問題への対応力を持つ労働者の結集により，非常事態を乗り越えた典型例と言えよう。渋井康弘・森川章（2000）「愛知県の産業集積と新たなネットワーク構築の試み」（『名城商学』第49巻第4号），231ページ参照。

震災直後から，ツイッターを通じて被災地に工作機械の精密水準器を提供する申し出が広まったり，被災工場の代替生産を引き受ける企業が現れたりといったことが報道されていたが[23]，その後も遊休設備の譲渡や場所の提供，代替生産の引き受けといった事例が数多く報道されてきた。中小企業相互の応援の一方で，親企業から下請系列企業への応援も盛んになされた。例えばコマツは震災直後の3月13日，「直接の取引がなくても大切なパートナーだから」（野路國夫社長）と「3次調達先まで応援を送った」[24]という。

取引のない企業，場合によっては直接の競争相手となるかもしれない企業に対してもなされる支援の輪が，日本産業のあちこちに広まったとも言えよう。単純な市場原理を超えて，少なからぬ企業がこうした連帯感によってつながったという事実は，今後の震災復興のみならず，新しい産業構造や企業間関係構築の可能性を考える上でも大きな意味を持つ。かんばん方式で鍛えられた諸企業の労働者が，こうした連帯感に基づいて協同するならば，非常事態や災害への対応力も一層高まるだろう。

2．グローバリゼーションと産業空洞化

2-1　日本における産業空洞化

前節で見たように，日本機械工業に広まるかんばん方式は，柔軟な対応力を持つ労働者を育成するという性格を持つ。「ムダの排除」を基本思想として費用削減を目標に構築されたこのシステムは，その運営の過程で，変化や問題のかなりの部分について，自らの判断で対処しつつ生産過程を管理していかれる労働者を育てることになったのである。東日本大震災以後の日本の産業再建に際しても，こうした労働者の能力は一定の有効性を持つと考えられる[25]。

だが他方で，震災前からの長期的傾向として，製造業の日本国内での事業継

---

[23]　『日刊工業新聞』2011年3月16日。
[24]　『日本経済新聞』2011年5月17日。また自動車関連では，日本自動車工業会・調達委員会に「サプライヤー支援対策本部」のHPが開設され，被災地のサプライヤー500社のリストが掲載されるとともに，幹事企業が指揮を執りつつ被災企業の支援活動が行われた。機械振興協会経済研究所・東日本大震災プロジェクト（2011）「東日本大震災が機械関連製造業に与えた影響に関する実態分析—大震災から見えてきた日本のモノづくりの課題—」（2011年7月20日シンポジウム資料）参照。
[25]　震災の後，誰の指示を受けることもなく現場の担当者が集合し，生産の復旧に力を注いだという事例は，筆者の聞き取り調査でも確認された。

続が困難になるという状況が続いており，国内産業の空洞化現象も見られる。つまり，いかに対応力を持つ労働者がいたとしても，その能力を発揮する場そのものがなくなる可能性も生じているのである。果たしてこの空洞化の波は，今後どこまで及ぶのだろうか。

製造業の空洞化は，国内生産拠点の海外移転，国内企業の倒産や事業所の統廃合などにより，国内生産や生産拠点が減少・縮小していく現象と言えるが，そこには多様な要因が絡み合っている。日本機械工業の場合，1980年代の日米自動車摩擦に代表されるような貿易摩擦を回避するための海外移転や，プラザ合意以後に典型的に見られたような円高[26]による輸出困難への対応策としての海外移転を経験してきた。他方で，今日では成長するアジア諸国の製品（材料・部品を含む）が日本製品に対して競争力を持ち，それに対抗できなくなった国内企業が廃業や海外移転をするというパターンがますます増加している。アジア諸国の製品の多くは，当初は低賃金がその競争力の主要な源泉であった。だがアジアNIES，ASEANといった新興工業諸国・地域の台頭，そして近年における中国の著しい成長は，低賃金労働を基礎とする労働集約的な製品ばかりでなく，一定の技術力を要する工業製品の生産・輸出をも可能にし，そのことが日本企業の市場を奪うことになっているのである。この過程で円高が進行すれば，それはより一層日本産業の競争力を奪うことになる。

以下では，こうした事態が日本においてどのように進展してきたかを概観しておこう。

表4-2で，近年の日本製造業海外現地法人の売上高を見てみると，製造業全体の売上高の中で電気機械（旧分類[27]）と輸送用機械の比率が突出している

---

26) 円高は一面では日本の（主に機械・金属関連）製造業の競争力の反映であるが，決してそれだけで説明されうるものではない。金・ドル交換停止，変動相場制移行の後に米国主導で押し進められた世界的な金融自由化と，その過程で進行した金融部門の肥大・暴走は，膨大な資金の絶えざる世界的移動を引き起こし，為替レートを目まぐるしく変動させるようになった。しかもこの上に，政策的な相場の誘導も加わり，現実の為替相場が形成されている。この点，詳述する紙幅がないので，それ独自の分析を必要とする問題であるということだけ指摘しておく。

表4-2 産業別海外現地法人売上高　　(左：100万円，右：％)

	01年度		02年度		03年度		04年度		05年度	
製造業合計(売上高)	43,588,249	100.0	45,387,188	100.0	52,427,405	100.0	59,348,452	100.0	70,005,454	100.0
食料品・たばこ	1,326,597	3.0	1,327,916	2.9	1,375,128	2.6	1,400,843	2.4	1,595,124	2.3
繊維	547,023	1.3	541,253	1.2	664,677	1.3	804,458	1.4	862,314	1.2
木材・パルプ・紙・紙加工品	204,400	0.5	209,682	0.5	332,738	0.6	320,990	0.5	364,971	0.5
化学	2,942,439	6.8	2,818,250	6.2	3,443,853	6.6	4,230,623	7.1	4,871,427	7.0
窯業・土石	850,371	2.0	881,375	1.9	897,899	1.7	980,638	1.7	1,056,099	1.5
鉄鋼	829,270	1.9	760,551	1.7	581,630	1.1	701,235	1.2	737,869	1.1
非鉄金属	332,531	0.8	355,756	0.8	468,722	0.9	573,721	1.0	777,432	1.1
金属	198,071	0.5	201,604	0.4	180,736	0.3	214,575	0.4	271,122	0.4
一般機械(旧分類)*1	2,849,942	6.5	2,959,754	6.5	3,306,007	6.3	3,950,499	6.7	4,784,748	6.8
電気機械(旧分類)*2	14,564,969	33.4	14,432,227	31.8	16,825,418	32.1	18,189,588	30.6	20,048,767	28.6
輸送用機械	16,142,014	37.0	17,916,876	39.5	21,239,897	40.5	24,627,262	41.5	30,685,035	43.8
精密機械(旧分類)*2	779,249	1.8	844,551	1.9	953,088	1.8	1,045,197	1.8	1,164,241	1.7
その他	2,021,373	4.6	2,137,393	4.7	2,157,612	4.1	2,308,813	3.9	2,786,305	4.0

	06年度		07年度		08年度		09年度		10年度	
製造業合計(売上高)	79,086,13	100.0	88,558,300	100.0	76,263,808	100.0	68,902,181	100.0	79,558,373	100.0
食料品・たばこ	1,671,438	2.1	1,864,819	2.1	1,885,734	2.5	1,771,437	2.6	1,913,297	2.4
繊維	983,318	1.2	1,042,420	1.2	694,385	0.9	594,138	0.9	634,784	0.8
木材・パルプ・紙・紙加工品	401,141	0.5	436,971	0.5	455,584	0.6	429,797	0.6	500,249	0.6
化学	5,372,039	6.8	6,003,805	6.8	5,636,337	7.4	5,507,300	8.0	6,337,957	8.0
窯業・土石	1,197,086	1.5	2,006,196	2.3	1,586,930	2.1	1,308,528	1.9	1,498,647	1.9
鉄鋼	902,532	1.1	966,614	1.1	926,418	1.2	710,081	1.0	817,180	1.0
非鉄金属	1,013,499	1.3	1,316,519	1.5	1,014,935	1.3	960,775	1.4	1,387,304	1.7
金属	361,974	0.5	512,065	0.6	392,570	0.5	349,983	0.5	449,715	0.6
一般機械(旧分類)*1	5,666,604	7.2	6,407,166	7.2	5,732,959	7.5	5,851,461	8.5	7,189,495	9.0
電気機械(旧分類)*2	21,781,13	27.5	22,151,132	25.0	18,846,244	24.7	16,883,687	24.5	18,428,046	23.2
輸送用機械	35,280,715	44.6	40,696,804	46.0	33,940,548	44.5	30,676,235	44.5	36,198,325	45.5
精密機械(旧分類)*2	1,273,530	1.6	1,474,004	1.7	1,298,801	1.7				
その他	3,181,124	4.0	3,679,785	4.2	3,875,363	5.1	3,858,759	5.6	4,203,414	5.3

(注)　*1.　日本標準産業分類の旧分類。ただし09年度以降は，新分類のはん用・生産用・業務用機械の合計(旧分類の「精密機械」の一定部分や「その他の製造業」のなかの「武器製造業」などが算入されているので，以前と比較すると過大な値になる)。

　　　*2.　日本標準産業分類の旧分類。

(出所) 経済産業省「海外現地法人四半期調査」より作成。
　　　http://www.meti.go.jp/statistics/tyo/genntihou/result-1/h 23/pdf/h 2 c 3 l 1 yj.pdf
　　　http://www.meti.go.jp/statistics/tyo/genntihou/result-1/h 21/pdf/h 2 c 3 j 1 yj.pdf
　　　http://www.meti.go.jp/statistics/tyo/genntihou/result-1/h 19/pdf/h 2 c 3 h 1 yj.pdf
　　　http://www.meti.go.jp/statistics/tyo/genntihou/result-1/h 17/pdf/h 2 c 3 f 1 yj.pdf
　　　http://www.meti.go.jp/statistics/tyo/genntihou/result-1/h 15/pdf/h 2 c 3 d 1 yj.pdf (2012年3月7日確認)。

(調査対象) 日本企業(金融・保険・不動産を除く全業種で，①資本金1億円以上，②従業者50人以上)が有する海外現地法人のうち，各調査時点において以下の条件をすべて満たす企業について調査。
　　　　①製造業，②従業者50人以上，③本社企業の直接出資分と間接出資分を合わせた出資比率が50％以上。

---

27)　本章で「電気機械」という場合，特に断りがなければ日本標準産業分類・旧分類の「電気機械」を念頭に置いている。

という特徴が見て取れる。いずれの年においても，この両者だけで製造業全体のほぼ7割となっているのである。特に輸送用機械は，2000年代後半になると毎年45％前後を占め続けており，日本製造業の海外生産をリードしている。他方，電気機械も突出してはいるが，その比率は近年徐々に低下している。これは輸送用機械の増大に伴う相対的な比率の低下というだけでなく，金額ベースで見ても，2007年の約22兆円の後は伸び悩みの状態である。表4-3に見るように，電気機械の海外生産比率は依然としてある程度の高さを保っているが，電気機械産業自体の競争力が相対的に低下して生産額が伸び悩み，その存在感が縮小していると考えられる（後出表4-8に見られるように，生産品目に

表4-3 産業別海外生産比率（国内全法人ベース） （単位：％）

年度	2000	2001	2002	2003	2004	2005	2006	2007	2008	2009
製造業計	11.8	14.3	14.6	15.6	16.2	16.7	18.1	19.1	17.0	17.0
食料品	2.7	4.5	4.6	4.9	4.4	4.2	4.2	4.9	3.8	4.7
繊維	8.0	6.7	6.6	8.4	7.3	6.3	9.0	11.1	9.5	6.2
木材紙パ	3.8	3.8	4.3	3.8	4.2	3.0	4.7	4.2	4.2	3.7
化学	11.8	12.6	13.4	13.6	15.3	14.8	17.9	16.6	17.4	15.1
石炭・石油	1.4	1.5	2.0	1.6	1.8	2.6	4.4	2.5	1.3	1.6
窯業・土石	8.1	5.2	5.8	5.3	6.3	6.6	12.0	10.7	11.8	11.6
鉄鋼	14.0	16.2	8.9	9.4	10.6	9.6	10.6	11.7	10.3	10.7
非鉄金属	9.4	10.2	10.1	7.9	9.4	10.2	10.3	12.1	11.0	11.8
金属製品	1.6	1.8	1.9	1.6	1.7	2.2	2.6	3.4	2.5	2.8
一般機械	10.8	10.2	10.1	10.7	11.7	13.1	14.3	14.4	12.8	＊2
電気機械＊1	18.0	21.6	21.0	23.4	9.5	11.0	11.8	11.5	13.0	13.0
情報通信機械					33.1	34.9	34.0	32.2	28.1	26.1
輸送用機械	23.7	30.6	32.2	32.6	36.0	37.0	37.8	42.0	39.2	39.3
精密機械	11.2	12.0	12.9	12.8	12.4	13.8	8.9	9.4	7.9	＊3
その他の製造業	4.6	5.2	6.1	6.0	7.9	9.4	9.7	9.3	9.1	8.7

(注) (算式)現地法人(製造業)売上高／(現地法人(製造業)売上高＋国内法人(製造業)売上高)×100
＊1. 電気機械は03年度までが旧分類。04年度以降は新分類。それに伴い，04年度以降は情報通信機械（電子部品・デバイス含む）の数値が表に出る。なお，「電子部品・デバイス」は2008年度から「電子部品・デバイス・電子回路」となり，算入される項目も多少増えている。
＊2. 一般機械としてのデータなし（「はん用機械」21.2,「生産用機械」8.0,「業務用機械」12.9）。
＊3. 精密機械としてのデータなし。
(出所) 経済産業省「我が国企業の海外事業活動（海外事業活動基本調査）」より作成。
http://www.meti.go.jp/statistics/tyo/kaigaizi/result/result_40/pdf/h2c420mj.pdf（2012年7月20日確認）。
(調査対象) この調査で対象となっている「現地法人」とは，以下の条件を満たす海外子会社と海外孫会社の総称。
①海外子会社とは，日本側出資比率が10％以上の外国法人を指す。
②海外孫会社とは，日本側出資比率が50％超の海外子会社が50％超の出資を行っている外国法人を指す。

より違いはあるが,電機は近年全体として国内生産も伸び悩んでいる)。

電気機械産業の海外生産比率に関してさらに留意すべきは,電気機械を細かく品目別に見ていけば,そのなかには短期間で急速に海外生産比率を高め,国内生産を急減させてきたものがあるということである[28]。白物家電や映像・音響機器などを含む家電にはこの種のものが多く,まさに生産拠点を国内から海外へと移転してしまった品目と言えよう(図4–1参照)。生産拠点の海外移転に伴う空洞化という構図は,こうした家電製品において最も顕著に現れていると言える。

こうした海外移転の推移に伴い,電気機械産業の海外現地法人の販売先も徐々に変化している(表4–4)。「自国向け」売上(現地販売)の売上高全体に占める比率は2001年には6割弱であったがその後低下傾向を示し,10年で10

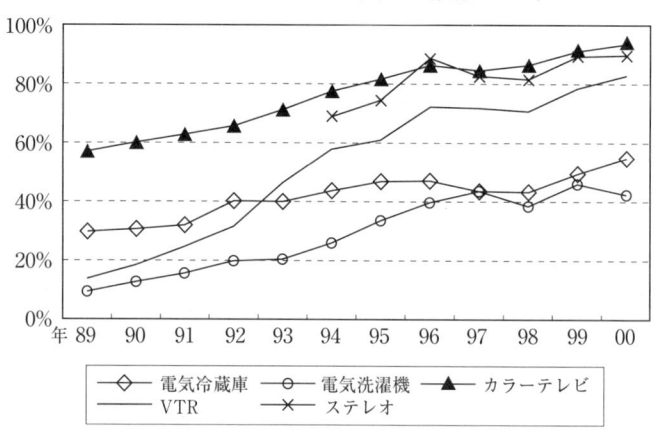

図4–1　品目別海外生産比率推移(台数ベース)

(出所)菅四郎・小林幹昌(2002)「わが国電気機械産業の課題と展望」『調査』日本政策投資銀行,第42号),27ページより転載。
http://www.dbj.jp/reportshift/report/research/pdf_all/all_42_2.pdf(2012年2月20日確認)。

---

[28]　例えば日本の輸出の花形であったカラーテレビは,1988年に日系企業による海外生産台数(1,593万台)が国内生産台数(1,322万台)を上回った。その後,両者の差は広がり,2000年には海外生産3,734万台に対し国内生産台数238万台となっている。同様に輸出の花形だったVTRも,1994年に2,000万台前後で海外生産が国内生産を抜き,2000年には海外生産2,338万台に対し,国内生産は459万台という激減ぶりである。電波新聞社(2003)『電子工業年鑑2003』,344-345,361ページ参照。

第4章　グローバリゼーション下の日本機械工業と産業集積　111

表4-4　電気機械（旧分類）の海外現地法人仕向け地別売上高

（左：100万円，右：％）

年　度	2001		2002		2003		2004		2005	
売上高	14,564,969	100.0	14,432,227	100.0	16,825,418	100.0	18,189,588	100.0	20,048,767	100.0
うち自国向け	8,423,493	57.8	8,125,683	56.3	9,032,103	53.7	9,413,733	51.8	9,928,573	49.5
うち日本向け	1,998,290	13.7	2,028,844	14.1	2,733,625	16.2	3,107,557	17.1	3,610,290	18.0
日本以外の第3国向け	4,143,247	28.4	4,277,700	29.6	5,047,889	30.0	5,668,298	31.2	6,509,904	32.5

年　度	2006		2007		2008		2009		2010	
売上高	21,781,135	100.0	22,151,132	100.0	18,846,244	100.0	16,883,687	100.0	18,428,046	100.0
うち自国向け	10,703,032	49.1	10,541,438	47.6	9,114,458	48.4	7,841,678	46.4	8,513,119	46.2
うち日本向け	3,952,655	18.1	4,456,985	20.1	3,633,588	19.3	3,657,110	21.7	4,039,440	21.9
日本以外の第3国向け	7,125,448	32.7	7,152,709	32.3	6,098,198	32.4	5,384,899	31.9	5,875,487	31.9

（出所）経済産業省「海外現地法人四半期調査」より作成。
http://www.meti.go.jp/statistics/tyo/genntihou/result-1/h23/pdf/h2c3l1yj.pdf
http://www.meti.go.jp/statistics/tyo/genntihou/result-1/h21/pdf/h2c3j1yj.pdf
http://www.meti.go.jp/statistics/tyo/genntihou/result-1/h19/pdf/h2c3h1yj.pdf
http://www.meti.go.jp/statistics/tyo/genntihou/result-1/h17/pdf/h2c3f1yj.pdf
http://www.meti.go.jp/statistics/tyo/genntihou/result-1/h15/pdf/h2c3d1yj.pdf（2012年2月20日確認）。
（調査対象）表4-2と同じ条件を満たす電気機械産業の海外現地法人。

ポイント以上減少している。「日本以外の第3国向け」売上は2001年の28.4％から上昇し，2000年代半ば以降は32％前後で推移している。金額としては，リーマンショック後の2008，09年度以外は前年より増加しており，北米，ヨーロッパ，アジアなどの域内貿易の増加がこれを支えたものと思われる。他方「日本向け」売上は，金額も比率も（2008年度以外は）基本的に増加の傾向にあり，2010年度には約4兆円（約22％）が「日本向け」となっている。これはいわゆる「逆輸入」に相当するもので，国内の空洞化を促進する海外製品の輸入増のうち，相当部分がこうした日系メーカーからの逆輸入であることがわかる。

　他方，電気機械の海外生産拠点がどこから部品等を調達しているかを見てみると，海外生産が国内生産を空洞化させるばかりではないこともわかる。電気機械（新分類）で言えば，「北米」「ヨーロッパ」の生産拠点は，おおむね5〜6割の部品を日本から輸入し続けている（表4-5）。ただし，「中国（香港含まず）」や「ASEAN 4」の生産拠点は，2007年度から急速に日本からの調達を減らしており（絶対額も比率も），この点では国内生産を縮小させる要因として作用していると言えよう。

　情報通信機械（電子部品・デバイス含む）の場合はやや様相が異なる。表4-3

表4–5　電気機械産業の海外現地法人による地域別調達額　　（左：10億円，右：％）

電気機械	(新分類)	2004年度		2005		2006		2007		2008		2009	
全地域	仕入額	3,595	100.0	4,214	100.0	4,845	100.0	4,574	100.0	4,401	100.0	3,728	100.0
	うち日本から調達	1,247	34.7	1,613	38.3	1,807	37.3	1,539	33.6	1,490	33.9	1,000	26.8
	現地調達	1,681	46.8	1,678	39.8	2,116	43.7	2,183	47.7	2,202	50.0	2,235	60.0
北米	仕入額	441	100.0	497	100.0	520	100.0	546	100.0	680	100.0	555	100.0
	うち日本から調達	259	58.7	335	67.4	326	62.7	330	60.4	389	57.2	311	56.0
	現地調達	132	29.9	136	27.4	142	25.4	153	28.0	207	30.4	185	33.3
中国	仕入額	1,080	100.0	1,477	100.0	1,777	100.0	1,862	100.0	1,867	100.0	1,617	100.0
(香港含まず)	うち日本から調達	300	27.8	486	32.9	590	33.2	577	31.0	450	24.1	205	12.7
	現地調達	591	54.7	841	56.9	1,100	61.9	1,100	59.1	1,167	62.5	1,302	80.5
ASEAN4*	仕入額	707	100.0	814	100.0	1,014	100.0	941	100.0	835	100.0	705	100.0
	うち日本から調達	145	20.5	200	24.6	212	20.9	134	14.2	122	14.6	88	12.5
	現地調達	394	55.7	405	49.8	581	57.3	619	65.8	577	69.1	484	68.7
ヨーロッパ	仕入額	387	100.0	478	100.0	571	100.0	623	100.0	590	100.0	552	100.0
	うち日本から調達	222	57.4	258	54.0	329	57.6	293	47.0	379	64.2	311	56.3
	現地調達	102	26.4	100	20.9	124	21.7	143	23.0	68	11.5	111	20.1
情報通信機械(電子部品・デバイス含む)		2004		2005		2006		2007		2008		2009	
全地域	仕入額	13,57	100.0	14,27	100.0	14,52	100.0	13,47	100.0	10,93	100.0	8,785	100.0
	うち日本から調達	6,476	47.7	6,316	44.3	6,655	45.8	6,883	51.1	5,190	47.5	4,311	49.1
	現地調達	4,070	30.0	4,543	31.8	4,188	28.8	3,705	27.5	3,147	28.8	2,687	30.6
北米	仕入額	3,672	100.0	3,897	100.0	3,751	100.0	3,319	100.0	2,254	100.0	1,307	100.0
	うち日本から調達	2,237	60.9	2,345	60.2	2,613	69.7	2,384	71.8	1,176	52.2	765	58.5
	現地調達	1,137	31.0	1,199	30.8	849	22.6	605	18.2	784	34.8	339	25.9
中国	仕入額	1,372	100.0	1,533	100.0	1,809	100.0	2,775	100.0	2,127	100.0	1,854	100.0
(香港含まず)	うち日本から調達	582	42.4	588	38.4	653	36.1	1,246	44.9	1,047	49.2	839	45.3
	現地調達	426	31.0	475	31.0	718	39.7	882	31.8	676	31.8	721	38.9
ASEAN4*	仕入額	2,350	100.0	2,386	100.0	2,281	100.0	2,310	100.0	1,819	100.0	1,407	100.0
	うち日本から調達	722	30.7	743	31.1	627	27.5	764	33.1	725	39.9	531	37.7
	現地調達	753	32.0	939	39.4	993	43.5	1,052	45.5	662	36.4	474	33.7
ヨーロッパ	仕入額	2,884	100.0	2,759	100.0	2,785	100.0	1,874	100.0	1,979	100.0	1,526	100.0
	うち日本から調達	1,543	53.5	1,172	42.5	1,152	41.4	882	47.1	1,009	51.0	939	61.5
	現地調達	590	20.5	628	22.8	621	22.3	371	19.8	217	11.0	244	16.0

（注）＊タイ，インドネシア，マレーシア，フィリピンの4カ国。
（出所）経済産業省「我が国企業の海外事業活動（海外事業活動基本調査）」より作成。
　　　http://www.meti.go.jp/statistics/tyo/kaigaizi/result/result_2.html
　　　http://www.meti.go.jp/statistics/tyo/kaigaizi/result/result_1.html
　　　http://www.meti.go.jp/statistics/tyo/kaigaizi/result/result_37.html
　　　http://www.meti.go.jp/statistics/tyo/kaigaizi/result/result_38.html
　　　http://www.meti.go.jp/statistics/tyo/kaigaizi/result/result_39.html
　　　http://www.meti.go.jp/statistics/tyo/kaigaizi/result/result_40.html（2012年7月20日確認）
（調査対象）表4–3と同じ。

で見たようにこの業種の海外生産比率は高いものの，その率は2006～07年度あたりから低下の傾向を示している。ただし，海外法人の部品調達は全体で「日本から」が5割前後となっており（表4–5），特に半導体や電子部品が日本の国内生産により供給されていると考えられる。

　これらに対し自動車を中心とする輸送用機械の場合，海外生産比率が傾向と

表4-6　日本国内の自動車生産台数（四輪車のみ）　　（台）

	乗用車	トラック	バス	合計（うち輸出分%）
1975年	4,567,854	2,337,632	36,105	6,941,591（38.4）
1980年	7,038,108	3,913,188	91,588	11,042,884（54.0）
1985年	7,646,816	4,544,688	79,591	12,271,095（54.8）
1986年	7,809,809	4,407,666	42,342	12,259,817（53.9）
1987年	7,891,087	4,308,100	49,987	12,249,174（51.5）
1988年	8,198,400	4,443,994	57,413	12,699,807（48.1）
1989年	9,052,406	3,931,261	42,074	13,025,741（45.2）
1990年	9,947,972	3,498,639	40,185	13,486,796（43.2）
1991年	9,753,069	3,447,914	44,449	13,245,432（43.4）
1992年	9,378,694	3,068,585	52,005	12,499,284（45.3）
1993年	8,493,943	2,685,528	48,074	11,227,545（44.7）
1994年	7,802,037	2,702,970	49,112	10,554,119（42.3）
1995年	7,610,533	2,537,737	47,266	10,195,536（37.2）
1996年	8,491,440	2,428,897	53,126	10,346,699（35.9）
1997年	8,491,480	2,421,373	62,234	10,975,087（41.5）
1998年	8,047,929	1,937,076	56,953	10,041,958（45.1）
1999年	8,097,082	1,746,912	48,395	9,892,389（44.6）
2000年	8,359,434	1,726,818	54,544	10,140,796（43.9）
2001年	8,117,563	1,601,536	58,092	9,777,191（42.6）
2002年	8,618,354	1,572,640	66,321	10,257,315（45.8）
2003年	8,478,328	1,746,616	61,074	10,286,018（46.2）
2004年	8,720,385	1,730,691	60,442	10,511,518（47.2）
2005年	9,016,735	1,706,611	76,313	10,799,659（46.8）
2006年	9,754,903	1,640,693	88,637	11,484,233（52.0）
2007年	9,944,637	1,538,020	113,670	11,596,327（56.5）
2008年	9,928,143	1,508,399	139,102	11,575,644（58.1）
2009年	6,862,161	985,100	87,255	7,934,516（45.6）
2010年	8,310,362	1,209,224	109,334	9,628,920（50.2）

（出所）日刊自動車新聞社・日本自動車会議所共編（2000）『自動車年鑑2000』，484-485，494ページ，および，日刊自動車新聞社・日本自動車会議所共編（2012）『自動車年鑑2011～2012年版』，300-301ページ，364-365ページより作成。

して上昇してきたことは共通しているが（表4-3），他方で相違点として把握しておくべきことも少なくない。なかでも特筆すべきは，自動車の国内生産台数が先に述べた家電製品のように急減してはいないということである（表4-6）。ピークの年の1,349万台（1990年）を超えることはないものの，平成不況を経て今日に至るまで，毎年ほぼ1,000万台前後の生産台数を記録してきたのである。例外はリーマンショック後の2009年の793万台と，東日本大震災のあった

2011年の840万台[29]だが，いずれも極めて大きな経済変動を経験しながらの数字だけに，むしろそれだけの生産が維持されたことに驚くべきとも言える。

とはいえ，自動車の場合でも海外生産が国内生産を代替するような事例は現れ始めている。特に2010年には，日産自動車が主力小型車「マーチ」の国内生産をやめてタイなどに生産を移した。しかもそのマーチが日本へ逆輸入されるようになったことは，完成車の逆輸入が例外的であった日本自動車産業にとって象徴的な出来事であった（今日，逆輸入のマーチは年間約5万台[30]）。日本自動車産業の中でも特に日産はルノーとの提携関係もあり，事業活動のグローバル展開に積極的と言える。また三菱自動車も，新型の戦略小型車「ミラージュ」を2012年からタイで生産開始し（年産能力15万台の工場を3月末から稼動），生産拠点の海外移転の動きは加速しつつある[31]。

他方，拡大する輸送用機械の海外現地法人売上高（表4-2：ただし2008, 09年度は減少）を支えた部品等の調達に目を転ずると，リーマンショック後の2008, 09年度には現地法人による調達額がかなり落ち込むが，その直前までは海外生産→販売の拡大に伴い，全体として日本からの輸入を増大させてきたことが見て取れる（表4-7）。すなわちこの時点まで，海外生産の拡大は国内の

---

29) 839万8,654台。日本自動車工業会，2012年1月31日発表（『日経産業新聞』2012年2月1日）。
30) 『朝日新聞』2012年3月20日。
31) 『日本経済新聞』2012年3月21日。他方で三菱自動車は，2012年2月に欧州の自動車生産から撤退することも決めており，海外生産の主軸をアジアへと大きくシフトさせてきていることがわかる（『日本経済新聞』2012年2月6日）。
　ちなみに日系メーカーのタイでの生産は1962年に日産，トヨタ，64年に日野，66年にいすゞが政府の優遇策のもとでSKD組立を開始したことに始まり，今日ではスズキ，三菱，マツダ，ホンダなども生産拠点を持つ，日系自動車産業の一大集積地となっている（日刊自動車新聞社・日本自動車会議所共編（2003）『自動車年鑑ハンドブック2003～2004年版』110ページ）。2012年には日野がトラックの開発・部品調達拠点を新たにタイに設けると発表。タイとインドネシアに展開する生産拠点向けの開発・調達機能を担わせる予定で，2012年度中に少人数でスタートした後，徐々に拡大して開発拠点だけで100人規模の体制になるという（『日刊工業新聞』2012年2月6日，『日本経済新聞』2012年3月26日）。またスズキは2015年をめどに，タイ工場で生産する低価格小型車「Aスター」の日本への逆輸入を始める（『日刊工業新聞』2012年2月10日）。

表 4-7　輸送用機械産業の海外現地法人による地域別調達額　　(左：10億円，右：％)

輸送用機械		2004年度		2005		2006		2007		2008		2009	
全地域	仕入額	26,403	100.0	27,877	100.0	35,349	100.0	41,961	100.0	32,712	100.0	29,634	100.0
	うち日本から調達	7,765	29.4	8,350	30.0	9,166	25.9	10,943	26.1	10,312	31.5	6,655	22.5
	現地調達	15,919	60.3	16,771	60.2	23,219	65.7	27,156	64.7	19,159	58.6	20,222	68.2
北米	仕入額	12,047	100.0	11,542	100.0	14,947	100.0	15,835	100.0	11,026	100.0	11,159	100.0
	うち日本から調達	2,429	20.2	2,482	21.5	3,117	20.9	3,195	20.2	2,200	20.0	2,335	20.9
	現地調達	9,074	75.3	8,180	70.9	10,916	73.0	11,542	72.9	7,663	69.5	7,736	69.3
中国 (香港含まず)	仕入額	1,155	100.0	1,671	100.0	2,733	100.0	4,100	100.0	X	X	4,823	100.0
	うち日本から調達	450	39.0	586	35.1	870	31.8	1,057	25.8	X	X	934	19.4
	現地調達	678	58.7	1,031	61.7	1,813	66.3	2,917	71.1	X	X	3,782	78.4
ASEAN4*	仕入額	4,068	100.0	5,147	100.0	5,796	100.0	7,702	100.0	7,071	100.0	5,953	100.0
	うち日本から調達	1,359	33.4	1,378	26.8	1,400	24.2	1,432	18.6	2,225	31.5	1,419	23.8
	現地調達	2,483	61.0	3,478	67.6	4,036	69.6	5,811	75.4	4,400	62.2	4,095	68.8
ヨーロッパ	仕入額	5,355	100.0	5,008	100.0	6,461	100.0	7,632	100.0	4,329	100.0	2,944	100.0
	うち日本から調達	2,230	41.6	2,285	45.6	2,013	31.2	3,144	41.2	1,178	27.2	649	22.0
	現地調達	1,504	28.1	1,644	32.8	3,334	51.6	3,126	41.0	2,302	53.2	1,712	58.2

(注)　＊　タイ，インドネシア，マレーシア，フィリピンの4カ国。
　　　X．データなし。
(出所)　経済産業省「我が国企業の海外事業活動（海外事業活動基本調査）」より作成。
　　　http://www.meti.go.jp/statistics/tyo/kaigaizi/result/result_2.html
　　　http://www.meti.go.jp/statistics/tyo/kaigaizi/result/result_1.html
　　　http://www.meti.go.jp/statistics/tyo/kaigaizi/result/result_37.html
　　　http://www.meti.go.jp/statistics/tyo/kaigaizi/result/result_38.html
　　　http://www.meti.go.jp/statistics/tyo/kaigaizi/result/result_39.html
　　　http://www.meti.go.jp/statistics/tyo/kaigaizi/result/result_40.html
(調査対象)　表3-3と同じ。

部品生産を拡大する要因として働いていたのである。ただし比率としては，概して日本からの調達は低下傾向にあり，2009年にはどの地域でもほぼ20％前後となっている。

　以上のような海外生産，部品調達の進展を背景に持ちながら，日本機械工業の国内生産活動は表4-8（工業統計表）のような経緯をたどってきた。全体として1990年代以降，事業所数，従業者数の減少傾向が見て取れるが，製造品出荷額等について言えば，電気機械は1990年代にはそれをかなり増加させていた。しかしそれも2000年代以降，頭打ちとなっている。また輸送用機械については，事業所数こそ減少しているものの1990年代に生産をある程度維持した後，2000年代になってからは，従業者数，製造品出荷額等をかなり増加させており，国内生産が伸長してきたことが窺える。ただしその輸送用機械も

表 4-8 日本機械工業の事業所数，従業者数，製造品出荷額等の推移

事業所数	1985 年	1988 年	1990 年	1993 年	1995 年	1998 年	2000 年	2003 年	2005 年	2008 年
一般機械(旧分類)＊1	72,541	75,450	76,611	74,996	72,083	73,040	69,025	60,892	58,993	63,032
電気機械(旧分類)＊2	42,274	44,032	44,497	43,183	40,042	39,082	35,732	29,350	27,157	26,185
輸送用機械	22,614	22,128	22,444	22,412	21,368	21,293	19,696	18,388	17,593	17,526
精密機械(旧分類)＊3	12,452	11,758	11,345	10,469	9,609	10,006	9,279	7,978	7,451	—
従業者数(人)	1985 年	1988 年	1990 年	1993 年	1995 年	1998 年	2000 年	2003 年	2005 年	2008 年
一般機械(旧分類)＊1	1,184,767	1,182,329	1,255,658	1,206,301	1,149,146	1,148,619	1,097,446	989,310	1,031,735	1,268,191
電気機械(旧分類)＊2	1,843,419	1,910,724	1,958,281	1,864,991	1,776,250	1,686,056	1,591,953	1,314,291	1,270,788	1,285,331
輸送用機械	976,773	904,364	957,590	972,298	928,232	907,958	863,043	889,267	955,152	1,039,875
精密機械(旧分類)＊3	271,670	255,820	259,489	225,109	206,059	199,942	179,907	160,156	157,235	—
製造品出荷額等(百万円)	1985 年	1988 年	1990 年	1993 年	1995 年	1998 年	2000 年	2003 年	2005 年	2008 年
一般機械(旧分類)＊1	24,537,723	26,373,844	33,711,037	29,616,657	30,344,013	31,260,947	30,413,214	26,430,626	31,576,475	40,631,581
電気機械(旧分類)＊2	40,948,677	46,907,638	54,666,784	52,238,034	54,963,486	56,438,489	59,581,672	48,118,624	49,163,981	51,986,765
輸送用機械	36,247,256	37,446,048	46,949,699	47,154,669	44,301,836	45,331,112	44,447,438	49,954,952	54,065,311	63,835,121
精密機械(旧分類)＊3	4,427,604	4,348,544	5,184,342	4,533,497	4,152,298	4,640,690	4,118,869	3,627,983	3,821,584	—

(注) ＊1．日本標準産業分類の旧分類。ただし 2008 年は「はん用機械」「生産用機械」「業務用機械」の合計として計算（旧分類の「精密機械」の一定部分や「その他の製造業」の中の「武器製造業」などが算入されているので，以前と比較すると過大な値になる）。
＊2．日本標準産業分類の旧分類。ただし 2003 年以降は「電気機械（新分類）」「情報通信機械」「電子部品・デバイス」の合計として算出した。
　　尚，「電子部品・デバイス」は 2008 年から「電子部品・デバイス・電子回路」となり，算入される項目も多少増えている。
＊3．日本標準産業分類の旧分類。
(補) 2003 年以降の「電気機械（新分類)」「情報通信機械」「電子部品・デバイス」の各数値を示せば，下記の通り。

事業所数	2003 年	2005 年	2008 年
電気機械(新分類)	18,247	16,917	15,861
情報通信機械	3,254	2,831	3,034
電子部品・デバイス	7,849	7,409	7,290
従業者数(人)	2003 年	2005 年	2008 年
電気機械(新分類)	583,183	568,922	520,863
情報通信機械	228,095	206,346	239,922
電子部品・デバイス	503,013	495,520	524,546
製造品出荷額等(百万円)	2003 年	2005 年	2008 年
電気機械(新分類)	17,965,261	18,884,137	16,916,452
情報通信機械	12,718,979	11,540,841	14,490,275
電子部品・デバイス	17,434,384	18,739,003	20,579,438

(出所) 通商産業省，経済産業省『工業統計表（産業編)』各年版より作成。

リーマンショック後の世界的景気後退に直面し，さらに 2011 年には東日本大震災 (3 月), 1 ドル＝80 円をわる超円高 (7 月～), タイの洪水 (10 月) などの打撃を受け，国内生産は低迷せざるをえなくなっている。こうしたなか，先に見た日産「マーチ」のタイへの移転のような象徴的事態も生じており，輸送用機械の国内生産も従来の傾向を把握するだけでは理解できない局面に入ってきたと言えるだろう。

2-2　日本産業空洞化の背景としてのグローバリゼーション

　これまで見てきた事態は，グローバリゼーションという世界経済の大きな変化を背景として進展し，またそれ自体がグローバリゼーションを促進してもいる。グローバリゼーションは，新自由主義の台頭と結びついた米国主導の金融自由化や，冷戦終焉などの歴史的条件の下で，主に情報技術の発展・普及を技術的基礎としながら，商品，資本，技術等の国境を越えた移動が活発化することで進展してきた。様々な企業活動・経済活動が，以前とは比較にならないほど容易に国境を越えた展開を見せるようになってきたのである。こうした世界経済の展開の基礎上に，アジア諸国の商品の日本への流入や日本企業の海外移転等が進行し，事態は空洞化へと及んでいるのである。その意味で空洞化は，グローバリゼーションという大きな潮流の日本における現われ方と見ることもできる。

　この潮流は世界の産業配置・企業分布を変化させ，社会的分業の構造を再編しつつある。国境を越えたさまざまな新しい社会的分業関係が成立するとともに，グローバルな活動を展開する企業が意識的にそうした分業を編成する場合も少なくない。そうしたグローバルな分業はアジア・北米間，アジア・ヨーロッパ間といった大陸・大洋を越えたものとしても成立しているが，近年，ヨーロッパ，北米，アジアといった諸地域のなかにおいて，ある程度のまとまりを持った（国境をまたぐ）分業関係が，ますます内実を持ちつつある（これには各地域での広域経済圏の形成を図る自由貿易協定（FTA）や経済連携協定（EPA）などが連動している）。EUやNAFTAのような広域経済圏の形成と並んで，アジアでもAFTA（ASEAN Free Trade Area）の成立を経て，アジアを範囲とするまとまりのある社会的分業関係，アジア大の分業が形成されつつある[32]。

---

32)　その代表的な事例として，トヨタ自動車の2004年に始まったIMV（Innovative International Multi-purpose Vehicle）プロジェクトが挙げられる。IMVは共通のプラットフォームをベースとする多目的車で，プラットフォームの生産拠点をタイ，インドネシア，南アフリカ，アルゼンチン，インド，マレーシア，フィリピン，ベトナム，ベネズエラ，パキスタンとし，主要な部品の生産もそれぞれ最適な国・地域に集約している。ディーゼルエンジンやステアリングコラムはタイで，ガソリンエン

日本の諸産業のありようは，今後このアジア大の分業構造のなかでいかなる位置と役割を占めるかによって，大きく規定されるだろう。グローバリゼーションの過程で進行する日本の産業空洞化は，こうしたアジア大の分業形成の一局面と言い換えることもできる。空洞化している国内産業は，日本国内ではこの分業構造の一角を担うことができなくなっているのである。大震災によるサプライチェーンの寸断（それに伴う海外調達の拡大），大震災後の超円高を経て，国内産業がこの分業関係から離脱するという事例はますます増えている[33]。また，タイの洪水によるサプライチェーンの再度の寸断も経験して，自然災害時に代替生産しやすいように部品共通化を一層促進しようという動き

　　ジンはインドネシアで，マニュアルトランスミッションや等速ジョイントはフィリピンでという具合に，最初から国境を越えた分業を編成しており，まさにグローバリゼーションを背景に，（南アフリカ，アルゼンチンなどの非アジア諸国も含みつつ）意識的にアジア大の分業を展開したものと言えよう。IMVについては田中武憲（2006）「タイにおけるトヨタの経営『現地化』とトヨタ生産システム─『IMV＋TPS＝現地化』の法則─」（『名城論叢』第7巻第3号）参照。

33）　例えばトヨタ自動車は2013年に，ハイブリッド車用モーターなどの基幹部品の中国での現地生産を開始するという。2010年からタイでもプリウスの生産を開始していたが，電池などの基幹部品は日本から送っていた。部品生産も含めた現地生産の体制は，中国での事例が初めてである（『日本経済新聞』2011年9月18日，2012年3月2日ほか）。
　　また国内の多くの企業が，震災や円高対応で輸入材料・部品の使用増加を検討しており，そのことも国内生産の維持の困難→海外移転を促進する要因となっている。日本経済新聞社が2011年5月にまとめた「社長100人にアンケート」では，東日本大震災によるサプライチェーン寸断への対応を聞いたところ，4分の1の経営者が「製品・部材の調達先を海外で増やす」と回答したという（『日本経済新聞』2011年5月29日）。
　　完成車メーカーで言えば日産は，国内生産で2割程度輸入部品を使用しているが，志賀俊之最高執行責任者は，今回の超円高の中で「輸出車種では40％程度を輸入部品にしないと（採算が）厳しい」と述べた。海外生産でも，現地調達をさらに増やす計画で，米国ではすでに8〜9割の現地調達率だが，さらに引き上げる。アジアでも拠点によっては調達率を9割以上にするという。国内で生産する自動車にはほとんど国産部品を使ってきたトヨタも，「輸入部品を増やす」（伊地知隆彦取締役兼専務役員）との方針を表明している（『朝日新聞』2011年8月30日）。三菱自動車も，10年度に18％だった海外調達率を，13年度には25％に引き上げる方針を示しており，一部の機能部品では韓国製の採用を始めた（『日刊自動車新聞』2011年10月27日）。

もあるが，標準化された共通部品が増えれば，それらが低コストの海外工場にまるごと移管されるという事例が増すことも考えられる[34]。さらに，従来は比較的国内に残されることの多かった開発拠点さえもが，海外へ進出する事例が増えてきているのは注目に値する[35]。そのことがすぐ国内の開発拠点の閉鎖を意味するわけではないが，国内での開発機能を縮小するケースが増える可

---

[34] トヨタは 2012 年 2 月，現在 4,000 から 5,000 品番ある自動車部品のうち，「骨格や足回り部品など顧客の目に直接ふれない部分」を中心に半分弱を共通化の対象とすることを明らかにした。これにより「4〜5 年後には（大半の車種で）コストダウン効果が出る見込み」だ（『日刊工業新聞』2012 年 2 月 24 日）。これは部品モジュールを組み合わせて車を開発する同社の部品共通化構想「トヨタ・ニュー・グローバル・アーキテクチュア（TNGA）」の一環で，プラットフォームも全世界で統一し，現在の約 20 種類から 7 種類に集約するという（まずは世界生産の 6 割を占める 3 つのプラットフォームに関して対象モデルを一括企画。18 年頃までに 3 プラットフォーム・10 車種で共通化を推進する。『日刊工業新聞』2012 年 3 月 22 日，『日刊自動車新聞』2012 年 3 月 27 日）。また同時期，日産は，車両構成をエンジン搭載部とコックピット，フロントとリアのアンダーボディの 4 つに分けてモジュール部品化するなどし，これを最適な仕様にあわせて選択する新しい車両設計技術「日産コモン・モジュール・ファミリー（CMF）」を発表。クラスを越えた部品共通化を容易にして量産効果アップを目指すもので，開発費を従来に比べて 27％ 削減できる。新設計技術の導入により，あるモデルでは金額ベースで現在 4 割にとどまる設計の共通化率を，最終的には 8 割にまで高められるという（『日本経済新聞』2012 年 2 月 28 日，『日刊自動車新聞』2012 年 2 月 28 日など）。

　半導体についても，汎用品，標準品を多用することで，サプライチェーンの寸断に備える事例が増えている。例えば加藤宣明デンソー社長は，（中身のソフトウェアを書き換えれば多様な部位に応用できる）「フラッシュマイコンを使うなど，標準品の技術を増やしたい」と語る（『日刊工業新聞』2012 年 3 月 6 日）。ルネサスエレクトロニクスも，型名が 10 万種に及ぶ現在のマイコンの使用を共通化すべく，自動車各社と検討中という（『日本経済新聞』2012 年 3 月 10 日）。

[35] 2011 年に入ってからだけでも，電機業界では富士通ゼネラル（空調の開発部隊の一部を中国，タイに移管），クラリオン（カーナビ普及機の開発を中国に移管），パナソニック（インドに技術開発センター設立），日立製作所（インドに研究拠点を新設），シャープ（中国に研究開発会社設立）といった企業が，研究開発拠点の海外進出を進めている（『朝日新聞』2011 年 9 月 3 日）。

　また，トヨタ自動車は注 32）で見た IMV の次期モデルから，内装を含む車体をタイで開発するという。現モデルも排ガス規制などの対応や一部内外装の設計をタイで行っているが，開発の中心は日本だった。だが新興国の好みに合った設計・仕様や低コストの現地部品採用をめざし，これをタイでの開発に切り替えるという（『日刊工業新聞』2011 年 9 月 16 日）。

能性はあり，それは空洞化をさらに新たな段階へと進めることにもなろう。

　こうした状況からは，柔軟な対応力を持つ日本機械工業の労働者が，自らの能力を発揮する場を失いつつあることが見えてくる。ただしここで注意せねばならないのは，空洞化の進み方は各産業の性格によって異なるということである。国内生産が減退するとしても，それが短期間で一挙に進む産業もあれば，時間をかけて徐々に進行する産業もある。またその過程で，空洞化しつつある産業から新たに国内生産に適した（空洞化しにくい）新産業が生まれることもあるだろう。次節では，こうした空洞化の進み方に影響を与える諸要因を，国内産業集積と関連づけながら検討する。

3．国内生産を有利にする可能性を持つ産業集積

3-1　産業集積の利益と産業空洞化

　相対的に賃金の低廉なアジア諸国の台頭，円高といった環境下で，それでも国内生産が競争力を保ちうるとすれば，その1つの典型は，当該業種が国内の産業集積地に立地することから大きな利益を得ている場合であろう。特定地域に諸産業・諸企業が集中立地することで大きな利益が得られる場合，その利益が倒産や海外移転を押しとどめる作用を果たしうるのである。もちろんすべての産業集積が空洞化をくい止めるなどとは言えない。しかしある種の特徴を持つ産業集積は，空洞化を抑制しうるのである。

　諸産業・諸企業が特定地域に集中立地することで得られる利益には，大きく分けて①市場，取引先等へのアクセスが容易になることによる利益，②近隣からの技術の伝播による利益，③労働力の確保が容易になることによる利益といったものが考えられる[36]。製品市場，生産手段市場や取引先と近接して企業が集中立地する場合，市場情報を把握するための費用の節約，輸送費の節約，生産手段の安定的で円滑な供給，取引を成立させるための各種手続きの容易さが，当該地域に立地する企業に利益をもたらしうる（①）。他方，自企業

---

36)　詳しくは渋井康弘（2009）「産業集積と技能の集積」（『中小企業季報』大阪経済大学，2008-No.4）を参照されたい。

にない技術に関わる情報，知識，ノウハウ等が，近隣の他企業（の人員）との接触，機械・装置の貸与などにより取得できるという利益が②である。また諸産業・諸企業の集中立地に伴い当該地域に労働者が集中すれば，他地域に比して低費用で労働力を確保でき，そのことが当地の企業に利益をもたらしうる（③）。

　上に見た①～③は産業集積で発生しうる利益のごく一般的な可能性であり，現実を分析する場合には，当該地域においてどの利益が発生しうるかを具体的に検討せねばならない。それぞれの集積地の性格や置かれた環境，当地に集積する産業の性格によって，特定の利益が突出して発生する場合もあれば，すべての利益が少しずつ発生している場合もある。

　ただし今日のグローバリゼーションを念頭に置くならば，これらの利益の多くが，かつてのようには発生しにくくなっていると言える。グローバリゼーションを支えてきた情報技術の発展・普及は，交通・輸送技術の発展・普及と相まって遠方の目的地へのアクセスを大幅に容易にしている。その分，市場や取引先と近接していることが持つ有利性は，次第にその意義を低下させてきているのである。

　また技術について言えば，技術に関わる情報の多くは今日ではデジタル化され，コンピュータで処理できるものとなっている。それゆえ，その情報はコンピュータ・ネットワークを通じて瞬時に世界中を駆けめぐることが可能となり，そのことが遠距離間の技術移転をも容易にしているのである。距離を隔てていても技術情報を瞬時に伝達できるということが，グローバリゼーションの下での国境を越えた企業活動を促進するとともに，近隣に集中立地することで得られた技術伝播の利益を低下させる要因となっているのである。

　労働力もグローバリゼーションの下で移動性を高めつつある。しかしながら居住空間の変更は，個々の人間にとってさほど容易なものではない。それゆえ，労働力が集中している地域が，そうでない地域に比して労働力確保の点で有利性を持つという事情は今日でもある程度妥当するだろう。だが，この面での有利性を日本の産業集積地が発揮する可能性は，今日では極めて限られてき

ている。なぜならアジア諸国に，日本国内よりもはるかに低廉な労働力が豊富に存在するからである。それらの労働力を低費用で容易に調達した諸企業の製品が，グローバリゼーションの下，かつては日本企業が占めていた市場を侵食しつつあるのだから，今日，日本の産業集積について労働力確保の有利性を云々することには意味がなくなりつつあると言えよう。むしろ労働力確保の点では，グローバリゼーションは企業の国境を越えた活動を促し，低廉な労働力を求めて海外移転する企業を増やすという面から，日本の集積地を不利にする方向に作用していると言える。

　このようにグローバリゼーションは，産業集積において見られた利益や有利性の多くを消失させるように作用している。だが他方で，そこにおいてなお，産業集積の利益が発生し続ける場合もある。それは主に，輸送困難なものを扱うために，当該製品に関わる諸企業の近接が今でも大きな意味を持つ場合と，コンピュータ化されえない，客観化することの困難な技術の伝播が意味を持つ場合である。

　情報技術や交通・輸送技術がいくら発展したと言っても，ものの移動に一定の時間・費用がかかることに変わりはなく，通常その時間・費用は距離の増加に伴って増大する。移動が極めて容易になっていて高速輸送が可能であるならば，輸送距離の増加もさほど大きな負担にはならないが，扱うものの体積・容積が大きかったり，かさばるものであったり，非常に重たいものであったりする場合には，輸送速度を上げること自体が技術的に困難で，輸送距離の増加に伴う費用増も顕著なものとなるだろう。また輸送に極めて短時間しか費やせないようなもの（変質しやすい材料や需要の変化・変動が極めて激しい製品など）を扱う場合も，輸送距離の増加は好ましくない。それゆえこうした製品・部品・材料を扱う産業においては，関連産業・企業が近接立地していることの利益が今でも大きな意味を持ちうるし，そのかぎりでこれは国内生産を有利にし，空洞化を抑制する要因となるのである。

　ただし輸送困難なものでも，その製品の製造工程全体がセットで海外の特定地域に移動してしまう場合や，材料・部品などが現地で調達される場合には，

海外で生産しても輸送に要する時間や費用が大きな負担とはならない。特にそこが製品市場に近い地域であるならば，むしろ海外展開することから大きな利益が発生しうる。その場合には，輸送の困難性は空洞化を抑制する要因とはなりにくい。

上のように，輸送に関わる困難性が国内生産を有利にするかどうかは，そこで扱われる製品・部品・材料の形状・性質，市場の地理的分布などに規定される。他方，これらとは別にもう1つ，技術の伝播という要因が国内の産業集積地に有利性をもたらす場合がある。それは，産業集積地に下記のような「技能」が蓄積されている場合である。この点，以下で「技能」と「技術」を比較しながら明らかにする。

技術（広義）とは元来，自然法則を認識して人間の諸活動に意識的に適用することであるが，その際，自然法則を主観的に（その人にのみわかる暗黙知の形で）認識する場合と，客観的に（誰にでも同様に理解できる形式知の形で）認識する場合とでは大きく意味が異なる[37]。そして，ここで特に注目すべきは前者の場合である。この前者は「技能」と言い換えられるもので，例えば熟練工が長年の経験により培った勘やコツを駆使して発揮するものは典型的な「技能」である。これは他者に容易に伝達できるものではなく，これを伝えるためには，伝えられる側の人間が熟練工と共に長期間の作業を経験し，勘やコツを身につけねばならない。これに対し後者は，設計図や作業マニュアル，機械・装置の構造，コンピュータのプログラムなどの形で明示的に現れるもので，狭義の「技術」と言える。明示的であるがゆえに，その他者への伝達は短期間で正確になされうる。

産業集積では多くの場合，この両方の技術（「技能」および狭義の「技術」）が地域内諸企業に伝播し，蓄積されている。だが今日の情報技術は，このうちの狭義の「技術」に劇的な変化をもたらしている。なぜなら客観的な「技術」が持つ情報は，（0と1に変換して）コンピュータ・ネットワークに乗せることで，

---

37) 渋井康弘（2009）前掲論文，6-8ページ，渋井康弘（2007b）「情報化と新しい分業構造」『季刊 経済理論』第44巻第2号），50-52ページ，参照。

容易に遠隔地に電送できるからである。この情報技術を基礎として，今日のグローバリゼーションは，客観的な「技術」を集積外へと伝播させている。企業の海外展開に伴い，これらの「技術」も容易に海外へと移転しているのである。それゆえこの「技術」に関して言えば，国内の産業集積の有利性は急速に低下していると言えよう。

他方，主観的な「技能」の場合は，このように容易に集積外に伝播するわけではない。既述のように「技能」の伝播には長期の経験が必要だからである。「技能」は通常，人間同士の長期にわたる接触，共同の経験を通じてはじめて伝承される。それゆえ，この「技能」を蓄積している地域は，他地域が長期の伝承過程を完了しないうちは，「技能」に関する有利性を享受しうるのである。もちろん「技能」そのものが分析・解析されれば，その多くはやがて客観的なプログラムに記述されて（＝狭義の「技術」に変換されて），コンピュータに乗せられることになるだろう。だがその分析・解析にもある程度の時間が必要であるし，時間をかけても容易に分析・解析し切れない「技能」もある。地域の企業内・企業間で育成されてきた「技能」は，コンピュータ・ネットワークや交通体系が整備され，国境の壁が低くなったからと言って，容易に世界中に伝播するものではないのである。それゆえこうした「技能」が蓄積されている集積地の有利性は，グローバリゼーションの中でもある程度維持されうるし，その意味で空洞化を抑制する要因と考えられるのである。この要因が先に見た輸送に関わる困難性と結びつけば，国内生産を有利にする度合いは一層高められるだろう。

3-2 産業空洞化を抑制しうる事業内容

産業集積を構成する諸企業の事業内容がどのようなものとなった時，その集積は空洞化を抑制しうるものとなるのか。ここではそれを，3-1での整理・検討を踏まえつつ，2つのパターンに分けて考察する。

3-2-1 「小ロット・難加工・多変動」の生産・加工

産業集積が空洞化を抑制しうる1つのパターンは，その地域の諸企業の事業

内容が「小ロット・難加工・多変動」の生産・加工を扱うものとなっている場合である。同一製品の生産・加工を大量に，継続的に行うのではなく，小さなロットで（場合によっては一品もので）少しずつさまざまな生産・加工を受注する。生産・加工の内容はしばしば変わり，突然特定の発注がまとめて来たかと思えば，その後は二度と同じものは注文されないかもしれない。しかもその生産・加工には相当高度な技術を要するような，ロットが小さく，加工が難しく，変動の激しい生産・加工を行う諸企業の場合である。

この場合，品種や加工の種類ごとの生産・加工量は大きくなく，それゆえその売上も大きなものではないが，さまざまな取引先からこの種の注文を常時引き受けていれば，全体としてはある程度の売上を確保できることになる。ただしこの種の注文の多くは，特注品，試作品といった特殊な需要に対応するもので，加工そのものに高度な技術，経験に裏打ちされた「技能」を要する場合が多い。しかも注文から納品までの期間が短いことが多く（設計図が届いて数日後に納品ということも珍しくない），いかに短時間で設計図通りのものを仕上げ，納品するかを即座に判断して，効率よく仕事の段取りを進めねばならない。そしてここでの判断や段取りの進め方にも，長年の経験を通じての勘やコツ，すなわち「技能」が大きな意味を持つのである。

こうした注文に対応できる企業が集中立地している場合，それらが相互協力的に仕事を発注しあえば，さまざまな製品を仕上げることが可能となる。例えば東京大田区に代表される京浜地域には「仲間取引」[38]という取引関係があることがよく知られているが，これなどは「小ロット・難加工・多変動」の仕事に集積地内の複数企業が協力しあって対応している典型的事例である。製品を受注した企業が自分で加工できるところを加工して，それ以外の加工については近隣のあちこちの企業に引き受けてもらい，製品を仕上げるのである。集積地に高度な「技能」が蓄積されているという条件下で，信頼できる近隣企業と緊密な情報交換を行いながら，短期間で特注品，試作品などを仕上げていく。

---

38) 「仲間取引」については，渡辺幸男（1997）『日本機械工業の社会的分業構造―階層構造・産業集積からの下請制把握―』有斐閣，202ページ参照。

そして当然のことながら生産・加工に関わる諸企業が近接していればいるほど，納期を短縮することができる。それゆえグローバリゼーションの時代においても，この種の需要に応じることを主な事業内容とする諸企業が集中立地している場合，そこでは産業空洞化の進行が抑制されると考えられるのである。

　しかも今後の日本においては，この種の需要がこれまで以上に増大する可能性が高い。というのはますます高齢化が進行していくからである。高齢化の進行は様々な医療機器・介護機器・バリアフリー住宅などへの需要を増加させるだろう。それらは本来ならば同一規格の製品ではなく，それぞれの人の体型や症状に合ったものの生産が求められるものである。より多くの人が高齢化し，各人が介護機器などに多種多様の要望を提出するようになれば，同一規格製品の大量生産ではなく，個別注文に即応する生産・加工が求められるケースがますます増えるだろう。そしてそれらの生産・加工の一定部分は，国内で対応せねば間に合わないはずである。生産・加工機能の多くを海外に依存していたのでは，例えば，利用者の体型や症状の相違・変化に応じて，臨機応変に介護機器の構造を再設計するといったことも難しくなる。だが，さまざまな注文に応じられる諸企業が集中立地して，「小ロット・難加工・多変動」の生産・加工に対応できる国内産業集積地であれば，そうした需要にも応じられる。その種の需要の増大は，それら集積地の存続の可能性を高めるであろう。

　3-2-2　多数の部品の相互調整を必要とする機械の生産・加工

　産業集積地が空洞化を抑制しうるもう1つのパターンは，そこに立地する諸企業が，多数の部品の微妙な相互調整を必要とする機械の生産・加工に携わっている場合である。そうした機械の典型的なものとしては自動車が挙げられる。この点は，電気機械（新分類），情報通信機械などに分類されるもの，特に急速に国内生産を減らしてきたカラーテレビ，VTRといった家電製品などと比較すると明瞭に理解できる。

　家電製品などの場合，その機能を実現するための中心部分は電気・電子回路である。それゆえ，回路が適切に組まれて電気・電子が流れさえすれば，基本的機能は整う。部品やモジュールがそれぞれ別個に，独自に作られても，回路

を組み立てて電気・電子が流れれば，一応の機能は実現できるのである。

　ところが自動車は事情が異なる。これは極めて多数の部品がメカニカルに連動しあって機能する機械である。エンジンのピストン運動がクランクやギア，シャフトを通じてタイヤへと伝導されるのだが，その途中でもそれ以外の部分でも，さまざまな部品の運動が絶えず変化しながら相互に関わり合い，その全体が自動車の走行につながる。しかも自動車には高度な安全性が要求される。わずかな不具合でさえ人命に関わる事故になりうるのだから，自動車部品は安全性を十分に考慮して，随所にフェールセーフの仕組みを入れて設計せねばならない。そしてそれらが組み立てられた時には，部品相互のフェールセーフが無用に干渉することなくスムーズに連動して，地面を自在に走行せねばならないのである。

　こうしたシステムを作る場合，部品相互の関係を微妙に調整することが強く求められる。設計の段階から量産ラインの稼働・運営に至るまで，完成車メーカー内部でも，完成車メーカーと部品メーカーとの間でも，諸部品メーカー間でも，部品の相互調整を頻繁に綿密に行うことが極めて重要となるのである。逆に，メーカー内部やメーカー間にそうした綿密な相互調整を行える緊密な関係が構築されていなければ，自動車生産は，特に安全性と乗り心地を重視する乗用車の中核的部品を含む生産は，かなり困難となる[39]。

　上のような綿密な相互調整を頻繁に行おうとすれば，関連する諸企業がある程度近距離の範囲内に所在していることは大きなメリットである。情報技術の発展・普及は相互調整のための情報交換の多くを遠距離間で行うことを可能にしているが，それでもコンピュータ・ネットワークだけでは，頻繁に，綿密な調整を行う上で限界がある。複数部品の微妙な相互調整を行う際には，関連する諸部門・諸工程の担当者が（フェイス・トゥ・フェイスのような）緊密なコミュ

---

[39] 渋井康弘（2007a）「日系自動車関連企業のアジア展開と現地企業—新しい『現地化』の2つのコース」（機械振興協会経済研究所『わが国機械情報関連メーカーにおけるグローバル展開のタイプについて—アジアとの「共進化」への挑戦—』第2章第2節），51-54ページ参照。

ニケーションをとらねばならない事態がしばしば生ずる。その場合のコミュニケーションには，必ずしも明示化されない，「技能」に関わるようなものが含まれることも少なくない。しかも自動車・自動車部品は大きく重たい場合が多いので，その輸送の面からも近接していることのメリットが際立つことになるだろう。

　日本の自動車関連産業の場合，開発の初期段階から部品メーカーがそこに関わり，諸部門・諸工程が緊密に連携を取りながら自動車を開発し，量産化していく。こうした企業間関係は，上に見たような自動車の技術的特性には非常に適合的なものである。特にそのなかでも中核的な部品を扱う諸企業は，完成車メーカーと比較的近い地域に所在しており，しばしば自動車関連部品メーカーの集積地を形成している[40]。こうした集積地の内部に集中立地する諸企業が，頻繁に綿密な相互調整を繰り返しながら生産活動を行うのである。またそうした地域はある程度長い期間を経て形成されてきたものであるから，他地域に同様の集積を作り上げることは，短期間では極めて困難である。伝承に長い期間を要する「技能」が大きな意味を持っている場合にはなおさらである。「技能」は，先に見たトヨタ生産システムのなかにもビルト・インされている（不具合への対処の仕方などに関して）。これらを考慮すれば，急速に自動車関連産業が成長しているアジア諸国でも，日本のような自動車産業集積が形成されるには相当な時間が必要と思われる。

　このような事情があるので，日本の完成車メーカーは海外現地生産を始める際，特に中核的な部品を扱うサプライヤー諸企業に，完成車メーカーの進出先近辺へ一緒に進出することを要請してきたのであった[41]。それだけで日本国内と同様の相互調整を含んだ生産活動がすぐに達成できるわけではないが，こ

---

40)　愛知県の三河地域に集中立地するトヨタ関連の部品メーカー群はよく知られているが，そのほかにも広島県にあるマツダ関連の部品メーカー群，三重県や埼玉県にあるホンダ関連の部品メーカー群など，自動車関連の産業集積は各地に存在してきた。

41)　この点では，進出先がアジアでも欧米でも同様である。渋井（2007a）前掲「日系自動車関連企業のアジア展開と現地企業」，53-54ページ参照。

れに加えて,一方では現地調達できない諸部品を日本から調達し,他方では現地従業員の指導・訓練を通じて日本的生産方式を現地に定着させつつ,海外生産拠点の生産能力を高めてきたのである。さらに情報技術を駆使して,国内では「技能」であったものを明示化(＝客観的な「技術」へ転化)し,現地工場で利用できるようにするという努力もなされてきた[42]。そうすることで海外生産拠点での自動車生産も進展してきたのである。だがそれでもなお,日本と同様の生産体制を現地に構築するには大きな限界があるというのが現状である。日本の自動車産業集積には,今なおそれだけの存在意義があるわけである。その意味では,自動車のように多数の部品の相互調整を必要とする機械を生産・加工する国内産業集積の場合,産業空洞化は相対的に進みにくいと言えるだろう[43]。

ただしこれらの事情は,自動車そのものが相互調整をさほど必要としない製品になることで,変わってくる可能性もある。それは,自動車の電気・電子化が進むという可能性である。今日,各完成車メーカーが開発する自動車は,さまざまな電子部品を多用しながら随所で電子制御を行うものとなっている。車間距離の維持や衝突回避のためのブレーキ作動などにも電子制御が用いられ,衛星を利用したカーナビゲーションシステムは,いわば自動車自身を情報ネットワークの端末にしているとも言える。

---

42) 同論文,58-59ページ。
43) 2-1で確認したように,自動車産業は旺盛な海外展開をしているにもかかわらず,毎年ほぼ1,000万台前後の生産台数を記録し続け,東日本大震災のあった2011年でさえ840万台を生産しているのである。国内メーカーのなかでも特に事業活動のグローバル展開に積極的な日産自動車でさえ,2011年に国内で111万台を生産している(日産の国内生産のピークである1980年の264万台と比べれば,大幅に減少してはいるが。『日経産業新聞』2012年2月1日,および日刊自動車新聞社・日本自動車会議所共編(2012)『自動車年鑑2011〜2012年版』,310-311ページ)。トヨタにおいては,2011年でも国内生産276万台である(『日経産業新聞』2012年2月1日)。また,海外生産拠点が現地調達を進めても,日本からの部品供給額が(相対的には減少しても絶対額として)巨額であり続けたことは,すでに表4-7で見た通り。
　海外展開が急速に進みながらも国内生産がこれだけ持続しているのは,日本国内に固有の生産システムを利用する必要があるからだろう。

その上，各社は従来の自動車とは走行の原理が異なる環境対応型の自動車——ハイブリッド車，プラグイン・ハイブリッド車（PHV），電気自動車，燃料電池車など——の開発・生産を競い合っている。これらの自動車は，単に従来の自動車・自動車部品を電子制御するというだけでなく，走行の原理自体が電気・電子技術の基礎なしにはありえないものである。そこでは自動車が電気・電子機器へと近づいているのである。

　もしこのような電気・電子化が徹底されていけば，自動車は従来ほどには高度な相互調整を必要としなくなると考えられる。システムの中核部分がすべてメカニカルに連動するのではなく，諸部品の結合の相当部分は電気・電子が流れるように接続されるだけで良くなるのである。もちろん地面を自在に走行するという機能特性と，市場投入の最初期から厳格に安全性の確保が求められるという特性[44]に変わりはないので，家電製品と全く同じになるわけではない。だが相互調整の必要度が減少することはほぼ確実で，そうだとすればその部分を得意としてきた国内産業集積においても，空洞化がより進展すると考えられる。その進展がどの程度のものとなるかは，新タイプの自動車設計のあり方，電気・電子化の進行具合によるだろう[45]。

　なお，電気・電子化を進めた自動車開発が国内で進展すれば，その開発過程に集積回路や電子部品，電気・電子機器などの開発が連動する必要性も生ずるだろう。このことは，それらの産業の国内生産を促進する要因ともなりうる。空洞化が急速な電機関連産業中心の産業集積にも，空洞化を抑制する作用が働

---

[44] この点，製品が市場に出た後に不具合が発見されても，消費者から寄せられたクレームをもとに製品を改良していけば大きな問題とはなりにくい家電などとはかなり異なる。自動車の場合，市場に出た製品にわずかでも不具合があれば，それが即座に人命に関わりうるのである。

[45] 電気・電子化された部品はみな相互調整を必要としないかと言えば，決してそうではない。自動車の電子化は1980年代より進んできたが，それらはエンジン，トランスミッションといったユニット部品単位での電子化であった。だが今日では，安全・環境に関する高い要求に適合すべく，パワートレインからシャシーまでを含むプラットフォーム全体を領域とする統合・協調制御が求められている。その上，集積回路自体の高機能化や機械部品そのものの高機能化も進み，その点では，中核的部品間の相互調整は，その必要度をより一層高めているとも言える。

くかも知れない[46]。この点，まだ確定的な結論を下せる状況にはないが，3-3のなかで産業集積の広域化あるいは集積間連携の問題として再度言及する。

3-3 産業集積の広域化と集積間連携

3-2 までで産業集積が産業空洞化を抑制する可能性を検討したが，その場合でも，グローバリゼーションの進展が産業集積の持つ有利性を低下させる方向に作用し続けていることに変わりはない。だが他方で，国内の産業集積がより広域化したり，複数の産業集積が連携したりすることで，個々の産業集積では対応しきれなかった業務を遂行できるようになり，その結果，産業集積が持つ有利性が強化され，当地での生産・加工が維持されるというケースも少なくない。産業集積の広域化や集積間連携により，いわば産業集積の守備範囲が拡大し，そのことが空洞化を押しとどめるのである。

例えば，東京大田区を含む京浜地域の諸企業は，今日ではしばしば北関東の各県や，東北地域の諸企業とも取引をし，事業上の関係を結んでいる。取引先大企業の移転などをきっかけに始まった遠隔地との取引が，距離を隔てた諸企業との新たな取引を実現し，より長距離での部品・材料等の移動を伴う社会的分業関係を構築しているのである。

この場合，狭い範囲の集積地内では対応できなかった生産・加工の要求にも，対応することが可能になる。例えば「小ロット・難加工・多変動」の生産・加工を受注した集積地内の企業が，当地の企業間連携だけではそれに対応しきれない場合に，より遠隔地の企業に加工の一部を依頼することで，加工内容・品質・単価・納期のすべてについて注文通りの生産・加工を実現するのである。遠隔地の企業との連携には，かつては輸送に関しても情報交換に関しても

---

46) この開発過程で発展する蓄電，配電などの技術を生かし，それを社会全体での効率的な電力利用をめざす「スマートグリッド」の開発，「スマートシティ」の構築へと展開できれば，社会的総資本の蓄積をリードする新産業も創出され，原発に依存しない新エネルギー体系も実現され得る。そうなれば国内生産も強く刺激され，長期にわたる強力な資本蓄積も可能となるだろうが，現時点では明確な見通しを持つことができないので，別の機会に改めて検討する。

多大な時間・費用がかかっていた。しかし情報技術，交通・輸送技術の発展は，一地域に集中立地しているのと大きく変わらない時間・費用で，多地域間の分業を実現させられるようにした。国内輸送であれば，大抵のものを数日で目的地に届けることが技術的にも制度的にも可能になっているし，国内であれば，1日～数日で遠隔地に出向いてフェイス・トゥ・フェイスのコミュニケーションをして帰ることも可能となっている。インターネットや宅急便，高速道路，新幹線などを利用すれば，国内他地域の産業集積の市場・技術・労働力および企業間関係に対して，自企業の立地する地域のそれらとほとんど同様に関われるようになったのである[47]。

すでに見たようにグローバリゼーションは，産業集積の利益を発生しにくくさせる傾向を持つのだが，それでも大きいものやかさばるもの，重たいものの輸送，超短納期の仕事，「技能」を前提とした生産・加工については，まだ近接した諸企業による生産・加工が一定の意味を持っている。ただしその近接の程度は，今や狭い一地域にとどまるものではなくなっているのである。日本国内の産業集積地に所在する諸企業が，より遠隔の諸企業と分業関係を構築していけば，やがてはそれら諸企業を含んだより広域の産業集積が形成されていく可能性もある。あるいは複数の産業集積間での取引増による集積間連携の実現へと，事態が進展する場合もあるだろう。また集積間連携が強化され，複数の集積地が一体化して広域の産業集積となる場合もあり，事態は多様に展開しうるが，いずれの場合も個々の集積地では得られなかった機能が得られるようになり，国内の生産機能を強化することになるのである[48]。

---

47) 労働力確保の点では，アジア諸国に低廉な労働力が豊富に存在することを考えると，グローバリゼーションが進むほど，日本の集積地がこの面で有利性を持つ可能性は考えにくくなる。この点は3-1で指摘した通りである。ただし国内の集積地に限って言えば，労働力確保が相対的に容易な地域との取引関係が密になるなどして，新たに遠隔地の豊富な労働力が利用可能となった集積地は，その分，利益を得ることになる。国内生産を維持しながら，より豊富な労働力を求める諸企業がそうした地域への立地を進め，新たな産業集積を形成することもある。
48) 渡辺幸男氏は1980年代以降の日本機械工業に関して，成熟・安定・量産的な生産機能が日本の外の東アジアへと移転し，国内には変化・変動の激しい需要に対応す

集積地内の企業の遠隔地との関係構築は，自動車産業に関連の深い産業集積においても増えつつある。なかでも特筆すべきは，愛知県と北部九州地域（既に大きな自動車産業集積地となっている[49]）との間の集積間連携であり，さらにそれらと，今後に自動車産業集積の形成が予想される東北地域との関係である。

東北地域は福島県に日産自動車いわき工場，宮城県にトヨタ自動車東北，岩

る生産機能が残り，拡大していくと考え，これを「日本機械工業の大田区化」（渡辺(1997)前掲書，306ページ）と呼んでいる。この「大田区化」的現象の背後には情報技術，交通・輸送技術の発展があり，その基礎上で産業集積が広域化していることを強調する氏の議論からは多くを学んだ。

ただし筆者は，今なお複数タイプの集積地が存立しうる日本機械工業の現状について，それを「大田区化」としてのみ捉えることには承伏しかねる。また，1つの産業集積が広域化するという構図だけでなく，複数の産業集積が連携するという道も見ておく必要があるだろう。

49) 1975年に福岡で日産自動車九州工場（現・日産自動車九州）が稼働を開始して以来，トヨタ自動車九州（福岡），ダイハツ九州（大分），日産車体九州（福岡）や関連する自動車部品メーカーが集積するようになった北部九州は，既に自動車生産の一大拠点となっている。当地域の2011年の生産台数は約117万台（震災にもかかわらず過去最高を記録），生産能力はすでに150万台を超えており，トヨタ自動車九州とダイハツ九州はエンジン工場も稼動させているほか，R&D拠点の開発も計画している。地場企業が自動車（部品）産業に参入するケースも増え，その結果，部品の現地調達率も向上しつつある。例えば2011年9月に発表されたダイハツ九州のミライースは，使用する部品の約65%を九州の部品メーカーから調達している（『日刊自動車新聞』2011年1月24日，『日刊工業新聞』2011年10月5日，『日経産業新聞』2011年10月20日など）。

さらに注目すべきは，こうした自動車・自動車部品産業の集積とともに，先に見たかんばん方式，トヨタ生産システム，カイゼン活動などが，発注側親企業からの指導を通して各部品メーカーに浸透してきている点である。東日本大震災，超円高などにより相次いで打撃を受けた自動車産業は，一層のコスト削減を追求しており，「これまで通り，系列メーカーへのカイゼン指導を通し，製造コストの削減を目指している」（トヨタ自動車系部品メーカー幹部。『日経産業新聞』2011年10月20日）との談話も報じられている。

ただし他方では，トヨタ自動車九州で生産している海外向けSUV（スポーツ用多用途車）・ハイランダー約3万台（2011年）の生産を2013年に打ち切り，米国のインディアナ工場に移管することも発表されており，九州での生産が拡大する一方ではないことも踏まえておかねばならない。『朝日新聞』2012年2月9日（夕刊），2月10日など。

手県にトヨタ系の関東自動車工業岩手工場がある一方で，岩手のトヨタ紡織東北，アイシン東北，宮城のケーヒンをはじめとする部品メーカー群も存在し，これまでも日本の自動車生産の一角を担ってきた。そして 2011 年 2 月には，トヨタ自動車の生産子会社セントラル自動車が，宮城工場[50]の本格稼動を開始した。トヨタ自動車はこの地域を中部と九州に次ぐ「第 3 極」の生産拠点として位置づけ，本格的な事業展開を進めてきたのである[51]。

　この流れは震災後も変わることなく，2011 年 7 月にはトヨタ自動車東北，セントラル自動車，関東自動車工業の 3 社が 2012 年 7 月に統合されると発表された（まず関東自動車をトヨタによる議決権 100％保有の完全子会社とし，その後で東北に本社を置く他の 2 つの完全子会社と統合する）[52]また同時期にトヨタ自動車東北でのエンジン工場建設計画（2012 年にエンジン組立開始）や，関東自動車工業岩手工場（ラクティス，オーリス，イスト，ベルタなどを生産）の小型ハイブリッド車生産計画も報道された[53]。

---

50) 輸出用ヤリスやカローラを生産するこの工場は，組立工場で車体搬送用に使っていたハンガーを廃止し，またエンジン，足回り部品の取付工程では U 字型で車体を 90 度回転させ横向きに流す「ボディー横送り方式ライン」を採用したことで話題となった。横送りラインは，作業者が下部をのぞきやすい高さに設定した台に車体を載せ，簡易コンベアで移動する。横送り方式の生産ラインは縦送り方式に対して 35％短く，投資額は従来よりも大幅に削減された。トヨタはこの横送りラインをグローバル標準の技術として，国内外の新設・改装ラインに展開する予定という（『朝日新聞』2011 年 1 月 23 日，『日刊自動車新聞』2011 年 2 月 17 日，3 月 2 日など）。
51) 震災前の時点では，東北での生産台数は年産 55 万台（年産計画の 15％）と見込まれていた（『日刊自動車新聞』2011 年 2 月 28 日）。
52) 『朝日新聞』2011 年 7 月 14 日。
53) 『日本経済新聞』2011 年 7 月 16 日，『朝日新聞』2011 年 7 月 16 日など。
　 2011 年 12 月に，関東自動車工業岩手工場で世界最高水準の燃費性能の小型ハイブリッド車アクアの生産が始まると，その人気は急上昇。2012 年 1 月までで約 12 万台を受注し，3 月には納車まで 6 カ月待ちといった状況となった。これに対応して関東自動車工業は，5 月から岩手工場において最大 2 割増産すると発表（岩手工場は年産約 37 万台になる見通し）。これに伴い同工場で生産されているラクティスは，大半が東富士工場に移管されることとなった（2011 年 12 月のアクア生産開始時にも，オーリスとカローラルミオンの生産をトヨタ高岡工場に，ベルタの大半の生産をセントラル自動車宮城工場に移管していた）。また，現在は愛知県で生産されているアクア用エンジンも，一部，トヨタ自動車東北で生産されるようになるという（『朝日

これらの事例からは，トヨタ自動車が中部・九州・東北を拠点とする自動車産業の集積間連携をリードしようとしていることが読み取れる。トヨタは一方ではIMVプロジェクト[54]などを通じて，国境を越えたアジア大の分業を意識的に組織しているのだが，他方では国内において自動車産業の集積間連携を促し，国内生産に意味のある部分をそこに担わせようとしているのである[55]。こうした連携は代替生産の可能性も高めることになるので，震災等のリスクを分散することにもつながる（もちろん各集積地の諸企業が変化への対応力を持っていることが前提となるが）。一方では国境を越えた分業を意識的に組織し，他方

新聞』2012年3月10日，『日本経済新聞』2012年3月12日，『日刊工業新聞』2012年3月12日，3月14日，『日刊車新聞』2012年3月22日など）。
　　ちなみに部品の現地調達比率は，2011年3月時点で関東自動車工業が43％，セントラル自動車が約20％と報道されている。トヨタの品質基準が高いため，まだそれに地元メーカーが十分に応えられていないのが現状だが（『読売新聞』2011年3月8日），ここに来てアクアの増産により地元中小メーカーも受注を急増させているという（『日本経済新聞』2012年3月12日）。

54）注32）参照。

55）愛知・九州間の連携はかなり定着している。例えばトヨタ自動車九州が生産拡大に伴い在九州1次サプライヤーからの調達率を上げる一方，その1次サプライヤーが東海地域の2次サプライヤーから調達を進めるといった現象が見られる。田中武憲（2008）「アイシン九州における『メイド・イン・九州』の取組み」（『北部九州地域における自動車産業集積の構造と動態（福岡市・名城大学地域産業集積研究所共同調査）』），72–73ページ，田中武憲（2011）「九州における自動車産業集積の現状と課題」（『名城大学地域産業集積研究所　調査・研究報告書　2010年度』），83–84ページ参照。
　　また北部九州の集積地が，今日では山口・広島や韓国も含めた広域のものになりつつある点も注目に値する。特に韓国の諸企業が，高速船，フェリーなどを使えば国内企業とほとんど同様に機能しうるようになっている点は特筆すべきである。こうした環境の下，「トヨタ自動車は昨年12月にソウルで現代自動車傘下の部品メーカーなど42社と商談会を開催。日産車体は新型商用車で内装材やミラーなど韓国製の部品を2割（金額ベース）採用する」という（『日本経済新聞』2012年2月2日）。
　　他方，東北に目を移せば，関東自動車岩手工場には，毎日トヨタの専用コンテナ40両×2便分の部品が，愛知からJR貨物で輸送されている。田中武憲（2012）「東北のモノづくり復興における関東自動車工業岩手工場の役割―新たな自動車産業集積地への期待と展望―」（『名城論叢』第12巻第4号），41ページ参照。とはいえ東北地域は現時点では，企業数や生産量の面でも，技術力の面でも，自動車産業集積と言うには未成熟である。

では国内の集積間連携をリードする。このいずれもがグローバリゼーション下の日本機械工業のあり方を示している点で，注目すべきである。

　さらにここに前節で見た自動車の電気・電子化という事情が加われば，電機関連産業の集積地と自動車関連産業の集積地とが連携する可能性も見えてくる。電気・電子化された自動車の開発に際して，その初期段階から電機関連産業が密接に関わるようになれば，それを機に両産業が立地する諸地域間で取引・受発注がなされる機会も増えるだろう。それが新たな集積間連携や，自動車・電機双方を含む広域の産業集積を成立させる可能性も少なくない。そうなれば空洞化の可能性の高かった電機関連産業が，再び国内生産を活性化させる道を見出すかも知れない[56]。

おわりに

　東日本大震災は，リーマン・ショックに象徴される世界的景気後退から立ち直るべくもがいていた日本機械工業に大きな打撃を与え，それ以前から進行してきたグローバリゼーションに伴う産業空洞化をより一層促進した。特に震災によるサプライチェーンの寸断は，かんばん方式，トヨタ生産システムの普及する日本機械工業の脆弱性を示すものとして，さらには日本経済の弱点として注目された。しかしながら本章で見たように，かんばん方式，トヨタ生産システムそれ自体は，むしろ震災のような異常事態に対応しうる現場の労働者の能力を育成するという側面を持っている。コスト削減・品質管理を意図して導入されてきたかんばん方式は，それだけにとどまらず，利潤増大という目的に規定された限界内で，しかも労働強化の危険性を強く持ちながらではあるが，自らの判断で変化や問題に対応できる生産力の担い手を育成するという結果をも

56）　注53）で見た関東自動車岩手工場での増産に対応して，国内電機関連企業も生産体制を再編している。例えばアクアの中核部品であるニッケル水素電池を生産するプライムアースEVエナジーは，月3万台分を生産する宮城工場をアクア用に特化し，さらに静岡県湖西市の工場でもアクア用を作れるようにラインを改良するという（『朝日新聞』2012年3月10日）。事態はまだ流動的だが，こうした事例が新たな集積間連携へと発展する可能性も視野に入れておく必要があろう。

たらしたのである。こうした労働者の能力は，震災からの復興においても，また新たな産業や生産様式を構築する上でも，大きな意味を持つはずである。

だが他方で，東日本大震災で加速された空洞化の波は，こうした労働者が能力を発揮しうる職場を，ますます減少させるように作用している。ただしその場合，空洞化の波はすべての産業，すべての業種に同様に及ぶわけではないということを理解することが肝要である。グローバリゼーションに伴う産業配置の世界的な変動を経て，それでもなお，国内生産が大きな意味を持つ産業，業種がある。特に産業集積の中で「小ロット・難加工・多変動」の生産・加工に臨機応変に対応する業種や，自動車に代表される綿密な相互調整を必要とする機械製品（特にその中核的部品）を生産・加工する業種の場合，国内で生産することの意義は少なくない。それらの業種が，各集積地の得意な部分を生かしながら，広域化したり集積間連携を実現したりする場合にはなおさらである。変化や問題に柔軟に対応しうる労働者の能力も，そうした場面では有効に生かされるだろう。

参 考 文 献

大野耐一（1978）『トヨタ生産方式』ダイヤモンド社。

機械振興協会経済研究所・東日本大震災プロジェクト（2011）「東日本大震災が機械関連製造業に与えた影響に関する実態分析―大震災から見えてきた日本のモノづくりの課題―」(2011 年 7 月 20 日シンポジウム資料)。

渋井康弘（1992）「トヨタ・システムの再検討」(『三田学会雑誌』第 85 巻第 2 号)。

渋井康弘（2004）「トヨタ生産システムと大量生産」(今井斉・宮崎信二編著『現代経営と社会』八千代出版，第 7 章)。

渋井康弘（2007a）「日系自動車関連企業のアジア展開と現地企業―新しい『現地化』の 2 つのコース」(機械振興協会経済研究所『わが国機械情報関連メーカーにおけるグローバル展開のタイプについて―アジアとの「共進化」への挑戦―』第 2 章第 2 節)。

渋井康弘（2007b）「情報化と新しい分業構造」(『季刊　経済理論』第 44 巻第 2 号)。

渋井康弘（2009）「産業集積と技能の集積」(『中小企業季報』大阪経済大学，2008-No.4)。

渋井康弘・森川章（2000）「愛知県の産業集積と新たなネットワーク構築の試み」(『名城商学』第 49 巻第 4 号)。

菅四郎・小林幹昌（2002）「わが国電気機械産業の課題と展望」(『調査』日本政策

投資銀行，第 42 号）．
田中武憲（2006）「タイにおけるトヨタの経営『現地化』とトヨタ生産システム―『IMV＋TPS＝現地化』の法則―」（『名城論叢』第 7 巻第 3 号）．
田中武憲（2008）「アイシン九州における『メイド・イン・九州』の取組み」（『北部九州地域における自動車産業集積の構造と動態（福岡市・名城大学地域産業集積研究所　共同調査）』）．
田中武憲（2011）「九州における自動車産業集積の現状と課題」（『名城大学地域産業集積研究所　調査・研究報告書　2010 年度』）．
田中武憲（2012）「東北のモノづくり復興における関東自動車工業岩手工場の役割―新たな自動車産業集積地への期待と展望―」（『名城論叢』第 12 巻第 4 号）．
中小企業庁編（2011）『中小企業白書　2011 年版』．
渡辺幸男（1997）『日本機械工業の社会的分業構造―階層構造・産業集積からの下請制把握―』有斐閣．
『週刊ダイヤモンド』2011 年 8 月 27 日号．
その他，新聞各紙

＜統計・年鑑＞
通商産業省，経済産業省『工業統計表（産業編）』各年版．
電波新聞社（2003）『電子工業年鑑 2003』．
日刊自動車新聞社・日本自動車会議所共編（2003）『自動車年鑑ハンドブック 2003～2004 年版』．
日刊自動車新聞社・日本自動車会議所共編（2000）『自動車年鑑 2000』．
日刊自動車新聞社・日本自動車会議所共編（2012）『自動車年鑑 2011～2012 年版』．
経済産業省「海外現地法人四半期調査」（経済産業省 HP）．
経済産業省「我が国企業の海外事業活動（海外事業活動基本調査）」（経済産業省 HP）．

第 5 章

グローバル資本主義と地域経済

は じ め に

グローバル資本主義における資本の動きが地域経済にどのような影響を及ぼしているのか。この問題を解き明かすことが，本章の中心的な課題となっている。この課題が「中心的」である所以は，それがさまざまな課題の検討を含む，あるいはさまざまな課題の検討を踏まえて最終的な結論が導き出される課題であるからである。それゆえ，中心的な課題を構成するさまざまな課題についてまず述べておきたい。それらは，以下の諸項目によって示される。

(1) グローバリゼーションとグローバル資本主義

資本主義の現段階は，グローバル資本主義と捉えられるが，その根拠を明確にし，その定義を明らかにしなければならない。なぜならば，資本主義そのものが本来世界的な広がりを内包しており，グローバリゼーションは，いわば資本主義の一般的傾向とでも言えるからである[1]。それゆえ，現代資本主義をグ

---

1) マルクスの「経済学批判体系」では，「世界市場」で完結する理論体系が構想されており，マルクス・エンゲルス著『共産党宣言』(1848年) では，世界規模での市場の拡大があらゆる国々の生産と消費を世界主義的なものとし，資本が国民的な偏狭さを打破して国境を越えて展開することが示されている。

ローバル資本主義と捉えるからには，なぜあえて「グローバル」なのかを明確にしなければならない。

(2) グローバル資本主義における国家の役割

グローバル資本主義における資本の動きは，国家による政策と密接に関連しているので，グローバリゼーションと地域経済との関連を検討する場合には，グローバル資本主義における資本の動きとそれに関わる政策とが地域経済にどのような影響を及ぼすのかを検討しなければならない。その際に，グローバル資本主義における国家の役割が検討課題になるが，その考察は，グローバル資本主義と国家独占資本主義との関連を明らかにすることにも関わっている。

(3) グローバル化の地域経済への影響

なぜグローバル資本主義と地域経済なのか。それは，グローバル資本主義における資本の動きやそれに関わる政策の地域経済への影響を考えることによって，グローバル資本主義の特徴が再確認されるとともに，グローバル資本主義における地域づくりのあり方を検討する材料が提供されうるからである。それゆえ，問題の対象となる地域経済とは何かを明らかにしつつ，グローバル化がどのように地域経済に影響を及ぼしているのかを具体的な事例を挙げて検討することは，グローバル資本主義と地域経済の諸関連を明らかにすることにもつながる。

(4) グローバル資本主義における地域づくり

グローバリゼーションが地域経済に及ぼす影響を踏まえて，地域経済を活性化する上で，どのような取り組みが必要とされるのかを検討しなければならない。それは，グローバル資本主義段階における地域づくりがいかにあるべきかという検討課題でもある。

本章は，以上のような諸項目の考察によって構成されている。

1. グローバリゼーションとグローバル資本主義

グローバリゼーションは，国境を越えて人やモノ，サービスが自由に地球規模で移動することであり，それらの移動と密接に関連して資本の自由な移動が

展開されることに特徴づけられており，情報通信機器と通信システムの利用により，資本の自由な移動や資本の運動の世界的な展開が促進されている。また，グローバリゼーションは，世界的な自由放任が資本の運動を展開する際の最も効率のよい場を形成するとともに経済的厚生をもたらすという市場原理主義的な考えによって推進されている。

グローバリゼーションは，国境を越えての資本の自由な移動を特徴とするが，その移動を可能とさせるためには，自由な移動と自由な活動を保証するような場の形成，すなわち各国で設けられている規制を緩和するという政策的な取り組みが必要不可欠なものとなる。そのような政策の必要性，あるいは必然性も，資本の動きのなかで生じうるものと考えられる。

グローバリゼーションと言われる動きは，1970年代において生じたスタグフレーションを克服する対応策との関連で生じたものであり，ケインズ主義的な有効需要政策によって景気循環における不況を乗り越える景気浮揚策をとってきた先進資本主義国が政策的な手詰まりに陥った末の打開策として打ち出された政策と不可分な動きである。そのような動きは，資本主義の一般的傾向としての利潤率の傾向的低下の法則に照らして考えてみれば，資本主義の運動の必然的な傾向として捉えることができる。

資本主義における利潤率の傾向的低下の法則は，個々の資本がより多くの利潤を追求するために生産性を高めて個別的価値と市場価値との差額である超過利潤を得ようとする動きが社会的総資本の利潤率を低下させる傾向を持つというものであり，実体面での追加投資に制限性があることを示すものである。そして，それは，先進資本主義国における大規模資本の多国籍企業化を促す要因ともなっている。その意味では，その法則に示されている資本の動きが，グローバル化の動きの推進的要因となっているとも言える。利潤率の傾向的低下の法則がグローバル化の推進的要因であれば，スタグフレーションは，グローバル化への転換契機となる現象であり，ともに資本主義の基本矛盾に関わる法則あるいは現象として捉えられる。

資本主義の基本矛盾は，生産の社会的性格と取得の資本主義的形態との矛盾

であり，資本主義を規定する両者に生産の社会化が取得形態によって制限づけられるという矛盾関係が存在することを示すものである。資本は，剰余価値を生むことによって自己増殖する価値の運動体であって，運動の推進的動機は，より多くの剰余価値の追求である。それゆえ，より多くの剰余価値，すなわち利潤を求めて増殖運動を展開するための生産の拡大と増殖運動を展開するための賃金コストを含むコストの削減が，その本性に内包されているのであれば，供給拡大とコスト削減に伴う需要制限とによって必然化する商品の過剰生産は，不可避的なものとなる。国家による実体経済面での有効需要の創出が，需要と供給のギャップを調整するための一手段となり，高度経済成長が持続可能であれば，矛盾の発現の引き延ばしは可能であったが，そのような需要創出策に向けられる財政出動が，インフレーションを引き起こす要因ともなり，それが全体の需要の伸びを抑える作用をするものとなって矛盾が発現する。そして，そのことによって国家の役割の転換が希求されるようになったと言ってもよいであろう。それは，国家の財政出動を背景として進められてきた先進資本主義国の高度経済成長が財政出動による実体面での有効需要策では補えない段階に来たことを示すものにほかならない。スタグフレーションという現象は，まさに高度経済成長を支えた福祉国家型の国家による経済政策，高雇用促進政策の限界を示したものであり，国家の役割は，財政破綻によって転換を余儀なくされ，新自由主義的な政策に経済活動の活路を見出すという方向転換が図られざるをえなかったのである。グローバリゼーションの動きの一環でもある金融の自由化も，利潤率の傾向的低下の法則に当面は影響されない資本の運動の場の形成として捉えることができ，架空・信用経済面での商品生産の拡大による利潤拡大の道を形成する動きと考えることができるのであって，国家の役割は，金融の自由化のための基盤を形成するというものに変化している。このように，グローバル資本主義において国家の役割がどのように変化したのか，またそれを国家独占資本主義との関係でどのように捉えればよいのかという問題が生ずる。そこで，次にこの点を考察してみたい。

2. グローバル資本主義における国家の役割

　グローバリゼーションは，国境を越えての世界的な動きを示すものであるが，例えば，資本が自由に国境を越えて運動を展開する場合においても，資本とその本籍地である国家との関連は，資本の運動そのものを明らかにする上でも，またその資本の運動との関わりにおける国家の役割を明確にする上でも，重要な意味を持っており，その点を検討することが，グローバリゼーションと国家，地域との諸関連を解明するための検討課題となる。

　グローバル資本主義は，新自由主義的政策に端的に示されているように，資本の自由な活動を促進するための規制緩和に特徴づけられており，「小さな政府」が求められている。それゆえ，グローバル資本主義における国家の役割は，国家独占資本主義の特徴となる国家による経済過程への直接的介入による国家の役割とは対極をなしているように思われる。すなわち，市場原理主義に基づく経済活動の推進が求められ，そのための規制緩和が進められることから，グローバル資本主義を特徴づける内容と国家独占資本主義を特徴づける内容とは，相反するもののような様相を呈している。

　国家独占資本主義とは，国家が直接経済過程に介入することに特徴づけられているが，その本質的特徴について，鶴田満彦氏は「国家独占資本主義の本質的特徴は，体制対立の激化・冷戦を背景とし，国内的な管理通貨制を前提として，国家が経済過程に大規模（生産・分配・消費のすべてにわたって）かつ恒常的に介入し，高成長・雇用拡大を促進して資本主義体制を維持することにあった」[2]と述べておられる。そして，鶴田氏は，「国家が大規模かつ恒常的に経済過程に介入して，高成長・雇用拡大・社会福祉増大が推進されるような体制（レジーム）・段階（フェイズ）をわれわれは，《国家独占資本主義》と呼んだ」[3]とされ，「現代資本主義の基礎のうえで，国家独占資本主義がグローバル資本

---

[2]　鶴田満彦論文（2010）「グローバル資本主義の行方」一井昭編『グローバル資本主義の構造分析』中央大学出版部所収，268ページ。

[3]　同上。

主義への過渡期となったのが，70年代である」[4]とし，「グローバル資本主義は，国家独占資本主義に代わる一つの体制（レジーム）・段階（フェイズ）といっていいであろう」[5]と述べておられる[6]。

　鶴田氏の言われるように，グローバル資本主義を国家独占資本主義に代わる1つの段階と捉えることの根拠は，両者に見られる経済現象およびそれに関わる国家の政策を考えれば，明らかなように思われる。その違いは，「大きな政府」から「小さな政府」への転換に端的に示されている。さらに経済格差の問題を考えることによって，その違いはより明確に示される。すなわち，現代資本主義における経済格差の問題の特徴は，経済格差をもたらす構造的要因と政策的要因とが存在するという点にある[7]が，政策的要因に関して言えば，福祉国家型の国家独占資本主義における政策とグローバル資本主義における新自由主義的政策とは，全く逆の結果をもたらすものとして捉えられる。例えば，法人税の高さ，あるいは所得税課税の累進性を考えれば，所得の再分配効果をより発揮させ経済格差の是正に向けられる政策，すなわち資本蓄積に伴う分配の不平等化をケインズ主義的な需要管理政策や社会保障などによって是正する福祉国家型政策と，法人税の減税，所得税課税の累進性緩和などの経済格差を広げる方向に作用する新自由主義的政策とでは，全く逆の性格のものとして捉えられ，そこに国家の役割の違いが端的に示されることになる。それゆえ，経済

---

4) 鶴田満彦前掲論文，269ページ。
5) 鶴田満彦前掲論文，273ページ
6) 鶴田氏は，グローバル資本主義を国家独占資本主義に代わる1つの体制と捉えている一方で，国家の役割が後退したわけではない点について，次のように述べておられる。「もとより国家独占資本主義のグローバル資本主義への転換といっても，この転換によって国家の経済過程への介入がなくなったとか，福祉国家体制が崩壊したといっているのではない。グローバル資本主義のもとにおいても，国家は依然としてdeus ex machina（とりなしの神）の役割を果たしており，福祉国家体制もスリム化はしているが，現存している」（鶴田満彦編著（2005）『現代経済システム論』日本経済評論社，59ページ）
7) グローバル資本主義において経済格差をもたらす構造的な要因と政策的な要因については，鳥居伸好（2010）「現代資本主義における資本蓄積と経済格差」一井昭編『グローバル資本主義の構造分析』中央大学出版部所収，を参照していただきたい。

格差に関わる政策の内容を考えれば，グローバル資本主義は，国家独占資本主義に代わる1つの段階として捉えることが妥当であるように思われる。

しかし他方では，経済格差をもたらす政策面での転換をもって，あるいは「大きな政府」から「小さな政府」への形式的で表面的な転換をもって，国家独占資本主義段階からグローバル資本主義段階への移行を導き出してよいのであろうかという疑問も生ずる[8]。それは，国家の役割として推進する大規模資本の蓄積とその環境整備，形を変えた有効需要政策の継続性を考えるならば，両者の共通性も看過しえないからである。

国家独占資本主義の特徴は，国家による経済過程への直接的介入であるが，その介入の仕方の所以は，資本，とりわけ独占的な力を持つ大規模資本が，自らの力ではコントロールできない景気動向を伴う経済の動きを，資本の動きが立ち行くように国家が経済過程に介入するという点にある。その際の介入の目的は，資本蓄積の促進である。資本蓄積を促進するための国家の役割は，アダム・スミスも認めるところである[9]ので，国家独占資本主義に限らず，資本主義において一般的に見られる国家の役割として捉えることができる。ただし，国家独占資本主義の国家独占資本主義たる所以は，国家による経済過程への直接的介入であり，独占的な巨大資本の競争による経済の不安定化を防ぐための規制の制定である。その規制は，巨大な資本が競争を展開して共倒れすることを防ぐためのものでもあり，その意味では，規制は，資本の安定的な蓄積を促すためのものと言ってもよいであろう。資本蓄積を促進するという国家の役割は，どの資本主義段階にも妥当することであるが，資本蓄積の促進の仕方は，それぞれの段階で異なっている。すなわち，資本主義における国家の役割の共通性と異質性とによって，資本主義の諸段階における国家の役割の特徴を明ら

---

8) グローバル化が進むにつれて国家の役割がより重要になるという考えは，エレン・メイクシンズ・ウッドによって示されている。エレン・メイクシンズ・ウッド著（2004）（中山元訳）『資本の帝国』紀伊國屋書店．

9) アダム・スミスの捉える資本蓄積を促進するための国家の役割については，和田重司著（1978）『アダム・スミスの政治経済学』ミネルヴァ書房，において詳しく論じられている。

かにすることができる。ここで問題とするのは，国家独占資本主義段階における国家の役割とグローバル資本主義段階における国家の役割の共通性と異質性であるので，この点について，国家による有効需要政策を中心にさらに検討することにしよう。

資本の提供する商品に対する需要創出という点に着目すれば，国家独占資本主義における国家の役割とグローバル資本主義における国家の役割の共通性と差異とを検討する場合に問題となるのは，需要創出の対象となる資本の提供する商品ということになる。すなわち，国家によってどのような商品の有効需要がどのように創出されるかが問題となる。その際に，有効需要の対象となる商品を，その性質上2つに分けて考察することが肝要である。それは，(1) 労働に基づいて価値が付与される商品 (2) 労働に基づかないであたかも価値があるかのようにみなされる商品，との区別である。前者の商品生産は，労働の投入によって社会的な富を純粋に増大させるのに対して，後者の商品生産は，社会的な富を増大させるものではなく，金額面での増大はありうるものの，バブルの形成か社会的富の奪い合いによる富の移動に関わる商品生産となっている。もう少し具体的に言えば，前者が，情報技術およびサービスをも含む実体経済に関わる商品生産であるのに対して，後者は，架空・信用経済に関わる商品生産ということになる。その架空・信用経済に関わる商品生産とは，金融商品，あるいは金融派生商品に見られるような，労働投下による価値実体がないにもかかわらず，信用に基づいて価値があるかのように社会的な力を付与される商品の生産と言える。

国家によるケインズ主義的な有効需要政策は，公共事業への投資に示されるような，ゼネコン関連の企業が提供する商品を中心とする有効需要の創出であり，先の2種類の商品に関わって言えば，労働に基づいて価値が付与される実体面における商品に対する需要創出ということになる。公共投資に見られるような有効需要創出とは異なるが，国家の有効需要政策の一環として捉えられるのは，国家による減税である。それは，所得税減税であれば，その減税分の需要を見込めることから，有効需要の創出につながり，企業に対する法人税減税

であれば，実体経済面での商品生産であれ，架空・信用経済領域における商品生産であれ，商品生産の増大を促すとともに，その需要を喚起することにもなる。それゆえ，グローバル資本主義段階における法人税の引き下げは，間接的には有効需要創出につながるのであって，国家による有効需要政策が形を変えて引き続き実行されていることを示すことにもなる。また，労働に基づかないであたかも価値を持つかのように社会的な力が与えられる商品生産について言えば，金融の自由化に示される規制の緩和そのものが商品生産の増大と需要の創出を促すものと捉えられる。そのような商品生産に関して言えば，商品開発・商品生産に関わる規制緩和は，規制緩和それ自体が有効需要創出のための一手段となりうるのである。したがって，公共事業による有効需要の創出に見られるように，国家が経済過程に直接的に介入するという形を取らず，一見「小さな政府」として捉えられる規制緩和という政策にしても，規制緩和による有効需要創出は，本質的には「大きな政府」による有効需要創出のための政策と変わりないものとして捉えることができる。両者は，資本蓄積を，とりわけ巨大資本の高蓄積を促進するための有効需要創出策であることには変わりがない。それゆえ，国家独占資本主義における国家の役割とグローバル資本主義における国家の役割は，一見「大きな政府」と「小さな政府」，規制強化と規制緩和，需要管理と市場原理主義というように，相反する外形を取るとはいえ，両者は，形を変えた有効需要政策を推進し，それによってとりわけ巨大資本の蓄積を促進させるといった役割を担っているという共通点を有しているものと考えられる。

　国家の役割を中心にして国家独占資本主義とグローバル資本主義との関係を考えれば，そこに共通性が見出せることがわかった。その点を念頭に置いて，両者の関係を示すとすれば，グローバル資本主義を国家独占資本主義段階における資本主義の発展形態と捉えることが可能であろう。その関係を，簡単に図示したものが次の図5-1である[10]。

　グローバル資本主義を国家独占資本主義段階の発展形態として捉えることが，どのような意味を持つのか。この点を，地域経済との関係で検討して行く

図 5-1 資本主義の歴史的な発展段階

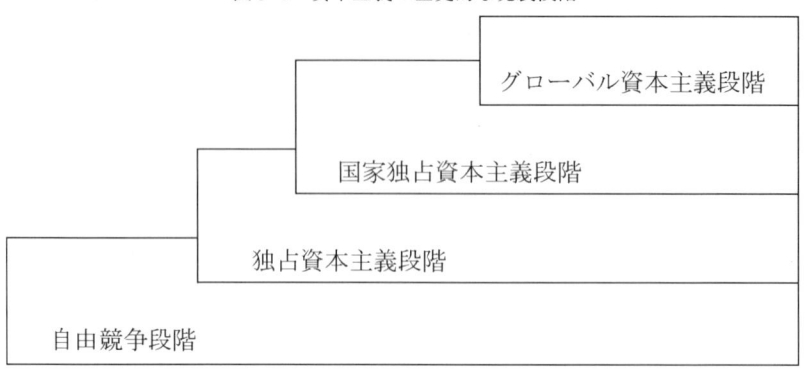

```
                                  ┌──────────────────┐
                                  │ グローバル資本主義段階 │
                          ┌───────┤                  │
                          │ 国家独占資本主義段階         │
                  ┌───────┤                          │
                  │ 独占資本主義段階                    │
      ┌───────────┤                                  │
      │ 自由競争段階                                   │
      │                                              │
```

ことが次の検討課題となる。

3. グローバル化の地域経済への影響

3-1 グローバリゼーションと地域経済

　グローバル化の地域経済への影響を検討するにあたって，まずここで考察の対象とする地域経済の地域について，簡単に定義しておきたい。地域は，住民自治の最も最小の単位として考えられる町内から，市町村単位，さらには都道府県レベル，あるいは国々が集まって他の区域との区別をする単位，例えば欧州 EU のような単位に至るまで，さまざまな区画による領域を想定することができる。グローバリゼーションと地域経済の関連を考察の対象とする場合には，政策という行政に関わる問題を検討することが不可欠であり，政策を打ち出す行政単位をくくりとするものでなければならない。しかも，グローバルとは対極のローカルを考えれば，政策に関わる最小行政単位である市町村レベルを取りあげることが妥当であろう。また，ここで問題とする地域の自立を念頭に置くならば，住民自治にも関わりを持つことから，政策に関わる行政単位

---

10)　図 5-1 は，山田鋭夫氏による現代資本主義論の方法比較に際して示された「国独資論」の歴史認識図を参考にして，グローバル資本主義部分を付け加えたものである。山田氏による図は，北原勇・伊藤誠・山田鋭夫著（1997）『現代資本主義をどう視るか』青木書店，99 ページ，所収。

で，なおかつ住民自治との関わりの深い行政単位として，市町村レベルでの地域を考察対象とし，グローバリゼーションと地域経済との関連を考えて行くこととなる。

　地域経済を考える上では，地域経済と国家との関連を明らかにしておくことが肝要であるが，すでにグローバル資本主義段階における国家の役割に示されているように，国家による規制緩和によって資本の高蓄積を促進する環境が整えられるということは，利益獲得のための効率性がそれによって高められることをも含意していた。効率を高めるための手段は，財界による新自由主義的政策の要求内容にも関わっており，そのような新自由主義的政策や国際競争は，地域経済にも影響を及ぼしている。例えば，グローバリゼーションと地域経済と国家の役割の関係は，簡単に次のような点に示される。

(1) 派遣労働者法の緩和に見られる非正規労働者の増大，外国人労働者の受け入れ緩和は，地方における非正規雇用者化，外国人労働者の増大に端的に示されている。外国人労働者の地域への展開は，グローバル企業のグローバル戦略によって規定され，グローバル企業の戦略に基づいて，地域住民でない非正規雇用者が地域間異動を強いられるケースも見られ，地域社会における変化を生じさせている。

(2) 大企業の地方への誘致は，国家および地方自治体の政策によって推進されており，そのためのインフラ整備は，国家の役割を端的に示すものと言ってよいであろう。地域における企業誘致は，グローバル企業に気に入られる地域づくりの一環として進められる傾向にある。それが，地域住民にとって暮らしやすい潤いのある地域づくりになりうるかどうかが問題となる。

　グローバル資本主義における国家の役割は，先に見たように，主にグローバル企業の高蓄積を優先的に促進する規制緩和の推進，大資本優位に展開する市場原理主義的競争の環境整備に，その本質を見ることができた。したがって，グローバリゼーションの地域経済への影響は，国家によって促進される資本展開の環境整備に基づいて効率性を追求する市場原理主義の動きと不可分であ

り，それは，当然のこととして，人，モノ，カネ，情報のグローバルな移動を伴いながら，それらが最も効率性を高めることのできる場所に集積・集中する傾向を持つ。また，グローバル資本主義の特徴の1つとして，高度情報化が挙げられ，情報技術の発展とともに，ヒト，モノ，情報が世界中を駆け巡る仕組みができあがり，地方に居ても情報の共有ができることから，高度情報化は，地域社会を潤す要素ともなりうるものと言える。しかし，実際には産業の集積，人口，所得の地域分布を見る限りにおいて，首都圏への集中傾向が見られ，地域間格差は，むしろ広がりを見せていると言ってよいであろう。地域は，高度情報化によってどこに居ても情報が共有できるようになったにもかかわらず，ヒト，モノ（商品・貨幣・資本）などの諸要素の移動，転出によって，空洞化するという事態を生じさせる可能性を有している。もちろんグローバリゼーションは，地域において効率性が追求でき，高利潤が期待できれば，資本の地方への展開という動きを伴うものであり，税金の優遇，補助金，立地，安い土地や労働力などの存在という条件がそろえば，グローバル企業の地域への進出も可能である。地域経済にとって，大規模資本の工場誘致は，将来の安定した法人税収入と雇用の創出，地域経済への需要創出という点で，地域自治体にとっては，目に見える地域経済活性化策として注目されるが，それが地域経済の活性化につながっているかどうかが問題となる。

3-2 グローバリゼーションと地域経済に関わる諸事例の検討

　グローバリゼーションが地域経済に及ぼす影響は，グローバル企業を中心とする諸資本の動きとそれに関わる国家および地方自治体の諸政策が地域経済にどのような影響を及ぼしているのかを検討することでもある。そしてまた，グローバリゼーションの発生源がアメリカ合衆国における諸資本の動きにあるとすれば，アメリカにおける諸資本の動きとその地域経済への影響を検討することが，最もその関係性および本質を明らかにする上では肝要であるのかもしれない。しかし，ここで地域経済への影響を問題とする場合に事例として取りあげるのは，日本における資本の動きと地域経済との関連であり，ドイツと韓国

でのそれぞれの諸関係であって，3カ国におけるグローバル資本主義を特徴づける資本の動きおよびそれに関連する経済政策とそれらが地域経済に及ぼす影響を考察対象としている。その3カ国を考察の対象としたのは，グローバリゼーションの根源がアメリカにおける諸資本の動きとそれを支援する国家の政策にあるにしても，その傾向がグローバルであることを示すには，アメリカ以外の国におけるその傾向を検討することが肝要であると考えたからである。

3-2-1　グローバリゼーションと地域経済（日本の場合）

日本におけるグローバリゼーションの動きに伴う新自由主義的政策は，財界の求めに応じて実施されてきたと言っても過言ではなく，グローバル企業を中心にして形成されている日本経団連による提言・提案が政府の政策に色濃く反映されている。労働者派遣法の改革，外国人労働者導入のための法制改革，資本の動きを自由化する持株会社制の解禁，法人税引き下げなど，グローバル企業が国際競争力を増すための環境整備の要求が，新自由主義的政策として打ち出されてきたのである。

1996年に出された「経団連ビジョン2020」では，「活力あるグローバル国家」が求められており，日本が世界経済のセンターの1つとして生き延びようとするならば，「多国籍企業に選んでもらえる国づくり，地域づくりをしなければならない」[11]として，地域がそれぞれの特徴，個性を踏まえて独自性を発揮し，競争を通じて活力を高め，真に自立した地域となる努力を行うべきであることが示されている。日本経団連が，地域政策として打ち出している最も重要な課題としているのは，道州制導入の実現であり，グローバル企業の活動に適した環境づくりのための効率のよい広域行政組織への地方行政の再編である。道州制の導入は，まさに「多国籍企業に選んでもらえる国づくり，地域づくり」の一環であり，「国際競争力向上のためには，このような各地域経済の活性化と競争力強化が不可欠」[12]であるとして，その実現が強く望まれている。

---

11)　「魅力ある日本—創造への責任—」経団連ビジョン2020（1996年1月16日）。
12)　日本経団連「道州制の導入に向けた第1次提言—究極の構造改革を目指して—」（2007年3月28日）。

ここで示されている地域経済の活性化が,「国際競争力向上のため」のものであること,そしてそれが地域経済の競争力強化と同列に述べられている点に,日本経団連の求める地域経済の活性化の中身を窺い知ることができる。それは,効率性を最優先するグローバル化の動きに合わせた地域づくりをめざしたものであり,地域間格差を,あるいは道州制の下では地域内格差を醸成する動きにつながるものであって,日本経団連がめざす「地域経済の自立と活性化」につながる地域は,極めて限られたものとならざるをえない。

財界の求める「多国籍企業に選んでもらえる国づくり,地域づくり」は,すでに労働市場の面で進められており,労働者派遣法や外国人労働者の導入などによる労働力商品の価格破壊は,全国的に展開され,資本の運動にとっての最適な労働市場環境づくりに寄与している。

職業安定法によって禁止されていた労働者派遣事業に関しては,1985年6月に,派遣労働者の保護を目的とした労働者派遣法が成立し,2004年には派遣事業の全面的な解禁が行われた。2010年現在[13]で,派遣労働者数は,96万人,全労働者の1.9％,非正規労働者のうちの5.5％の割合しか占めていないにもかかわらず,労働市場における派遣労働者は,非正規労働者のみならず,正規労働者の代替的役割を担うとともに,労働環境改善の重石としての役割も担っている[14]。

派遣労働者と同様に,不安定な状況の下で労働を強いられているのは,外国人労働者であり,グローバリゼーションの流れのなかで,財界から望まれて創出されたという点でも,派遣労働者と外国人労働者の共通性が窺われる。外国人労働者も,グローバル化に伴う規制緩和の所産であり,1981年に創設された外国人研修制度が1990年に規制緩和され,1990年の入管法の改正,1993年の技能実習制度の開始とともに,外国人労働者の導入が急速に進展した。

---

13) 総務省平成23年『労働力調査』を参照。
14) 派遣労働者は,資本蓄積に伴う相対的過剰人口の停滞的形態として,資本の中位の増殖欲求に照らして,正規では雇用されない産業予備軍の役割を担うのであって,景気変動に際しての調整弁の役割を演ずるとともに,正規労働者の労働環境改善の重石となる。

外国人労働者は，主に地方のグローバル企業の関連会社への非熟練労働者としての供給源となっており，その意味では，地方に展開するグローバル企業の担い手となっている。地方での外国人労働者の状況の一端を示す出来事として，2010年11月に三重県亀山市の県道で発生した交通事故を挙げることができる。マイクロバスと大型トレーラーの衝突事故であるが，その事故で亡くなったフィリピン人6人は，人材派遣会社から派遣されて，亀山市にあるシャープの下請け液晶パネル製造会社の本社工場への出勤をする外国人労働者であった[15]。この事故で浮き彫りになったのは，地方における外国人労働者の派遣労働者としての実態と地方自治体による企業誘致の実態であった。

　三重県は，亀山市とともに，2002年にシャープ亀山工場を誘致したが，グローバル企業の誘致にかけられた補助金は，三重県から90億円，亀山市から45億円の，計135億円であった。この企業誘致は，地域の活性化をねらいとして，総合的・包括的な視野に立って住民の生活環境を改善することをめざした取り組みとして推進された[16]。その総合的な視野のなかには，住民の雇用創出も入っており，シャープの工場への地元従業員の採用が期待されていたが，実際には，派遣会社からの派遣社員の大量採用に基づく操業であり，景気の変動の調整弁となる労働者の採用であった。しかも，シャープは，国際競争の影響によって液晶パネルの生産設備を台湾企業に売却し，スマートフォンなどへの中小型パネル生産への転換方針を出しており，グローバル競争の影響を受けて，亀山からの撤退をも含めた不安定な状況に陥っている[17]。この点に

---

[15]　2010年11月の事故当時，三重県内には約5,000人のフィリピン人が，主に派遣社員として在住しており，亀山市には，約400人のフィリピン人が住んでいた。

[16]　児玉克哉「シャープ亀山工場の誘致とまちづくり―地域活性化への起爆剤となるか―」（NIRA Case Study Series No.2007-06-AA-4　2007年6月）では，シャープの工場誘致を街づくりに活かすことを亀山市総合計画に盛り込み，地域活力創生委員会を立ち上げ，住民がシャープの工場誘致を活かした街づくり案の作成に関わる仕組みを作ったとして，経済的には，シャープの亀山工場の誘致は大きな成功と言えると述べられている。

[17]　2012年3月に，電子機器受託生産世界最大手の台湾メーカー鴻海（ホンハイ）精密工業グループがシャープの筆頭株主となり，鴻海は，シャープ本体の第三者割当

鑑みれば，企業誘致がかならずしも地域経済の活性化につながらず，むしろ地域経済における不安定要素となりうるということがわかるであろう。

3-2-2 グローバリゼーションと地域経済（ドイツの場合）

ドイツにおけるグローバリゼーションと地域経済を検討する場合に問題となるのは，旧西ドイツ圏と旧東ドイツ圏との地域間格差である。1990年のドイツ統一時に，旧東ドイツの人口1人当たりのGDPが旧西ドイツの約43％であった東西格差が，統一後20年を経て，2010年には，72.5％にまで縮小している[18]。しかし，その20年間における人口の変動が，旧西ドイツ圏の350万人増に比して，旧東ドイツ圏の約170万人の減少を考えれば，人口1人当たりのGDP格差の縮小に人口移動が関与していることは疑う余地もない。このような格差は，旧西と旧東における産業構造の違いからも生じており，2007年時点での製造業事業所の就業者規模別構成を見れば，旧西ドイツでの就業者の3分の1が雇用者250人未満規模の事業所で就業しているのに比べ，旧東ドイツでは，雇用者250人未満規模の事業所で就業者の3分の2が働いており，旧東ドイツにおける事業所の多くが経営規模の小さい企業によって構成されていることが示されている。また，就業者数も，1995年から2010年の間に，旧西ドイツ圏では，300万人の就業者増大が見られるのに比べ，旧東ドイツ圏では，その間に20万人の就業者減少が生じている。就業者数だけではなく，失業率についても，東西格差が顕著であり，1995年から2010年にかけて，旧西ドイツでは，6％から10％の間で推移しているのに比べ，旧東ドイツでは，12％から19％の間で推移しており，常に約2倍ほどの失業率の高さを示している[19]。1人当たりのGDPが低く，失業率が高い状況において，域内供給と域

増資を引き受けるほか，堺市の液晶パネル工場の運営子会社の株式約46％を取得し，液晶パネル半数を引き取ることで合意した。それによって，シャープは，約1,300億円を調達することができたが，議決権ベースで株式の約10％を握られることになった。

18) ドイツ統一後20年の旧東ドイツの状況については，佐々木昇（2011）「ドイツ統一20年後の旧東ドイツ経済」（『福岡大学商学論叢』第56巻第2号，平成23年9月）を参照。
19) 失業率については，ドイツ連邦労働局の雇用統計を参照。

内需要との関係で言えば，旧東ドイツは，1990年の統一以降継続して域内需要の超過が見られるのであって，その超過分は，旧西ドイツからの財政支援によって相殺されることとなっている。2010年までの20年間に，旧西ドイツから旧東ドイツへの財政支援総額は，約1.6兆ユーロに達しており[20]，それが，失業保険や年金などへの社会的給付，旧東ドイツ諸州への財政支援，インフラ整備に当てられている。

このような状況の下で，ドイツにおいても新自由主義的政策が取られており，とりわけ労働者派遣法は，労働の流動化を促すとともに，非正規労働者の増大と賃金の低廉化をもたらしている。

ドイツにおける「労働者派遣法」は，1972年に施行され，規制緩和の流れの中で改正が加えられ，2002年のハルツ改革[21]によって抜本的に改正されて規制緩和が進み，派遣期間の上限が撤廃された。派遣労働者は，2009年現在で約61万人であるが，派遣労働者による労働力の低廉化は，外国人労働者問題とともに，深刻な労働問題となっている。そして，それは，地域経済にも影響を及ぼすものとなっている。例えば，2012年1月に倒産したドイツ国内最大手のドラッグストア・チェーンのシュレッカー社は，ドイツ各地に事業所を展開しており，オーストリア，イタリア，フランス，スペイン，チェコなどにも事業展開しているグローバル企業であったが，倒産する以前に，経営上の理由に基づいて複数の支店を閉鎖して従業員を解雇し，同社の元幹部が所有する人材派遣会社を通じて解雇した従業員を派遣労働者として安価な賃金で雇用し，新規店舗を開設するという，労働者派遣を利用した生き残り策を取った[22]。このような動きは，グローバル企業が地域経済の不安定要素となっている1つの事例として捉えられる。

---

20) 旧東ドイツ諸州への財政支援については，佐々木昇前掲論文を参照。
21) ハルツ改革の目的と内容については，保住敏彦（2011）「ハルツ改革の背景，その影響および改革の評価」『愛知大学経済論集』第185号，において詳しく論じられている。
22) ドイツにおける派遣労働者の状況およびシュレッカー社の問題については，独立行政法人 労働政策研究・研修機構（2011）『諸外国の労働者派遣制度』を参照。

ドイツは、外国人労働者の受け入れにも寛容な政策を取ってきたが、2011年5月に、それまで規制していた中東欧8カ国の労働者に対する規制を撤廃して労働市場を開放した。それによって、2020年までに最大で約120万人の中東欧諸国からの労働力流入が見込まれている[23]が、この影響を強く受けているのは、ポーランドとの国境の街、旧東ドイツ圏ザクセン州のゲルリッツである。

ゲルリッツの優位性[24]は、ドイツで最も安い労働力と高い生産性であるが、それは、安い労働力供給地である旧東ドイツ圏のなかでも、さらにポーランドに接しているという地理的環境と150年以上の歴史を有する鉄道車両の工場の存在によるものである。この中心的な産業を構成する鉄道車両工場は、グローバル企業であるカナダのボンバルディアグループの鉄道部門であるボンバルディア・トランスポーテンション社によって買収され、グローバル企業の傘下に入って操業を続けている。グローバル企業が、買収するにあたって目を付けたのは、高い技術と派遣労働者および外国人労働者を含む安い労働力である。ゲルリッツの駅前大通りが寂れてしまっている反面、グローバル企業の周辺地域が移住してきた労働者と大型商業店舗でにぎわいを見せている光景は、日本の三重県亀山地域にも共通するものと言える。また、グローバル企業が、グローバルな環境からの影響を受けて、事業を収縮させる影響が地域経済を翻弄させる構造も共通している。

3-2-3 グローバリゼーションと地域経済（韓国の場合）

韓国では、輸出比率および対外直接投資比率が2000年代に入って急速に増大し、グローバル化が進んでいることを示しているが、グローバル化の進展に伴う雇用創出力の低下や所得格差の広がりなどとともに、地域間格差の広がりが進んでいる点も見逃せない。地域間格差[25]を地域内総生産で示すとすれば、

---

23) 中東欧諸国からの移住予測は、ドイツ経済研究所（IWケルン）による2011年4月26日の発表による。
24) ゲルリッツの優位性については、ゲルリッツ市の公式ホームページ（http://www.goerlitz.de/）参照。
25) 2002年と2008年における韓国の行政区域における経済格差については、向山英彦

各行政区域の地域内総生産の全体に占める割合が，2002年から2008年にかけて上昇しているのが，京畿道，忠清南道であり，逆に減少しているのが，ソウル特別市や全羅南道，蔚山広域市，釜山広域市である。ソウル特別市の減少が，京畿道への工場移転によるものとして，京畿道―ソウル特別市を一体のものと捉えれば，地域間格差として問題となるのは，ソウル周辺の経済力の相対的な上昇と，全羅南道，蔚山広域市，釜山広域市などの経済力の相対的低下である。この格差是正のための取り組みとして，例えば2012年の麗水国際博覧会開催や釜山広域市の「国際交流拠点海洋都市」に向けた取り組み，10大戦略産業への投資拡大推進策などが挙げられるが，グローバリゼーションの流れにそう形での地域経済活性化は，グローバリゼーションの負の成果をも享受する可能性を有している。

　韓国では，ソウルオリンピックに伴う経済成長による労働力不足を補うために，開発途上国の技術向上を名目として1991年に産業研修制度が導入され，実質的に非熟練外国人労働者を受け入れた。また，2004年の外国人雇用許可制により，非熟練外国人労働者の本格的な受け入れが始まり，外国人労働者政策委員会は，2012年1月から12月までに受入れる外国人労働者の数を5万7,000人とする2012年の外国人労働力導入計画を確定した。2010年10月末現在で，28万1,000人の韓国系外国人が就業活動に従事しているので，韓国においても，ドイツほどではないにしても，外国人労働者問題が，とりわけ地方都市で生ずる可能性は否定できないであろう。

　外国人労働者は，日本やドイツと同様に，多くが非正規労働者に含まれるので，非正規労働者の問題を共有することになる。2010年3月現在で，韓国における非正規労働者数は，549万8,000人で，前年同月比で12万4,000人の増加となっており，増加傾向を示しているが，正規労働者と非正規労働者との賃金格差も，2010年1月から3月の正規労働者の平均賃金228万9,000ウォン（前年同期比5.6％増）に対して，非正規労働者の平均賃金が125万3,000ウォ

「グローバル化に伴い変わる韓国の地域経済」（『アジア・マンスリー』2010年9月号）を参照。

ン（同 1.7% 増）と，拡大している[26]。この労働市場の二極化傾向は，グローバル企業が地方に展開することによって，地方にも波及することとなる。

グローバル企業の地域展開は，国および地方自治体による企業誘致によって進められるが，格安の用地，税制減免措置（法人税，所得税，財産税などの減免），投資補助金や雇用補助金などの現金支援などの投資インセンティブを高めて企業を誘致しても，グローバル企業による効率性の追求に地域が翻弄されるという，日本の亀山における企業誘致と同様の問題点を有している。

4. グローバル資本主義における地域づくり

グローバリゼーションの動きによって資本の運動に関わる諸関係がますます複雑化し，資本の運動も，まさにグローバルに，しかも多様に展開されることとなった。経済の動きを構成する諸関係が複雑化し，諸資本の運動が多様化している状況の下で，むしろ基本的な関係が見えなくなり，その動きの方向性が見えなくなるということもありうるであろう。それゆえ，諸関係が複雑化すればするほど，基本的な関係の確認は重要性を増すものと思われる。とりわけ地域の問題を考えた場合には，基本的な関係を確認した上で，それぞれの地域の特性に合わせて地域経済の自立化と安定化を図ることが求められていると言えよう。

これまで，グローバル企業による効率性を追求する動きに注目して，地域経済との関連を見てきた。グローバル企業に気に入られる地域づくりが，地域経済を活性化させ自立させるというよりも，むしろそれが地域経済の不安定要素となりうることを示した。グローバル企業との共存を考える必要があるかもしれないが，それが実行可能な地域は，かなり限られているように思われる。それゆえ，グローバル企業に気に入られる地域づくりではなく，グローバル企業からも自立して，地域経済の活性化の道を探る必要があるものと言える。その場合に問題となるのは，経済の基本的な関係の確認である。

---

[26] 非正規労働者の状況については，韓国統計庁 2010 年 6 月 4 日発表「雇用形態別経済活動人口追加調査」による。

経済とは，生産・分配・消費の動きであるから，どのようなものをどのように生産をし，生産されたものがどのように分配され，消費されるのかが問題となる。もちろん資本主義においては，社会的富の多くの部分が商品という形態を取り，商品を生産し，分配し，消費するということになる。その生産・分配・消費の動きを，地域の人材・素材・サービス・情報・資源を有効に活かすことによって自己完結させることができれば，地域経済の自立化と活性化の実現が可能である。地域経済の場合には，商品の生産・分配・消費のほかに，商品形態を取らない生産・分配・消費のあり方も重要な意味を持っている。例えば，労働力商品という形態を取らないで，地域社会への労働力提供が行われる場合に，その労働力の活用による生産物の生産は，商品形態を取らないことが多いものと考えられる。ボランティア，あるいはシルバー人材は，地域においては貴重な労働力となりうるが，労働力商品として売買の対象となっているわけではなく，賃金としての労働力提供の見返りを受け取ることもない。しかし，ボランティアにしても，シルバー人材にしても，無償の労働力を提供しているわけではない。ボランティアの労働力提供は無償であるが，自覚して自己を成長させるために労働力を提供していることから，労働力提供に対しては，自己の成長という対価を受け取ることが期待される。当面の生活に必要なだけの収入を得た上での地域社会への労働力提供は，地域社会の環境整備のための清掃活動や子供たちの課外活動，例えば地域の子供野球チームの指導や応援などに向けられる場合も考えられる。このような労働力商品としてではない労働力の提供は，地域の活性化を考えて行く上では，重要な意味を持ちうる。しかも，それらの労働力提供が無理なく行われることが，健全な地域づくりのための指針とならねばならず，そのための仕組みを考えることも，地域の自立化と活性化にとって重要な課題となる。

地域における生産・分配・消費の動きは，地域内と地域外との人的・物的な行き来によっても成り立っているが，グローバル企業をも含めた地域外経済主体との取引関係を当面念頭に置かないで，地域における人・モノ・サービス・情報の効率のよい活用をめざす地域経済の構造設計を考えるならば，地域内循

環型経済システムが地域経済の自立化と活性化とを実現させるための最適な仕組みづくりとして考えられる。

地域内循環型経済システムは，まさに地域における人・モノ・サービス・情報・資金の効率のよい活用をめざす経済システムであって，そのシステムの骨格は，総合資金管理センター，人材活用センター，労働手段活用センター，労働対象活用センター，物流管理センターによって形成され，それらの部署の相互の連携によって，人・モノ・サービス・情報・資金の効率のよい活用が図られることとなる。その連携を示した関連図が，図5-2である。

それぞれのセンターの担い手は，自治体の関連部署でも，NPOによるものでもよいであろうし，総合資金管理センターは，地元金融機関の共同事業として担われてもよいであろう。それぞれのセンターの連携によって，資金・人材・労働手段・労働対象などが，地域における最適な生活環境を形成するために，効率よく配置され，活かされることになる。この点をさらに詳しく，人材活用センターを例に示すならば，次のようになる。その関連図は，図5-3で示される。

人材活用センターは，労働力養成，シルバー人材活用，ボランティア活動の

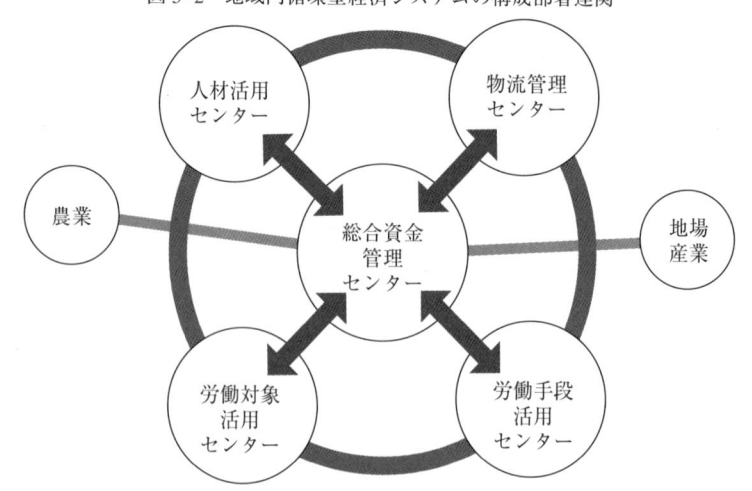

図5-2　地域内循環型経済システムの構成部署連関

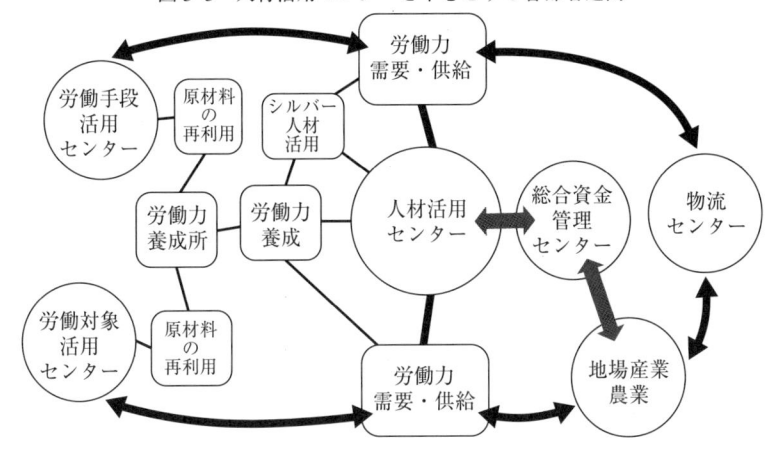

図 5-3　人材活用センターを中心とする各部署連関

推進を含む地域における労働力の需要と供給のつなぎ役を担うものであり，地域密着型ハローワークと言ってもよいであろう。

このように，商品の生産・分配・消費と商品形態を取らない生産・分配・消費との結びつきが，それぞれのセンターを通して可能になるだけではなく，地域における商品生産に関わる資金循環と非商品生産に関わる資金循環との接合も可能である。地域における資金循環については，商品生産の場合には，当然のことながら，資本の運動と貨幣の運動との関わりのなかでの効率のよい資金循環が求められるが，資金循環がうまくかみ合っていれば，地域内における最小必要貨幣量で，効率よく生産・分配・消費の諸関連をつなぐことができる。また，商品形態を取らない生産・分配・消費の場合には，正確には資金循環というよりも，むしろ労働券あるいは地域通貨による生産・分配・消費の連結が考えられるが，そのような商品生産と非商品生産との連携に基づいて，地域の人材，素材，情報，サービス，資源を有効に活用する地域内循環型経済システム[27]が形成され，地域経済の持続的発展をめざす地域づくりが可能になるも

---

27) 地域内循環型経済システムについては，ネーミングが多少異なるが，伊東維年氏の「地域経済循環」，岡田知弘氏の「地域内経済循環」を参照した。伊東維年（2009）「地産地消と地域経済循環・推進方策・ネットワーク」下平尾勲・伊東維年・柳井雅

のと言える。

おわりに

　フランソワ・ケネーは，フランスの宮廷医師を務めたこともある 18 世紀の経済学者であるが，商品の経済循環を血液循環になぞらえ，農業が心臓と同様に重要な役割を持つものとして「経済表」を考案した。地域経済を考える上で，ケネーから学ぶべき点があるとすれば，それは第 1 に，経済の動きを人体になぞられて捉えるという点が挙げられる。一国全体，あるいは地球全体の経済の動きを人体に置き換えるならば，地域経済そのものは，人体の細胞組織として捉えることができる。1 つ 1 つの細胞組織が健全であれば，人体そのものも健全な成長が期待されうるであろう。ケネーから学ぶべき点としてもう 1 つ挙げるとすれば，それは，「経済表」の発想である。それは，地域経済，とりわけ地域内循環型経済システムを考える上で，重要な示唆を与えるものとなっている。ケネーの「経済表」の発想は，マルクスの「再生産表式」やレオンチェフの「産業連関表」に受け継がれて行くのであって，地域経済という限られた範囲での循環型システムを考える場合には，「再生産表式」による地域での資金循環，素材補填と価値補填との関係を検討することが可能となり，「産業連関表」に基づく労働・原料・資金の投入構造と算出構造との関連把握による効率のよい人材・素材・資金配置を導き出すことが可能となる。

　グローバル資本主義の下における地域経済の自立化と活性化のために，グローバル化の影響を受けないような循環型経済システムを構築するという課題が示されたが，グローバル化の動きそのものについても，国際協調に基づく国際的な資本活動，とりわけ金融の自由化の規制を前提とする新たな福祉国家型の政策[28]が求められており，地域経済に関しては，内と外からその安定化を

　　也著『地産地消』日本評論社，所収。岡田知弘著（2010）『地域づくりの経済学入門』自治体研究社（第 4 刷）。

28）　1 国における福祉国家型政策の限界と国際協調に基づく資本の諸規制を踏まえた福祉国家型政策の必要性については，鳥居伸好（2010）「現代資本主義における資本蓄

図る動きが示されうると言ってよいであろう。

　付記　本研究は，2009年度中央大学特定課題研究「資本蓄積と経済格差」（研究助成交付年度 2009年〜2010年）の研究成果の一部である。

積と経済格差」一井昭編『グローバル資本主義の構造分析』所収，を参照していただきたい。

第 6 章

日本資本主義の長期停滞と蓄積構造

はじめに

　日本経済におけるバブル以降の長期停滞についての歴史的検証が，以前にも増して重要になっている。というのも，2008年9月のリーマンショックに端を発する世界的な金融危機が欧州の財政金融危機へと展開し，先進諸国を中心に階級間の緊張と対立を深める事態が生じていること，そして先進諸国の経済がいわゆる「ジャパナイゼーション」(バブル崩壊後の日本が経験したデフレ経済化および経済的低迷の慢性化と同様の状況に各国が陥ること)へと進展する様相を呈していることから，さらなる事態の悪化を回避することが喫緊の課題となっているためである[1]。

　ところで，こうした長期不況やその要因であるバブルの発生と崩壊についてはすでに数多くの議論がなされているが，これらの事象がそれ自体として極めて多面的な性格を持った複雑なものであるため，分析視角や立場，そしてそれらによって導き出される政策的対応についての議論もまた極めて多様である。だがこの現象の根底には，成長率の低迷あるいは利潤率の低落と，それに伴う

---

1) 例えば昨年(2011年)に起きたギリシャにおける公務員労働者を中心とした大規模なストライキやアメリカにおける労働者市民によるウォール街包囲行動は，現下の階級情勢を端的に示す事例であると言えよう。

資本蓄積の停滞・変容がある。多様な要素を持つ長期停滞に関しても，この資本主義的経済発展の基礎構造を捉える分析をもとに検証を進めることによってこそ，事態の全体的な構図を捉え，かつ事象の本質を着実につかむことが可能になるものと思われる。このような観点から，日本のバブル以降の長期停滞の経済的特質について，蓄積構造の分析を基に検討していくのが本稿の課題である[2]。

本章の概要は次のようになる。まず第1節では主に1990年代以降における日本経済のマクロ的な経緯を概観し，バブル崩壊後の長期不況の特徴を確認する。第2節と第3節では，利潤率の低下に伴い進行する資本節減（または資本の合理化）の展開に焦点を当て，この間における蓄積構造と雇用構造の変化について検証する。第4節ではこれらの資本節減を推し進めたマクロ的およびミクロ的な要因についてそれぞれ検討し，日本の長期停滞の基本構図を捉えていく。最後に，全体のまとめと今後の展望を示す。

結論を先取りすると，日本資本主義における近年の資本蓄積の停滞は，端的にはバブル崩壊後のグローバル競争の激化と資本家による経営行動の変化を基本要因として進んできた過度の資本節減を基礎として生じたものであるが，これら一連の事象は，従来の日本における経済成長の基本的なメカニズムを崩壊させ，経済社会全体の衰退をもたらした。こうした経済社会の構造的変化は，生産力・技術力および競争力の減退をもたらし，それによって資本主義経済と

---

[2] なお「長期停滞」という用語には，単に「長期不況」とする場合とは若干異なる意味が含まれる。すなわち，「不況」が意味するところは設備投資や消費の減少，または成長率や利益率の低下となるが，この場合，これらの事象はその対となる現象，つまり設備投資や消費の増加，または成長率や利益率の上昇が生じることによって解消されたものとみなされることになる。翻ってこの間の日本経済は，2000年代半ば頃から成長率や利益率が上昇しており，これらの事実からこの時期から日本経済は「好況」局面に入ったものと通常捉えられている。だが，この期間においては国内投資や雇用は伸びず，賃金はむしろ減少すらしているなど多くの点で，従来のような景気回復期とは大きく異なる。つまり「好況」と捉えられる時期においてすら「不況」時の現象が同居する事態が生じている。これらのことを重視する観点から，本稿ではバブル崩壊後から好況期を含めた今日までの状況を「長期停滞」と捉え，検討を進めていく。

しての再生産能力がさらに減退する，という負の連鎖に陥る可能性を内包している。そして今後も経済社会の発展が資本の論理を極度に追求する形で進められていくとすると，これらの矛盾がより深刻化することも，そして先のような階級対立が激化する可能性を高めることも，ともにますます不可避なものとなる可能性が高い，ということである。

1. 長期停滞のマクロ的構造

本節ではGDP成長率の推移をもとに，この間の日本経済における長期停滞のマクロ的構造について概観する。端的に言えば，この間の成長率の推移に見られる日本経済のマクロ的な特徴としては，①成長力の低下，②内需の低迷，そして③デフレの進行を挙げることができる。以下，資料をもとにそれぞれ検討していこう。

1-1 成長力の低下

まず，この間の日本における経済成長の推移について簡単に確認する。内閣府「国民経済計算」によると，1980年代においてGDP成長率は好況期に名目でおおむね5％以上，実質でもそれに近い水準で推移している。またピーク時には10％前後に達している点も際立った特徴である。例えば，88年の第1四半期では名目で10.0％，実質で9.8％，また90年第2四半期では同じく9.9％，7.5％に達している。これに対してバブル崩壊後の92年以降はこれまで最高でも5％を超えた期間はなく，マイナス成長も持続的に発生している。

また成長力の低下は，回復力の弱さにも表れている。バブル崩壊後の景気循環はこれまで3つの波が観測されているが，最初の2回の好況期は従来と比較していずれも短期的なものに留まっている。3回目にあたる第14循環は戦後最長の好況として注目されたものの，ピーク時でも3％を超えた期間がほとんどないなど，それまでの好況期と比較して，明らかに低水準で推移している。

これらの点について，表6-1をもとに詳しく見ていこう。政府の景気循環日付によると，長期停滞直前のバブル景気は第11循環にあたる。この好景気

表 6-1 GDP 成長率の推移　GDP 成長率と景気循環

(単位：%)

		第 11 循環 (バブル景気)		第 12 循環 (カンフル景気)		第 13 循環 (IT バブル景気)		第 14 循環 (いざなみ景気)	
期間	好況	86年12月~91年2月 (51 カ月)		93年11月~97年5月 (43 カ月)		99年2月~00年11月 (22 カ月)		02年2月~08年2月 (73 カ月)	
	不況	91年3月~93年10月 (32 カ月)		97年6月~99年1月 (20 カ月)		00年12月~02年1月 (14 カ月)		08年3月~09年3月 (13 カ月)	
成長率の ピーク(対 前期比)		名目	実質	名目	実質	名目	実質	名目	実質
	山	88年I 10.0	9.8	97年I 3.4	3.9	00年I 1.6	3.3	07年I 2.9	3.5
	谷	93年III -0.6	-1.0	98年I -1.6	-2.6	01年IV -3.0	-1.8	09年I -9.7	-10.4

(好況)	1986年IV	1987年I	1987年II	1987年III	1987年IV	1988年I	1988年II	1988年III	1988年IV	1989年I	1989年II	1989年III	1989年IV
名目	3.3	2.2	2.9	4.4	6.2	10.0	6.8	7.6	6.0	7.8	7.1	6.9	8.9
実質	1.6	1.5	3.3	4.9	6.4	9.8	6.6	7.3	5.3	6.6	4.7	4.2	6.0

	1990年I	1990年II	1990年III	1990年IV	1991年I
	6.0	9.9	9.6	6.5	8.7
	3.3	7.5	7.7	4.0	5.9

(不況)	1991年II	1991年III	1991年IV	1992年I	1992年II	1992年III	1992年IV	1993年I	1993年II	1993年III
名目	6.6	4.3	4.8	3.8	2.9	2.6	0.7	2.2	0.1	-0.6
実質	3.7	1.6	2.3	1.8	0.8	1.1	-0.2	1.3	0.1	-1.0

(好況)	1993年IV	1994年I	1994年II	1994年III	1994年IV	1995年I	1995年II	1995年III	1995年IV	1996年I	1996年II	1996年III	1996年IV
名目	0.8	-0.9	2.9	2.4	-0.2	0.8	1.4	1.1	2.0	2.2	2.2	1.3	2.3
実質	0.3	-1.3	2.4	2.4	0.1	1.2	2.2	1.7	2.4	2.9	2.5	1.9	3.2

	1997年I	1997年II
	3.4	2.8
	3.9	2.0

(不況)	1997年III	1997年IV	1998年I	1998年II	1998年III	1998年IV
名目	1.7	0.7	-1.6	-2.5	-2.2	-2.0
実質	0.9	-0.3	-2.6	-2.3	-1.7	-1.6

(好況)	1999年I	1999年II	1999年III	1999年IV	2000年I	2000年II	2000年III	2000年IV
名目	-1.3	-0.8	-1.6	-2.0	1.6	0.6	1.4	0.8
実質	-0.3	0.2	-0.2	-0.2	3.3	2.5	3.0	2.6

(不況)	2001年I	2001年II	2001年III	2001年IV
名目	0.9	-0.3	-1.6	-3.0
実質	2.0	1.0	-0.3	-1.8

(好況)	2002年I	2002年II	2002年III	2002年IV	2003年I	2003年II	2003年III	2003年IV	2004年I	2004年II	2004年III	2004年IV	2005年I
名目	-3.3	-1.8	-0.2	0.1	-1.2	0.1	-0.1	0.3	2.9	1.6	1.6	0.5	0.1
実質	-1.9	-0.2	1.5	1.7	1.3	1.3	1.1	1.9	4.2	3.2	2.9	0.8	1.1

	2005年II	2005年III	2005年IV	2006年I	2006年II	2006年III	2006年IV	2007年I	2007年II	2007年III	2007年IV	2008年I
	1.0	0.6	1.0	1.2	0.9	0.9	1.5	2.9	1.7	1.2	0.7	0.2
	2.0	2.0	2.6	2.5	2.0	1.6	2.0	3.5	2.3	1.7	1.9	1.4

(不況)	2008年II	2008年III	2008年IV	2009年I
名目	-1.7	-2.8	-4.2	-9.7
実質	-0.3	-1.1	-4.5	-10.4

(好況)	2009年II	2009年III	2009年IV	2010年I	2010年II	2010年III	2010年IV	2011年I	2011年II	2011年III
名目	-6.8	-6.2	-3.9	1.6	0.5	0.1	-0.8	-1.7	-1.6	1.2
実質	-7.0	-6.3	-1.4	1.6	1.1	0.5	0.0	-1.7	-0.5	1.4

(注) 1. 網掛け部はマイナス成長の期間。
　　 2. 評価基準の変更により、2010 年度以前と以後では断絶がある。
(出所) 内閣府「国民経済計算」。

の特徴は，まず1986年12月から91年2月まで51カ月間と第6循環（いざなぎ景気）の57カ月に次ぐ長期の好況であった点，そして成長率もおおむね5〜10％台と高水準で推移した点にある。後の議論との関連で言えば，この景気が内需主導型であった点も重要な特徴として挙げられる。

このバブル景気はGDP成長率の上では1990年第2四半期でピークを迎え，その後も，91年第1四半期まで高水準が続いた。そして政府・日銀による金融引き締めなどを契機として景気は反転し，成長率は91年第2期から94年第1期まで急落，日本経済は戦後初のマイナス成長を経験することになる（なお92年第4期は名目で0.7％，実質で−0.2％と実質で初のマイナス，93年第3期には名目で−0.6％（実質は−1.0％）と名目でも初のマイナス）[3]。

その後の日本経済の成長率は，先述のように3つの波が観測されている。1つ目の波は1993年11月から97年5月の43カ月間において見られる回復期（第12循環，カンフル景気）である。この期の特徴としては，① 1994年第1期において名目−0.9％，実質−1.3％と90年代前半では最悪の水準に達し成長率の低落を深化していること，② 景気の山（97年第1期）においても名目3.4％，実質3.9％といずれも5％を超えず，その後の回復の低迷の先駆けとなっていること，そして③ 94年第4期において名目値と実質値の逆転（名目−0.2％，実質0.1％），すなわちデフレが顕在化した点が挙げられる。なお，日本が本格的なマイナス成長に突入したのはこの循環の不況期であり，アジア通貨危機が顕在化した97年には第2期から再び成長率が急落すると，名目で98年第1期から99年第4期まで8期連続，実質でも99年第2期を除き97年第4期から99年第4期までマイナス成長に至っている。

第2の波である1999年2月から00年11月までの回復期（第13循環，ITバブル景気）は，22カ月と戦後最短水準の景気回復であった点が特徴的である。

---

3) この点について北村（2006）は，同時期における不況突入は，バブル崩壊のほか，①湾岸戦争による石油価格の上昇とインフレ懸念，②それを未然に防ぐための金利の一段の引き上げなどの景気引き締め，③日米経済摩擦と円高による輸出の困難化を契機として，これらが複合的に絡んで生じたものであるとしている（同，152ページ）。

また，景気の山（2000年第1期）で名目1.6%，実質3.3%，谷（2002年第1期）で名目-3.3%，実質-1.9%に達するなど，成長率の回復の鈍化と低落の深化がさらに進行している点も挙げられよう[4]。

そして第3の波は，2002年2月から08年2月までとされる第14循環（いざなみ景気）である。顕著な特徴としては，何より73カ月と戦後最長を記録した長期回復であった点，そしてそれにもかかわらず成長率の水準そのものは景気の山（07年第1四半期）で名目2.9%，実質3.5%とやはり低水準に留まっている点が挙げられる。なお，成長率の低下自体は07年第3四半期から発生しており，また回復期からの反転も08年第2四半期からと，いずれも08年9月のリーマンショックに先立って生じている。その後，日本経済の成長率は08年第2四半期から09年第1四半期まで急落し，09年第1四半期で名目-9.7%，実質-10.4%と戦後最悪の水準を記録している。

補足として，現在進行中とされる第15循環（2009年4月～）についても触れておこう[5]。リーマンショックからの日本経済の立ち直りは予想以上に早く2009年第2四半期から回復期に入り，現在まで続いているとされる。だが，同期間は回復期または好況期であるとされているにもかかわらず，次のような特徴的な動きを示している。①09年第2四半期から第4四半期まではいずれも成長率は大幅なマイナスを記録している（名目で-6.8%，-6.2%，-3.9%，実質で-7.0%，-6.3%，-1.4%），②10年第1四半期から第3四半期まではプラス成長であるがいずれも0～1%台である，そして③相対的には低落は少ないものの，11年も第1四半期・第2四半期がマイナスを記録している（名目-1.7%，-1.6%，実質-1.7%，-0.5%）[6]。

---

4) 北村（2006）の指摘によると，「3つの過剰」論が登場し，政府と企業が一体となって本格的なリストラに乗り出したのがこの時期であるという。同書ではこの動きの端緒として，経済戦略会議が1999年2月に発表した『日本経済再生への戦略』と題する最終報告のなかで「平成大不況」の原因を構造的過剰，特に過剰債務（不良債権）・過剰設備・過剰雇用に求め，その処理の必要性を明確に打ち出していることを挙げている（同，182-184ページ）。

5) なお，国民経済計算の改定（2005年基準への変更）の影響で，2010年度以降の各計数はそれ以前のものと連続していない点に注意を要する。

以上のことから，バブル崩壊以降の景気動向の判断については次のような特徴が浮かびあがってくる。すなわち，①バブル崩壊後においてはマイナス成長の場合であっても前の期からの上昇傾向が確認されれば回復期（好況期）とされている，②ひとたび回復期に入ったとされると，短期的にマイナス成長に至るような時期があっても，成長率の上昇傾向に影響がないとされる場合には，その期間はそのまま回復期とみなされる，そして，③その回復は必ずしも以前の好況期までの水準に達するか否かは問題とされない，という点である。これらのことは，今回の景気循環の特徴の一端を示しているに過ぎないが，同期間においてはマイナス成長に至る場合でも「回復期」として捉えられるケースが間々生じている点については，改めて注意が必要であろう。

1-2　内需の低迷

第2の特徴は内需（特に民間需要）の低迷である。この点について，GDPの寄与度の推移を確認していこう（図6-1(a),(b)）。

まず需要構成について，資料から確認される1980年代後半のバブル期における特徴は次の点である。第1に，民間最終消費支出と民間企業設備が大きな割合を占めている。第2に，民間需要の伸びに対して，公的固定資本形成は伸びを示しておらず，輸出の伸びをも下回る。そして第3に，少なくともバブル期に関しては，外需（輸出）の伸びも相対的に低い。これはバブル期直前の85年9月にプラザ合意がなされ，その後円高不況に陥ったことによる影響が大きい。ともあれ総じてみると，この時期の日本経済の成長は内需主導型の成長であったと言えよう。

これに対して，停滞期においてはほぼ逆の動きが見られる。第1に，先の好況期とは逆に内需がいずれも低迷しており，特に設備投資はたびたび成長率のマイナス要因に転じている。この民間投資の停滞に関しては，バブル崩壊後の

---

6) この点については，震災の影響によりこの時期に再びマイナス成長に転じたことは確かであるが，成長率の低下自体は上記のように10年第2四半期からすでに始まっていることに注意が必要である。

172

図 6-1　GDP 成長率の推移

(a)　成長率・寄与度（需要項目別）

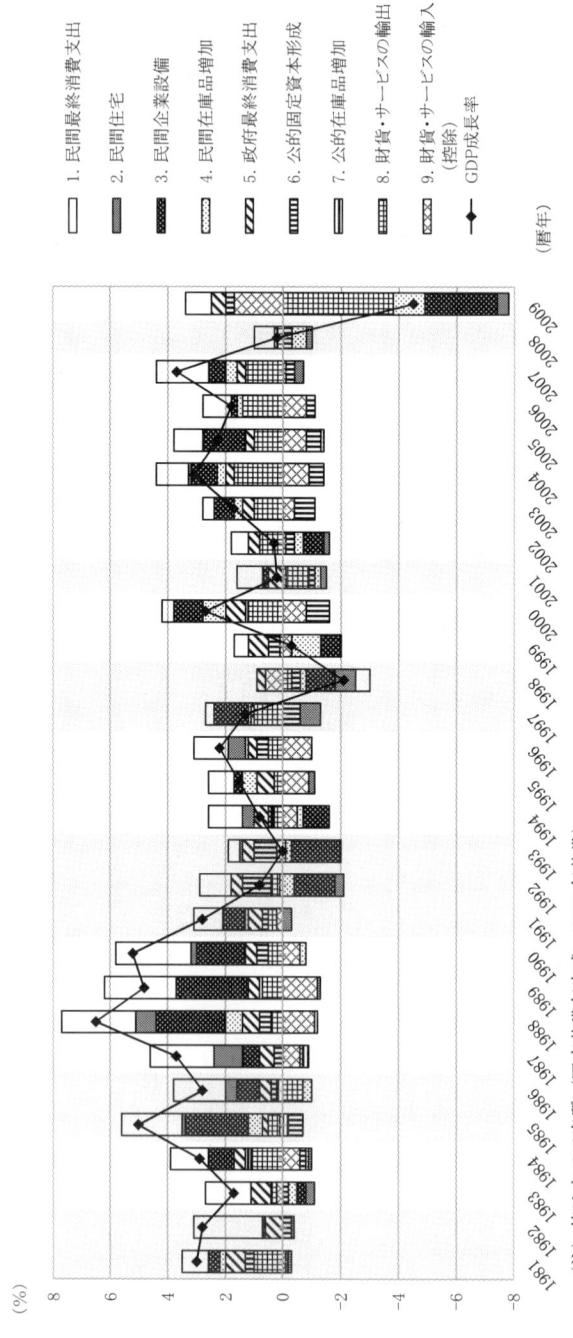

凡例:
1. 民間最終消費支出
2. 民間住宅
3. 民間企業設備
4. 民間在庫品増加
5. 政府最終消費支出
6. 公的固定資本形成
7. 公的在庫品増加
8. 財貨・サービスの輸出
9. 財貨・サービスの輸入（控除）
◆ GDP成長率

(注)　値はすべて実質（固定基準年方式・2000年基準）。
(出所)　内閣府「国民経済計算」。

第6章　日本資本主義の長期停滞と蓄積構造　173

(b) 成長率・寄与度（産業部門別）

凡例：
1. 農林水産業
2. 鉱業
3. 製造業
4. 建設業
5. 電気・ガス・水道業
6. 卸売・小売業
7. 金融・保険業
8. 不動産業
9. 運輸・通信業
10. サービス業
11. 政府サービス
12. 民間非営利サービス
・GDP成長率

(注) 1. 値はすべて実質（固定基準年方式・2000年基準）。
　　　　寄与度については帰属利子、統計上の不突合は除外している。
2. 内閣府「国民経済計算」。
(出所)

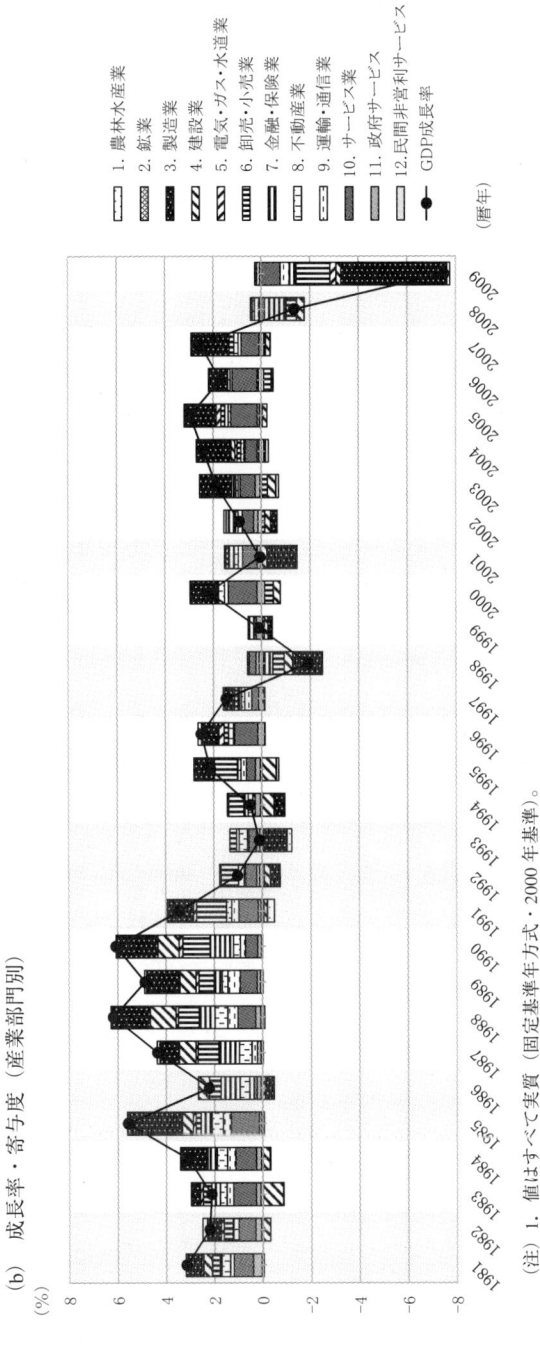

ストック調整や，アジア金融危機を背景としたクレジット・クランチによる影響が要因として挙げられる。また民間消費の低迷については，消費税増税といった政策的要因，また失業率の上昇や社会保障に対する信頼の低下などを背景とする将来不安の高まりを挙げることができよう。総じて言えば，この間の日本経済においてはバブル崩壊以前の成長経路であった投資の増加が消費の増加を生み出し，この消費の増加がさらなる投資の増加をもたらすというバブル崩壊以前の成長パターンを実現できない状況が続いている。

第2に，GDPのわずかな伸びは，公的固定資本形成が下支えする形になっており，公共事業主導の景気回復の動きが見られる。特にバブル崩壊後の最初の好況（先の第12循環）は，それに先立つバブル崩壊直後の政府支出の拡大による影響が看取することができる。ただし，その後の2000年代については構造改革の影響により公共事業の削減が進んでいるため，政策的な景気の下支え効果が明確に捉えられるのは90年代（特にその前半期）に限られる。また，この間の政府支出の拡大により国債累積額は大幅に増加しており，財政逼迫が深刻化している[7]。

第3に，輸出の寄与が大きく高まっている。特に2000年代に入るとこの傾向は顕著であり，GDPの推移をみる限り，不況期の01年と09年および好況期の05年を除き，輸出はこの期間の経済成長に最も大きく寄与している。また，輸出はこの期間を通じて設備投資を逆転する形になっており，好況期において設備投資の寄与が高かったのは05年のみである。もちろん，日本経済の輸出依存傾向は近年に限ることではない。だが円高局面が続くなかで輸出主導による経済成長が達せられたことは，日本経済の輸出依存型経済へのさらなる移行，すなわち中間財の海外生産の拡大などを通じて為替リスクに対する耐性を増した輸出型経済への産業構造の転化を実現したことを示すものとして捉えることができよう。

---

7) 財務省HP（http://www.mof.go.jp/tax_policy/summary/condition/004.htm）によると，公債残高は1990年度末において166兆円であったのに対して2010年度末は636兆円と，約3.8倍の額に達している。

次に産業別の寄与度を見ると，第1に，期間を通じて製造業の割合が高く，特にバブル崩壊後はそれ以前に比して，好況時だけでなく不況時も大きな負の値を示しており，振幅を大きくしているのが特徴的である．この間，製造業においては後に見るように輸出の増加や海外進出の推進の動きが加速しているが，この上下動の激しさはこうした一連の海外化の影響を含むものである．

第2に，1980年代に経済成長に大きな寄与を果たしていた建設業，金融・保険業および卸売・小売業は，バブル崩壊後にはほとんど影響しなくなっており，その地位を低めている．このことはバブル崩壊後の動きとして当然のことのように見えるが，こうした特にバブル後の日本における非製造業の寄与度の低さ（さらには生産性の低さ）は，日本経済の構造問題としてたびたび指摘される点である．

そして第3に，こうして非製造業がその地位を低めているなかで，サービス業は相対的に影響力を高めている．サービス業に含まれる業種には飲食業や宿泊業のほかに，対事業所サービスや対個人サービスがある．特に後者の2つは，この間アウトソーシングの拡大や介護サービスの浸透などの影響を受けて，リーディング産業へと成長している．この点も，バブル後の経済成長の特質を示す要素として捉えておく必要がある．

1-3 デフレの進行

第3の特徴として挙げられるのは名目成長率と実質成長率の逆転，すなわち経済のデフレ化とその長期化である（図6-2）．

GDPの名目成長率と実質成長率の逆転（名目が実質を下回る状態）が現れ始めたのは1994年第4期（名目-0.2%，実質0.1%）からであるが，連鎖的な物価下落である「デフレ・スパイラル」現象が特に注目されたのはアジア通貨危機後の98年とITバブルの崩壊後にあたる2001年であるとするのが一般的である．図表で確認すると，97年から98年にかけて名目値が実質値を上回る状態に戻っているものの，98年第2期から再び実質値が名目値を逆転，以降はほぼ一貫して名目値が実質値を下回る状況が続いている．なおこの名目値と実

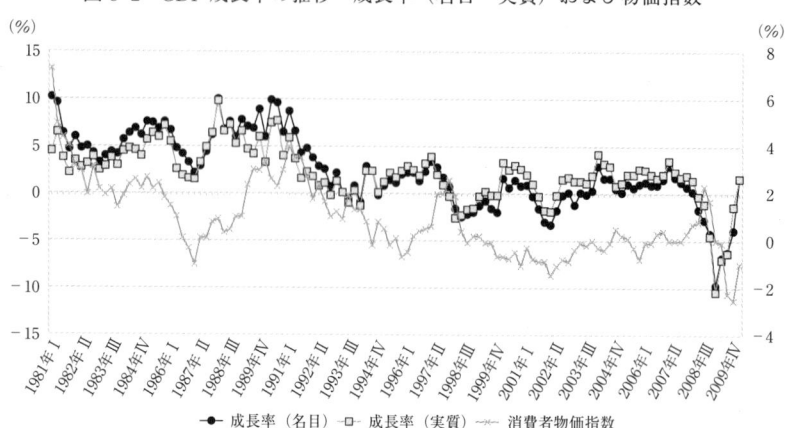

図6-2 GDP成長率の推移 成長率（名目・実質）および物価指数

(注) 成長率は左軸，消費者物価指数は右軸。なお，消費者物価指数は2010年基準値の対前年同月比。
(出所) 内閣府「国民経済計算」，総務省「消費者物価指数」。

質値の差が最も大きく開いたのは03年第1四半期で，実質値が1.3%（プラス成長）であったのに対して名目値は-1.2%（マイナス成長）を記録，その差は2.5%に達している[8]。また99年第1四半期から04年第3四半期までは，この名目値と実質値の差が常に1%以上ある点も，この時期の特徴と言えよう。

こうした動きは物価指数においても同様に見られる。消費者物価指数は1991年を山にその後低落し，94年7月には前年同月比でバブル崩壊後初のマイナス値となる-0.2%を記録した。これを端緒として現在まで，ほぼ継続して物価下落の状況が継続している。なお同指標によると，物価下落のうち最も長期にわたった期間は99年9月から03年9月までの49カ月であり，世界金融危機後も09年2月から11年6月までと29カ月間にわたって物価下落が続いている[9]。

---

[8] なお，2009年第4四半期も同じ2.5%の差（名目-3.7%，実質-1.4%）が生じている。

[9] 逆に継続的な物価上昇は，1994年以降では96年4月から98年6月までの27カ月間が最長であり，それに次ぐのは景気の転換期である07年10月から後退期に入った09年1月までの16カ月間である。

以上，日本経済の長期停滞の概況について確認してきた。次節以降ではこの日本の長期停滞について，資本蓄積の変容，とりわけ利潤率上昇のための資本節減の展開を軸に検討を進める[10]。その主旨は，バブル崩壊以後の長期停滞が上記のように極めて多面的で複雑化した現象であること，そしてそれにもかかわらずこの現象の基礎にあるのは成長率の低迷や利潤率の低落，およびそれらと表裏の関係にある資本蓄積の停滞・変容であり，複雑に入り組んだ現象も，この構造の分析を基礎にしてこそ問題の本質を正確に，かつ包括的に読み解くことが可能になるものと考えるためである。

具体的には第1に，内需の停滞と蓄積構造との関係，具体的には民間投資と民間消費の長期的な低迷の基本構図について検討する。ここでは，国内における資本蓄積の停滞と海外におけるその発展，およびその影響についての検証を中心とする。第2に，この間の雇用構造の変化と蓄積構造との関係についてである。「労働のダウンサイジング」とも言えるこの間の労働コストの縮小とその要因がここでの焦点となる。そして第3に，蓄積体制のマクロ面・ミクロ面での変化と長期停滞（とりわけデフレの進行）との関係，そしてそれらの長期的な影響について検討する。

2. 資本蓄積の停滞とグローバル化

本節では，民間投資の低下を中心とした資本蓄積の停滞について分析する。この間の資本蓄積の動態は，マクロ的な経済環境の変化，とりわけ国際的な競争の激化への対応の影響が顕著に表れている[11]。その帰結がいわゆる「産業の空洞化」である。

---

10) なお利潤率上昇のための資本節減の方法としては，不変資本については①原材料の安価な調達，②廃棄物の減少，③機械設備の運転効率の向上，④製造過程の改善，⑤資本の整理・再編，可変資本については①より安価な労働者の充用，②過剰人口の存在を基礎とする労働条件の抑制，③労働時間の延長および労働強度の増大，④労働力再生産費の社会的な切り下げが挙げられる。詳しくは拙稿（2010）参照。
11) こうしたマクロ面での変化は，企業レベルの経営行動の変化を総合したものとして表れるという意味においてミクロ面での変化を内包するものであり，この点でそれらは相互に影響しあって展開してきたものと捉えるのが肝要である（後述）。

2-1 国内産業における資本蓄積の停滞

図6-3はそれぞれ法人企業統計を基に,この間の日本企業における設備投資の推移を示したものである。

概観すると,この間の日本経済は,バブル崩壊以前まで経済成長を牽引してきた民間消費を中心とする内需が大幅に減少し,そのことが投資の減少を呼び込んだ結果,それを受けて民間消費ひいては成長率がさらに低下する,という負のスパイラルに陥りつつ推移してきたと言える。

まず投資額と増加率の推移を見ていくと(図6-3(a)),非製造業の割合が製造業を上回り,また特に1980年代後半のバブル期以降においてその差が拡大していることがわかる。日本企業の国内における設備投資は金額的には70年代の初頭にはすでに非製造業が製造業を逆転していたが,少なくともバブル期までは,この非製造業が設備投資の中心であったと言える。他方で前年度比の増加率で見ると,多少のばらつきはあるものの,少なくとも80年代後半以降については製造業と非製造業における設備投資はほぼ同程度の水準で推移している。だが,これは非製造業の設備投資が乏しくなっていたというよりも,すでに製造業を上回る規模で資本が蓄積されていたにもかかわらず,その後も続けて製造業と同等のテンポで投資が拡大した,と捉えるべきであろう。

さて前節でも確認したように,全体的に見てこの間における設備投資の減退は明らかであるが,同資料によると,1992～94年,98～99年,および2001～02年における製造業の低落が特に顕著である。この時期だけでなく,バブル崩壊以後の日本国内の設備投資においては非製造業に比べて相対的に製造業の落ち込みがより激しく,少なくとも同資料に関する限りでは,内需型産業よりも外需型産業のほうが国内での投資の低迷が著しいと見ることができる[12]。

これらの動きの要因としては,次のことが考えられる。まず,この間は製造

---

12) ただし,世界金融危機時は例外的な動きが見られる。同資料によると,設備投資は2008年度においては製造業が−8.64%に留まったのに対して非製造業は−55.51%と低落が激しく,逆に09年度では製造業が−31.83%と低落を深めたのに対して非製造業は86.35%と急回復を見せている。

業のほうがよりグローバル化（海外への生産移転）の動きが活発であったのに対して，そうした動きが相対的に穏やかであった非製造業のほうが IT 投資を中心とした国内投資が活発に行われる（または一定水準に維持される）傾向が強かった。そして，製造業はすでに 1970 年代末から ME 技術革新・ME 化を開始しており，これらの動きが 80 年代後半に起きた非製造業に比して設備過剰が生じる余地が高かった，ということである。

次に産業別の動きを見ていこう（図 6-3(b)）。まず製造業はほぼすべての部門において 1990 年の水準を下回っているが，特に際立つのは繊維業の低落である。90 年を基準にすると，同部門の設備投資は 91 年の 1.15（1 兆 293 億円）をピークに 94 年まで 0.38（3,428 億円）と急落し，2002 年には 0.13（1,180 億円）まで低下している。その後は若干の回復が見られたものの，08 年には 0.02（189 億円）と再び急落しており，低迷が続いている。この点については国内消費の減少，および中国をはじめとする海外製品との競合が主な要因であると考えられる。また，石油・石炭業は動きが激しい。同部門はバブル崩壊後，92 年には 90 年の 1.47 倍（6,442 億円）と増加を続けていたが，その後は低落を続け，01 年には 0.07（292 億円）まで落ち込んでいる。その後は各資源の国際市況の影響を受けつつ，増減を繰り返す動きを見せている。逆に回復傾向が見られる部門は食料品，および機械器具と輸送機械である。これらの部門は上記の部門と同様に 90 年基準を下回っているものの，06 年には食料品が 0.92（1 兆 4,387 億円），07 年には機械器具と輸送機械がともに 0.91（5 兆 2,658 億円・2 兆 8,384 億円）の水準まで回復している[13]。

これに対して非製造業は，所々で基準を上回る動きが見られる。まず運輸・通信業は，IT 化の流れを受けてたびたび 1990 年を超える水準に達しており，バブル直後の 91 年（1.82（11 兆 7,721 億円））を別としても，その後もおおむね

---

13) 特に機械器具と輸送機械については規模も大きく，それだけ影響度も高い。例えば 1991 年から 2002 年の両部門の設備投資の減少は前者が 3 兆 8,474 億円，後者が 1 兆 7,863 億円であり，逆に 02 年から 07 年の同・増加は前者が 3 兆 1,537 億円，後者が 1 兆 2,461 億円である。

図 6-3 設備投資の推移

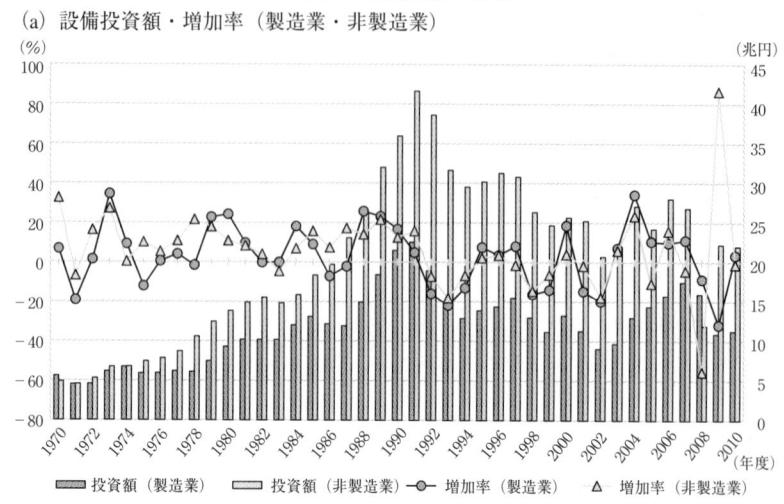

(a) 設備投資額・増加率（製造業・非製造業）

■ 投資額（製造業）　■ 投資額（非製造業）　●─ 増加率（製造業）　△─ 増加率（非製造業）

（注）設備投資はソフトウェアを除く。また，金融保険業を除く。
（出所）財務省「法人企業統計」。

(b)-1　指数（製造業）

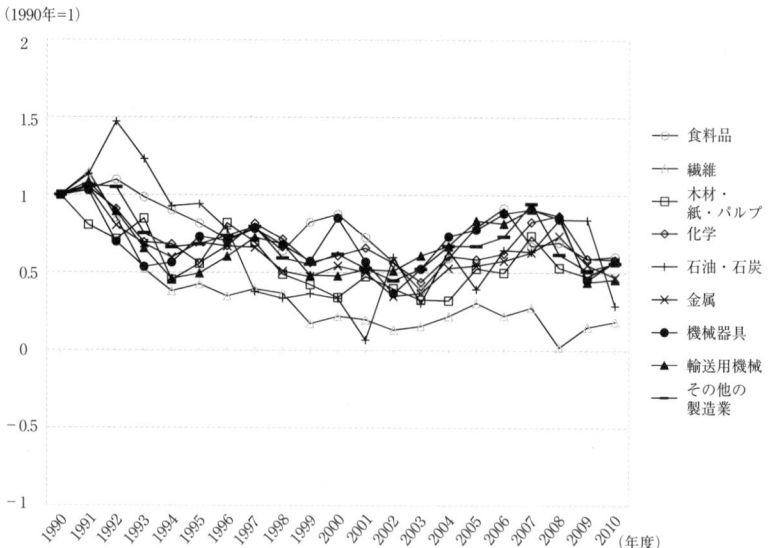

(1990年=1)

凡例：食料品、繊維、木材・紙・パルプ、化学、石油・石炭、金属、機械器具、輸送用機械、その他の製造業

（注）図 6-3(a) と同様。なお，「はん用機械器具製造業」「生産用機械器具製造業」「業務用機械器具製造業」「電気機械器具製造業」「情報通信機械器具製造業」は「機械器具」に，また「印刷・同関連業」「窯業・土石製品製造業」「その他の製造業」は「その他製造業」にそれぞれ統合。
（出所）財務省「法人企業統計」。

第6章　日本資本主義の長期停滞と蓄積構造　181

(b)-2　指数（非製造業）

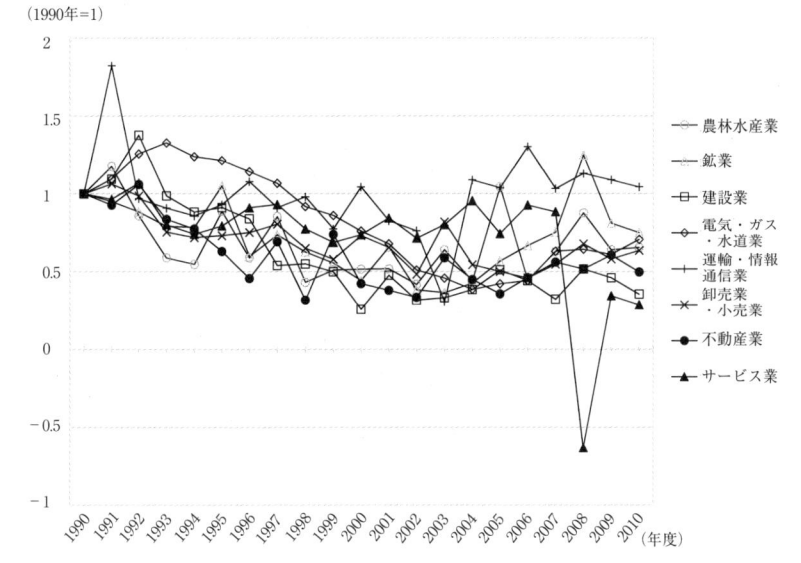

(1990年=1)

凡例：農林水産業、鉱業、建設業、電気・ガス・水道業、運輸・情報通信業、卸売業・小売業、不動産業、サービス業

（注）図6-3(a)と同様。
（出所）財務省「法人企業統計」。

(c)　増加率（全産業・資本規模別）

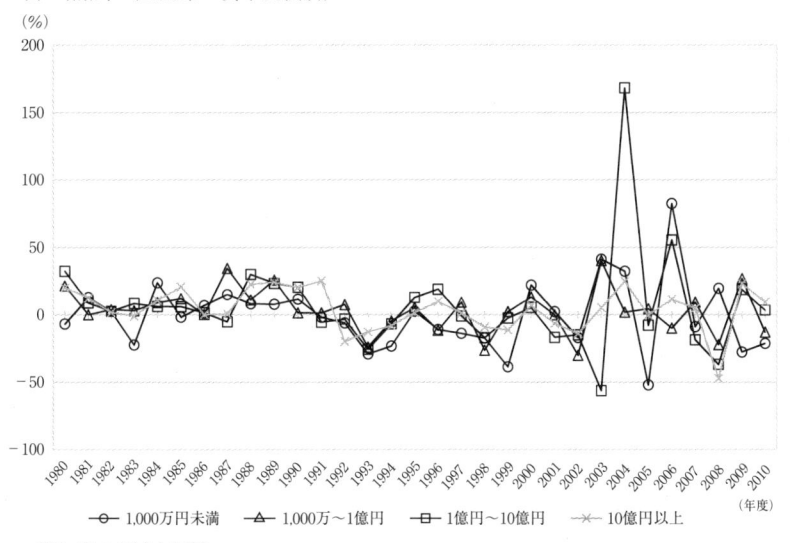

凡例：1,000万円未満、1,000万～1億円、1億円～10億円、10億円以上

（注）図6-3(a)と同様。
（出所）財務省「法人企業統計」。

90年基準に迫る水準で推移し，2006年には1.30（8兆4,184億円）に達している。また電気・ガス・水道業は93年に1.33（4兆7,613億円）に達するなど，97年までは基準を上回っているが，98年以降は一貫して基準を下回る水準で推移している。なお，08年時に特に低落が著しいのがサービス業であり，大幅なマイナス値（−0.63（−7兆5,276億円））を記録している。この急激な下落については会計基準の変更の影響によるものも大きいが[14]，その影響が大きい物品賃貸業を除いた場合のサービス業の設備投資も2007年の0.88（10兆5,232億円）から08年の0.24（2兆8,542億円）と大幅な減少を示しており，やはり設備投資の低迷が同部門において特に著しいものであったと見ることができる。

最後に，資本規模別の推移を確認する（図6-3(c)）。特徴的なことは，第1に大企業（10億円以上）と中小企業（それ以外）で見ると，上下の動きが激しい後者に比べて前者が安定的（あるいは停滞的）である点であり，第2に特に不況期においては，中小企業の落ち込みの大きさが目立つ点である。例えば1999年度において最も増加率が下がったのは1,000万円未満の企業層で前期比−38.54%，02年度では1,000万−1億円未満の層で−30.11%，05年度では1,000万円未満の層で−52.04%である。その時々で低落のタイミングに多少のラグはあるものの[15]，全体的に言えば，この経済停滞による設備投資への影響は，国内に関する限りでは，中小企業において特に顕著であったと言えるだ

---

[14] 2008年4月より「リース取引に関する会計基準」が適用され，これまで主に貸し手側で固定資産として計上されていたリース物件が，貸し手側では流動資産に計上され，借り手側では固定資産に計上されることになった。法人企業統計調査結果に関する財務省の報道発表（09年9月4日付）によると，年次別法人企業統計調査では，調査対象年度中の有形固定資産（土地を除く）増減額，ソフトウェア増減額，減価償却費，および特別減価償却費を加算したものを設備投資として扱っているため，08年の設備投資の計数には，上記の会計基準の変更も影響しているとされる。

[15] 2008年度は例外的に，他の3階級が20%以上の下落を見せたのに対して，1,000万円未満のグループは19.70%増加した。ただし翌年度にはこの動きとは逆に，他の3階級が増加に転じたのに対して同グループは逆に減少に転じていることから，これは急激な経済悪化に対する対応速度の違いによる影響があるものと思われる。

ろう。

2-2 外需依存型経済への回帰と企業の海外展開

次に，この間の日本経済の海外展開の進展とその影響について見ていこう。端的に言えば，長期停滞期において日本は先に見たように従来と同様の輸出依存型の成長路線を続けており，その傾向は2000年代に入って以降，より顕著になっている[16]。そしてその一方で，近年においては製造業を中心とした海外移転も，より一層進んでおり，「産業空洞化」の進行を徐々に早めている点が特徴である[17]。

まず輸出入の動向を確認すると（図6-4），バブル崩壊後においてはほぼ一貫して輸出の伸びがGDP成長率を上回る状況が続いており，この傾向は2000年代以降，特に明確になっている。こうした輸出の顕著な伸びは，1980年には7.13％であった輸出依存度が06年にはほぼ倍の14.73％，ピーク時の08年には16.04％に達していることにも表れている[18]。

その一方で，輸入の増加率が輸出と同程度，時にはそれを上回る高い水準に達している点も特徴的である。輸入は円高不況が広がった80年代中盤から高

---

16) なお井村（2005）は輸出依存産業が90年代（特にその後半）において国内生産の停滞化をもたらしたとして，その基本要因を，①輸出の激減，②国内需要の減退傾向，③海外現地生産の激増（円高・日米貿易摩擦の回避と安い労働力利用と現地・周辺地域の販売拡大の目的），④東アジア諸国からの安い製品輸入（日本の現地製品の逆輸入を含む）に求めている（同，244ページ）。
17) 産業空洞化についてはさまざまな定義がありうるが，例えば吉田（2003）は「日本に現存する企業が生産工程（場合によっては研究・開発工程の一部を含む）を海外に移転することによって，日本からの世界各地域への輸出の減少や海外子会社からの製品・部品の輸入が増大し，結果として国内における設備投資・生産・雇用が減少し，ひいては日本国内の生産能力や技術水準が低下していくこと」（同，282ページ）と簡潔に定義している。なお同書では，日本における「産業空洞化」を示す指標として，①海外生産比率の上昇，②国内労働者数の減少，そして③中小・零細企業の減少を挙げている（同，283-284ページ）。
18) 秋山（2011）は日本において輸出依存度が上昇した要因を①貿易の自由化（対外的に生産性が高い部門への特化と低い部門の低落），②労働分野の規制緩和（国内需要の減退によるさらなる輸出依存）に求めている（同，92ページ）。

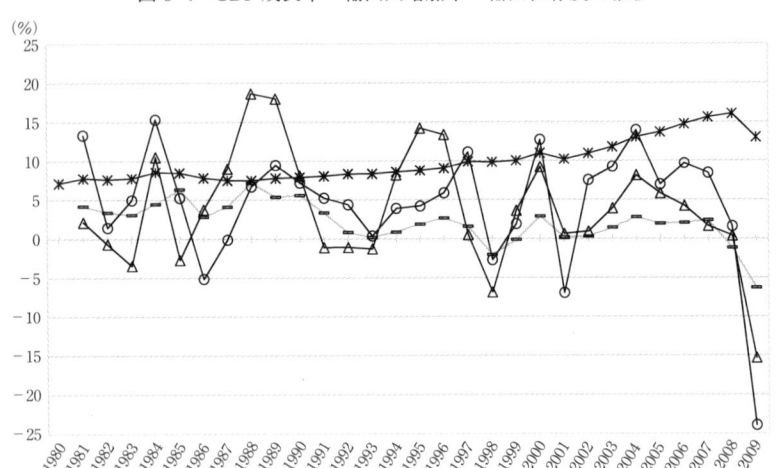

図 6-4　GDP 成長率・輸出入増加率・輸出依存度の推移

（注）それぞれ実質値（連鎖方式・2000 年基準）による。
（出所）内閣府「国民経済計算」。

い伸びを示すようになり，円高に対して企業がたびたび輸入財の増加で対応してきたことを垣間みることができる。このことは輸出依存経済の高まりの影に隠れがちになるが，この間日本が主に資本節減の観点から生産財・消費財ともに海外からの安価な製品の輸入を増加してきたことは，経済全体の物価下落を促した有力な要因の1つとして注視する必要がある。

次に，海外への事業展開の動きを見ていこう[19]。まず海外直接投資の推移を見ると，1980 年代後半と 2000 年代後半に拡大している（図6-5）。海外直接投資はすでにバブル期において一度高い伸びを示しているが，1990 年以降は

---

19)　なお中島 (1999) は，企業が多国籍化する動機として考えられる背景として，①進出先国の産業政策等に基づく外交的政治圧力，②廉価の労働力・材料など生産要素の存在，③輸出に伴う税金・為替等の障壁回避，④貿易摩擦の批判緩和策，⑤進出先市場における占有率拡大，⑥隣接市場・周辺地域への輸出拠点，⑦進出先市場の将来性・潜在的需要への期待，⑧グローバルな競争相手との対抗戦略，⑨親会社，取引先の海外展開に伴う要請・ニーズ，⑩技術移転等の相手先国への貢献，⑪オーナー経営者などの事業拡大意欲，を挙げている（同，189 ページ）。

図 6-5 海外直接投資の推移

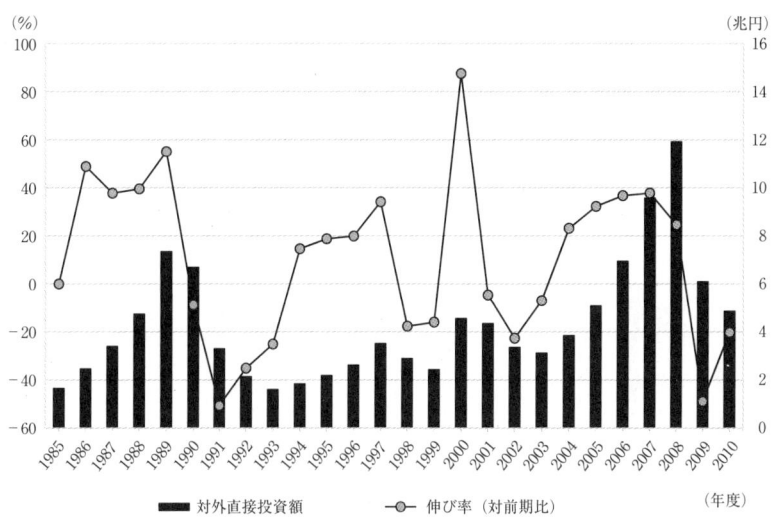

(注) 投資額は流入から流出を引いたネットの値。
(出所) 財務省「国際収支状況」。

　バブル崩壊の影響を受けて，93年にかけて急激に減少している。その後は景気変動の波と歩調を合わせるように増減を繰り返した後，2004年から08年度にかけて再度の大幅な拡大を実現した。この限りでは，バブル崩壊後に日本経済が企業の海外進出を再度本格化したのは3度目の景気回復期においてであると言える。

　次に現地での事業活動の状況を見ていく。図6-6によると，海外の現地法人による設備投資の価額は国内とは対照的に一貫して製造業が非製造業を上回っており，その差は2000年代に入り拡大している。その一方，増加率で見ると製造業の伸びが比較的安定的であるのに対して，非製造業は製造業の値を上回る場面もあるものの年によってやや激しい動きを見せている。この点についてはさまざまな影響が考えられうるが，ここでの非製造業には鉱業が含まれており，資源の需給が逼迫した時期（例えば02年や07年）において同部門で大規模投資が行われてきたことが有力な要因の1つである。

　そして商品生産の海外化の進行度は，海外生産比率の推移によって捉えるこ

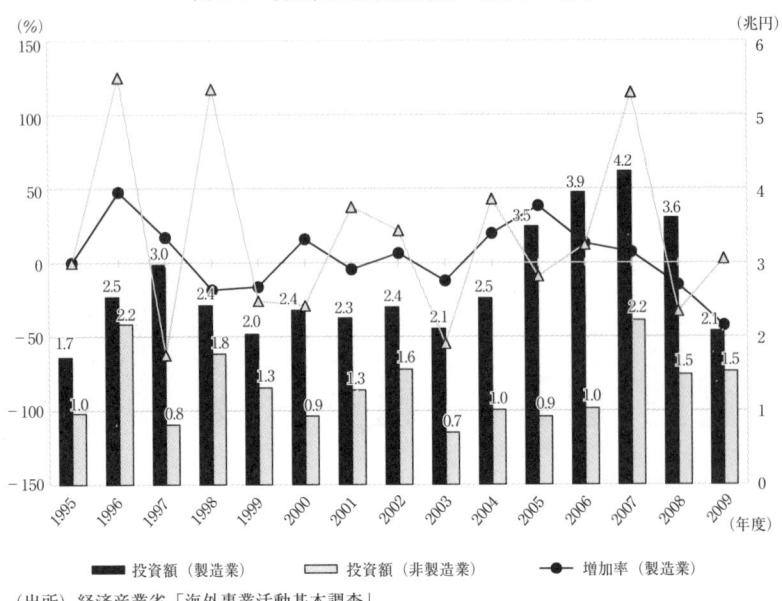

図6-6 現地法人設備投資額・増加率の推移

(出所) 経済産業省「海外事業活動基本調査」。

とができる（図6-7）。ここで顕著な動きを見せているのが輸送機械であり，全体のなかで最も比率が高い。特に1997年度以降は一貫して20%以上の水準を維持しており，2007年度においては40%を超える水準に至っている。それに次ぐのが電気機械であるが，こちらは04年度に大きく水準を下げ，その後は緩やかな上昇に留まっている。ここでの同部門の急落については，原資料において同部門から情報通信機械が分離されたという統計上の要因も大きいが，その情報通信機械についても近年は生産比率を下げており，双方合わせて電機部門では海外展開に伸び悩みを見せていると捉えることができよう。

製造業全体の平均を継続して上回っているのはこれらの業種のみであるが，これら以外に平均に近づく高い伸びを安定して示しているのは化学であり，精密機械や一般機械などが後に続く。まとめると，近年における日本企業の海外展開は主にこの機械部門，とりわけ輸送機械（および情報通信機械）に牽引されたものであることを確認することができる[20]。

図6-7 海外生産比率の推移（製造業）

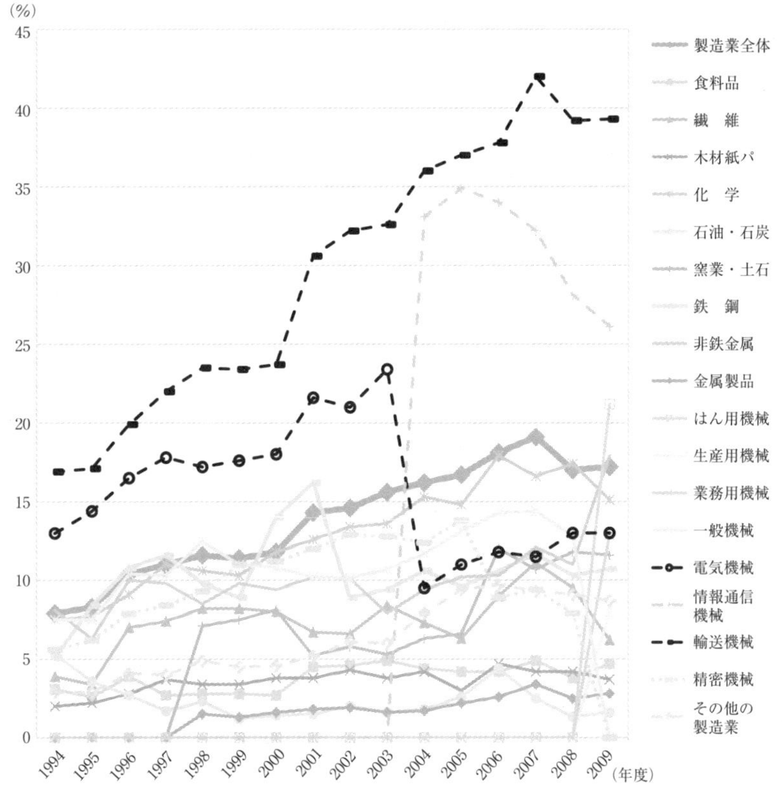

（注）数値は国内全法人ベース（製造業）の値を使用。
　　　国内全法人ベースの海外生産比率＝現地法人売上高／（現地法人（製造業）売上高＋国内法人（製造業）売上高）×100
（出所）経済産業省「海外事業活動基本調査」。

2-3　利益率の推移と海外展開の影響

　次に利益率の推移を基に海外展開の影響について見ていこう（図6-8）。国内での利益率（総資本営業利益率）は高度成長期以来，趨勢的に低落傾向にある。

20）なお桜・岩崎（2012）は，近年において特に製造業の海外生産の動きが強まってきた背景にある環境変化として，①国内市場の伸び悩み傾向の明確化，②リーマンショック前と比べた相対的な為替円高，③新興国を含む海外現地生産技術のキャッチアップ，④国内生産コストの上昇懸念を指摘している（同，17-18ページ）。

特にバブル崩壊以後は好況期でも 5% を超えないなど，極めて低い水準で推移している点が特徴的である[21),22)]。

ただし製造業と非製造業で分けてみると，両部門で若干動きが異なることが捉えられる。まず製造業において利益率は，バブル崩壊以降は全体として低落傾向にあるものの，顕著な上昇局面も度々あるなど，相対的に起伏が激しい点が特徴的である。これに対して非製造業は全体的に製造業よりも低い水準で推移し，また上昇も下降も緩やかである。そして製造業における利益率の下降局面は 1996 年，2000 年および 07 年と，円高や海外諸国の不況時など，海外需要の減退期である。

先に，日本においてはバブル崩壊後も経済成長を牽引していたのは製造業であったこと，そしてそれがおおむね海外輸出の増加によって実現されてきたことを確認してきたが，この利益率の動きと合わせてみると，日本経済が国外要因によってより影響を受けやすいものへと構造的に変化していることがわかる。

このことは，国内外の利益率を見ることでも確認することができる。国内と海外の売上高経常利益率を比較すると，近年において海外利益率が国内利益率に接近または逆転している点が特徴的である。具体的に見ると，先と同様，非製造業の利益率がこの間伸び悩む一方，製造業の利益率が回復しているものの，世界金融危機後には両者とも大きく落ち込んでいる。他方で海外利益率は製造業主導でこの間着実な上昇を遂げているが，2005 年度には非製造業も国

---

21) 補足すると，上記のように営業利益率が低落している一方で，経常利益率では水準を維持，あるいは上昇させており，2000 年代中盤以降は後者が前者を上回る事態すら発生している。
22) ここでは収益性の指標として総資本利益率（ROA ; return on assets）を用いているが，一般に投資判断などで用いられる指標は自己資本利益率（ROE ; return on equity）であり，日本でも近年においては経営行動の指標として後者を重視する傾向が強まっている。この点については後述する（第 4 節参照）が，「産業の金融化」が日本資本主義の蓄積構造に与えた影響については，より詳細な分析が必要である。なお伊丹（2006）では，日米の利益率の分析を軸に両国経済の構造的特質について詳細な検討がなされている。

第6章　日本資本主義の長期停滞と蓄積構造　189

図 6-8　利益率の推移

(a) 総資本営業利益率（国内）

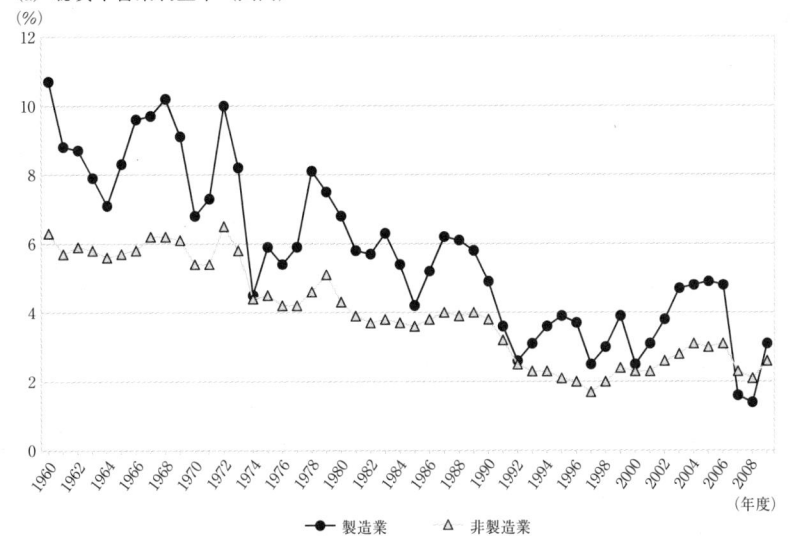

●　製造業　　△　非製造業

（出所）財務省「法人企業統計」。

(b) 売上高経常利益率（国内・海外）

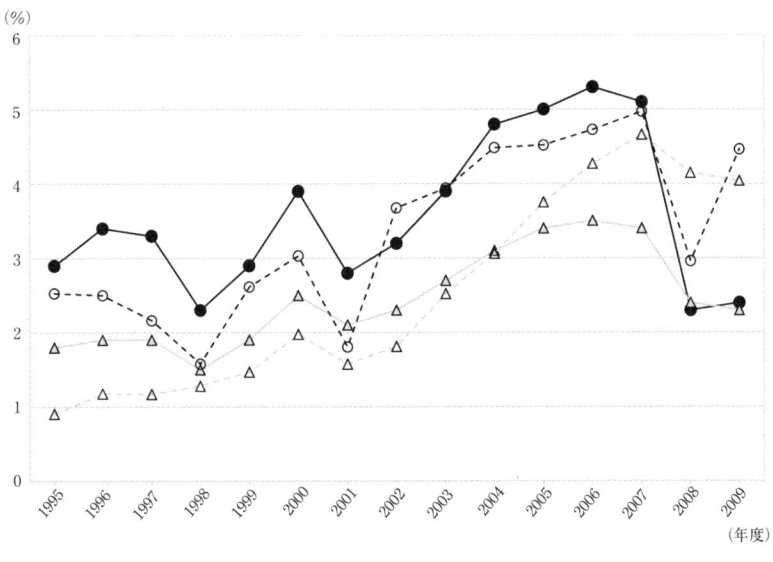

●　製造業　　△　非製造業　　-○-　製造業（海外）　　-△-　非製造業（海外）

（出所）財務省「法人企業統計」，経済産業省「海外事業活動基本調査」。

内の非製造業の利益率を逆転し,その後も同様の状況が続いている。特に海外における非製造業では売上高・経常利益ともに卸売・小売業の割合が大きく[23],アジアを含む海外市場の販路の拡大が,この間の同部門の成長に大きく寄与しているものと考えられる。また,世界金融危機発生後の08年度と09年度では,製造業と非製造業ともに海外利益率が国内利益率を上回る事態に至っており,このことが日本企業の海外展開をさらに推し進める要因となっている。

なお,上記で国内投資の停滞について確認したが,利益率の動きと照らし合わせるとその特質がより明らかになる。利益率と設備投資は緊密な相関関係にあり,通常は利益率が上昇する局面では設備投資が増加し,逆ならば逆である。設備投資の増加率と売上高経常利益率の推移を照らし合わせてみると,バブル崩壊以降も,製造業・非製造業ともに同様の傾向が見られており,全体的には設備投資が抑制される傾向があるものの,少なくとも90年代までは,利益率が上昇する局面では設備投資が増加する動きも見られる。

だが2000年代に入るとこの動きに変化が見られる。つまり,近年では利益率が上昇する局面においても設備投資が抑制,または削減される場面が度々生じている。例えば製造業では01年度を谷として07年度にかけて利益率が上昇傾向を続けていたのに対して,設備投資は2002年度を底に04年度まで増加テンポを高めたものの,05年度以降は増加を抑制する動きを示している。非製造業でも同様の傾向が見られ,利益率が02年度から05年度にかけて上昇傾向にあるのに対して,設備投資は05年度において減少させており,07年度も同様の動きを示している[24]。ここでは指摘に留まるが,こうした設備投資の動

---

23) 海外事業活動基本調査によると,1995年度から2007年度において非製造業のうち同部門は売上高で全体の8〜9割,経常利益で全体の4〜6割を占める。ただし08・09年度においては世界金融危機の影響を受け経常利益の同部門が占めるシェアは3割前後に低下している。また近年(特に05年度以降)では,資源価格の高騰を背景として鉱業の割合も高まっており,経常利益では07年度において卸売・小売業を一度逆転している。

24) 付け加えると,海外での動きについては各国の市場に応じて状況が異なるため単純に比較はできないが,同資料によれば,国内と同様,利益率が上昇する局面で設備投資が減少する場面が度々見られる。

きは，バブル崩壊後における企業の投資行動の変化を端的に示しているものと思われる[25]。

最後にまとめると，バブル崩壊後の内需の低迷，収益性の悪化，そして国際競争の激化を背景に，日本経済は外需依存型経済へと回帰するとともに，近年においては生産拠点の移転を中心とした企業の海外展開を積極化してきた。言い換えれば蓄積構造のグローバル化と捉えられる資本の展開が進んできたわけであるが，このことは次に見るように，さらなる国内消費の低迷と中長期的な意味での競争力の減退をも呼び起こす要因の1つとなっている[26]。

3．資本の節減と雇用の停滞

前節では投資の停滞を中心に蓄積構造の変化について検討してきた。これら一連の事態は，この間の雇用の停滞とも密接な関係にある。この観点から，本節では長期停滞と雇用構造との関係について考察する。具体的には，経済のグローバル化を背景とする雇用構造の変化，雇用の非正規化（正規労働の削減と非正規労働の増加），およびそれらに伴う労働者への影響を中心に検討を進めていく。

3-1 グローバル化と雇用構造の変化

長期停滞における国内需要の減少は，上述のように国内投資の低下と海外投資の増加に結びつく一方で，国内雇用と賃金・所得の減少をもたらしている。そしてこのことがさらなる消費の低迷と投資の減少を生み出すといった負の連

---

25) なお，この論点について踏み込むには，ソフトウェア投資やR&D（研究開発）投資，さらには金融投資まで対象を広げて議論を進める必要がある。
26) この点について藤田（2003）は空洞化との関連で次のように指摘する。「海外移転は，最終組み立てなどの量産機能の海外移転であるから，製造技術の空洞化にはつながらないという意見もあるが，量産機能が海外に移転することで，開発・設計機能の移転や部品生産の海外現地調達につながるし，さらにそれは国内での部品発注の減少を招来し，モノづくりに必要な要素技術を喪失させることになる。また現在行われているリストラは，単純な最終組立工程だけではなく，開発部門や熟練技能の保持者も対象になっていることを考えると，短期的には収益を回復させるとしても，モノづくり技術を衰退させることで，企業の収益基盤を確実に狭めることになろう」（同，140-141 ページ）。

鎖が続いている。このことは理論的には，停滞の長期化が不変資本と可変資本の節減を促進させ，生産力の拡大が抑制された結果，資本主義経済としての再生産の維持・拡大がさらに困難化している状態と捉えることができる。そしてこうした雇用の低迷を伴う慢性的な経済停滞は，労働者を窮乏化させるとともに，中長期的には日本の経済成長の源泉でもある技術力の低下をももたらすものと考えることができる。以上のことを具体的に検討するため，ここで雇用構造の変化について確認していこう。

表6-2は，国内の就業者数の構造的な推移を捉えたものである。まず概観すると，就業者数は1990年から2005年にかけて全体で355万人（6.85％）増加しているが，この間は増加率が低下しており，特に05年では29万人減少している点が特徴的である。またこの間の雇用の拡大は，非正規雇用の増加によって実現された部分が大きい（後述）。

同表をもとに，雇用情勢の推移について詳しく見ていこう。まず部門別で見ると，製造業が365万人（29.07％）減少しているのに対して，非製造業が719万人（18.33％）の増加と，対照的な動きを示している。内訳を見ると，製造業はすべての部門で雇用を縮小させているが，特に繊維製品（92万人，74.96％），電気機械（65万人，33.95％），パルプ・紙・木製品（40万人，43.68％）の減少が顕著である。削減率で言えば，石油・石炭製品（38.99％），精密機械（37.87％），窯業・土石製品（37.33％）の水準も高い。

これに対して非製造業は全体的に雇用が増加しているが，特に動きが著しい部門は医療・保健・社会保障・介護（299万人，123.14％），対事業所サービス（286万人，74.88％），そして対個人サービス（216万人，47.27％）である。そのほかには運輸，教育・研究などが続くが，これらと比較すると，上記3つの部門が規模・増加率ともに突出していることが明確にわかる。また，この間の動きとして一見意外に思われるのは，通信・放送部門に目立った増加が見られないことであるが，これはIT関連の事業，特に情報通信サービスについては主に対事業所サービスに繰り入れられているためである。その一方で，バブル崩壊の影響を受けて建設業（66万人，12.90％），金融・保険（53万人，26.18％），

不動産（14万人，26.18%）が雇用を縮小している。また商業も期間全体では約21万人の縮小であるが，これは2000年から05年の減少（147万人）が大きく作用している。

次に職種分類の構成を見ていこう。まず増加についてはサービス職業従事者（約255万人，68.46%）の動きが顕著であるが，これは先の医療関連部門の動きに対応しており，特にホームヘルパーや介護職員など，介護関連の職業従事者の増加による影響が大きい[27]。次にこの間で増加が大きいのは専門的・技術的職業従事者（115万人，17.02%）であるが，こちらも医療系，特に保健医療従事者が圧倒的に多く（102万人，68.53%），そのうち看護師が49万人と半数近くを占めている。

他方，減少の動きで目立つのは生産工程・労務従事者（65万人，4.00%），および管理的職業従事者（62万人，29.22%）である。特に前者については，上記の製造業における雇用削減の流れに対応しているが，先の製造業の減少数に比べて同従事者の減少数は相対的に少ない。これは対事業所サービスの拡大により，生産従事者そのものはそれほど減少しなかった一方で，製造業各部門に属する労働者が減少したことが大きい。加えて同部門では事務員の削減数も多く，双方合わせて，労働者派遣による正規職員の非正規職員への代替が進行した影響が表れたものと捉えることができる。

表6-3は日本企業の国内と海外の労働者数の推移をまとめたものである。まず全体を見ると，海外の労働者数は国内の10分の1程度の規模で推移している。その一方で，この間における国内の労働者数の増加が2.24%に留まっているのに対して，海外は48.28%と大幅に増加しており，国内雇用の停滞と海外雇用の拡大という構図を捉えることができる。

次に産業別に見ると，国内では上記のように，製造業においては電気機械，

---

[27] 同資料によれば，1990年から05年においては介護職員が69万人（1,078.25%），ホームヘルパーが32万人（1,707.07%）増加している。なお同期間においては，飲食物調理従事者（54万人，39.55%増）および接客・給仕職業従事者（59万人，59.75%増）の動きも特徴的である。

表 6-2 就業者数の推移

(a) 主要産業別

(単位：人、%)
(左：従業者数、右上段：増減数、右下段：増減率)

	1990 年		1995 年		2000 年		2005 年		1990-2005 年
製造業	12,539,849	-203,297 -1.60	11,611,773	-928,076 -7.40	10,068,385	-1,543,388 -13.29	8,894,741	-1,173,644 -11.66	-3,645,108 -29.07
食料品	1,623,783	2,819 0.17	1,577,378	-46,405 -2.86	1,369,569	-207,809 -13.17	1,409,601	40,032 2.92	-214,182 -13.19
繊維製品	1,224,016	-32,923 -2.62	927,416	-296,600 -24.23	546,108	-381,308 -41.12	306,460	-239,648 -43.88	-917,556 -74.96
パルプ・紙・木製品	906,564	75,476 9.08	770,841	-135,723 -14.97	614,275	-156,566 -20.31	510,583	-103,692 -16.88	-395,981 -43.68
化学製品	514,757	8,632 1.71	495,328	-19,429 -3.77	419,803	-75,525 -15.25	382,969	-36,834 -8.77	-131,788 -25.60
石油・石炭製品	47,776	3,248 7.29	42,931	-4,845 -10.14	37,877	-5,054 -11.77	29,148	-8,729 -23.05	-18,628 -38.99
窯業・土石製品	492,745	29,004 6.25	424,361	-68,384 -13.88	362,084	-62,277 -14.68	308,820	-53,264 -14.71	-183,925 -37.33
鉄鋼	389,171	-37,782 -8.85	399,496	10,325 2.65	326,374	-73,122 -18.30	310,596	-15,778 -4.83	-78,575 -20.19
非鉄金属	173,102	3,586 2.12	178,462	5,360 3.10	160,119	-18,343 -10.28	139,356	-20,763 -12.97	-33,746 -19.49
金属製品	994,527	134,658 15.66	823,844	-170,683 -17.16	766,225	-57,619 -6.99	737,720	-28,505 -3.72	-256,807 -25.82
一般機械	1,255,126	-39,834 -3.08	1,093,934	-161,192 -12.84	1,115,448	21,514 1.97	1,094,703	-20,745 -1.86	-160,423 -12.78
電気機械	1,922,380	32,457 1.72	1,974,748	52,368 2.72	1,725,685	-249,063 -12.61	1,269,724	-455,961 -26.42	-652,656 -33.95
輸送機械	1,069,116	-463,141 -30.23	1,048,876	-20,240 -1.89	959,605	-89,271 -8.51	973,261	13,656 1.42	-95,855 -8.97
精密機械	267,692	-18,245 -6.38	201,061	-66,631 -24.89	208,563	7,502 3.73	166,317	-42,246 -20.26	-101,375 -37.87
その他の製造工業製品	1,659,094	98,748 6.33	1,653,097	-5,997 -0.36	1,456,650	-196,447 -11.88	1,255,483	-201,167 -13.81	-403,611 -24.33
非製造業	39,218,686	5,819,031 17.42	42,993,537	3,774,851 9.63	45,524,554	2,531,017 5.89	46,408,873	884,319 1.94	7,190,187 18.33
農林水産業	491,765	-45,517 -8.47	445,599	-46,166 -9.39	490,935	45,336 10.17	544,088	53,153 10.83	52,323 10.64
鉱業	97,060	-17,458 -15.24	62,194	-34,866 -35.92	46,211	-15,983 -25.70	33,701	-12,510 -27.07	-63,359 -65.28
建設	5,141,682	560,480 12.23	5,527,972	386,290 7.51	5,354,276	-173,696 -3.14	4,478,246	-876,030 -16.36	-663,436 -12.90

第 6 章 日本資本主義の長期停滞と蓄積構造 195

電力・ガス・熱供給	209,212	-12,853	221,420	12,208	228,911	7,491	212,940	-15,971	3,728
		-5.79		5.84		3.38		-6.98	1.78
水道・廃棄物処理	353,093	-42,948	378,671	25,578	389,362	10,691	459,923	70,561	106,830
		-10.84		7.24		2.82		18.12	30.26
商業	10,961,539	2,443,438	11,680,904	719,365	12,229,198	548,294	10,755,968	-1,473,230	-205,571
		28.69		6.56		4.69		-12.05	-1.88
金融・保険	2,124,820	223,080	2,068,063	-56,757	1,791,022	-277,041	1,596,078	-194,944	-528,742
		11.73		-2.67		-13.40		-10.88	-24.88
不動産	539,029	64,386	481,654	-57,375	441,377	-40,277	397,932	-43,445	-141,097
		13.57		-10.64		-8.36		-9.84	-26.18
運輸	2,791,316	125,810	3,195,358	404,042	3,043,824	-151,534	3,182,443	138,619	391,127
		4.72		14.47		-4.74		4.55	14.01
通信・放送	615,336	20,183	629,109	13,773	767,396	138,287	624,627	-142,769	9,291
		3.39		2.24		21.98		-18.60	1.51
公務	1,861,282	-308,891	2,128,409	267,127	2,010,732	-117,677	1,874,764	-135,968	13,482
		-14.23		14.35		-5.53		-6.76	0.72
教育・研究	2,756,938	702,251	3,232,577	475,639	2,911,240	-321,337	2,918,577	7,337	161,639
		34.18		17.25		-9.94		0.25	5.86
医療・保健・社会保障・介護	2,428,085	225,565	3,092,378	664,293	4,177,778	1,085,400	5,417,983	1,240,205	2,989,898
		10.24		27.36		35.10		29.69	123.14
その他の公共サービス	424,014	-247,503	519,390	95,376	479,166	-40,224	484,797	5,631	60,783
		-36.86		22.49		-7.74		1.18	14.34
対事業所サービス	3,818,423	1,928,974	4,080,096	261,673	5,433,351	1,353,255	6,677,741	1,244,390	2,859,318
		102.09		6.85		33.17		22.90	74.88
対個人サービス	4,570,517	192,268	5,213,929	643,412	5,679,040	465,111	6,730,907	1,051,867	2,160,390
		4.39		14.08		8.92		18.52	47.27
事務用品	0	-	0	-	0	0	0	0	0
								-	-
分類不能	34,575	7,766	35,814	1,239	50,735	14,921	18,158	-32,577	-16,417
		28.97		3.58		41.66		-64.21	-47.48
合計	51,758,535	5,615,734	54,605,310	2,846,775	55,592,939	987,629	55,303,614	-289,325	3,545,079
		12.17		5.50		1.81		-0.52	6.85

(注) 1. 1970 年は「昭和 45・50・55 年接続産業連関表」(以下「1970-75-80 年表」のように略記), 1975 年から 1985 年は「昭和 50-55-60 年接続産業連関表」, 1990 年から 2000 年は「平成 2-12 年接続産業連関表」, 2005 年は「平成 17 年産業連関表」の雇用マトリックス表による。なお, 産業部門の分類については 1975-80-85 年表の大分類を基準にしてで行っている。
2. 従業者数は「有給役員雇用者」の数値を使用。そのため, 上記の値に個人業者や家族従事者は含まれていない。
3. 2005 年表の「情報・通信機器」「電子部品」は 14「電気機械」に, 「再生資源回収・加工処理」は 19「水道・廃棄物処理」に, 「情報サービス」「インターネット附随サービス」「映像・文字情報制作」は 29「対事業所サービス」に算入。
(出所) 総務省「産業連関表」。

(b) 職業分類別

(単位:人,%)
(左:従業者数,右上段:増減数,右下段:増減率)

職業分類	1990年		1995年		2000年		2005年		1990-2005年
専門的・技術的職業従事者	6,770,897	1,722,452 34.12	7,678,101	907,204 13.40	7,945,406	267,305 3.48	7,923,594	-21,812 -0.27	1,152,697 17.02
管理的職業従事者	2,108,129	-712,322 -25.26	2,201,188	93,059 4.41	1,928,846	-272,342 -12.37	1,492,179	-436,667 -22.64	-615,950 -29.22
事務従事者	11,830,723	1,738,980 17.23	12,425,031	594,308 5.02	12,384,348	-40,683 -0.33	12,147,568	-236,780 -1.91	316,845 2.68
販売従事者	7,671,512	1,901,555 32.96	8,469,110	797,598 10.40	8,454,209	-14,901 -0.18	8,400,140	-54,069 -0.64	728,628 9.50
農林漁業作業者	460,137	2,274 0.50	436,704	-23,433 -5.09	358,186	-78,518 -17.98	409,768	51,582 14.40	-50,369 -10.95
運輸・通信従事者	2,180,574	-98,564 -4.32	2,493,881	313,307 14.37	2,231,037	-262,844 -10.54	2,041,677	-189,360 -8.49	-138,897 -6.37
生産工程・労務作業者	16,147,063	799,669 5.21	15,620,133	-526,930 -3.26	15,732,044	111,911 0.72	15,501,665	-230,379 -1.46	-645,398 -4.00
保安職業従事者	836,243	-25,314 -2.94	964,889	128,646 15.38	1,009,131	44,242 4.59	1,100,609	91,478 9.07	264,366 31.61
サービス職業従事者	3,718,878	277,286 8.06	4,283,811	564,933 15.19	5,528,452	1,244,641 29.05	6,264,801	736,349 13.32	2,545,923 68.46
分類不能の職業	34,379	9,718 39.41	32,462	-1,917 -5.58	21,280	-11,182 -34.45	21,613	333 1.56	-12,766 -37.13
合計	51,758,535	5,615,734 12.17	54,605,310	2,846,775 5.50	55,592,939	987,629 1.81	55,303,614	-289,325 -0.52	3,545,079 6.85

(注) 1. 分類は原則として 1975-80-85 年の分類に依拠。
2. 1970-75-80 年表および 1975-80-85 年表にある「採鉱・採石作業者」は新分類に合わせて「生産工程・労務作業者」に統合。
3. 1970 年表の「その他のサービス職業従事者」のうち「清掃員」は「生産工程・労務作業者」に算入。
(出所) 総務省「産業連関表」。

　非製造業においては建設業と卸売・小売業の減少が顕著である。これに対して海外では,人数で見ると製造業の割合が高く (09 年で 368 万人),非製造業 (同・101 万人) を大きく上回る規模であるが,増加率で見ると製造業が 39.77% であるのに対して非製造業は 90.77% と倍以上の伸びを示している点が特徴的である。

　なお増加が特に著しいのは,製造業では輸送機械 (46 万人,67.53%) と一般機械 (12 万人,58.07%),電気機械 (11 万人,52.55%),および増加率の高い金属製品 (142.52%),非鉄金属 (85.21%) が挙げられる。構成比で見ても,輸送機械はもともと多くの割合を占めているが,近年はさらにその比率が上昇して

表 6-3 国内・海外の労働者数の推移

(単位：千人)

| | 日本国内の常用労働者数 ||||||| 日本企業の海外法人常時従業者数 |||||||
| | 実数 || 増減 || 構成比 (%) ||| 実数 || 増減 || 構成比 (%) |||
	01年末	10年末	実数	増減率	01年末	10年末	変化	01年度	09年度	実数	増減率	01年度	09年度	変化
合　計	43,388	44,358	970	2.24%	100.00	100.00	0.00	3,161	4,686	1,526	48.28%	100.00	100.00	0.00
製造業	9,676	8,281	▲1,395	-14.42%	22.30	18.67	▲3.63	2,633	3,680	1,047	39.77%	83.31	78.53	▲4.78
食料品	1,450	1,306	▲144	-9.93%	3.34	2.94	▲0.40	97	157	61	62.60%	3.06	3.36	0.30
繊　維	630	351	▲279	-44.29%	1.45	0.79	▲0.66	159	127	▲32	-19.84%	5.03	2.72	▲2.31
木材紙パ	395	311	▲84	-21.27%	0.91	0.70	▲0.21	31	30	▲1	-4.17%	0.99	0.64	▲0.35
化学，石油石炭	478	482	4	0.84%	1.10	1.09	▲0.02	154	163	9	5.62%	4.87	3.47	▲1.40
窯業・土石	378	244	▲134	-35.45%	0.87	0.55	▲0.32	48	76	29	59.95%	1.51	1.63	0.12
鉄　鋼	231	227	▲4	-1.73%	0.53	0.51	▲0.02	49	46	▲3	-6.16%	1.54	0.97	▲0.57
非鉄金属	163	149	▲14	-8.59%	0.38	0.34	▲0.04	49	91	42	85.21%	1.56	1.95	0.39
金属製品	651	575	▲76	-11.67%	1.50	1.30	▲0.20	32	77	45	142.52%	1.01	1.64	0.64
一般機械	1,193	1,638	445	37.30%	2.75	3.69	0.94	200	315	116	58.07%	6.31	6.73	0.42
電気機械	1,680	568	▲1,112	-66.19%	3.87	1.28	▲2.59	216	329	113	52.55%	6.83	7.03	0.20
情報通信機械		292	292			0.66	0.66	724	785	61	8.41%	22.92	16.76	▲6.16
輸送機械	931	996	65	6.98%	2.15	2.25	0.10	678	1,136	458	67.53%	21.46	24.24	2.79
その他の製造業	1,496	1,142	▲354	-23.66%	3.45	2.57	▲0.87	196	346	150	76.13%	6.22	7.38	1.17
非製造業	33,712	36,077	2,365	7.02%	77.70	81.33	3.63	527	1,006	479	90.77%	16.69	21.47	4.78
鉱　業	42	23	▲19	-45.24%	0.10	0.05	▲0.04	17	10	▲6	-37.50%	0.52	0.22	▲0.30
建設業	3,965	2,563	▲1,402	-35.36%	9.14	5.77	▲3.36	20	27	6	30.12%	0.65	0.57	▲0.08
運輸・通信業	3,492	4,073	581	16.64%	8.05	9.18	1.13	67	201	134	201.23%	2.11	4.28	2.17
卸売・小売業	10,646	8,591	▲2,055	-19.30%	24.54	19.37	▲5.17	340	593	253	74.36%	10.75	12.64	1.89
サービス業	13,399	18,472	5,073	37.86%	30.88	41.64	10.76	41	113	72	178.09%	1.28	2.41	1.12
その他の非製造業	2,168	2,355	187	8.63%	5.00	5.31	0.31	43	63	20	45.48%	1.37	1.35	▲0.03

（注）非製造業からは農林漁業を除いており，また一般機械には精密機械を含む。
（出所）総務省「毎月勤労統計調査」，経済産業省「海外事業活動基本調査」。

いることがわかる。

　他方で非製造業では卸売・小売業（25万人，74.36%），運輸・通信業（13万人，201.23%），およびサービス業（7万人，178.09%）の人員増加が顕著である。これらの動きについては国内と同様のIT化による情報通信サービスの拡大に加え，近年では海外（特にアジア向け）での販路の拡大傾向が影響しているものと捉えることができる。

　こうした雇用構造の変化を背景として，労働者の窮乏化が進展している。詳しくは後に再度触れるとして，ここでは失業者数の推移について確認しよう。図6-9に見られるように，失業者は1990年代初頭からこれまで全年齢階級で増加しており，2000年代中盤の好況期に若干の減少が見られるものの，ほぼ一貫して高水準で推移している。特にバブル後の2度目の後退期に当たる1990年代後半から2000年代前半は企業による人員削減を含む大規模なリストラク

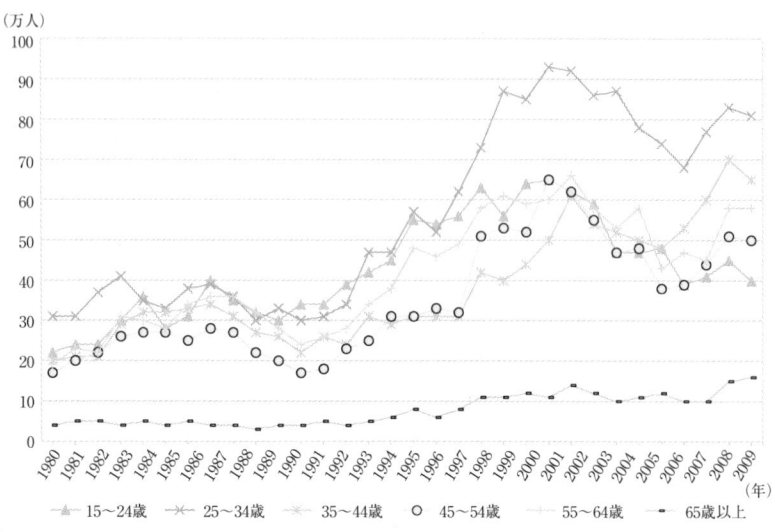

図6-9 完全失業者数の推移（年齢階級別）

(出所) 総務省「労働力調査」。

チャリングが本格的に進展した時期であるが，本資料でもこの期間において伸びが特に高い。年齢階級別に見ると25〜34歳の層を筆頭に若年労働者の割合が高い点が特徴であり，特に近年（2000年代後半以降）では15〜24歳の層が減少傾向にあるのに対して35〜44歳層の伸びが高い点が注目される。詳細は割愛するが，前者の減少傾向については少子化による同階層の減少，後者の増加傾向については失業の長期化[28]，または非正規雇用の拡大を背景とする雇用の短期化による影響があるものと考えられる。

最後に，この間のグローバル化，特に企業の海外進出が国内雇用に与える影響について検討しよう。この点に関する議論はすでに多くなされているが，雇用を増加させるのか減少させるのかといった最大の論点に関しても見解は多様である。

---

[28] 厚生労働省（2011）は労働力調査を基に，職を探していても1年以上見つからない長期失業者は90年には55歳以上の占める割合が35.7%と最も高かったが，10年には25〜34歳の層が26.2%と全世代で最も高くなっていると，若年層の失業の長期化を指摘している（同，17-19ページ）。

例えば厚生労働省（2003）は，2000年度において製造業では企業の海外進出によって60万人の就業機会が喪失されたと試算する。また藤川・渡邊（2004）は現地法人が同一産業のみから仕入れるケースと日本国内の産業と同じ投入係数で仕入れるケースに分けて1990年から99年における海外直接投資の国内雇用への影響（全産業）について試算し，99年については前者のケースで162万人，後者のケースで171万人雇用が減少したとしている[29]。

他方で，その減少効果は限定的であるとする議論も少なくない。深尾・袁（2001）は，1987年から98年にかけてのアジア向けの輸出代替・逆輸入型直接投資について試算し，製造業全体では繊維や電子通信機器を中心に58万人国内雇用を減少させたものの，販売シェアの維持や市場獲得を動機とする直接投資の国内雇用へのプラス効果を加味すると，ネットの雇用減は6万人程度であったとする[30]。また内閣府（2004）は貿易による雇用への影響について，輸入超による影響で1985年から2000年の間に雇用が196万人減少したと推計しながらも，実際の雇用がこの間に微増していることから，新たな内需の創出が雇用の減少を抑制したとして，雇用創出のための構造改革・規制緩和の必要性を主張している[31]。

この国内雇用の増減に対する影響に関しては，企業規模の大小や産業の違い，また職種による影響などを区別して捉えていく必要がある。まず，そもそも海外直接投資が可能な企業とはそれだけの資金調達力のある企業に限られるものであり，通常は大企業が中心である。また，需要の面から言えば，一般的

---

29) なお経済産業省（2011）は産業連関表による貿易の波及効果の分析結果に基づき，この間の日本において「輸入の増加によって産業連関構造が寸断され，「波及効果」が流出しやすくなって」おり，「国際分業化が国内で「波及効果」が十分に誘発できるように進まなかった」こと，そして「フルセット型の時代に比べて，マクロの視点で貿易の政策を考える上で，国内の「波及効果の誘発」を考える必要性が高まっている」ことを指摘している（同，147ページ）。
30) ただし同稿では，輸出代替・逆輸入型直接投資が増加した場合には，国内雇用に大きなマイナス効果が生じうることも指摘している。
31) 同様の主張は世界金融危機以前においては多く見られたが，近年においては例えば経済産業省（2011）のように，国内雇用への影響について明言を避ける傾向も見られる（同，180ページ）。

には製造業に比べて非製造業のほうが国内に限定される傾向が強い。そして海外化による雇用の増減は，その国内での人員が海外の人員によって代替可能であるか否かによって大きく左右されるが，一般には，雇用者のうち技能職（ブルーカラー）が代替的であるのに対して，事務職・営業職・技術職（ホワイトカラー）については補完的であると考えられる[32),33)]。

そして，この国内雇用の増減自体も問題とすべきことであることは確かであるが，この間のグローバル化による雇用への影響を捉える上でより重視すべき点は，むしろ雇用の質であるものと思われる。実際のところ，この間の雇用は全体として大幅な減少は見られなかったとしても，それは以下でも確認するように，雇用の非正規化の進行によるところが大きい。そこには，労働生産性上昇を目的として進められた労働強化の進行も含まれている。そして仮に非正規化などを通じて雇用者数が増加し，またそれによって例えば所得への一定の正の効果が得られたとしても，賃金の削減や社会保障の縮小など所得への負の効果がこれを上回るとすれば，労働者の貧困化はむしろ進行することになるのである[34)]。

3–2　非正規化の進展

このように停滞期において日本企業は雇用削減を軸として雇用の合理化，言

---

32)　樋口・玄田（1999），149ページを参照。
33)　ところで企業の海外移転による技術力への影響については，技術力が漏出して国力を落とすことにつながるという点を指摘する議論が一般によく見られる。他方で，海外であれ本国であれ，海外の労働者と合同する現場が増加することそれ自体は，新たな技術的交流をもたらす源泉にもなりうるし，そのことで技術力の向上や労働意欲の向上につながるという相乗効果を強調する主張もある。いずれにしても，これらの議論は基本的に資本の視点に立つものであり，海外労働者と家族の権利保護など，労働者的視点が欠落しがちであるという点において一致している。
34)　なお福田（2010）は，グローバリゼーション（グローバル・ネットワークの形成）が労使関係に与える影響として，①産業空洞化，アウトソーシングに伴う労働需給の緩和，②労使間の「競争構造」の転換，③新自由主義政策への転換圧力によって，労働から資本・経営サイドへの交渉力のバランスがシフトすると指摘している（同，115ページ）。

い換えれば労働コストの削減あるいは「労働のダウンサイジング」を進めてきた。こうした労働コストの削減のために行われた施策のうち，この間，資本によって最も顕著に進められてきたのが雇用の非正規化である。

図6-10 はこの間の正規・非正規雇用者の全体の推移を示すものである。図から明らかなように，非正規雇用の割合は当該期間において一貫して増加しており，正規雇用が1990年から10年にかけて133万人（年平均6.7万人）減少しているのに対して，非正規雇用は同じ時期に875万人（同・43.8万人）増加している。特にこの動きが顕著になるのは90年代後半以降であり，例えば正規は1999年に106万人，2002年に151万人減る一方で，非正規は97年に109

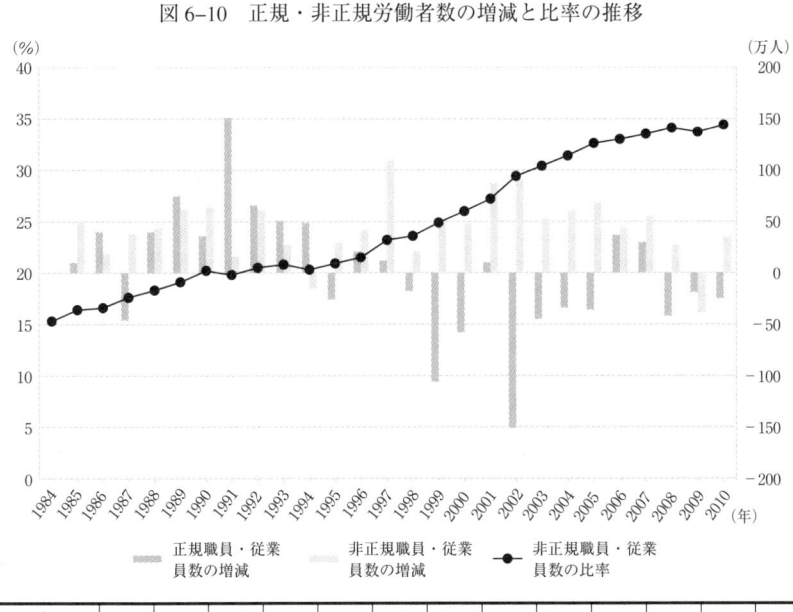

図 6-10　正規・非正規労働者数の増減と比率の推移

年	1984	1985	1986	1987	1988	1989	1990	1991	1992	1993	1994	1995	1996
正規職員・従業員数	3,333	3,343	3,383	3,337	3,377	3,452	3,488	3,639	3,705	3,756	3,805	3,779	3,800
非正規職員・従業員数	604	655	673	711	755	817	881	897	958	986	971	1,001	1,043

年	1997	1998	1999	2000	2001	2002	2003	2004	2005	2006	2007	2008	2009	2010
正規職員・従業員数	3,812	3,794	3,688	3,630	3,640	3,489	3,444	3,410	3,374	3,411	3,441	3,399	3,380	3,355
非正規職員・従業員数	1,152	1,173	1,225	1,273	1,360	1,451	1,504	1,564	1,633	1,677	1,732	1,760	1,721	1,756

（出所）総務省「労働力調査」。

万人，01年・02年にそれぞれ87万人・91万人と増えている。この点で言えば，現在まで続く非正規化雇用拡大の流れは，90年代後半以降，特に97年から02年の期間において集中的に形成されたと言って良いだろう。

さらに同図によると，1990年代後半から現在までの期間では，不況期だけでなく好況期においても正規が減少し非正規が増える傾向が見られる，という点が特徴的である。つまりこの結果を見る限りでは，正規から非正規への転換は大きく進んだ一方で，非正規から正規への転換はさほど進んでいなかった，ということである。もちろんこれらの数値は結果を示しているだけのものなので，これらの結果の背後には労働移動が行われた部分も含まれているはずである。だがそうだとしても，マイナス幅で非正規が正規を上回った2009年を例外とすると，90年代後半以降，正規の増加が非正規の増加を上回った年はない。つまり戦後最長と言われた第14循環においても非正規雇用の拡大の流れを変えるには至らず，長期間の好況であったにもかかわらず正規が増加した年は06年と07年に限られ，またそれも非正規の増加を上回るものではなかった。この点において先の好況では，一定の正規雇用の回復が見られたものの，全体としてはこの間続いてきた非正規雇用の拡大に歯止めをかけるには至らなかった，と見ることができる。

次の表6-4は正規・非正規雇用の産業別の動きを捉えたものである。ここでもやはり正規雇用者数の減少と非正規雇用者の増加が全体の基調であるが，部門別で目立つのは製造業（256万人），卸売・小売業（164万人），建設業（109万人）における正規雇用者の減少，およびサービス業（380万人），運輸・通信業（80万人），製造業（50万人）における非正規雇用者の増加である。正規の減少と非正規の増加は製造業において顕著であり，金融・保険業が後に続く形になっている。

変化率や構成比で見ると，一連の動きはより明確に捉えられる。ここで非正規化の推移に絞って見ていくと，変化率については運輸・通信業（149%），不動産業（112%），サービス業（103%）の増加が著しいが，構成比では特にサービス業（10.27ポイント）の伸びが顕著である。これらの部門では正規雇用も増

表6-4 非正規労働者比率の推移(産業別)

(単位:千人,%,ポイント)
(左上段;正規雇用者数,左下段;非正規雇用者数,右上段;雇用者合計,右下段;非正規労働者比率)

	人数				変化(1997年-2007年)		構成比			
	1997年		2007年		増減	変化率	1997年		2007年	増減
総数	38,542	51,132	34,324	53,223	▲4,218	2,091	-10.94%	4.09%	100.00 100.00%	100.00 100.00%	0.00 0.00
	12,590	24.62%	18,899	35.51%	6,309	10.89	50.11%	-	100.00 -	100.00 -	0.00 -
農業	129	268	256	511	127	243	98.37%	90.82%	0.33 0.52%	0.75 0.96%	0.41 0.44
	139	51.87%	256	49.96%	117	▲1.90	83.81%	-	1.10 -	1.35 -	0.25 -
林業	35	52	23	35	▲13	▲17	-35.71%	-32.31%	0.09 0.10%	0.07 0.07%	▲0.03 ▲0.04
	17	32.69%	13	36.08%	▲4	3.39	-25.29%	-	0.14 -	0.07 -	▲0.07 -
漁業	62	87	53	76	▲10	▲11	-15.32%	-12.53%	0.16 0.17%	0.15 0.14%	▲0.01 ▲0.03
	25	28.74%	24	31.01%	▲1	2.28	-5.60%	-	0.20 -	0.12 -	▲0.07 -
鉱業	35	39	22	26	▲13	▲14	-36.00%	-34.62%	0.09 0.08%	0.07 0.05%	▲0.03 ▲0.03
	4	10.26%	3	12.16%	▲1	1.90	-22.50%	-	0.03 -	0.02 -	▲0.02 -
建設業	4,069	4,853	2,979	3,723	▲1,090	▲1,130	-26.78%	-23.29%	10.56 9.49%	8.68 6.99%	▲1.88 ▲2.50
	784	16.15%	743	19.96%	▲41	3.81	-5.20%	-	6.23 -	3.93 -	▲2.29 -
製造業	10,003	12,278	7,440	10,216	▲2,563	▲2,062	-25.63%	-16.79%	25.95 24.01%	21.67 19.20%	▲4.28 ▲4.82
	2,275	18.53%	2,777	27.18%	502	8.65	22.05%	-	18.07 -	14.69 -	▲3.38 -
電気・ガス・熱供給・水道業	357	384	342	376	▲15	▲9	-4.29%	-2.21%	0.93 0.75%	1.00 0.71%	0.07 ▲0.05
	27	7.03%	34	9.00%	7	1.97	25.19%	-	0.21 -	0.18 -	▲0.04 -
運輸・通信業	3,236	3,775	3,667	5,009	431	1,234	13.30%	32.68%	8.40 7.38%	10.68 9.41%	2.29 2.03
	539	14.28%	1,342	26.80%	803	12.52	149.02%	-	4.28 -	7.10 -	2.82 -
卸売・小売業	6,537	10,883	4,896	9,269	▲1,642	▲1,614	-25.11%	-14.83%	16.96 21.28%	14.26 17.42%	▲2.70 ▲3.87
	4,346	39.93%	4,373	47.18%	27	7.25	0.63%	-	34.52 -	23.14 -	▲11.38 -
金融・保険業	1,627	1,834	1,199	1,597	▲428	▲238	-26.30%	-12.95%	4.22 3.59%	3.49 3.00%	▲0.73 ▲0.59
	207	11.29%	397	24.89%	190	13.61	91.98%	-	1.64 -	2.10 -	0.46 -
不動産業	326	424	361	569	35	145	10.71%	34.08%	0.85 0.83%	1.05 1.07%	0.21 0.24
	98	23.11%	208	36.52%	110	13.40	111.84%	-	0.78 -	1.10 -	0.32 -
サービス業	9,981	13,683	10,293	17,791	312	4,108	3.13%	30.03%	25.90 26.76%	29.99 33.43%	4.09 6.67
	3,702	27.06%	7,498	42.15%	3,796	15.09	102.55%	-	29.40 -	39.68 -	10.27 -
公務(他に分類されないもの)	1,856	2,082	1,921	2,184	65	102	3.51%	4.88%	4.82 4.07%	5.60 4.10%	0.78 0.03
	226	10.85%	263	12.03%	37	1.17	16.19%	-	1.80 -	1.39 -	▲0.41 -
分類不能の産業	288	490	874	1,843	586	1,353	203.58%	276.06%	0.75 0.96%	2.55 3.46%	1.80 2.50
	202	41.22%	968	52.55%	766	11.33	379.41%	-	1.60 -	5.12 -	3.52 -

(注) 1. 役員を除く雇用者数。
 2. 飲食店業は1997年では「卸売・小売業」,2007年では「サービス業」に加算されているため,両部門の数値はこの部分の増減を含んでいる点に注意を要する。
 3. それぞれ四捨五入した値。そのため表の各数値を計算した値と表の値は必ずしも一致しない。
(出所) 総務省「就業構造基本調査」。

加しているが,変化率ではいずれも10%台またはそれ以下である。改めて,この間の日本経済においてはサービス部門を中心に非正規化の拡大が展開したことを確認することができる[35]。

---

35) なお例外的に農業では正規雇用者が増加しているが,これは農業法人などを通じた農業関係雇用が増加したことによるものであり,農業人口全体が増加していることを意味するものではない。実際,就業構造基本調査によると,自営業者・家族従

こうした雇用の非正規化を推し進めているのは何であろうか。これらの動きは，根本的には利潤率の低落に伴う資本節減の追求（その加速）によるものであると言えるが，具体的には次の点を要因として挙げることができる。

　まず第1に，国際競争の激化である。1990年代以降の日本においては内需の低迷に伴い輸出依存を強めているが，価格競争を中心とした国際規模での資本間の競争が激化するに伴い，一方ではコスト削減と販路拡大を主目的とする海外進出が増えるとともに，国内でのより一層のコスト削減が進行する。非正規雇用の拡大も，基本的にはこの国内でのコスト削減の一環として進められたものとして捉えることができる。

　第2に，バブル期以来の雇用の「過剰」化である。これは端的に言えば，バブル崩壊によって経営状況が悪化したため雇用が相対的に過剰となり，その結果，正規雇用の削減と非正規雇用の増加が生じた，ということである。例えば日本銀行の短期経済観測調査によれば，バブル崩壊以降，雇用は過剰感が不足感を超える状態が慢性的に続いており，これが雇用の非正規化を促したという側面がある。

　以上の2つの要因は相互に密接に関連する。国際競争が激しくなると，経営側のコスト削減圧力も強まることになるが，過剰人員を整理することは，直接的には労働費用を削減し，価格競争力を高めるよう作用するためである。加えてこの人員整理は，雇用不安を高めることを通じて雇用をめぐる労働者同士の競争を促し，労働者に対するさらなる労働強化を可能にする[36]。いわゆる産

事者や役員を加えた全体の数では同部門の有業者は1997年の327.6万人から2007年の248.1万人と大幅に（約80万人）減少している。

36) ここで注意しておきたいのは，「過剰」とみなされた労働者の削減が正規雇用に及んだという点と，その削減された正規雇用の人員が非正規雇用の人員によって置き換えられたという点である。従来の日本において，雇用調整は非正規雇用の人員から行われ，正規雇用は温存される傾向が強いとされてきた。世界金融危機当初の2008年末における「派遣切り」に象徴されるように，バブル崩壊後もその傾向は基本的に継続していると考えられるが，その一方でこの間においては，アウトソーシングの進展に見られるように，余剰人員を非正規雇用で代替することを前提に，正規雇用を調整する動きもまた広まっている。

業予備軍効果であるが，非正規雇用の増加はこうした競争の強化を促進する作用を持つ。

第3に，IT技術の発展である。一般に，情報通信技術の発展は，企業内において業務の標準化を促進し，それが当該企業独自の技術とそれを有する人員の必要性を低下させる。こうしたことから，正規雇用の非正規雇用への転換が促されることになる[37]。IT化そのものは非正規雇用拡大の技術的要因として捉えるのが適切と思われるが，ここでの非正規化の展開は，技術進歩に伴う熟練労働の非熟練化の進行の一環として捉えることができる[38],[39]。

第4に，労働法制の規制緩和である。日本においてはこの間，労働基準法の改定により，労働時間に関する規定を中心に緩和が進んできたが[40]，そのな

---

37) 例えば砂田・樋口・阿部（2004）は企業活動基本調査の個票資料をもとに企業のIT技術の導入・利用が雇用構造，特に正規雇用に与えた影響について分析した上で，「企業の情報通信技術の導入がその業務をデジタル化したり，社内の情報処理構造を変化させたりする結果，長期雇用のなかで社内業務に精通し，また社内に人的ネットワークを構築してきた正規従業員のパート従業員に代表される非正規労働力に対する優位が弱まる」（同，16ページ）こと，つまり「正規従業員の生産性が（相対的に）低下する」（同）ことを示唆しているとする。なお同様の議論として，野田（2010）185ページ，浅野・伊藤・川口（2011）84-86ページを参照。

38) 一般に，IT技術をもととする高度な自動化が進むと，より汎用性の高い製造システムの構築が可能となるが，これは他方で，その製造を担う労働の規格化・一般化（つまり低廉化）をも推し進め，また労働の代替性を高めることにもつながる。

39) 付け加えると，IT技術の発展が経済の金融化を推し進め，それが短期的な利益追求の動きを強めるよう機能したという意味で言えば，この点でもIT化は非正規雇用の拡大に少なからず影響したということができる。

40) 労働基準法の改定による労働時間の規制緩和の経緯は以下のとおりである。
　1987年：①法定労働時間の週40時間への変更と段階的実施
　　　　　②変形労働時間制とフレックスタイム制の創設
　　　　　③事業場外労働と裁量労働の「みなし」時間制の創設（当初5業務）
　1997年：裁量労働制に6業務を追加（計11業務）
　1998年：企画業務型裁量労働制の創設
　2002年：専門業務型裁量労働制に8業務を追加（計19業務）
　2003年：導入要件が厳格であった企画業務型裁量労働制の要件緩和
　このあとも，ホワイトカラー労働に関する労働法制の見直しが議論となり，今日に至っている。また，97年改定では男女雇用機会均等法の改定（女子保護規定の撤廃）に対応して，18歳以上の女性に対する残業規制等が撤廃されている。以上の労働基準法の規制緩和の経緯については柳沢（2008）を参照。

かで有期労働契約（期間の定めのある労働契約）についても規制緩和が進められてきた。有期労働契約は従来，労働基準法第14条により期間の上限が1年とされていたが，1998年の労基法改定では例外として3年を認められる場合が新設され，また2004年の改定において有期労働契約について契約期間の上限が原則3年とされた。また04年改定では，高度の専門的な知識，技術または経験を有する者や満60歳以上の者と有期労働契約を締結する場合について，契約期間の上限が5年と緩和された。

　こうした動きと並行して，労働者派遣法の制定とその改定も進行した[41]。

1986年：労働者派遣法の施行（制定は1985年，当初13業務）

1996年：対象業務に13業務を追加（計26業務）

1999年：派遣労働の対象業務が，製造業務など一部の業務を除いて原則自由化（ポジティブ・リスト方式からネガティブ・リスト方式への転換）

2004年：ネガティブ・リストに掲載されていた製造業務における派遣労働が解禁

　　　　派遣労働者の受入期間の上限が緩和（原則1年から原則3年へ）

　少なくとも上記に関する限り，労働法制はこれまでほぼ一貫して規制緩和の途を辿っているが，同時にこれらが，非正規雇用の拡大を推し進める制度的基礎として機能してきたと言える。

　そして第5に，雇用をめぐる経営側の意識変化，特に「終身雇用制」に象徴される日本型雇用からの方針転換である[42]。日本における非正規化の進展に関しては，1995年に日本経営者団体連盟（当時）による「新時代の『日本的経営』」の発表が強く影響したとされる。同報告は，雇用形態を次の3つのグループに分け，それに対応する新たな雇用システムの構築を提言している。す

---

41) 労働者派遣法の規制緩和の経緯については岡村（2009）を参照。なお労働政策研究・研修機構（2011）は，日中韓3カ国を対象に派遣労働の実態について詳細に比較・検証している。

42) 天野（2000）は長期雇用の持つ意義として，①（企業内訓練・企業外訓練などを通じた）人的資源形成の長期にわたる実施，②従業員の柔軟な企業内移動（集団的チーム・ワークの編成や配置転換など）の実施，③（精神的な不安を少なくすることによる）労働意欲の発揮とモラルの向上を挙げている（同，174ページ）。

なわち，① 長期蓄積能力活用型グループ（期間の定めのない雇用契約をなしているもので，企業経営の中心的な雇用層を形成するグループ），② 高度専門能力活用型グループ（必ずしも長期雇用を前提としないもので，専門的熟練・能力を持つ雇用層を形成するグループ），③ 雇用柔軟型グループ（短期勤続を想定するもので，企業の業績などに応じて柔軟に運用しうる雇用層を形成するグループ）である。これらの議論を基に，同報告は，以上の3つの雇用グループを効果的に組み合わせ，企業規模や業種の特性などを考慮した「雇用ポートフォリオ」を軸とする雇用戦略を打ち立てることを提起している。この動きは，企業経営の転換を示す動きとしても注視すべきであろう（後述）。

3-3 労働コストの節減とその影響

以上の雇用情勢の悪化は，端的にはバブル崩壊以降における企業による資本節減の結果であると言える。次に法人企業統計と労働力調査をもとに，この雇用削減を含めた労働コストの動向について見ていこう。

図6-11はこの間の労働コストの推移を捉えたものである。図で見られるように，バブル崩壊以降，労働者による労働力の対価として支払われる賃金その他の費用は長期にわたり抑制，または削減され続けている。この労働コストの抑制・削減の動きは具体的には1990年代後半から出始めているが，2000年代に入ってからより顕著になっている。

ただしこの動きについては製造業と非製造業で若干異なる傾向が見られる。製造業においては，1997年からコストの抑制が始まり，その後2001年と07年に上昇が見られるものの，それ以外は低下または横ばいの動きを示している。なお，97年以降の山は01年の540万円，谷は09年の501万円であり，削減額は約39万円である。他方で同部門の雇用者数は93年にピーク（1,382万人）を迎えた後は緩やかな減少傾向にあり，04年以降では1,000万人台の水準で推移する状況が続いている。

これに対して非製造業では1995年をピークとしてコストの抑制が見られるが，削減の動きはむしろ2000年代，特に02年から05年において顕著である。

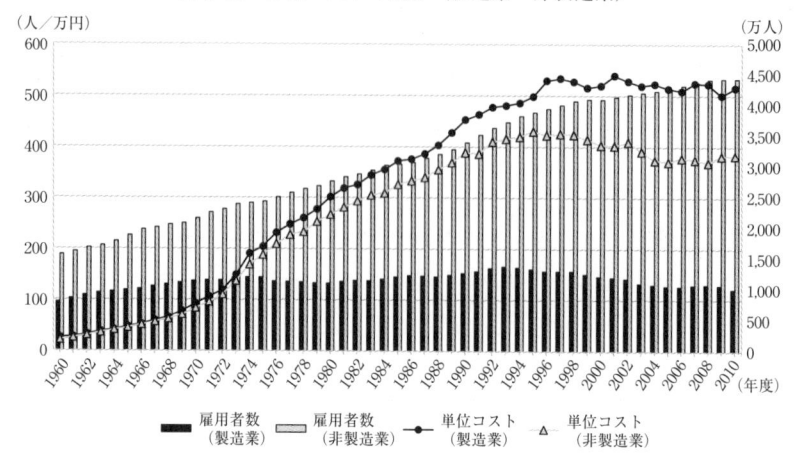

図 6-11 労働コストの推移（製造業・非製造業）

（注）1. 法人企業統計は年度，労働力調査は年次データを使用。
2. 労働コストは法人企業統計の「従業員給与」「従業員賞与」「福利厚生」の合計を「期中平均従業員数」で除したもの。
なおここでの従業員数は常用者の期中平均人員と，当期中の臨時従業員（総従事時間数を常用者の1カ月平均労働時間数で除したもの）との合計である。
3. 雇用者数は労働力調査の長期時系列データによる。
（出所）財務省「法人企業統計」，総務省「労働力調査」。

95年以降の山は同年の431万円，谷は08年の369万円で削減額は62万円に達するが，02年から05年では約40万円の削減である。その一方で，雇用者数は90年（3,403万人）から10年（4,445万人）まで，期間を通じてほぼ一貫して増加を続けている。

　以上をまとめると，バブル崩壊後の日本経済においては非製造業（特にサービス業）を中心に雇用そのものは増加したものの，それは労賃を軸とする労働コストの大幅な削減を基礎として達成されたものであった，と捉えることができる。さらに付け加えると，労働コストの実額で見ると抑制・削減がより進んだのは製造業であると言えるが，それは雇用者の増減に影響された面も少なくなく，単位当たりで見た場合，抑制がより強く行われていたのは非製造業であった，と捉えて良いだろう。

　次に労働コストの節減が資本と労働に与えた影響について検討する。まず資本に対する影響についてであるが，図6-12，6-13によると，雇用の縮小がよ

第6章　日本資本主義の長期停滞と蓄積構造　209

図 6-12　労働装備率の推移（製造業・非製造業）

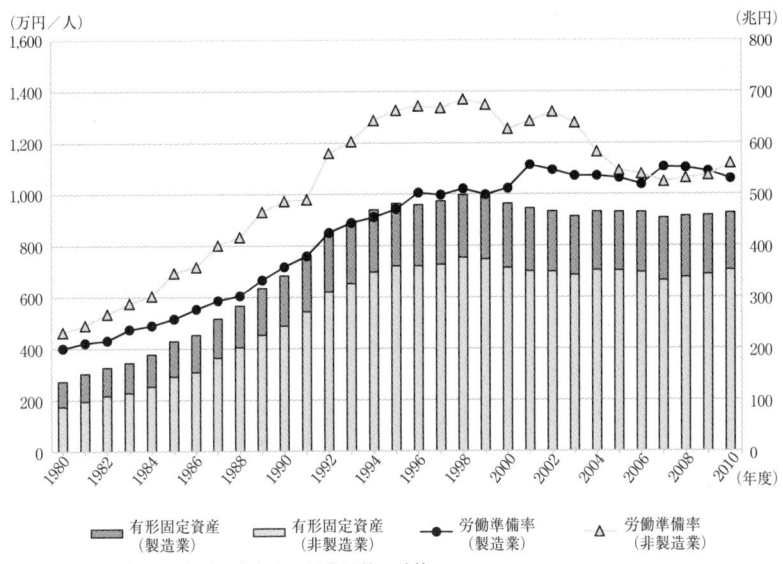

(注)　労働装備率は有形固定資産／従業員数で計算。
(出所)　財務省「法人企業統計」。

図 6-13　労働生産性の推移（製造業・非製造業）

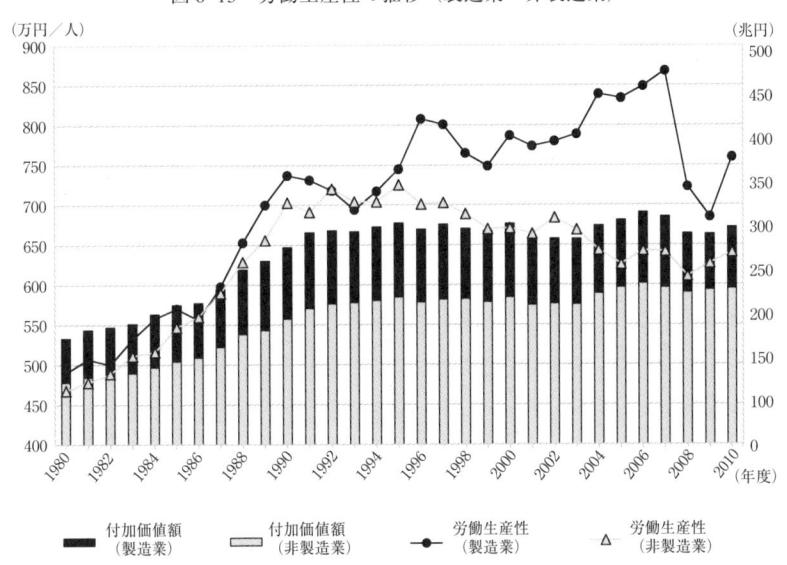

(注)　労働生産性は付加価値額／従業員数で計算。
(出所)　財務省「法人企業統計」。

り激しかった製造業は労働装備率および労働生産性を高め，これによって利益率を維持するように対応してきたと言える。その一方で，非製造業の労働装備率・労働生産性はともに微減傾向にある。特に同部門の生産性の低迷は，長期停滞の要因を労働生産性の停滞に求める議論において重視される点である。

　この生産性に関する議論について注意すべきことは次の点である。すなわち，労働生産性は労働1単位当たり産出高で捉えられる指標であるが，需要の増加がないことを前提とする場合，同指標を上昇させるには必然的に分母，すなわち労働（その単位が人数であれ時間や賃金であれ）の縮小へと向かわざるをえない。以上は基本的なことであるが，バブル崩壊後の日本経済において進んだのはまさにこの事態であると言える。まず製造業においては雇用削減を通じて生産性の上昇が実現し，それが先に見た同部門の利益率の回復につながったと見ることができる。他方で非製造業の低迷は，主に同部門での雇用の増加（特に派遣労働）と需要の停滞（特に内需型産業）によるものであるが，両者ともに雇用の低廉化によって実現したものであると言える[43]。

　最後に，これら一連の労働コストの節減が労働者に与えた影響について確認しよう。以上の非正規雇用の拡大を中心とした労働費用の節減が，労働者の窮乏化を推し進めてきたことは明らかである。

　給与所得者数の推移を見ると（図6-14），全体的には高所得者層の減少と低所得者の増加がこの間の趨勢であるが，この動きもまた1990年代後半，特に97年前後から見られるようになっている。そして階級別では501万円から1,000万円の中間層の減少が目立っており，ピーク時の97年では1,378万人だったのが2010年では1,068万人と310万人，22％の減少，その上の1,001万円から2,000万円の層も同期間において250万人から159万人と91万人，36％の減少である。特にこの層の減少は2008年以降において顕著である。

---

43) なお念のため付言すると，労働生産性が低位で推移しているとしても，そのことは決して，当該部門において労働強化が進んでいないということを直接意味するわけではない。労働コストの削減や労働強化が進行していても，それ以上に売上高や付加価値の減少が進めば，同指標は低下するためである。

第 6 章　日本資本主義の長期停滞と蓄積構造　211

図 6-14　給与階級別の給与所得者数

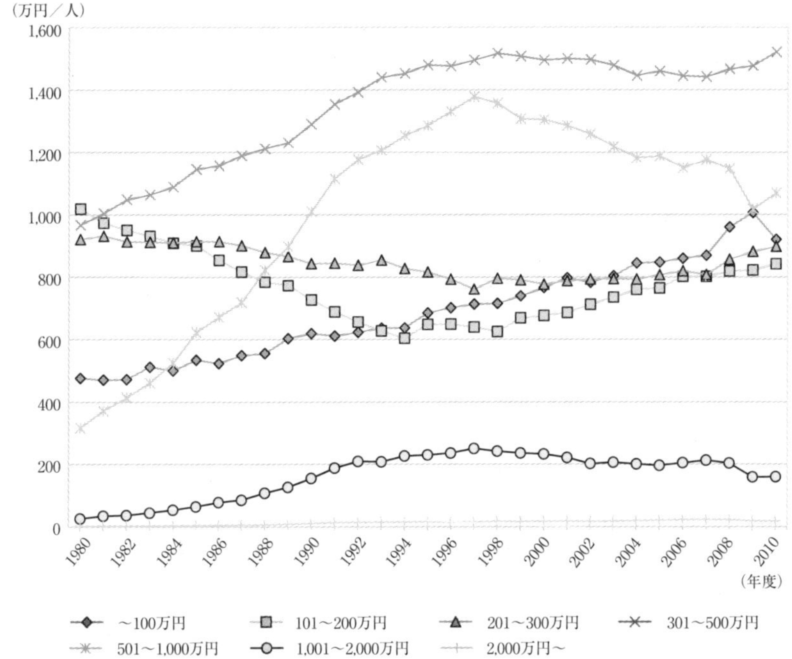

（万円／人）

凡例：
◆ ～100 万円　　■ 101～200 万円　　▲ 201～300 万円　　✕ 301～500 万円
✳ 501～1,000 万円　　○ 1,001～2,000 万円　　＋ 2,000 万円～

（出所）国税庁「民間給与実態統計調査」。

　その一方でこれら以外の層はおおむね増加しているが，特に顕著なのは 300 万円以下の層である。上記と同じ 1997 年から 2010 年を基準とすると，100 万円以下・200 万円以下・300 万円以下の層は順に 201 万人・203 万人・137 万人，合計で 548 万人増加しており，先の中間層の減少と合わせて，この間の労働者の所得減少の展開を明白に示していると言える。なお付け加えると，こうした労働者の低所得化が進む一方で 2,000 万円超の高所得層が増加している点にも注意が必要である。同層は，1997 年に 15 万人であったのが 2007 年のピーク時には 23 万人と 8 万人，22％ 増えている。その後 08 年以降は大幅に減少するものの，2010 年でも 18 万人と，依然として従来よりも高い水準にある[44]。

44）　なお山口（2011）は，経済のグローバル化が進展するなかで実質賃金率が抑制傾向にあり，実質賃金率の伸び率の抑制が直接投資の増加（企業の多国籍化）によっ

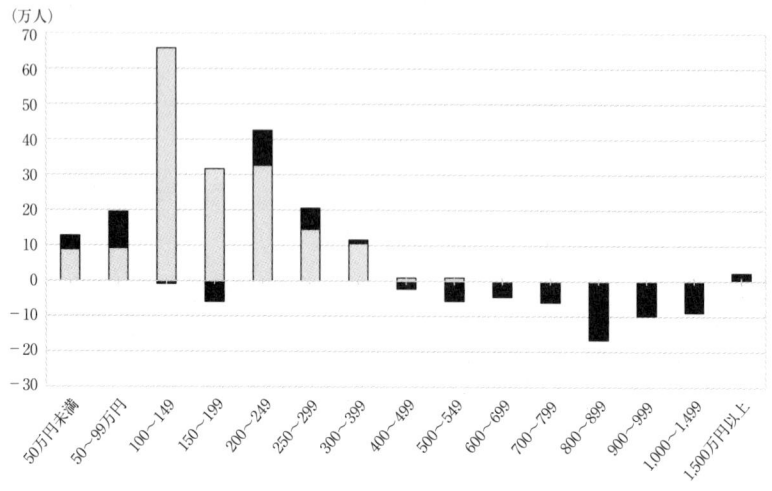

図 6-15　所得階層別雇用者数の変化（2002-2007 年）

(出所）総務省「就業構造基本調査」。

　この動きが雇用の非正規化の動きと一体のものであったことは，上記の議論と照らし合わせることで明らかと思われるが，それを補足するのが図 6-15 である。この図からも，正規雇用者がほとんどである中間所得層が縮小する一方で，非正規雇用者が大半を占める低所得者層（特に 250 万円未満の層）が拡大していることが明らかである。

　以上は長期停滞期の日本における所得減少の進展を示す事例であるが，こうした労賃を中心とする労働コストの削減が，この間における労働者の窮乏化の基礎となっている。例えば生活保護受給世帯はバブル崩壊以降現在までに，1991 年度の 60.2 万世帯から 2011 年度の 149.7 万世帯と大幅に拡大した。この生活保護の増加は 2000 年代が特に顕著であり，91 年度から 01 年度までの 10 年間での増加が 20 万世帯であったのに対して，その後の 10 年間での増加は 69 万世帯と 3 倍以上の伸びである。特に初めて 100 万世帯を超えた 05 年度から

　　てもたらされていること，そして多国籍企業の立地選択や企業間競争の激化などにより，労働組合の賃金交渉力の弱体化がもたらされていることを指摘している（同，167 ページ）。

の動きが著しく,その後08年度までの3年間で10万世帯増,また金融危機後である09年度からの3年間でさらに35万世帯増と増加の動きが加速しているのが近年の状況である[45]。

　また,労働生産性を高めるための労働強化は,労働者の心身を確実に蝕んでいる。厚生労働省の報道発表によると,脳・心臓疾患で全国の労働基準監督署が労災認定した件数は1999年度で81件（死亡は48件）であったが2010年度には285件（同,113件）にのぼっており[46],精神障害の労災認定件数も99年度の14件（自殺（未遂を含む）は11件）から10年度には308件（同,65件）と急激に増加している[47],[48]。これらの推移は,リストラなどによる労働強化やストレスの影響で過労死や過労自殺に追い込まれる人が増え続けている状況を示していると言える[49]。

---

[45] 国立社会保障・人口問題研究所「「生活保護」に関する公的統計データ一覧」(http://www.ipss.go.jp/s-info/j/seiho/seiho.asp) 参照。

[46] なお最も多かった年は07年度で,認定件数は392件,うち死亡認定は142件に達している。

[47] 厚生労働省「脳・心臓疾患及び精神障害等に係る労災補償状況（平成15年度）について」(http://www.mhlw.go.jp/houdou/2004/05/h0525-1.html),「平成22年度 脳・心臓疾患および精神障害などの労災補償状況まとめ」(http://www.mhlw.go.jp/stf/houdou/2r9852000001f1k7.html) を参照。

　なお同資料によると,2010年度における脳・心臓疾患の支給決定件数は,業種別では①道路貨物運送業（57件）,②道路旅客運送業（17件）,③総合工事業,その他の事業サービス業,飲食店（各14件）と運輸系の業務が多く,職種別では①自動車運転従事者（65件）,②商品販売従事者（23件）,③一般事務従事者（21件）が多くの割合を占める。精神障害の場合は,業種別では①社会保険・社会福祉・介護事業,医療業（各20件）,③情報サービス業（16件）と福祉・医療系の業務が多く,職種別では①一般事務従事者（36件）,②商品販売従事者（33件）,③自動車運転従事者（20件）が上位を占めている。

[48] 補足すると,精神疾患は生活者全体でも増加傾向にある。厚生労働省の患者調査によると,「精神および行動の障害」の総患者数は1996年に約187万人,2008年では約282万人に達しており,なかでも「気分［感情］障害（躁うつ病を含む）」は96年の約43万人から08年の約104万人と大幅に増加している。

[49] なお以上に関する指摘も含めて,現代資本主義における「働きすぎ」の実態について簡明にまとめられたものとして森岡（2005）を参照。

4. 長期停滞の要因と影響

　日本資本主義の長期停滞は，バブル期における経済成長が内需主導型であったのに対して国内需要の低迷を基礎とするものであるとともに，それは資本蓄積の停滞，つまり国内における投資の縮小と労働費用の節減を主軸として進行した事態であったと言える。では，この資本節減を推し進めた要因は何に求めることができるだろうか。マクロ的視点とミクロ的視点から考えていこうと思う。

4–1　マクロ的要因＝グローバル競争の激化

　この間のグローバル化の進展は，日本経済にいかなる経済環境の変化を及ぼしてきたと捉えることができるだろうか。まず，この間に生じた日本を取り巻く国際的な経済環境の変化のうち，ここでは主だったものとして，①国際的な価格競争の激化，②技術力の平準化，③円高の進行を取りあげる。

　まず①の変化は，利潤率低落を背景とする，国内での市場シェア争いの激化と海外への販路の拡大を基本的な要因とする。またその競争の中心である価格競争の激化は，輸出面で海外よりも安価な財・サービスの生産を余儀なくさせる一方で，輸入面でも国内より安価な財・サービスの輸入を増加させるよう働く。そして先述のように，日本でもこれらのことを背景として，国内の財・サービスの低廉化と生産の海外化が進展したのである。

　次の②は，特にこの間についてはIT化の影響が大きい。先にも述べたように，IT技術を基とする生産過程の高度な自動化が進むと，より汎用性の高い，全体的な製造システムの構築が可能となる。こうした技術を基に欧米企業などが製品のモジュール化や新興国を含んだ製造モデルの構築を進めたことにより，従来の日本の強みであったプロセス・イノベーションの価値が低下し，日本的な生産現場の強みが減少していったのである[50]。

---

50)　このことによる影響が最も顕著に表れたのが電機産業，特に半導体産業である。
　　例えば経済産業省（2010）によると，IT製品のOEM（Original Equipment Manufac-

そして③について。一般に通貨高は国際収支動向（貿易黒字の増大），通貨動向（海外の通貨供給量の増加），景気動向（景気の上昇），金利動向（金利の上昇）などを原因として生じるが，世界金融危機後における円高については，端的には，米国等の世界経済の減速懸念や欧州財政問題等を背景としてドル売り・ユーロ売りが進む一方で，比較的ファンダメンタル（経済の基礎的条件）が良いとされる円貨に投資資金が一時的に留保している，とする説明が一般的であると思われる[51),52)]。いずれにしても円高は，直接的には輸出に多くを依存する日本企業にとって大きな減益要因となりうるものであり，それだけに海外進出のテンポをさらに加速する要素となる。

なおこうしたマクロ的な経済環境の変化の影響は，図式化すると次のように捉えることができる。

① 生産の海外化に伴う国内生産の減少→国内産業・雇用の縮小→さらなる内需の低下
② 輸入品増加による国内商品市場の狭隘化→販売競争の激化→コスト削減の強化[53)]
③ 外国人労働力の増加による国内雇用の減少→雇用競争の激化→コスト削減の強化

以上をまとめると，グローバル競争の激化が国内市場の狭隘化をもたらし，

---

turer)・ODM（Original Design Manufacturer）化，および中国への投資の大型化などを背景に，台湾企業が半導体・液晶などの分野で世界的にシェアを大きく拡大しており，OEM製造ベースで見た場合，その世界シェア（2008年）はノートPC 92.4％，マザーボードは92.2％などと，圧倒的な存在感を誇っているという（同，198-199ページ）。他方で日本企業は，半導体のDRAMで世界3位の市場シェアを占めていたエルピーダメモリが会社更生法の適用を申請（負債額約4480億円）するなど，苦戦を強いられている（日本経済新聞，2012年2月28日付）。

51) こうした一連の展開については，各国の金融緩和（低金利政策など）の影響も含めて捉える必要がある。

52) ただし特に昨今の円高については，必ずしもファンダメンタルを反映しない投機的な動向によって生じている側面もある。例えば先の震災直後に起きた急激な円高は，投機的な動きによる通貨の高騰の典型であるものと思われる。

53) もちろんここでは一連の展開を単純化して取りあげているのであって，「競争の激化」が及ぼす影響がコスト削減だけに限られるわけではない。

それが雇用と消費を低迷させた結果，国内経済・産業がさらに衰退するに至った，ということになる。そしてこうした国際競争の激化は，同時に次に見る日本企業の経営行動の変化，とりわけ経営コストの削減の追及を至上とする「合理化至上主義」とでも呼ぶべき企業行動へと向かわせる強力な誘因となる。

4-2 ミクロ的要因＝日本的経営の転換

次にミクロ的要因について見ていく。上記では，この間の日本経済の長期停滞のなかで，日本企業において資本節減を基礎とした「コストカット」の動きが顕著になっていたこと，そしてそれがマクロ的にはデフレの進行の基礎となっていたことを指摘した。本項では日本においてこの間進行したデフレの要因をミクロ面，すなわち企業の経営行動の側面から捉えていくことにしよう[54]。

まず，日本におけるデフレ・スパイラルを「蓄積体制の構造的変容」を示す現象であると位置づけるとすると，そのミクロ的基礎は「個々の企業による市場での価格切り下げ競争」と，「企業組織内でのダウンサイジング」に求めることができる[55]。

前者は，企業の価格設定行動に関する議論，特に現代経済における需要の変化に対する企業の対応が価格調整型か数量調整型かをめぐる論点に関わる問題である。日本企業の価格設定方式は需要動向を見ながら価格を設定する方式が一般的になっているが[56]，このことが，1990年代後半において需要が急激に

---

[54] この間の企業による「コストカット」の展開について一般になされる説明は，バブル崩壊以前に構造化していた日本固有の高コスト体質（特に過剰人員・過剰設備とその常態化）の解消である。この議論によれば，この間のコスト削減の動きは質量ともに顕著なものであるとしても，それ自体はあくまで正常な経営行動の一環に過ぎないのであって，特異な事態ではないものとされる。またこれに類する議論として，コスト削減やリストラ自体は以前からなされてきたものであって，この間の事態そのものは特に経営行動の変化を示すものではない，という主張もある。

[55] この指摘については芳賀（2006）を参照。

[56] 例えば日本銀行（2000）の価格設定行動に関するアンケート調査では，企業の価格設定方針について，「固定マーク・アップ型」による利益追求姿勢を重視するという回答が5項目中4番目となっている一方で，「その時々の需給環境等を十分配慮

減少するなかで企業の価格切り下げ競争を推し進めたと考えることができる[57]。

次に後者の「企業組織内のダウンサイジング」について。バブル崩壊以後，日本企業は利益率重視へ経営戦略を転換しつつ[58]，一段の生産性向上を進めてきたのであるが，新規投資が抑制されたこと（第2節参照）により設備の老朽化が進んだことから，技術的な面から生産性向上を図ることが困難な状況にあった。このことから，利益率上昇の手段はもっぱら人件費削減を含んだコストダウンに求められることとなった（第3節参照）[59]。

以上を換言すると，国内での商品需要の急激な収縮と市場の狭隘化が進むなかで企業の経営方針が市場シェア（売上高）の拡大よりも利益率の上昇を重視する方向へと転換したこと，そして新規投資が困難化するとともに企業が主に人件費（および人員）の削減を軸とした全般的なコストダウンと労働生産性の向上によって利益率の上昇を図ってきたこと，これらがこの間の企業行動の特徴であったと言える[60]。

し，市場で許容される上限の水準に商品の価格を設定する」というスタンスを重視する企業が最も多くなっている（同，8ページ）。

57）「98年以降，需要が急速に収縮する市場状況のもとで，商品差別化の乏しさゆえに，「選別」を手段とする顧客の値下げ要請に抗しにくく，また「市場シェア確保」が依然として高位を占める「現状」から，企業の抜け駆け的な価格切り下げ行動を誘発しやすい。そして，1社が価格を引き下げれば，他社もそれに追随して一斉に価格引き下げに走ることになる」（芳賀（2006），189ページ）。

58）日本銀行（2000）では，「市場シェア重視」の姿勢を強めている企業は全体の2割にも満たない一方で，「利益率を重視するようになった」と回答する企業が全体の6〜7割を占めている（同，5ページ）。

59）「モノ（設備）の面では，新規投資・更新投資をキャッシュ・フロー以下に抑制した。カネ（負債）の面では，この余剰資金を「貸し渋り」に対処して負債の返済に充当し，……，製造業大企業・中堅企業以外の企業も有利子負債比率を1999年末から急速に低下させてきた。ヒト（雇用）の面では，雇用者数を削減するだけでなく，正規労働者の賃金を抑制し，低賃金の非正規労働者の比率を高めて人件費を削減した。しかし，賃金引き下げは，名目賃金の下方硬直性のゆえに価格引き下げに常に遅れるから，企業の利益率は改善せず，賃金のさらなる引き下げを惹き起こす。また，1人当たり賃金の累積的な下落は，雇用者数の減少と雇用者所得を減少させ，……，総需要面から物価下落の歯止めを奪ってしまうことになる。マクロ面の需要収縮のミクロ的基礎を構成する所以である」（芳賀（2006），191ページ）。

これら一連の変化の要因を日本企業の経営行動の変化に求めるとすると，こうした動きは何によって推し進められたと考えられるだろうか。この間の日本の長期停滞期における企業行動に関する重要な変化としては,「日本的経営」から「株主重視の経営」への転換を挙げることができる。次に，日本の企業行動の転換，およびこの変化と長期停滞との関係について検討しよう。

　日本的経営の転換を示す事例として挙げられるのは，第1に，資本家団体を中心とした日本的経営の見直しの動きである。それを象徴的に示すのが，先にも挙げた，1995年に日経連（当時）によって提言された「新時代の『日本的経営』」であろう。第2に，コーポレート・ガバナンスの変化である。日本型経済の特徴の1つに企業間の「株式持ち合い」があるが，バブル崩壊後の日本においてこの持ち合い株の解消が進行し[61]，「ものいう株主」が増加したことは，コーポレート・ガバナンスにおける変化を示す象徴的な事態として挙げることができる[62]。これらのことを契機として，従来的な日本的経営の転換が

---

[60] 例えば短期的な利益の追求とリストラとの関係について飯田(2011)は次のように指摘している。「短期的な高利潤が追求されると，最もてっとり早く削減できるコストは人件費だということになりがちである。つまり，雇用維持によって過去の教育訓練等の積み重ねを通して培われた人的資本が長期的な企業の技術力として生かされ，企業そのものの安定と成長に資するというメリットは，短期的な費用削減効果の前に放擲される傾向がある」（同，142ページ）。

[61] 持ち合い株の解消を促した要因については企業側と銀行側の相互の事情から説明することができる。すなわち，企業側の事情として①自由な取引先の選択を行うための系列取引の解消，②決算対策としての「益出し」，③リストラ原資の捻出，④時価会計の導入への対応（株価変動への対応の柔軟化）が挙げられる。これらとは別に，銀行側の事情としては，①不良債権処理の原資の捻出，②BIS規制への対応（自己資本比率8%の維持）を挙げることができる。飯田(2011)，140-141ページを参照。なお補足すると，日本における金融商品の時価会計の導入は2001年3月末，BIS規制の導入は1993年3月末からである。

[62] 「戦後の日本企業の特徴の一つは株式の相互持ち合いを基礎として独特の経営者支配が確立されているところにあった。この場合，会社の支配者である経営者は多くの場合に従業員からのたたき上げであり，こうしたところから日本企業においては会社の法律上の「所有者」としての株主の利害よりも，自らの出自にかかわる従業員の利害に対する配慮（従業員重視の企業経営）を優先する傾向が見られた。……これに対して，1990年代以降の株式の持ち合い崩れと外国人株主の増加は，日本的な経営者支配体制の変容をもたらしてこの従業員重視の傾向を変更させ，逆に株主

図られ，その結果，経営行動はより株主利益を重視したものへと変化していく[63]。

こうした株主利益への経営行動の転換が現実にどの程度実現してきたのかについては実証的な検証からさまざまな見解がありうるが，日本企業がこのような株主重視型の経営への「転換」を推し進めてきたこと自体は，事実として確認することができる。ではそれは，いかなる要因によって進められてきたのであろうか。まず同時期の資本主義経済における一般的な傾向について言えば，オイルショック後の世界不況期を画期とする国際競争の激化（競争圧力の増加），そして株主による企業経営への発言権の強化（影響力の拡大）を挙げることができる（図6-16）。

以上に加えて，日本において株主重視の経営への転換を推し進めた要因として次のことが挙げられる。第1に，バブル崩壊以後の株価の急激な下落，およびその後の停滞である。端的に言えば，株価を中心とした企業価値の低落が企業経営に対する株主による批判を喚起することになり，その結果，経営側としても株主利益重視（または株価重視）の経営へとシフトせざるをえない状況へと至った，という点である。実際，株主に対する配当金は2002年から06年にかけて急激に増加しており[64]，07年以降も世界金融危機の影響を受け減少こそしているものの，依然として高い水準にある（図6-17）。

第2に，経営資金をめぐる環境の変化である。バブル崩壊後，銀行は巨額の不良債権処理に追われるなか，企業への資金供給を急激に厳格化し，「貸し渋り」が発生する事態に至った。こうしたなかで企業は資金難の危機を回避するため，以前にも増して自己金融化を推し進める必要性が高まった。このこと

　　重視の姿勢を強めていくことになったのである」（飯田（2011），141-142ページ）。
63) なお，2005年の商法改正（「新会社法」の設立，監査役・取締役会の機能強化など）も日本型のコーポレート・ガバナンスからの抜本的な転換を図る，資本側の改革であると言える。
64) 大企業に限って言えば，配当金の増加傾向は1990年代前半から見られる。法人企業統計によれば，資本金10億円以上の企業における配当金は1993年度から2006年度までほぼ一貫して増加しており，また前者の2兆6,675億円から後者の11兆9,750億円と著しい伸び（約4.5倍）を見せている。

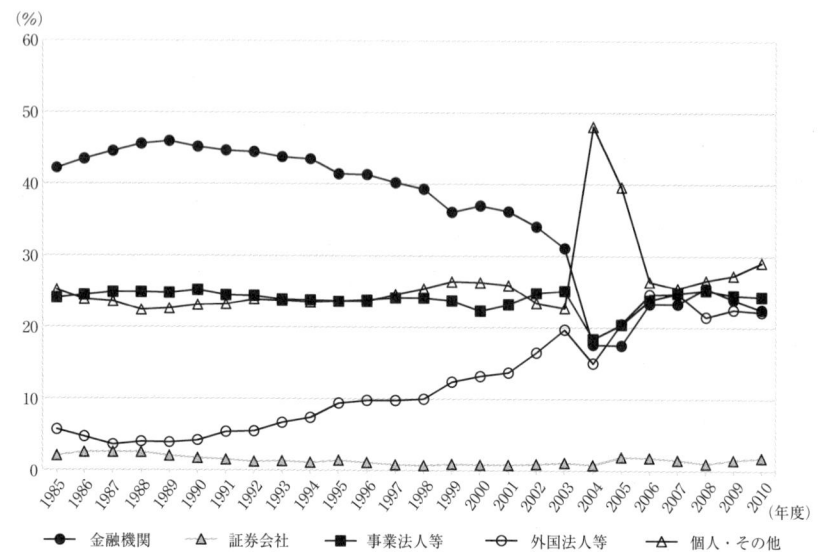

図 6-16　所有者別持株比率の推移

●　金融機関　　△　証券会社　　■　事業法人等　　○　外国法人等　　△　個人・その他

(注) 1. 1985年度から2000年度は単位数ベース，2001年度から単元数ベース。
  2. 2004年度から2009年度まではジャスダック証券取引所上場会社分を含む。
  3. 2005年度調査まで対象会社となっていた（株）ライブドアの大幅な株式分割の実施等により2004年度調査から単元数が大幅に増加したことから，2004年度から2006年度まではその影響を受け大きく増減している項目がある。

(出所) 東京証券取引所「株式分布状況調査」。

が，企業に資金を投じる民間投資家をより意識した経営へと向かわせる要因となった[65],[66]。

---

65)　もっとも，日本において実際にどれだけ資金の枯渇が生じているかについては企業規模で分けて捉える必要がある。例えば日本銀行の全国企業短期経済観測調査における資金繰り判断によると，大企業については，1990年から2011年までの期間においてマイナス値（つまり，資金繰りが「苦しい」が「楽である」を超過する場合）を記録したのは1991年から92年，97年から98年，そして2008年と不況期に限られ，また期間も短い。これに対して中小企業は上下の動きこそ大企業と類似するものの，全体的に水準が低いことからマイナス値になる期間が長く，まさに資金枯渇と呼びうる状況が続いている。

66)　なおこの問題は，先の設備投資の抑制の問題にもつながってくる。すなわち，「不良債権処理の影響で資金が枯渇しているために設備投資が停滞する」という論議である。この点について山家（2005・2011）はそもそも投資需要が減退していたことに原因を求めるべきであるとする。「貸出が増加しないのは資金需要が乏しいからで

第6章　日本資本主義の長期停滞と蓄積構造　221

図6-17　配当金の推移（規模別）

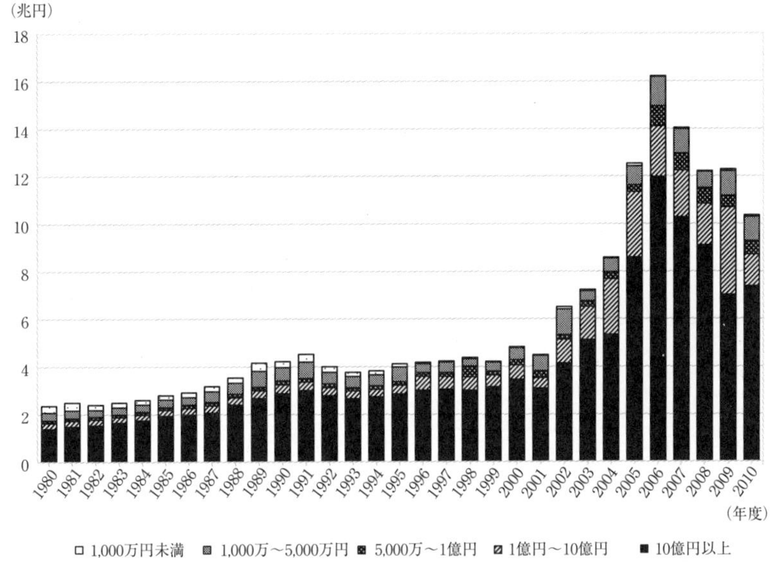

(兆円)

□ 1,000万円未満　■ 1,000万〜5,000万円　▨ 5,000万〜1億円　▨ 1億円〜10億円　■ 10億円以上

(注) 中間配当を含む。
(出所) 財務省「法人企業統計」。

　この点は，資金調達の動きを見ることで明らかになる（図6-18）。まずキャッシュ・フローとは，一般には企業活動のなかで獲得した正味の現金収支を言い，企業が自ら調達した資金であることから内部金融（自己金融）と言える。図では，減価償却費と内部留保（企業が獲得した利益のうち企業内部へ再投資することで蓄積された部分）がこの内部金融にあたり，これら以外のものが外部金融である。
　同資料によると，戦後日本において外部金融は着実に拡大しており，特にバブル崩壊以前の1980年代後半に借入金を中心に顕著な伸びを示していたが，バブル崩壊後は一転して急激に減少し，たびたびマイナス値を示す状況にある。他方で内部金融は，全体的には減価償却費が高い比重を占めるが，水準としては90年から大きな変化はなく安定的である。これに対して内部留保は

あり，資金需要が乏しいのは投資案件がそもそも少ない，あったとしても自己資金で間に合い，借入を行う必要がなかったからである」（山家（2005），172ページ）。

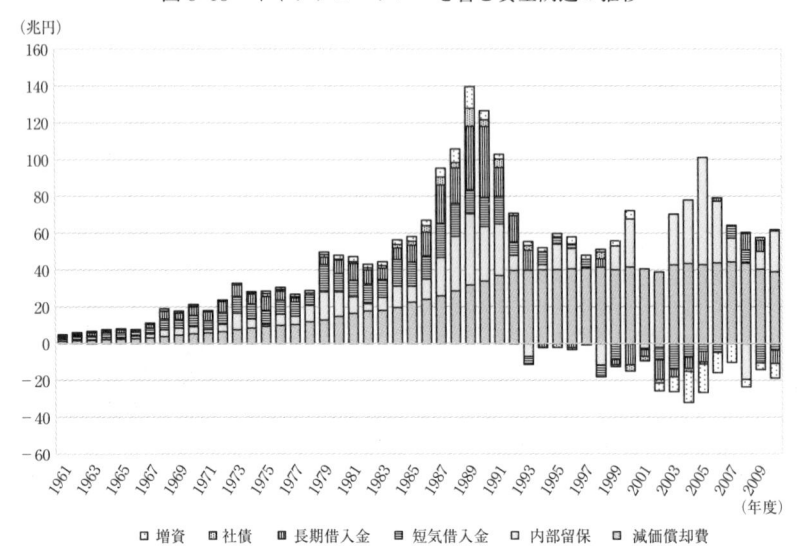

図 6-18 キャッシュ・フローを含む資金調達の推移

凡例：増資　社債　長期借入金　短期借入金　内部留保　減価償却費

（注）1. 増資は資本金と資本準備金の期中増減額によって算定。
　　　2. 内部留保は利益留保＋引当金＋特別法上の準備金＋その他負債で算定。
（出所）財務省「法人企業統計」。

2000年代において特に大きな動きを示すようになっており，03年から05年にかけては減価償却費に迫る伸びを示している。特にその額は，ピーク時の05年では約58兆円と，バブル期のそれを超える水準に至っている（図6-19）。その後も内部留保は，フローでは低下しているもののストックでは着実に増加しており，10年には利益剰余金だけで約294兆円，資本剰余金（約120兆円）を加えると約414兆円に達している[67]。

そして第3に，機関投資家，および海外資本の影響力の増加である。具体的にはヘッジファンドを典型とする巨大な機関投資家の登場とそれによる投資家サイドの影響力の拡大であるが，こうした層が広がるにつれ，日本企業にも敵対的なM&Aにさらされる可能性が高まっていく。折しも日本はバブル崩壊以前には欧米を中心とする世界各国の大企業の買収を推し進めていたのである

---

67) 内部留保の分析方法については小栗・谷江（2010）を参照。

第 6 章　日本資本主義の長期停滞と蓄積構造　223

図 6-19　内部留保の推移

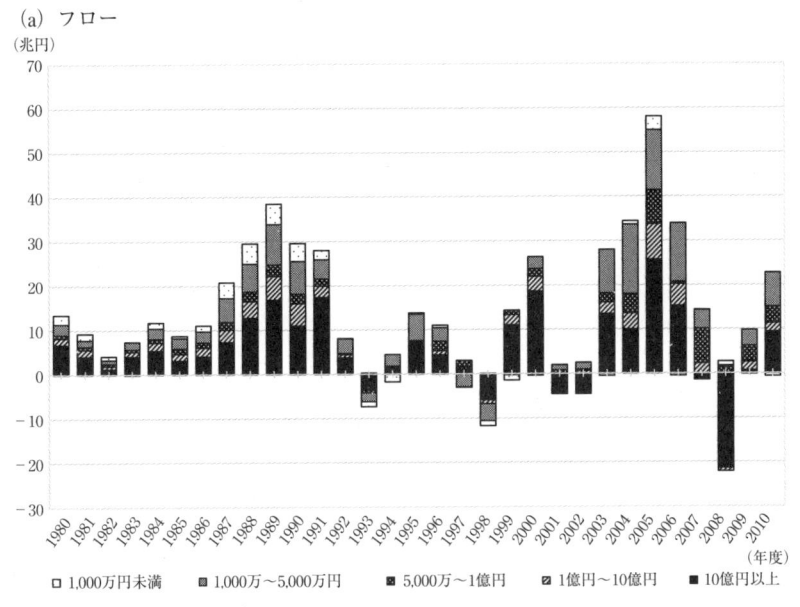

(a) フロー

□ 1,000万円未満　■ 1,000万〜5,000万円　■ 5,000万〜1億円　▨ 1億円〜10億円　■ 10億円以上

（注）利益留保，引当金，特別法上の準備金，その他負債の合計で計算。
（出所）財務省「法人企業統計」。

(b) ストック

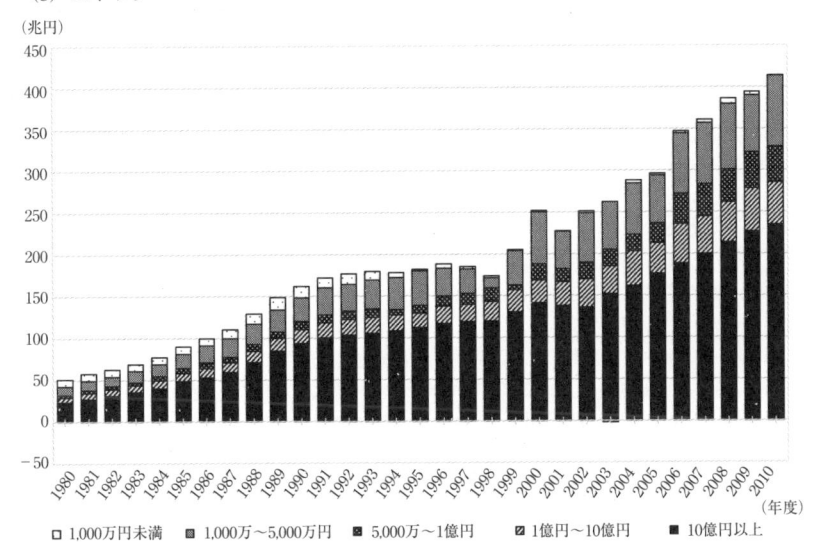

□ 1,000万円未満　■ 1,000万〜5,000万円　■ 5,000万〜1億円　▨ 1億円〜10億円　■ 10億円以上

（注）利益剰余金，資本剰余金の合計で計算。
　　　なお，その他利益剰余金についてはデータが限られるため除外した。
（出所）財務省「法人企業統計」。

が，このことがバブル崩壊後にはその反動として，日本企業に日本的経営からの転換を促すと同時に，企業防衛の観点から既存株主の利益を重視する経営行動へと向かわせる誘因として強く働いた，ということが考えられる（図6-20）[68],[69]。

まとめると，バブル崩壊後の日本経済においては，不況が長期化し，企業の収益性改善がより重視される状況になっていたことを背景に，日本型経営の転換，特に持ち合い株の解消とそれに伴う「ものいう株主」の増加を軸とした株主重視の経営行動への転換が進んだ，ということである。そしてこの株主重視の経営への転換が，企業に対して株価（の上昇）に直結しやすい短期的な利益を追求する動きをより強めさせ[70]，またその結果，人件費・人員の削減を含

---

[68] この点に関して，高田（2009）は次のように述べている。「企業同士が食うか食われるかの争いを展開するM&A市場では，何よりも株価の動向が，企業の運命を決めることになる。現代企業の経営者が最も恐れるのは，株価の下落が機関投資家による株式売却を促して，株価下落のスパイラルが起きることよりも，自社が競争企業や乗っ取り組織などの買収の標的にされるという不安，あるいは他企業を買収しようと動いたときに，株主に反対されて計画が失敗することである」（高田（2009），46ページ）。「M&Aが活発化している状況の下では，株価が下落すれば，企業は買収の標的にされやすくなり，買収をかけられた場合に攻撃を撃退する力が弱まってしまう。M&A市場では，高い株価だけが，経営者に買収攻撃に対抗する力と，経営者の地位に留まる大義名分を与え，逆に，他企業の買収に乗り出したときにも，株主の賛同を集めることができる。このために，企業のM&Aが活発化している現代の企業界では，経営者はいやでも応でも株価を引き上げる必要に迫られ，リストラ，自社株買い，その他株価の上昇につながると思われることであればどんなことでもするようになる」（同上）。

[69] なお付言すると，2011年において日本企業による海外M&Aは，円高を背景として609件，総額684億ドル（約5兆円）と，過去最高に達している（日本経済新聞，2011年12月29日付）。

[70] 短期的な利益追求の最たるものが投機的金融活動（マネー・ゲーム）である。「短期的に巨額の収益が見込める投機的金融活動に多くの企業，人材が集中し，大手金融機関はじめ各種の金融機関もこれらの活動を拡大していった。非金融業の企業，とくに巨大企業は，本業以外の投機的金融活動に乗り出し，本業では不採算部門の切捨て，売却，成長部門の買収を展開していった。長期的経営計画によって新技術開発を行うことはおろそかにされた。労働・雇用面では効率化のためのリストラとアウトソーシング，非正規雇用者・外国人雇用者の採用拡大，労働者の権利削減が進んだ」（井村（2010），196-197ページ）。

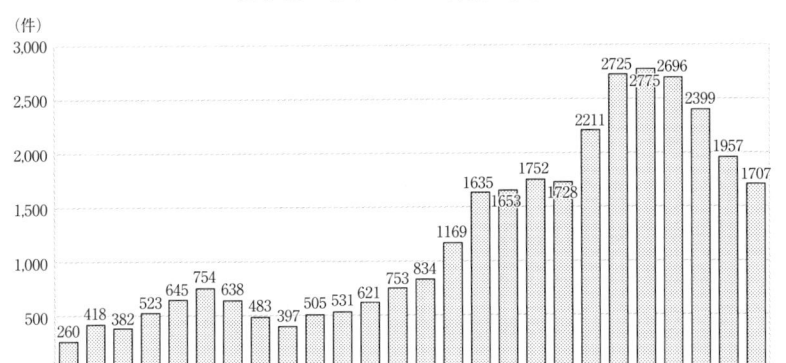

図 6-20 日本の M&A 件数の推移

(件数は 1985年から 2010年度まで)
260, 418, 382, 523, 645, 754, 638, 483, 397, 505, 531, 621, 753, 834, 1169, 1635, 1653, 1752, 1728, 2211, 2725, 2775, 2696, 2399, 1957, 1707

(注) 件数は IN-IN（日本企業同士の M&A），IN-OUT（日本企業による外国企業への M&A），OUT-IN（外国企業による日本企業への M&A）の合計。
(資料) レコフ社データ。
(出所) 内閣府「M&A 事情調査研究会報告書」。

むリストラクチャリングの実施をより強力に推し進めるよう影響したものと考えられる[71]。

そして資本節減の推進要因は，マクロ面ではグローバル競争の激化に，ミクロ面では日本的経営の転換に求めることができる[72]。ただしこれらはそれぞれ独立したものというよりも，相互に影響しあいながら展開したものとして捉えるべきである。すなわち，ミクロ面での変化は日本的経営から合理化至上主義的な経営への転換という経営行動の変化であるが，これは言うまでもなくマクロ面でのグローバル競争の激化と決して無関係ではない。マクロ的な競争環境の激化がミクロ的な合理的な経営を求める動きを強め，またそれが総体としてマクロ的な競争を強めるといった「競争のスパイラル」が展開しているものとして一連の事態を捉えることが肝要である。

---

71) ただし日本の場合，2 期連続の赤字という危機的な経営状況にならなければ大幅なリストラは実施されにくい傾向がある点に注意を要する。
72) この点について樋口 (2001) は，わが国の企業で雇用保障が重視されてきた背景にはメインバンク制度があり，これが崩れたことによって企業の経営行動に変化が生じ，雇用調整が速まるようになったと指摘する（同，70-72 ページ）。

日本経済の停滞をこのように捉えるとすると，その長期的な影響としては次の2点を挙げることができる。すなわち，第1にグローバル競争の激化と経営行動の変化が国内雇用の停滞を生じ，それが内需の低迷とその慢性化をきたす結果，国内経済の一層の衰退をもたらす。第2に，上記の国内雇用の停滞が技術力の低下（または人的資本の減少）を生じる結果，生産性および経済成長力の長期的な低落をもたらす。本章でこれまで確認してきた内容を踏まえると，これらは今後起こりうる可能性というよりも，むしろすでに進行している事態の延長，またはそのさらなる悪化を意味するものであると言える。

お わ り に

このように日本における長期停滞は，グローバル化の進展を外的要因に，経営行動の変化を内的要因として，相互に影響しあって進行したものと捉えることができる。すなわち，グローバル競争が激しさを増していくなかで，バブル崩壊後の日本企業は経営効率の追求に拍車をかけていき，生産と雇用のダウンサイジングと呼びうる事態を招来するとともに，海外依存型の経済構造に変質していった。これは裏返してみれば，内的な成長メカニズムの崩壊を意味するものであり，経済構造の脆弱化を示す事象である。すなわち現在の日本経済は，海外的な要因によって著しく影響を被りやすい経済に変化していく一方で，労働者の貧困化とその長期化によって，消費の低迷と生産力の減退を慢性的にもたらす構図に陥っていると言える。

これらのことは，資本主義経済がその存立基盤を自ら掘り崩す方向に向かっている過程とみなしうるのかも知れない。冒頭に示した，現在の経済システムに代わるものを求める声が世界で高まっていることは，先進諸国を中心に，本章でみた日本における経済的・社会的な停滞と同等またはそれ以上の苦境がいま起きつつあること，そして少なくとも現在の社会体制では，この事態を打開する方法を提示しえていないと多くの労働者・市民によってみなされていることの証左であると言える。本章で述べた問題群を解決していくためにも，代替的な社会を構築するための横断的な議論を，今後さらに推し進めていく必要が

ある。

　そして本章で確認された諸問題は，総じて市場原理主義を原則として社会が構築されてきた結果によって生じたものであると言える。この点を重視するのであれば，現下の状況の改善を図っていくためには，上記のような市場中心の論理ではなく，労働者市民の視点から，とりわけセーフティネットの再構築の観点からその施策を講じていくべきであろう。以下，その際の政策的課題について簡潔に列挙して結びとしたい。第1に，雇用の改善である。まず失業率の改善にあたっては，就職率向上のための施策として，解雇規制の強化や政府による雇用補助の拡充などが求められる。次に雇用環境に関しては労働災害や過重労働に対する罰則規定の強化，労働者の生活保障に関しては最低賃金の向上を含む所得補償などを進める必要がある。そして非正規雇用の問題については，その縮小・撤廃，および同一労働同一賃金の観点に基づく均等待遇の実現が主な課題となろう。第2に，社会保障の改善である。特に貧困問題に対する施策が喫緊の課題であるが，上記以外の施策としては，社会保険の改善（特に非正規労働者や失業者の健康保険・失業保険の拡充），育児・介護制度の充実化（特に育児・介護休暇制度の拡充，保育・介護施設の充実化），医療制度の向上（上記の健康保険も含む医療補助制度の拡充，医療施設の充足化）などが主な課題となる。第3に，教育政策の推進である。セーフティネットを再構築する観点からは，主な課題として教育費補助の拡充（教育費の無償化，給付奨学金制度の充実化），職業教育補助の拡充（職業訓練機関の充足化），教育機会の拡充（社会人向け教育制度の充実化）を挙げることができる。

　いずれにしても現在の日本社会における課題に対する改善の施策は，資本の論理中心で構築された社会からの脱却を目指す試みとして，進めていくことが求められる。

参 考 文 献

　秋保親成（2010）「日本資本主義の蓄積構造」一井昭編『グローバル資本主義の構造分析』中央大学出版部.
　秋山誠一（2011）「金融危機から経済危機へ」基礎経済科学研究所編『世界経済危

機とマルクス経済学』大月書店。
浅野博勝・伊藤高弘・川口大司 (2011)「非正規労働者はなぜ増えたか」鶴光太郎・樋口美雄・水町勇一郎編著『非正規雇用改革 日本の働き方をいかに変えるか』日本評論社。
天野勝行 (2000)「日本の雇用システムの形成と内実」天野勝行・芳賀健一編『現代資本主義の現実分析―新しいパラダイムを求めて―』昭和堂。
飯田和人 (2011)『グローバル資本主義 日本経済の発展と衰退』日本経済評論社。
伊丹敬之編著 (2006)『日米企業の利益率格差』有斐閣。
井村喜代子 (2005)『日本経済 ―混沌のただなかで』勁草書房。
────── (2010)『世界的金融危機の構図』勁草書房。
岡村美保子 (2009)「労働者派遣法改正問題」(『レファレンス』平成21年10月号)。
小栗崇資・谷江武士編著 (2010)『内部留保の経営分析―過剰蓄積の実態と活用』学習の友社。
北村洋基 (2006)『岐路に立つ日本経済』大月書店。
経済産業省 (2010)『通商白書2010』。
────── (2011)『通商白書2011』。
厚生労働省 (2003)『平成15年版 労働経済の分析 (労働経済白書)』。
────── (2011)『平成23年版 労働経済の分析 (労働経済白書)』。
桜健一・岩崎雄斗 (2012)「海外生産シフトを巡る論点と事実」日本銀行『Reports & Research Papers』。
砂田充・樋口美雄・阿部正浩 (2004)「情報化が正規労働比率へ与える影響」(RIETIディスカッションペーパー, 04-J-043)。
高田太久吉 (2009)『金融恐慌を読み解く―過剰な貨幣資本はどこから生まれるのか』新日本出版社。
内閣府 (2004)『平成16年度 年次経済財政報告』。
中島敬方 (1999)「進化するグローバル企業の経営行動」関口末夫・樋口美雄・連合総合生活開発研究所編『グローバル経済時代の産業と雇用』東洋経済新報社。
日本銀行 (2000)「日本企業の価格設定行動―「企業の価格設定行動に関するアンケート調査」結果と若干の分析―」調査論文。
野田知彦 (2010)『雇用保障の経済分析―企業パネルデータによる労使関係―』ミネルヴァ書房。
芳賀健一 (2006)「日本企業と資本蓄積体制」SGCIME編『グローバル資本主義と企業システムの変容[マルクス経済学の現代的課題, 第Ⅰ集・第3巻]』御茶の水書房。
樋口美雄 (2001)『雇用と失業の経済学』日本経済新聞社。
樋口美雄・玄田有史 (1999)「中小製造業のグローバル化と労働市場への影響」関口末夫・樋口美雄・連合総合生活開発研究所編『グローバル経済時代の産業と雇用』東洋経済新報社。
深尾京司・袁堂軍 (2001)「対外直接投資と空洞化」(RIETIディスカッションペー

パー，No.01-J-003)。
福田泰雄（2010）『コーポレート・グローバリゼーションと地域主権』桜井書店。
藤川清史・渡邊隆俊（2004）「海外直接投資と雇用」（環太平洋産業連関分析学会『産業連関』Vol.12, No.2)。
藤田実（2003）「IT企業の「危機」とリストラ・事業構造転換—富士通の場合—」増田壽男・吉田三千雄編『長期不況と産業構造転換』大月書店。
森岡孝二（2005）『働きすぎの時代』岩波書店。
柳沢房子（2008）「最近10年間における労働法の規制緩和」(『レファレンス』平成20年4月号)。
山口雅生（2011）「経済のグローバル化と労働市場」菊本善治ほか『グローバル化経済の構図と矛盾』桜井書店。
山口義行編（2009）『バブル・リレー　21世紀型世界恐慌をもたらしたもの』岩波書店。
山家悠紀夫（2005）『景気とは何だろうか』岩波書店。
───（2011）『暮らし視点の経済学　─経済，財政，生活の再建のために』新日本出版社。
吉田三千雄（2003）「「産業構造転換」とその影響─金属・機械部門を中心として─」増田壽男・吉田三千雄編『長期不況と産業構造転換』大月書店。
労働政策研究・研修機構（2011）「第8回北東アジア労働フォーラム　派遣労働者の現状と政策課題」(JILPT資料シリーズ，No.81)。

第 7 章

世界経済危機からの「回復」と経済政策の矛盾

はじめに

　2007年のサブプライム問題をきっかけにして2008年のリーマンショックで本格的に危機に陥ったアメリカ経済や日本経済は，公的機関の公式見解では，すでに景気後退局面を脱し，回復の途上にあるとされている。全米経済研究所National Bureau of Economic Research（NBER）によれば，今回のアメリカ経済の「谷」は2009年6月であり，日本の内閣府も2009年3月を「谷」としている。これらの見解によれば，日米経済は，すでに拡張期間が3年にわたり継続していることになる。しかしながら，アメリカの失業率が2009～2011年で年率9％台，2012年に至ってなお8％台という歴史的高水準にあることを指摘するまでもなく，その景気拡張は極めて脆弱で，むしろ危機が継続していると言ったほうが適切な状況である。

　ところで，NBER自体が，2009年6月の景気の「谷」以降を，経済状態が好調とか正常な生産能力での稼働に戻ったという結論は下していない，と明言している（National Bureau of Economic Research 2010）。これは2001年11月の「谷」からの「回復」時にも見られた表現であったが（National Bureau of Economic Research 2003），これらの表現は，今回の景気回復がいかに内実を伴わないものであるかということを示すとともに，2001年からの「回復」時も，同じように

相当期間にわたって（日付の公式な決定は2003年7月である）正常以下であったことを認めている。そしてこのことこそ，まさに2000年代以降に顕著になった，景気拡張にもかかわらず実体経済が伸び悩むということの，公的機関なりの見解への反映と言える。

ところが，こうした正常な生産能力での稼働にはほど遠く，したがって失業率も極めて高率のままであるなかで，回復が著しい指標も存在する。それは特に利益水準や利益率の指標である。2007年および2008年の大幅な落ち込みの後，文字通りこれらは急回復し，その回復ぶりは他の経済指標と対照的である。利益率だけが他の指標を引き離して拡大していくというのは，1990年代末ないし2000年代以降に，日本とアメリカに共通して見られる現代資本主義的特徴の1つである。そしてこのことが，国民経済にとってはむしろその成長を低く抑える大きな要因となっていることは，すでに何度か指摘してきた（佐藤，2010，2011）。

こうした歪んだ経済のあり方の変革を期待されて2009年に誕生したのが，アメリカのオバマ政権や日本の民主党政権であると言えるかもしれない。しかし，その変革は本当に実現されたのであろうか。確かに，一定程度の金融規制の導入へ向け舵が切られ，多分に政治的側面を持つとはいえ，富裕層への増税提案を打ち出して所得再分配が意識されたりといったように，危機前までとは異なる面があることは認めなければならない。とはいえ，こと実体経済について見れば，少なくとも，利益率だけが大きく上昇・回復し，雇用や賃金，あるいは国民経済の成長率といった他の諸指標が低く抑えられるという構図は，ほとんど変わっていないと言わざるをえない。そして実体経済が持つ基本的な構図がこのように変化していないとすれば，それに対応する経済政策も，それまでのいわゆる新自由主義的政策を大きく転換するものになることは難しい。

そこで本章では，アメリカ経済を対象として，第1節で，2007／2008年の経済危機の前と後とで，経済の構図が変化しているのかどうかということを，特に資本の投資行動に注目しながら，いくつかの指標を用いて明らかにする。もちろん，実体経済の構図を資本の投資行動だけに注目して説明することは，

いかにも単純化しすぎではある。しかし本章では，最も基礎的と思われる指標に限定して論を進めてみたい。

そして第2節で，経済危機とその後に続く不況に対して行われたいくつかの経済政策の持つ意味を，第1節で明らかにした経済の構図を下敷きにしながら述べる。ここでは，オバマ政権に対する批判者である共和党の主張にも二面性があることと並んで，オバマ政権の経済政策それ自体も矛盾を抱えたものであることを，明らかにする。

第3節では，経済危機前と危機後とで実体経済の構造が大きく変わっていない以上，その政策も危機前との共通性を多分に持たざるをえないことを述べる。また，同様の構図は日本でも同じように見られることを指摘する。今回の危機後には，アメリカでも「日本化」懸念が頻繁に指摘されているが，むしろ問題は「日本化」というより，現代資本主義が共通に抱える問題にあると言い換えてもよい。

1. 投資停滞下で生じた経済危機とその後の「回復」

1–1 生産能力拡張の小さい2000年代の景気拡大

今回の経済危機の大きな特徴の1つは，日本だけでなくアメリカでも，それが極めて弱々しい投資「拡張」の後に生じたということである。すなわち，2000年頃から2007年頃の景気拡張期には，一般に景気拡張期に想定されるような投資が投資を呼ぶといった生産能力の顕著な拡大を見ないままに，今回の危機に入っていった[1]。

図7–1によれば[2]，アメリカ経済は，高成長終了後の1970年代になると，生産能力の拡張ペースは傾向的に低下し，1990年代前半には，景気変動の波にかかわらず高くても対前年比2％台という，停滞的な状態に陥った（全製造

---

1) このプロセスについて詳細は，佐藤（2010，2011）。
2) 佐藤（2010）では，直近ピークである2007年までしか指標が掲示できなかったが，今回，2010年までの指標が利用可能となっているので，危機後の状況がある程度明らかになる。

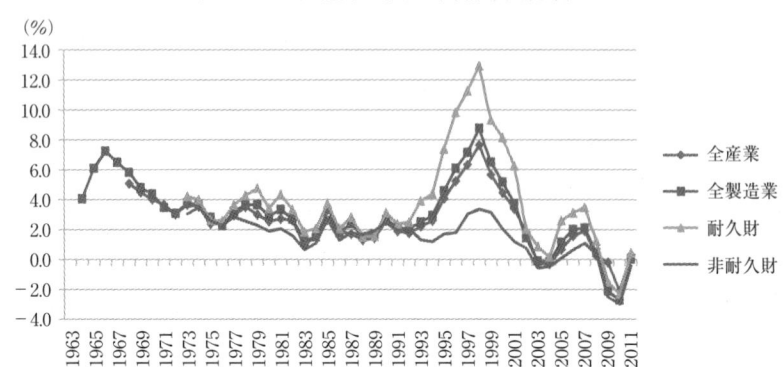

図 7-1　生産能力の推移（対前年変化率）

（注）1. 生産能力は生産指数（2007 年＝100）を稼働率（%）で除して算出し，対前年変化率に換算した。
　　　2. 2011 年は暫定値。
（出所）Council of Economic Advisers. 2012. Economic Report of the President 2012, Table B-51, 54 より作成。

業の対前年比）。もっとも，1990 年代後半から 2000 年代初頭のいわゆる「IT バブル」期は，例外的に生産能力が拡張し，ピーク時には 8% を超え，1960 年代の高成長期を凌ぐ勢いである。しかしながら 2000 年代に入ると，IT バブル崩壊後に生産能力拡張がマイナスとなっただけでなく，その後のいわゆる住宅バブルに牽引された景気拡張期でさえも，生産能力の拡大はピーク時でわずか 2% 程度にすぎなかった。これは，IT バブル期を除けば，1970 年代以降のいずれのピークよりも低い。2000 年代の景気拡張期には，本来は景気拡大の原動力となるはずの生産能力の拡張がほとんど見られなかった，ということである。

このように，今回の 2007 年／2008 年以降の経済危機が，すでに 2000 年代には生産能力を大きく拡張しえないという経済状態の下で生じた危機であるという事実を，まずは確認しておきたい。このことは今回の危機を生産能力の累積的な拡張後に生じた過剰生産恐慌であると捉える説も少なくないだけに，重要である。

1-2 投資抑制と生産性および利潤率の回復

　生産能力拡張の鈍化として表れるような投資の抑制は，しかしながら，それが売上高がある程度伸びる下で生じるならば，資本にとっては利益率上昇というメリットをもたらす。

　図7-2は，売上高と純固定資産の推移を示したものである。2000年頃にITバブルが崩壊して売上高がいったん急落した後，2000年代はそれが大きく回復・上昇していくが，それに比べて純固定資産は，むしろ2000年代前半は縮小あるいは停滞的である。企業規模別に見ると，大規模企業ほど売上高の伸びが大きい一方で，純固定資産はそれほど伸びていない。

　こうした売上高の増大に対する純固定資産の増大の抑制は，一般に「生産性」の上昇をもたらすが，企業規模別に見るとそれは異なった様相を示す。図7-3は，企業規模別の「資本の生産性」を算出したものである[3]。先の売上高の増大と投資の抑制の帰結として，「全規模」においては，1990年代半ば頃から生

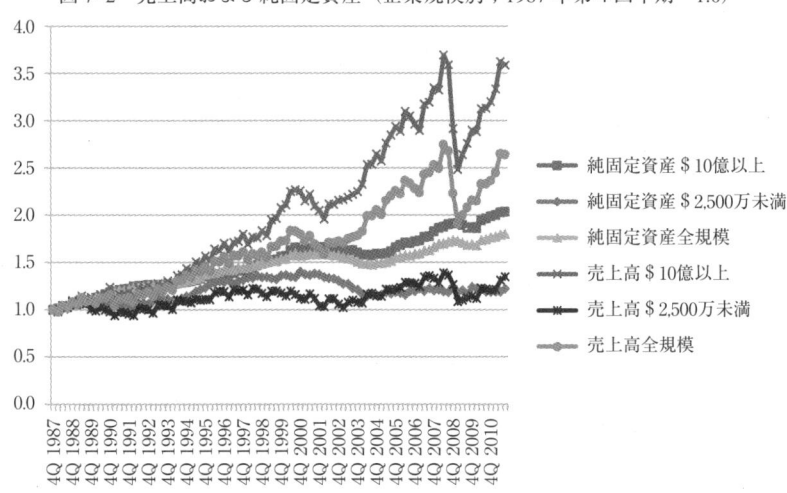

図7-2　売上高および純固定資産（企業規模別；1987年第4四半期＝1.0）

（注）1．企業規模は，総資産規模が2,500万ドル未満，10億ドル以上，および全規模を抽出した。以下，図7-3～図7-9および図7-14～図7-16も同様の区分による。
　　　2．「売上高」はNet sales, receipts, and operating revenues，「純固定資産」はNet property, plant, and equipmentをそれぞれ用いた。

（出所）U.S. Census Bureau. Quarterly Financial Report, 1987-2011より作成。

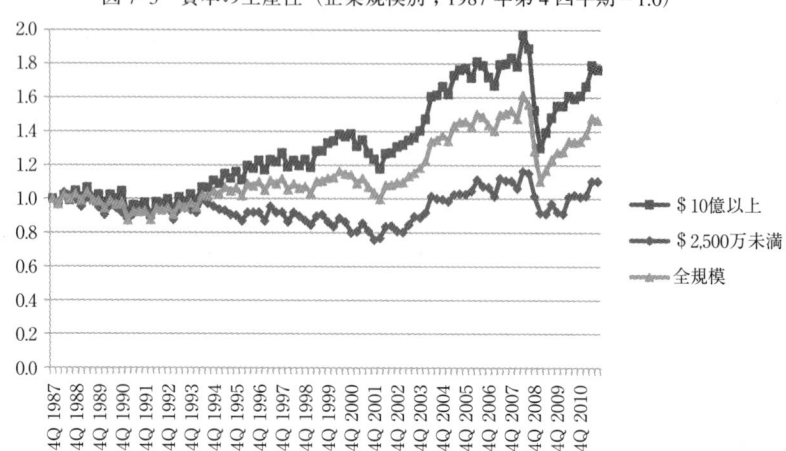

図7-3 資本の生産性（企業規模別；1987年第4四半期＝1.0）

（注）「資本の生産性」＝売上高（Net sales, receipts, and operating revenues）÷純固定資産（Net property, plant, and equipment）
（出所）図7-2に同じ。

産性が大きく上昇している。ただし，それは特に大企業での上昇が大きい一方で，小企業はむしろ1990年代以降低下した後，ある程度回復してきたものの，1987年の水準と比べてもそれを大きく上回るものではない[4]。

この生産性上昇を背景にして，純固定資産利益率も1990年代半ば頃から上昇する。図7-4によれば，利益率は1990年代前半以降，回復ないし上昇基調にあり，ITバブル崩壊によって一旦下落するものの，その後2008年頃にかけて再び急回復している。売上高が伸びる下でも投資を抑制してきたことによっ

---

3) ここでの「資本の生産性」は，売上高を分子，純固定資産を分母にとった，便宜的な指標である。またこれは，理論的タームを用いて言うならば，今期の生産過程で生産された価値生産物に価値移転部分も加えた生産物価値が，市場で実現した後の生産性である。したがって，直接的生産過程での言葉の本来の意味での生産性ではなく，流通過程を経た後の概念にすぎない。それゆえ，仮に直接的生産過程での本来の意味での生産性が高い場合であっても，流通過程が滞っているような場合には「生産性」の低下として表れる。これらの点については，佐藤（2011）も参照。

4) ただし，生産性の絶対水準自体は小企業のほうが高い。図7-3は，1980年代以降の伸びに注目しているため，1987年を1.0と置いた指数である点に注意が必要である。

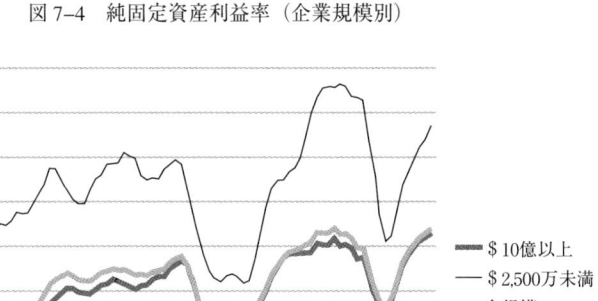

第 7 章 世界経済危機からの「回復」と経済政策の矛盾　237

図 7-4　純固定資産利益率（企業規模別）

(注)　純固定資産利益率＝利益（Income (loss) from operations）÷純固定資産（Net property, plant, and equipment）
(出所)　図 7-2 に同じ。

て生産性が上昇し，それが利益率の急回復をもたらしているということである。このことを最も簡単に説明すれば，投下資本（ここでは純固定資産ストックで代表させてある）に対する付加価値（あるいは価値生産物。図 7-4 では便宜上「売上高」を用いているが，本来は「付加価値」を用いるべきである）の増大は，その付加価値が賃金と利潤とに分配される割合（あるいは剰余価値率）がどのような値をとろうとも，それ自体としては利潤率の上昇要因として働く，ということである。別の言い方をすれば，純固定資産ストック／付加価値を「資本の有機的構成」と呼ぶならば，この下落は，利潤率を上昇させる要因になるということの別表現である[5]。

---

5)　本章で言う「資本の生産性」の上昇は，企業会計に基づく通常の財務分析や日本の法人企業統計などでは「固定資産回転率」の上昇と表現される場合もある。また，付加価値を用いるならば理論的には，近似的に資本の有機的構成の低下と言い換えることもできるし（現代資本主義において資本の有機的構成の高度化を重視する議論として Smith 2010），最大限利潤率（maximum possible profit rate）と言い換える論者もいる（Freeman 2009, 154-155）。これはすなわち，労働者が全く不払いの場合に実現可能な利潤率ということである。「資本の生産性」の上昇，「固定資産回転率」の上昇，「資本の有機的構成」の低下，「最大限利潤率」の上昇のいずれにせよ，細部

ただし，実際の生産性と利益率の上昇の動きについては，以下の2点を補足しておかなければならない。

第1に，図7-4によれば，純固定資産利益率は，小規模企業のほうが大規模企業よりも高い値を示している。このことは，大規模企業ほど投資抑制によって生産性上昇が大きく，したがって利益率にプラスに寄与しているという見方と矛盾するように見える。しかしそうではない。確かに利益率の絶対的な水準自体は，小規模企業のほうが高い。このことは，大企業はもともと巨大な設備を有しているため，それだけ固定資本に対する利益率で見ると，小規模な設備しか有していない小企業に比べてそれが低くならざるをえないということを反映しているとも言える。あるいは別の面から言えば，大規模企業ほど，一般に意図されたものであれそうでないものであれ，余裕（過剰）生産能力を抱えていることから，その意味で設備効率が低くならざるをえないということである。しかし，ここで注目すべきは，その利益率の最近における回復・上昇のテンポである。図7-4の指標を指数化した図7-5によれば，純固定資産利益率の回復・上昇のテンポは，1990年代半ば以降になると，大企業のほうが大きくなっていることがわかる。

第2に，純固定資産利益率は，売上高を分子にとった「生産性」を用いると，以下のように表せる。

利益／純固定資産＝売上高／純固定資産×利益／売上高

すなわち

純固定資産利益率＝資本の生産性×売上高利益率

このことは，純固定資産利益率が上昇するのは，純固定資産に比べて売上高が上昇して生産性が増大するような場合と，売上高に占める利益の割合である売上高利益率が増大するような場合との，2通りのケースがありうるということである。そこで，多少煩雑であるが，売上高（営業）利益率の図を2つ掲げ

を別とすれば，資本にとっては利益率上昇をもたらす。ただし，とりわけ理論レベルでそのような説明の仕方，すなわち有機的構成の低下を基礎に置くことが現代資本主義分析としてどの程度可能であるのかといったことの検討は，別稿に譲る。

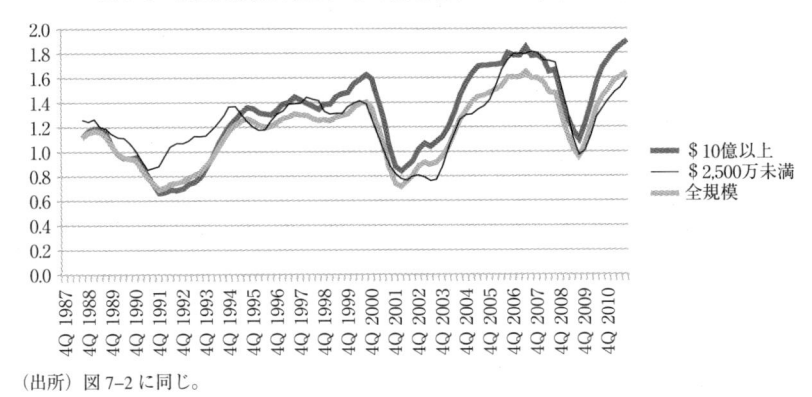

第 7 章　世界経済危機からの「回復」と経済政策の矛盾　239

図 7-5　純固定資産利益率（企業規模別；1987 年第 4 四半期 = 1.0）

凡例：
― $10億以上
― $2,500万未満
― 全規模

（出所）図 7-2 に同じ。

る（図 7-6, 図 7-7）。

　図 7-6 は企業規模別の売上高利益率, 図 7-7 はそれを指数化したものである。これは, 先の図 7-4 と図 7-5 とはちょうど対照的なものとなっている。すなわち, 純固定資産利益率は, 絶対的な水準は小企業のほうが高かったが（図 7-4）, その回復・上昇は大企業のほうが大きかった（図 7-5）。これに対して, 売上高利益率は絶対的な水準は大企業のほうが高いが（図 7-6）, その回復・上昇は小企業のほうが大きい（図 7-7）。このことは, 大企業は, もともと市場支配力が高く, マージンを含むコストの転嫁力が大きいことを示唆している。しかし, 近年, 売上高利益率の回復はむしろ小企業のほうが大きい。ところが, 純固定資産利益率の回復は大企業のほうが顕著であったことは図 7-5 の通りである。

　以上のことは何を意味するか。大企業はもともと売上高利益率が高いものの, 近年の純固定資産利潤率の上昇は, 売上高利益率の上昇が寄与しているのではない。なぜなら, 後者の回復は小企業よりも弱いものだからである。そうではなく, 大企業の場合には, 従来通り高水準の売上高利益率を確保しつつ, むしろ純資産を絞っていることが, 結果として純固定資産利益率の上昇をもたらしている。他方, 小企業の利益率の回復は, 投資の抑制が寄与しているというよりは, これまで低かった売上高利益率が近年一定程度上昇してきたことが

図 7-6　売上高営業利益率（企業規模別）

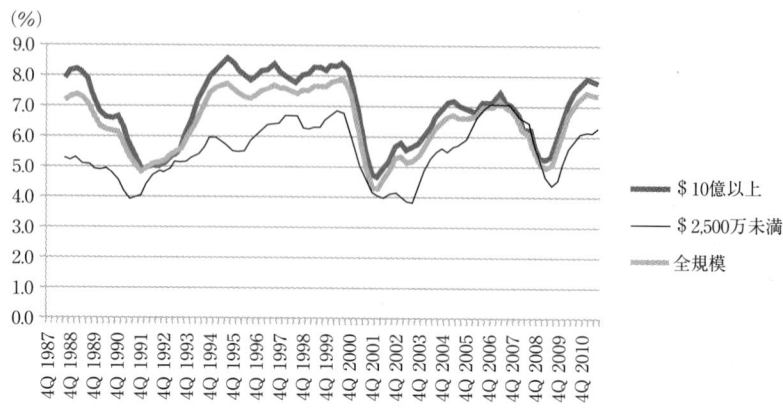

（注）売上高営業利益率＝利益（Income（loss）from operations）÷売上高（Net sales, receipts, and operating revenues）
（出所）図 7-2 に同じ。

図 7-7　売上高営業利益率（企業規模別；1987 年第 4 四半期＝1.0）

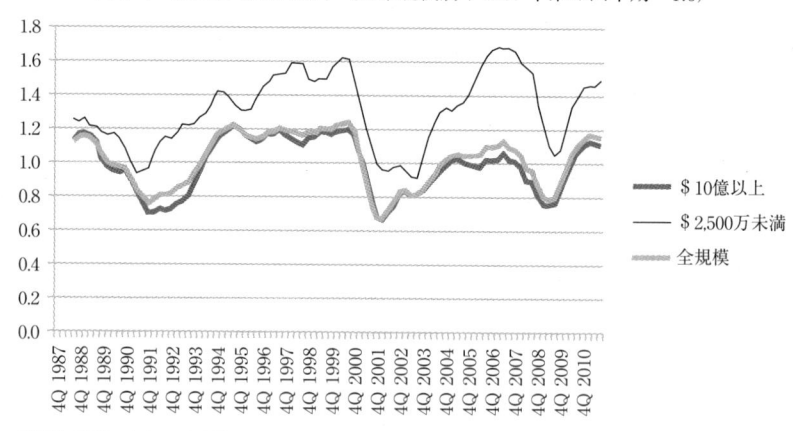

（出所）資料：図 7-2 に同じ。

大きい。売上高に比べた投資の抑制が原因であるならば，「資本の生産性」の上昇という形で現れるはずであるが，それは，図 7-3 で見たように顕著には見られない。

こうして近年では，大企業ほど投資を抑制することで，結果として利益率を上昇させるという投資行動をとっていることが，明らかになった。

第7章　世界経済危機からの「回復」と経済政策の矛盾　241

最後に，この投資抑制について，先の図7-2を大規模企業と小規模企業とに分けて対前年変化率で表し直した2つの図を用いて，より詳しく見ておきたい（図7-8，図7-9）。

大企業について示した図7-8によれば，2000年代に入ると，初めて純固定

図7-8　売上高および純固定資産の対前年変化率（総資産規模$10億ドル以上企業）

(出所) 図7-2に同じ。

図7-9　売上高および純固定資産の対前年変化率（総資産規模$2500万未満企業）

(出所) 図7-2に同じ。

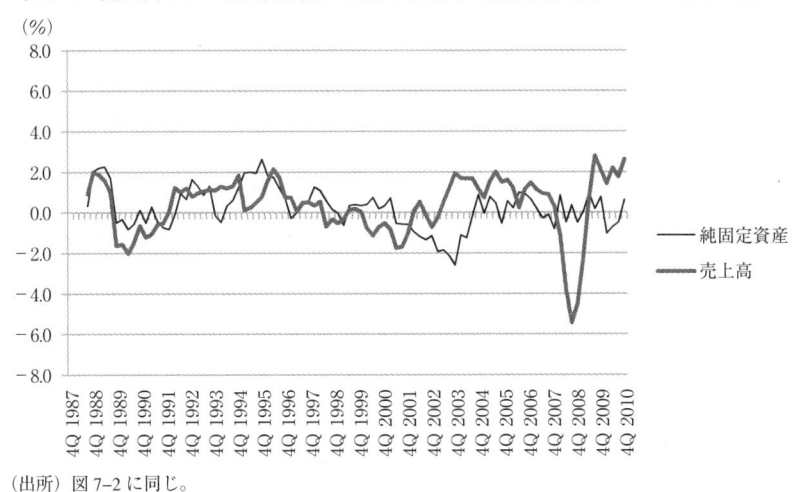

資産がマイナスを記録していることがわかる。これに対して小企業は，図7-9に見られるように，すでに1980および1990年代からしばしばマイナスの値をとっているが，この時，売上高も一層大きく低下していた。このことが，図7-3で見たように，小企業では1990年代にすでに指数1.0を下回るほどに生産性を低下させる一方，同じ時期に，大企業ではむしろ生産性を上昇させ続けることになった。これは，同じように「純固定資産の縮小」とか「投資の抑制」と言っても，大企業と小企業とではかなり意味合いが異なることを示唆している。すなわち，小企業では，もともと競争環境が激しく，売上の低下に見舞われた場合にはしばしば資産も削減されていたのに対して，大企業は，小企業とは違って売上高は傾向的に増大するなかでも，2000年代になると資産を圧縮して生産性を上昇させ，利益率を上昇させていったということである。同じ資産圧縮といっても，前者が売上低下への不可避の対応，後者が売上が増大するなかでのむしろ意図的なリストラチャリングという面を強く持っていると言ってもよい。後者のような積極的な利益率上昇策を講じてきたのが，2000年代以降に顕著になった大規模資本の経営戦略である。

　アメリカにおける利潤率の回復は，多くの論者が指摘するところである。また，利益率の回復に比べて投資が抑制的であることも，多くの論者が共有する認識となっている。ただし，その説明の仕方は，指標のレベルでも，生産性上昇，有機的構成の低下，剰余価値率の上昇（賃金の低下）など，さまざまである。またその各指標がなぜそのような動きをしたのかという説明も多様である[6]。しかし本章で確認しておきたいことは，売上高が増大しても投資を抑制させているという事実と，その動きが特に2000年代以降の大規模企業にこそ顕著にあてはまるという事実である。さらに，利益率の回復という動きそれ自体よりも注目すべきことは，そうした大資本にとって有利な状況をもたらす投

---

[6] この点については，例えば，Duménil & Lévy (2011), Foster & Magdof (2009), Harman (2010), Husson (2010), Brenner (2006) などを参照。ただし，それぞれの理論と実証についての検討は，別の機会に譲りたい。また賃金の動き，したがって付加価値に占める労働分配率（または利潤分配率）の動きなどを企業規模別に見ておく必要もあるが，それらも本章では割愛する。

資抑制こそが，他方で国民経済（マクロ経済）にとってはその景気回復の弱さをもたらしているという事実である。そこで，項を改めて 2008 年以降の状況を見ていくことにする。

1–3　危機前と同じ構図の再現

予め結論的に言えば，資本家は純固定資産の圧縮にまで踏み込み，それによってマクロレベルの生産能力の削減までもがもたらされる一方で，一定程度の売上回復があれば利潤率は V 字回復を見せるという 2000 年代から見られた構図は，2008 年の危機後の「回復」過程でも，再び繰り返されている。

マクロレベルで生産設備の稼働率を見ると，図 7–10 からわかるように，2009 年上半期あたりを底にして徐々にではあるが回復過程にある。このことは，冒頭で紹介したように，NBER が同年 6 月を景気の谷と決定していることと符合している。しかし他方で，国民経済レベルで見た生産能力は，景気「回復」にもかかわらず先に見たようにほとんど回復していない（前出，図 7–1）。このことは，すでに景気「回復」に入ってから 3 年近くが経過しているが，これまでのところ，その生産拡大はほとんど稼働率の上昇だけで対応されてい

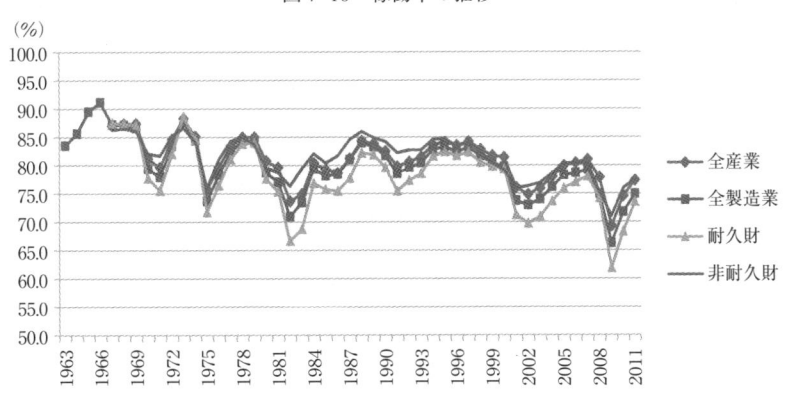

図 7–10　稼働率の推移

（注）2011 年は暫定値。
（出所）Council of Economic Advisers. 2012. Economic Report of the President 2012, Table B-51 より作成。

て，顕著な生産能力の拡大，すなわち景気上昇の原動力となるはずの設備投資の増大にほとんど結びついていないという，国民経済レベルで見れば深刻な事態をもたらしている。

しかし，国民経済にとって深刻であることは，必ずしも資本にとって深刻であることを意味しない。2008年の経済危機に至る2000年代の景気拡張期を対象にすでに見てきたように，企業・資本レベルでは，売上高が回復基調にあるにもかかわらず純固定資産を増大させないことによって，資本の生産性の顕著な回復をもたらし，これが利益率の急回復を実現させるという，資本にとっては好都合な状況を生み出すからである。

改めて先の図7-2を見ると，経済危機後に売上高はほぼ危機前の水準に回復している一方で，純固定資産はそれほど大きくは回復していないことがわかるが，これが，図7-3が示すように，結果として生産性を危機前に迫る水準まで回復させていることが見てとれる。加えて今回の回復では，売上高利益率についても，特に大規模企業ではコストの徹底的な削減を背景にして危機前水準を凌駕している（図7-7）。つまり，投資抑制による生産性の回復とコスト削減による売上高利益率の上昇という2つの要因から，純固定資産利益率は大企業ほど急速に回復し，これだけ停滞的なマクロ経済の下で，1980年代以降の最高益を更新するまでになっているのである（図7-5）。

こうした，最高益を記録するような大規模企業の状況と，他方でのマクロ経済の弱々しい「回復」が併存するというのは，国民経済にとっては極めて矛盾した状況である。しかしそれは当然の結果でもある。2000年代以降続く投資を抑制した形での景気「回復」が，企業にとっては利益率のV字回復をもたらしても，その投資の抑制自体が投資需要を低く抑え，また雇用の回復を遅々としたものにさせながら，消費需要の伸びも大きなものにはさせないからである。

とりわけ雇用の状況は深刻である。例えば，27週以上失業している長期失業者が全失業者に占める割合は50%に迫り第2次世界大戦後の最悪水準である。今回は，失業率それ自体も非常に高いから，ようやくそれが2012年に入っ

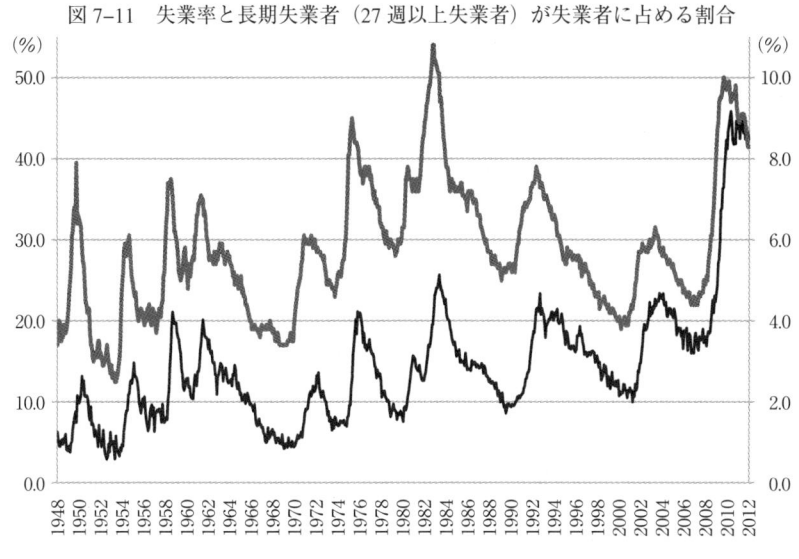

図 7-11　失業率と長期失業者（27 週以上失業者）が失業者に占める割合

――― 長期失業者の割合（左目盛）　――― 失業率（右目盛）

（注）長期失業者の割合は、長期失業者数を失業者数で除して求めた。
（出所）Bureau of Labor Statistics. Labor Force Statistics from the Current Population Survey. http://data.bls.gov/cgi-bin/surveymost?ln より作成。

て若干の改善を見せているとはいえ、深刻な状況が続いていることに変りはない（図 7-11）。

　個別具体的な例として、例えば自動車産業では一定程度の雇用回復が見込まれているが、経営破綻した GM では、公的資金によって救済されかつ利益率は急回復しているものの、その雇用者数は未だ危機前には届かない（表 7-1）。GM のアメリカ国内での雇用者数は時給雇用者（U.S. Hourly）を中心に 1 万 5,000 人程度も少ないままである。なお世界全体で見ても約 3 万 5,000 人少ないままであるが、この点は、大企業が世界的規模で雇用を抑制していることの 1 つの現れと言える。

　さらに、このような低い水準での雇用「回復」でさえ、それは、多分に賃金水準の低下と引き換えでの「回復」にすぎない。図 7-12 によれば、総報酬の伸び方は 2000 年代に入ってから景気「拡張」にもかかわらず傾向的に小さくなっているが、今回の経済危機後にはその傾向は一層強まっている。同時に、

表 7-1　GM の雇用者数推移と破綻前との比較

(December 31, in thousands)

	2011	2010	2009	Predecessor 2008	2011 年の対 2008 年増減
GM North America (GMNA)	98	96	103	118	−20
GM Europe (GME)	39	40	50	54	−15
GM International Operations (GMIO)	34	32	34	38	−4
GM South America (GMSA)	33	31	28	32	1
GM Financial	3	3			3
Total Worldwide	207	202	215	242	−35
U.S. − Salaried	29	28	26	30	−1
U.S. − Hourly	48	49	51	62	−14

(注) Predecessor は破綻前の会社。
(出所) GM. 2011. Annual Report Pursuant to Section 13 or 15(D) of the Securities Exchange Act of 1934, For the fiscal year ended December 31, 2011, GM. 2010. Annual Report Pursuant to Section 13 or 15(D) of the Securities Exchange Act of 1934, For the fiscal year ended December 31, 2010 より作成。

図 7-12　総報酬および平均時間賃金の対前年変化率（非農業民間部門，名目および 1982-84 ドルベース）

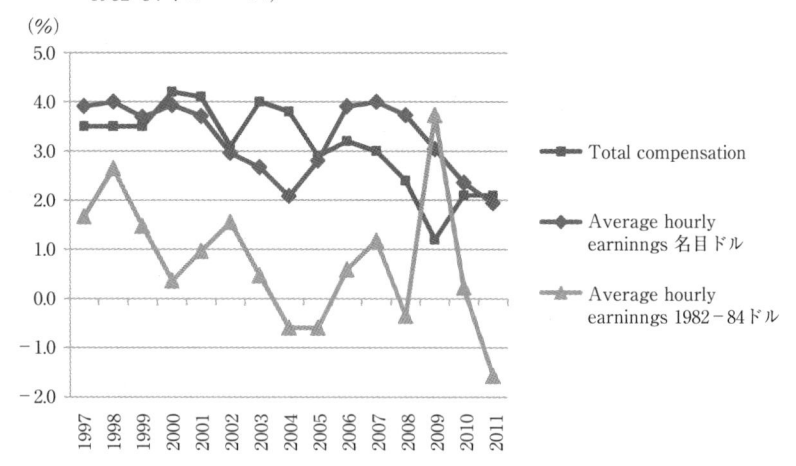

(注) 非農業民間部門の被用者が対象で，家事労働者（Household Worker）などを除く。総報酬（Total compensation）の 2011 年の値は，同年 9 月時点での対前年同月変化率。平均時間賃金（Average hourly earnings）の 2011 年は暫定値。
(出所) Council of Economic Advisers. 2012. Economic Report of the President 2012, Table B-47, 48 より作成。

危機後は時間当たり賃金（名目）の伸び方も急激に小さくなっている。さらに実質ベース（1982-84ドルベース）で見ると，同図には掲載していないが1970年代半ば以降ほとんどプラスの値をとったことのない賃金変化率が，同図にあるように1990年代末から2000年代初頭の数年間にわたって連続してプラスの値をとっていたものの，その後の2000年代は，景気拡張期にもかかわらず再びマイナスへと落ち込み，今回の危機後も，2009年の異常な「上昇」を別とすれば，大きく落ち込んだままである。つまり，仮に多少とも雇用「回復」があったとしても賃金の伸びの小ささが総報酬の伸びを低く抑える作用をもたらしていることがわかる。このように，企業は，利益率が回復していないために雇用者を増やせないのではなく，むしろ利益率を急回復させながら，失業者を長期にわたって出し，また賃金を大きく抑制するという行動をとり続けているということである。

ところで，利益率の上昇が投資抑制によってもたらされているとすれば，結果として，資本の下には膨大な資金が残ることになる。図7–13によれば，もともと危機前においても，投資が企業内部資金を上回って上方に乖離するようになったのは，景気のピークに近づいた2006年頃以降にすぎないことがわかる。そして，その後，投資はすぐに低下に転じるが，2008年以降は，キャッシュフローや流動資産が急回復しているのに対して，投資が全くそれに追いつ

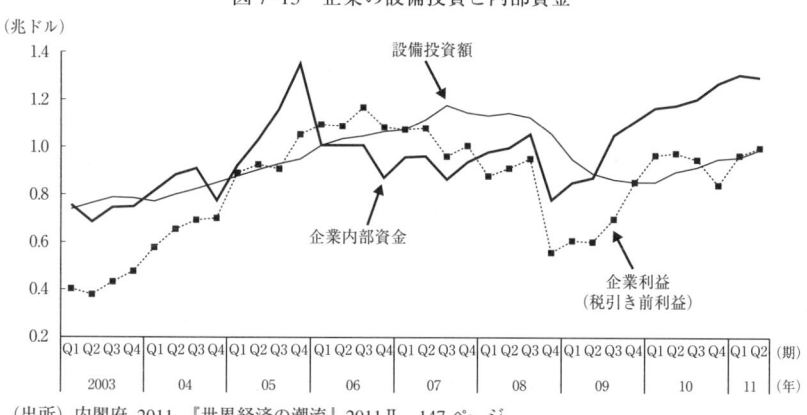

図7–13　企業の設備投資と内部資金

（出所）内閣府．2011．『世界経済の潮流』2011Ⅱ，147ページ．

かないという状況が、再び繰り返されている[7]。

こうした動きは大企業ほど強い。大企業ではこの間，総資産が1.0から約5.0へと増大したが，「現金，政府・その他の証券等」は約6.0と，それを上回って増大している。他方で純固定資産は2.0あたりまでしか増大していない（図7-14）。これに対して小規模企業でも，確かに「現金，政府・その他証券等」の増大は総資産や純固定資産の増大を上回っているが，その水準は，前者が1.8程度，後の二者がともに1.2〜1.4程度と，そもそもその伸び自体が大企業と比較にならないくらいに小さい（図7-15）。そして，大企業を中心とする純固定資産に代表される実物投資の抑制と，それと対照的な現金・短期金融投資等の激増の結果，大企業が保有するそれは約4,000億ドル，全規模ベースでは約

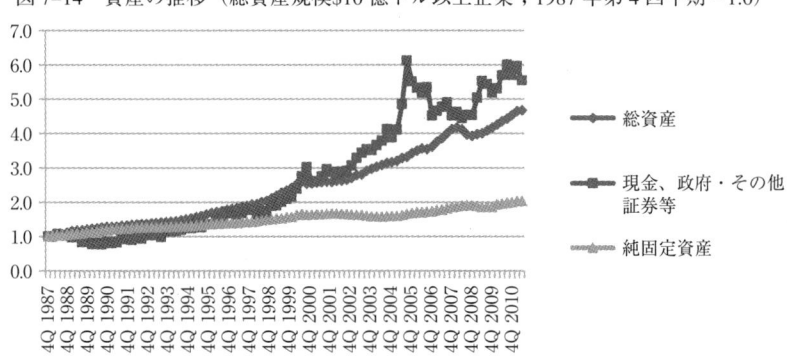

図7-14 資産の推移（総資産規模$10億ドル以上企業；1987年第4四半期＝1.0）

(注) 現金，政府・その他証券等には，要求払い預金，市場性および政府証券，コマーシャルペーパーなども含む。
(出所) 図7-2に同じ。

---

7) アメリカ経済で投資がキャッシュフローを下回るような投資抑制，したがって過剰貨幣資本が生み出されていると言いうるような状態は，今回の経済危機後に始まったことではなく，1990年代末から2000年初頭のいわゆるITバブル期を除けば，1980年代以降の一貫した傾向である（内閣府，2005，23ページ，第1-3-5図）。他方，CEA（2012, 55, Figure 2-6）では，1990年以降では，2008年の危機後に初めて投資がキャッシュフローを下回ったとされているが，これは統計資料の違いなども含めて，今後精査する必要がある。ただそのCEA（2012）も，危機後において，キャッシュフローや保有される流動資産が激増しているにもかかわらず投資が低いままに抑えられていることを示している点では，本章の図7-13と同じである。

図7-15　資産の推移（総資産規模$2,500万未満企業；1987年第4四半期＝1.0）

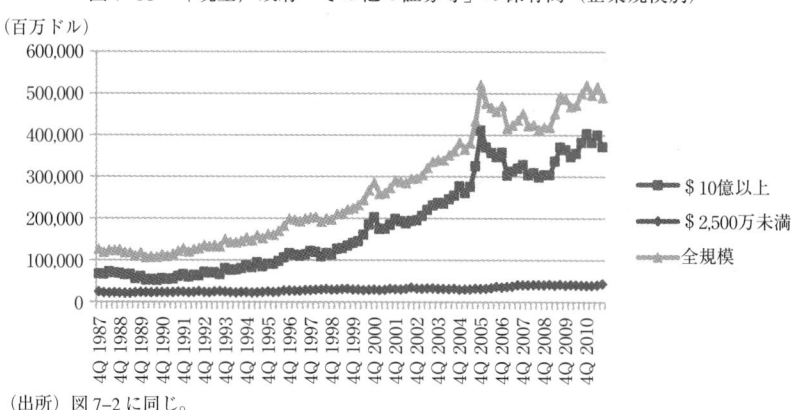

図7-16　「現金，政府・その他の証券等」の保有高（企業規模別）

（注）図7-14参照。
（出所）図7-2に同じ。

5,000億ドルに達している。その水準は，危機後にあってなお史上最高にあると言ってよい（図7-16）。

　以上のように，売上の回復があっても，それに対する生産拡大は主として稼働率の上昇で対応し，生産能力の増強はもたらさないという資本の投資行動は，マクロ経済にとっては，投資，雇用・賃金，消費などの伸び悩みを生み出す一方で，資本の手元には豊富な資金をもたらしてきた。こうした構図は，危

機前からすでに生じていたことであって，今回の景気「回復」局面でも再び繰り返されている。この構図による弱々しい景気「回復」こそが，NBERが確定した「谷」から3年を経てもなお，正常な水準とは言えないという経済の状況を生みだしている。そしてまた，そうした脆弱な回復であるからこそ，欧州債務危機や新興国需要の落ち込み，石油価格の上昇などによって，容易に景気が「腰折れ」し，その「回復」自体も鈍化する。

このような状況に対しては，象徴的に言えば，資本の手元に滞留した資金を投資拡張や雇用増大へと振り向けさせる方策を見出すことが，あるいは，それほどまで巨額の資金を滞留させるほどの高利潤率の追求と投資停滞との併存とを解消させることが，マクロ経済政策のさしあたりの焦点にならなければならないであろう。では，そうした経済政策が実際にとられているのであろうか。次節では，具体的な政策次元に議論を移して，見ていくことにしたい。

2．危機後の経済政策とその矛盾

本節では，投資の促進と雇用の増大を企図して実施ないし提案されている具体的な経済政策のうち，代表的なものとして，減税政策，金融緩和政策，輸出増大計画を取りあげる。

これらは互いに関連する政策であるし，2008～2009年の大規模な金融救済や景気刺激策の結果としてもたらされた巨額の財政赤字への対応問題とも密接に絡んでいる。また，これらは部分的にはブッシュ政権末期から実施されているものの，多くはオバマ政権で実施されあるいは提案されていることから，それまでの新自由主義的政策とは一線を画しているようにも見受けられる。しかし，予め指摘しておけば，そこには新自由主義との連続性や共通性も少なからず含まれている。

これらの諸側面に注意しながら，以下では，第1節で展開した実体経済の内容を下敷きにして，危機後の経済政策について現時点での暫定的な論評を与えておくこととしたい。

2-1　減税政策と財政赤字問題

2-1-1　2008年以降の巨額の経済対策

経済危機への対策として，特に大型のものを挙げればさしあたり以下の3つになろう。

第1に，2008年10月に成立した緊急経済安定化法（EESA2008）である。ここでは，7,000億ドルもの規模の不良資産救済プログラム（TARP）が創設され，金融機関救済や自動車産業救済へと膨大な資金が投入された。2009年2月の金融安定化プラン（FSP2009）はTARP活用した金融安定化の枠組みを設定したものである。これらにより，とりわけ大手金融機関や大手自動車メーカーが公的資金によって救済されることになった。

第2に，2009年2月の米国再生・再投資法（ARRA2009）であり，これは総額7,872億ドルであるが，そのうち約40％は減税政策である。なお2012年3月9日現在ですでに7,487億ドルが支出され（減税等2,998億ドル，公共投資等で2,274億ドル，エンタイトルメントで221.5億ドル），他方で，原資については，当初の7,872億ドルから，2012年度予算の成立などに伴って8,400億ドルに増額されている[8]。

第3に，2010年12月の，8,578億ドルの減税・失業保険および雇用創出法である。このうち，いわゆる2001年および2003年のブッシュ減税を含む減税の延長で4,000億ドルなど，大規模な減税政策を含んでいることがその特徴である（Joint Committee on Taxation 2010，滝井2011）。

2-1-2　債務上限引き上げ問題

これらの一連の大規模な財政政策は，大金融機関や大企業は確実に救済され，また，それがなかった場合と比べた雇用創出効果の大きさが指摘されるなど，一定の効果は認められるかもしれない。しかし，当然のことながら，これらは莫大な財政赤字をもたらすことになった。図7-17によれば，2008年以降には対GDP比で－10％もの財政赤字となっている。これは，第2次世界大戦

---

8)　ARRAについてのアメリカ政府サイトRecovery.govによる。

中を別とすれば，世界恐慌後の 1930 年代や，「小さな政府」を標榜しながら実態は巨額の財政赤字を計上したレーガン政権期を上回る，戦後最大の赤字である。

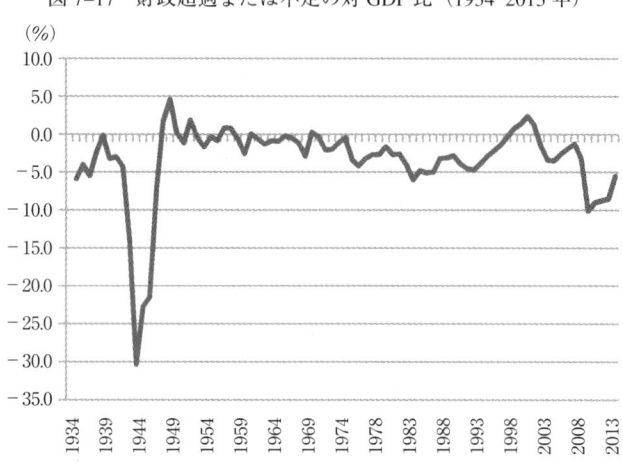

図 7-17 財政超過または不足の対 GDP 比（1934-2013 年）

（注）2012 年および 2013 年は推計値。
（出所）Council of Economic Advisers. 2012. Economic Report of President 2012, Table B-79. ただし，1934 年〜1938 年については，Economic Report of President 1998, Table B-79. なお，Robert Pollin. 2011. U.S. Government Deficits and Debt Amid the Great Recession: What the Evidence Shows. Political Economy Research Institute (PERI), University of Massachusetts Amherst, Workingpaper Series, no 263: 3 も参照した。

この財政赤字問題が政治問題化した1つが，2011 年夏のいわゆる債務上限引き上げ問題である。オバマ政権は，法律上の債務上限額引き上げ権限を得て当面の財政運営を維持する代わりに，将来の財政再建をめざすことが求められるという条件下で，この際，増税も用いながら財政再建を図ろうとする大統領および民主党に対して，歳出削減を伴っても減税を主張する共和党とが，2012年の大統領選挙もにらみながら政治的に「対立」したという問題である。

① 2011 年 8 月 2 日の「決着」内容

「決着」した改正予算管理法 Revised Budget Control Act of 2011[9]は，債務上

---

9) Heniff Jr., Rybicki, and Mahan（2011）．ほかに，共和党側に立った整理としては Boehner（2011），法案以降の簡潔な流れは内閣府（2011，158-162 ページ）などを参

限引き上げについては，当初9,000億ドル（法案成立と同時に4,000億ドル，2度目に5,000億ドル），その後，議会の交渉の状況に応じて少なくとも1.2兆ドルから最大1.5兆ドルまでの引き上げ権限が付与され，合計2.1兆ドルから2.4兆ドルの引き上げとなる。他方，財政赤字削減については，歳出額へのキャップを設けて10年間で9,170億ドルの歳出削減と，さらに2021会計年度までの10年間で少なくとも1.5兆ドルの財政赤字削減の法案を整備するための合同委員会（Joint Selected Committee on Deficit Reduction）が作られることとされた。財政赤字削減は歳出，歳入，あるいは双方の変更を含む。ただしこの追加の削減法案の提案期限は2011年11月23日，両院通過期限は2012年12月23日とされた。さらに，2012年から2021年を対象とする少なくとも1.2兆ドルの債務削減法案が，2012年1月15日までに議会と大統領によって実現されなかった場合には，2013年からの1.2兆ドルの自動的な歳出削減が開始される（いわゆるトリガー）。この場合，削減は国防費と非国防費で折半され，社会保障，メディケイド，連邦退職者・障害者プログラムなどは除外されるが，メディケアには一定程度適用される[10]。

② 大統領と議会の交渉と「決着」の意味

債務上限引き上げ問題は，それ自体は「恒例行事」であり，今回は2012年の大統領選挙を前にした「政治ショー」，ないしデフォルト回避のためには上限引き上げが不可避であることが双方に了解された上での「瀬戸際政策」の面が強かった。しかし，先に見たように財政赤字幅が膨大であるという量的な問題だけでなく，特に下記の2つの点が結果として残った。

第1に，オバマ政権は債務上限引き上げ権限は得たものの，エンタイトルメントも歳出削減の対象から排除しないこととなった。同時に，富裕層減税の廃止や石油企業等への増税をこの時点では盛り込むことはできず，議会でのその後の交渉に委ねることとなった[11]。これらは，少なくとも建前としては社会

照した。
10) メディケアの給付部分は除外されるが，メディケアの医療等サービス供給者に対する支払については上限を設けた上で削減される（内閣府，2011，160ページ）。

保障を充実させ，また富裕層増税とミドルクラスへの減税を含む所得再分配をめざそうとするオバマ政権としては，そうした成果を得られなかったことを意味している。

　第 2 に，共和党は交渉の過程で強硬に増税に反対し続けたが，その際用いられたロジックは「増税は雇用を破壊する」というものであった。ベイナー下院議長（共和党）は，この「決着」を，「職を殺す国家デフォルトを防ぐ一方で，職を破壊する増税をせずにこれらを成し遂げる」ものであると表現した（Boehner 2011）。これは，減税および一層の歳出削減を主張する茶会党やその影響を強く受けた共和党内部に対して，今回の「決着」が増税は回避しているということを宣言しつつ，同時に共和党であれ民主党であれ「だれもが望まないデフォルトを止めるものである」ことの両面をもって説得しようとする表現と言える。しかしながら，この「決着」については，さらに以下の 2 点を確認しておかなければならない。

　1 つは，減税を主張する茶会党は，本来，大銀行や大企業の公的資金の注入による救済にも極めて批判的であったはずである。しかし「決着」に含まれる内容は，そうした大企業をも対象に含んだ増税政策の回避，ないし減税政策の追求になっているという点である。このことは，共和党が抱える二面性を表している。

　もう 1 つは，この「決着」は，それだけを見れば増税を追求したい大統領と減税を主張する共和党との「妥協」である。しかし，オバマ政権自体も，再三にわたって，雇用創出という政策目的をほかならぬ減税政策に委ねて実現しようとしているという点である。その典型的な表れが，次に見る法人税改革の提案である。

11）　上述の通り，同年 11 月 23 日を事実上の交渉期限とする両党からなる委員会に交渉が委ねられた。また，ブッシュ減税延長には拒否権発動で対抗することを示唆し，翌 9 月には「バフェット・ルール」として増税が提言された。またオバマは雇用創出法案を提出した（9 月）。その後，11 月には決着はつかず，現時点では自動的な削減（トリガー）が適用されることになっている。

2-1-3 法人税改革提案

法人税改革の枠組み（2012年2月）の要点は，次のようにまとめられている（The White House and Department of the Treasury 2012）。1）アメリカの成長を刺激するために，数多くの税の抜け穴と補助金の削減，課税ベースの拡大，法人税の削減（法人税率の28％への低減），2）アメリカの製造業とイノベーションの強化（製造業の実効税率を25％以下へ抑制，一層のR&Dの促進），3）国際課税制度の強化，海外所得への最低限課税の創設，国内投資の促進，4）アメリカ中小企業（Small Business）への税の簡素化と減税，5）財政責任の回復と債務のわずかな増大も回避すること，の5点である。

見られるように，法人減税，とりわけ製造業への減税によって，国内の投資を促し雇用創出を狙っていることが特徴である。そのために，国外へ流出する多国籍企業へ増税することも企図されている。その限りで言えば，本章第1節で見たように，アメリカ経済は投資が停滞的であり，雇用の回復も遅々として進まないことに対し，国内への投資を促すことで雇用増大を図ろうとする点で，大まかな方向性は一応は正しく見える。同じ2012年の一般教書演説でも「青写真は製造業から始まる」とされた（White House 2012）。

しかしながら，第1に，こうした減税政策は，先の債務上限引き上げ問題との関係が問われなければならない。そこでの共和党のロジックは「増税は職を破壊する」というものであったが，「減税によって職が創出される」というオバマ政権の法人税改革の考え方は，共和党のロジックと事実上一致している。遡れば，確かに先に触れた2010年12月のブッシュ減税の延長は，同年の中間選挙で民主党が敗北したことによって，そこに追い込まれたという側面はある。他方で，今回の法人減税でも，それに併せて税のさまざまな抜け穴を防ぎ各種補助金を削減して，富裕層へは増税し石油企業等への減税は廃止するという，大統領の当初からの主張は維持されてはいる。しかし，こうして改めて減税政策を雇用増大策として持ち出しているという点に，企業に減税政策を施せば雇用創出がもたらされるはずであると考える，これまでの共和党の経済政策との共通性を見出さざるをえない。

第2に，両者のそうした政策上の一致よりも一層問題であるのは，これまでこうした減税政策は投資拡大に結びつかず，とりわけ雇用拡大をもたらしてこなかったという事実である。2009年にはARRAで7,872億ドルの経済対策の40％もの減税，2010年には上述のように8,578億ドルのうち4,000億ドル以上もの減税の延長というように，たびたび大規模な減税が実施されてきたが，雇用は顕著には増大しなかった。したがって一層の減税政策が雇用拡大をもたらす保障はない[12]。大企業は，減税政策によってたとえ手元に残る利益がより一層拡大しても，それを投資や雇用の増大へと結びつけるという行動様式をもはや採用していないからである[13]。第1節で見た通り，大企業は，売上高が増大しても投資を抑制し，結果としてマクロ経済レベルで見れば，生産の拡大は，固定資産や雇用といった生産能力の拡大ではなく，その稼働率の上昇で対応されているにすぎなかった。

---

[12]　すでに1年前の2011年2月7日のChamber of Commerce年次会合でのオバマ演説でも，今回提案された「企業減税」と事実上同趣旨の内容，すなわちアメリカは世界一税率が高く，他方で税の抜け穴があり，これを防ぎながら税率を下げることで投資を促す，ということが述べられている。そして，合衆国ではなく海外に投資をすることは，「社会契約を破棄」することになるとも言う（White House 2011）。1年を経て「青写真は製造業」と言い，企業減税法案を提示して事実上同じことを宣言していることこそ，事態が何も進展していないことの表れである。

[13]　Rasmus（2011）によれば，オバマの2009年のもともとの「ゲームプラン」は，銀行，大企業，投資家を救済し（4,000億ドル減税，数千億ドルの追加減税，加速度減価償却，企業への直接的補助金，政府低利融資2009年6月から2010年12月まで，さらに2010年12月からの4,000億ドルのブッシュ減税の2年間延長。またFRBによる2008年末〜2010年夏までの21カ月にわたる9兆ドルのゼロ金利融資），彼らの雇用創出，住宅所有者救済のための住宅金融金利引き下げと期間の調整，国家税収の増大を期待することであったが，2011年になってもこれが生じていない。その背景には，すでにCorporate Americaつまりアメリカ大企業が，レーガン時代あるいはそれ以前から「ゲームプラン」を変えてしまっていること，企業行動が変わってしまっていることがあるという。したがって，大企業は，アメリカでの雇用創出や投資への十分なインセンティヴを与えられていないのではなく，歴史的にも非常に豊富なインセンティブ（減税）と資金注入とを，オバマ政権の最初の2年で得ているにもかかわらず，それがなければ手に入れることができなかったはずの2兆ドルもの手元資金を投資や雇用へと回そうとしない，と見る。企業行動がすでに今回の危機前から大きく変わってしまっているという見方は，本稿にとって示唆的である。

他方で，必ずしも投資拡大や雇用拡大には結びつかないにもかかわらず，企業は減税それ自体は求めてくるのであって，一連の減税政策はそうした企業戦略にはよく合致している[14]。資金が潤沢にある大企業にとっての法人減税は，今以上に手元にキャッシュを残す政策にすぎず，あるいはより以上の配当支払いを可能にし，金融資産の運用を可能にする政策でしかない。本来の問題はこうした資金をいかに投資に回すかということにあるはずである。企業が持つ資金が巨大化するなかで，一層の減税によって，一体どのようにして投資や雇用が拡張するのであろうか。現代の資本主義では，利益や資金の拡大が必ずしも投資に結びつかないという，第1節で述べたような事実が無視された政策である[15]。

---

14) 共和党は，増税は雇用創出にマイナスであるから減税せよ，増税は反対，財政出動にも反対と繰り返し主張しているが，減税を受けながら雇用を低水準に据え置いているのはほかならぬ大企業なのだから，その主張自体が矛盾している。さらに，「財政支出が雇用を削減する」とまで言うが，これは言いすぎであろう。その主張を成り立たせるためには，例えば大幅な増税によって企業の投資意欲が殺がれるとか，国債の大量発行によるクラウディングアウトによって金利の急上昇が生じ投資が抑制されるなどといったことが必要であるが，危機後の財政出動はむしろ減税を伴っている。したがって，減税をしている以上，共和党の主張に依拠したとしても雇用は増大するはずである。この点は，例えば，ブラインダー (2011)，Gandel (2011) など。したがって，財政支出が雇用を削減したのではなく，問題は減税を受けてもなお雇用削減の手を緩めない企業自体にある。また，州政府における公的部門への財政削減によって公的雇用が減らされてきたこともそれに拍車をかけている。他方，オバマの経済諮問機関「雇用と競争力に関する大統領評議会」の議長を務めるイメルトが CEO である GE は，2010年に142億ドルの収益に対して税金は不払いであり，さらに32億ドルの Tax Benefit を得ていると，報道されている（例えば ABC. News 2010）。このことは，オバマ政権の経済政策，特にその法人減税政策の性格を考える場合に，十分に想起されてよい点である。

15) 他方で，NFIB (2012b) によれば，中小企業 (small business) の5分の1は継続的に，2分の1は定期的に，それぞれキャッシュフローの問題を抱えていて，他方で中小企業にとっては企業利益が投資の最大の源泉の1つである以上，増税が設備や雇用への支出を先送りさせる懸念があることを指摘している。これは，必ずしもオバマの税制改革だけを対象にした証言ではないが，税制改革が，大企業に多い企業形態 (C-corporation) と比較して，中小企業が相対的に不利になることへの懸念も示されている。また，NFIB (2012a) は，今回のオバマの提案に対して，「オバマは大企業は知っているが，中小企業は知らないことが実証された」として，今回の提案が大企業のためのものであると論定している。

第3に，財政赤字問題との関係である。確かに，今回の企業減税は抜け穴を防ぐことで財政支出は伴わないとしている。それゆえにこそ，保守派や産業界を中心に，今回の税制改革を「減税政策」ではなく「増税政策」と見る意見さえある[16]。しかし，抜け穴を防いで得られた「税収増分」を企業減税の財源に充ててしまう以上，それでもなお「財政再建」を掲げ続けるならば，結局は，本来必要な社会保障や公的部門での雇用なども削減され景気下押し効果を生まざるをえないという，自己撞着の状況に追い込まれることになる。

　今回の法人税率引き下げ提案は，税率の国際比較を根拠にして提案されている（The White House and Department of the Treasury 2012）。しかし，そうした国際的な法人税率の引き下げ競争とそれによる財政赤字の深刻化こそ，2008年の経済危機前から先進資本主義諸国が抱えてきた問題である。それにもかかわらず，今回の大統領選挙でも，両党の候補者ともに，現時点では減税合戦の様相を呈している。このことは，第1節で見たように，とりわけ大企業が投資抑制的な態度を堅持しているために実体経済の停滞基調が根強い状況下では，そうした企業の行動様式に介入することを積極的に選択しない以上は，共和党であれ民主党であれ，打ち出す政策に違いをつけることができないということの現れである。

2-2　金融政策（超金融緩和政策）

2-2-1　QE2終了後の金融緩和政策

　経済危機後の金融政策には，当面の金融危機を回避しようとする緊急的な政策という面と，緊急的な事態を一応は脱した後に景気を下支えし，それを回復

---

16)　例えば，Jennifer Rubin（2012）は税制「改革」の外観の下での企業「増税」であると位置づけている。Kent Hoover（2012）は，今回の企業税制改革を産業界は歓迎しているものの，アメリカ企業が海外のライバルと競争していくには不十分であるとしている。論点としては，28％という税率は未だ先進国では最高の税率の1つであって，その引き下げがまだ不十分であること，製造業やクリーンエネルギー企業と比べて，石油・ガス企業はこれまでの減税措置を失うこと，海外からの利益への課税が続くだけでなく新しいミニマム税に直面すること，そして中小企業にとって不十分であること，などを挙げている。

させようとする面との両面がある。決済手段（支払手段）の急激な不足（いわゆる流動性不足）や，債券価格の急落からいわゆるシステミックリスクに発展していくような事態へと対処するために，決済手段を注入し，場合によっては個別の債券を大量に買い入れて当座の危機を回避するという局面と，その後ある程度の危機脱出後に訪れる不況の長期化に対して，長期金利の低下や貸出の増大を図り，投資を拡張させることで景気全体を下支えし，回復・浮揚させていくという局面である。もちろん，現実にはこの両者は厳密に区別できるものではないが，ここでは，2011年半ば以降の金融政策，すなわちどちらかと言えば景気の下支えから回復・浮揚を企図していると見られる金融緩和政策に限定して，検討しておくことにしたい。

FRBは，2011年6月に量的緩和第2弾（QE2）を終了させた後も，引き続き，相当程度の緩和的な金融政策を継続している。9月のFOMCでは，ⅰ）いわゆるツイストオペを導入し（4,000億ドル　6〜30年国債買入，同額3年以下国債売却），長期金利低下目的を明記，ⅱ）現在FRBが保有する政府機関債および政府機関発行MBS（モーゲージ担保証券）償還元本のMBSへの再投資，ⅲ）少なくとも2013年央までのFFレート0〜0.25％の維持を決定した（FOMC 2011）。ただし「2013年央まで」という表現は，それに先立つ同年8月のFOMCで，それまでの期間を特定しない表現に代わって導入された。これは，それだけ長期にわたって金融緩和を継続することを予め宣言したことを意味する。さらに翌年2012年1月のFOMCでは，ⅰ）低金利の継続を少なくとも2014年までは続ける，ⅱ）2％のインフレ率が長期的にFRBの責務に合致する，との表現を明確化した（FOMC 2012a, 2012b）。前者については，一層長期の金融緩和の継続を宣言したことを意味し，後者については，いわゆる「インフレターゲット」を導入したと評する論者も少なくない。

2-2-2　新自由主義的反対意見

こうした連続的な超金融緩和政策，非伝統的金融政策に対しては，FOMC内部でも反対意見があるし，また先の債務上限引き上げ問題と同様，政治的思惑も絡んだ反対意見や異議も出されている。ここでは，後の議論との関係で，

2つの事例を取りあげる。

第1は，2011年9月のFOMC開催に合わせて出された，共和党によるバーナンキFRB議長に対する反対書簡（9月19日）である（*The Wall Street Journal* 2011）。これは，共和党のマコーネル，ベイナーら4人によるものであるが，FRBの政策決定に対して政治の側から書簡を送ったということ自体が，FRBの独立性との関係で物議を醸したが，その要旨は以下のようなものである。

すなわち，FRBのそれまで実施されてきたQEが経済成長を促進し失業率を低下させたことは明らかでなく，これはすでに弱い経済での一層の動揺と不安定性を導いた，とする。そして，一層の金融緩和は弱いドルをさらに浸食し，過剰な債務を負う（overleveraged）消費者に一層の借入を促す。一層の金融緩和が雇用を創出し経済回復につながるという証拠はない。そうではなく，アメリカ経済は，消費者と投資家の自信と労働者のイノベーションによって牽引される，と主張している。

第2に，FOMCでのフィッシャー（ダラス連銀総裁）らの反対意見である。フィッシャーが金融緩和に反対する一連の見解（Fisher 2010, 2011a, 2011b）の基礎には，自身の地区であるテキサスでの雇用「回復」の強さは，金融緩和の結果ではなく，税制・歳出政策および規制（緩和）政策の結果であるとする見方がある。金融緩和政策は全米で同じであるにもかかわらず，当該地域での雇用「回復」は他を上回っているからである。

これらの反対意見や異論は，反インフレを最重視し，金融引き締めを是とするいわゆる「タカ派」という側面もあるが，税制・歳出政策および規制（緩和）政策を強調する，建前通りの新自由主義的な構造改革路線とも言える。

2-2-3　金融緩和政策の限界

さて，このような反対意見は政治的思惑にも絡んで提示されている面も少なくなく，それを額面通り受けとることには慎重でなければならないが，これを単なる政治的言説として切り捨てておけないところに，一連の金融緩和政策の抱える問題が表れている。すなわち，こうした批判を招くほどにその効果が薄く，他方で副作用が大きいことである。例えば，マネタリーベースの急増にも

かかわらず，マネーストックの増大はわずかなものに留まっている（図7-18）。肝心の貸出残高も2008年以降回復しているとは言い難い（図7-19）。

他方，副作用について言えば，不況下でのインフレ懸念，とりわけ石油価格や食糧価格の上昇を通じた先進国への跳ね返りとそれによる実質所得低下の懸念，新興国でのバブルの進行ないし再燃，新興国通貨高などが現実のものと

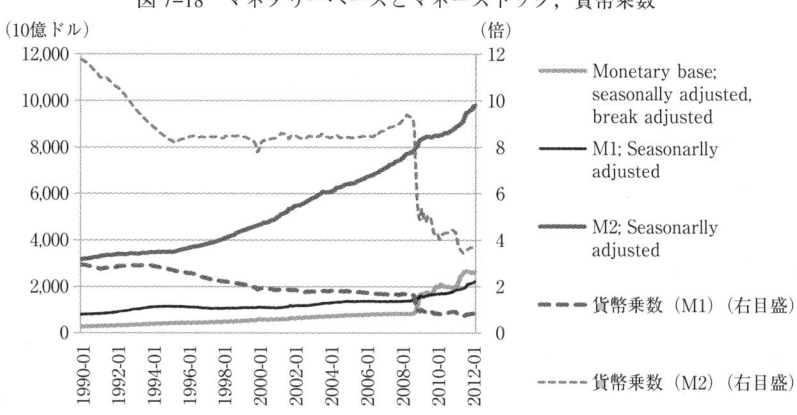

図7-18 マネタリーベースとマネーストック，貨幣乗数

(注) 貨幣乗数（M1，M2）は，それぞれM1およびM2をマネタリーベースで除して求めた。
(出所) FRB, Money Stock Measures H.6, Aggregate Reserves of Depository Institutions and the Monetary Base H.3 より作成。

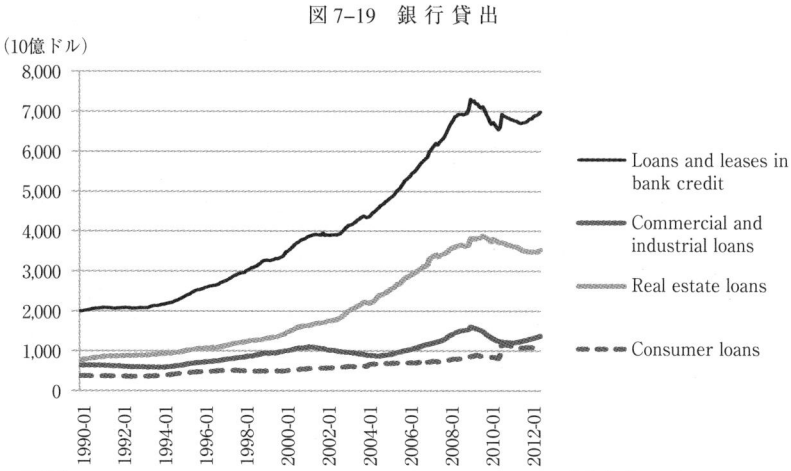

図7-19 銀行貸出

(出所) FRB, Assets and Liabilities of Commercial Banks in the U.S. H.8 より作成。

なっている[17]。また，これに伴って住宅価格や株価は一定程度回復しているが，これらの資産効果による消費回復も，雇用や賃金の下落を補うほどのものにはなっていない。こうして，反対派が言うような金融緩和政策がもたらすインフレへの批判を意識せざるをえないだけでなく，実際にもそうした懸念が現実のものになりうると同時に，過度な金融緩和によっても効果がそれほど大きくは出ていない。これらの事実を背景として，一層強力な金融緩和であると見られているQE3には，現在までのところでは踏み込まれていない。

このように，非伝統的な超金融緩和政策によってもマネーストックは大きく伸びず，また貸出が伸びて投資が拡張するという効果も出ていない。実体経済において企業が投資を抑制して利益を回復させるという行動をとって資金が潤沢に余っている限り，金融政策によって資金需要を拡張させて貸出を増大させることは極めて困難だということである。こうした企業の行動様式そのものに介入することができない以上，金融政策の効果が限定的なものになるのは，むしろ当然のことである。これはまた，2-1での減税政策が同様の理由で効果が出ていないことと同じである。

ところでR.Pollin（2011）は，特にARRAの効果が弱かった理由として，(1)減税政策に偏りすぎていること，(2)家計資産の下落が大きすぎたこと（逆資産効果），金融市場の目詰まりによって，non-corporate business（その多くがsmall business）への貸出が低迷したこと，を挙げている。金融政策との関係で言えば，確かに，超緩和的な金融政策にもかかわらず，中小企業に対する貸出態度が厳しいがゆえに貸出が伸びていないという点の指摘は重要である[18]。

---

17) こうした食糧価格高騰は，4,400万人の人々を極度の貧困に押しやり，また，チュニジアの独裁政権打倒から広がった中東の政情不安定化の「主要ではないものの，より悪化させる要因である」（Zoellick 2011）。インフレは，それがたとえ先進国の景気対策の結果としてもたらされるとしても，他方で，立場の弱い人々を一層深刻な状況に押しやるというように，その影響が格差を伴って現れるということが，改めて想起されるべきである。
18) この点は，日本でもバブル崩壊後，とりわけ1990年代末の金融危機から不良債権処理が強引に進められた時期に，大企業は潤沢な資金を保有していたために銀行の貸出が伸びなかった一方，中小企業は貸出態度の硬化によって貸出が増大しなかっ

第 7 章　世界経済危機からの「回復」と経済政策の矛盾　263

その点から見れば，一層の金融緩和と財政出動が必要であるという見解は，確かに一定の理解はできる。中小企業に対する金融引き締めや増税策が先行するならば，資金的余裕がないだけにその打撃は大企業より大きいものとなろう。図 7-20 によれば，過去 3 カ月に借入を求めた借り手のうち，借入が難化したとする借り手から易化したとする借り手の数を引いた値（％）は，ピーク時からは減少しているものの，依然として 1990 年代以降では最も高い水準近辺にある[19]。しかしながら，Pollin の見解には，本章でこれまで述べてきたような，大規模資本による投資抑制と利益の急回復，それにもかかわらず雇用を増大させようとしないという，資本の行動様式への介入の視点がないという，限界が

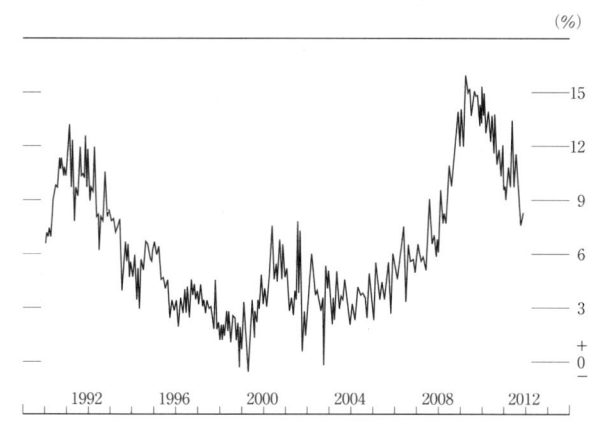

図 7-20　借入が難化したと回答した中小企業の割合（1990-2012 年）

（注）データは月次調査によるもので季節調整済み。最新の数値は 2012 年 1 月調査により，2011 年 12 月までを対象とする。データは，過去 3 カ月に借入を求めた借り手のうち，借入が難化したと回答した借り手の割合から，借入がより易化したと回答した借り手の割合を差し引いたものを表す。
（原資料）National Federation of Independent Business.
（出所）Board of Governors of the Federal Reserve System. 2012. Monetary Policy Report to the Congress, February 29：12.

たために，いずれも超金融緩和政策にもかかわらず貸出残高が減少し，また，マネーストックのマネタリーベースに対する比率である貨幣乗数が急落したという状況に酷似している。
19）注 15）も参照。また中小企業（年商 5,000 万ドル未満）向け融資の貸出態度が，大・中堅企業（年商 5,000 万ドル以上）向け融資の貸出態度に比べて依然として厳しいままであることは，内閣府（2011），149 ページでも指摘されている。

ある．そしてこのことは，企業の手元に資金が潤沢にありまた企業の行動様式を変えられない以上は，金融緩和はその効果を持ちえないという，現在の経済政策が抱える限界にも通ずるものである．

2-2-4　金融緩和政策の「効果」と賛成・反対両派の共通性

加えて，こうした金融緩和策は，金融の健全性を高め実体経済への回帰を図ろうと一応はめざしている一連の金融規制強化策にも反して，実体経済の回復を伴わないままに株価や金融資産価格の上昇だけを再びもたらすという可能性さえ持つ．最近では欧州債務危機に連動してCDS料率が上昇しているが，このことは，一面では対象となる当該の金融資産のデフォルトリスクが高まっていて，資金流出の可能性も大きくなっているということであるが，他面では，危機においてなおCDS取引に流入する資金がそれだけ潤沢に供給され続けていることを意味している．

しかしながら，このような株価上昇や金融市場の再活性化は，共和党や保守派にとっても，金融を重視する側にとってはむしろ歓迎されるべきメリットでもある．実は，金融緩和に反対する先述のフィッシャーも，MBSの購入には理解を示していた（Fisher 2011b）．すなわち，住宅市場を下支えし，MBS市場を円滑化することで，投資家と金融機関は支援して金融は活性化させていくということである．先の債務上限引き上げ問題において，共和党には強硬な減税先行を追求しながらも，他方で金融界との関係ではデフォルトの現実化は避けるために「決着」を選んだ．金融政策においても同様に，一方では一層の金融緩和には反対しながらも，他方で金融界や投資家の利益につながるMBS買入という金融緩和政策には賛成しているのである．

加えて，債務上限引き上げ交渉が難航している最中に，FRB議長が，QE2が終了したばかりであるにもかかわらず，追加の証券購入に言及していたが（Bernanke 2011），これは，それまでも国債の消化不良や金利上昇の懸念へFRBが金融的に対応してきたからこそ意味を持つ発言である[20]．中央銀行は，金

---

20)　もっとも，その後，アメリカ国債は「格下げ」されたにもかかわらず，欧州債務危機の影響もあってむしろ「堅調」に買われている．

融機関に対する最後の貸し手であっても，政府（国債）に対する最後の貸し手ではないにもかかわらず，である。しかも金融機関の手元には潤沢な資金があるのであるから，なおさらである。結局，大規模な財政出動と減税政策による金融救済と景気刺激とを，財務省証券をはじめとする債券の史上類を見ない巨額の購入によって中央銀行が下支えするという構図が続かざるをえない。そしてまた，民主党であれ共和党であれ，減税政策を主張しそれを実施している以上は，その構図を受け入れることも不可避ということである。

2-3 輸出倍増計画ないし TPP の矛盾

大規模な財政政策と金融政策でも景気刺激効果が不十分であるとすれば，景気対策はいきおい外需に依存せざるをえない。オバマ政権は，当初から国家輸出戦略（NEI）によって 2009 年の 1.57 兆ドルから 2015 年には 3.14 兆ドルへと輸出を倍増させ，200 万人の雇用を支えるという目標を示していた（White House 2010, Export Promotion Cabinet and Trade Promotion Coordinating Committee 2010）。輸出によって国内の投資が増大し，それが雇用増大に結びつくかどうかという点については別に詳しく分析する必要があるが[21]，ここでは，そうした輸出戦略に関わる TPP について，それが持つ問題点を簡単に指摘しておきたい。

第 1 に，これは CEA（2010）などでも意識されているが，アメリカが比較優位を持つ分野は，製造業ではなくサービス業だということである。例えば，金融・保険などである。最も競争力のある分野の 1 つである情報関連に限っても，一般に，アメリカをはじめとする先進国では，情報関連サービスが伸びる一方で，情報関連の製造業は伸びないという状況が長期にわたって続いている[22]。こうした事実は，先の減税政策や 2011 年の一般教書演説に見られる製造業重視の戦略との整合性が，問われざるをえない。すなわち，国内での投資

---

21) 例えば，産業連関表の逆行列と雇用表によって，最終需要項目別の雇用誘発効果を産業別および時期別に計測することなども，1 つの課題である。
22) この点については OECD（2010）を参照。また，Sato（2012）では，主として日本のサービス経済化を対象としながら，アメリカの状況にも言及している。

拡張と雇用拡大は製造業に期待されている一方で，実際の輸出戦略で効果が期待できるのは製造業よりもサービス関連だという矛盾である。1990年代以降のアメリカ経済は，サービス業が伸びても大きく雇用が回復せず，また高賃金の雇用も増大しにくくなっているという構造自体を変えられないならば，輸出による雇用増大という戦略は，最初からその計画に不備がある可能性があると言わざるをえない。

　第2に，製造業に限定してみても，比較優位品目の医療用機器などに対して（みずほ総合研究所　2010，CEA 2010, 276–277），本来は主要産業の1つとなるべき例えば自動車産業では，労使ともに日本のTPPへの参加に反対しているといった事実である。もっとも，そこには，これを機に日本との交渉を有利に進め輸出を拡大しようという意図は見え隠れするが，しかし少なくとも現状のままでのTPPへの日本の参加は，むしろ貿易赤字拡大によって雇用の増大どころか喪失の可能性があることを，UAWが指摘している（UAW 2012）。アメリカのビッグ3によって構成されるAmerican Automotive Policy Council（AAPC），つまり資本の側でも，輸出面を中心に同様の懸念を示している（AAPC 2012）。

　また，AFL-CIO（2012）は，そもそも北米自由協定（NAFTA）型の自由貿易は，実際には事前に予測されたようなアメリカの大きな輸出超過ももたらさなかったし，雇用もむしろ喪失されているという点から，TPPへの日本参加の効果にも懐疑的な見解を示している。もし，自由貿易協定がアメリカにこうした逆効果をもたらすとすれば，これによって雇用を増大させようとするオバマの戦略は，それ自体が歴史的経験から見ても実現可能性が低いと言わざるをえない。

　さらに，日本のTPPへの参加によって，アメリカ企業が，すでにFTAを結んだ韓国と併せて，日韓両メーカーと厳しい競争が強いられる可能性が高いことも，労使で共有される懸念となっている。UAW（2012）は，「アメリカ国際貿易委員会（USITC）は，米韓FTA実施による自動車貿易赤字の増大の大部分は，日本を含む他国との2カ国間貿易での貿易赤字の削減によって"相殺"されると主張している。しかし，もし日本がTPPに包摂されれば，このことは

論理的には，国内産業が2009〜2010の深刻な危機から未だ回復途上にあるなかで，TPPと米韓FTAの同時施行の結果として，われわれの日本と韓国との自動車貿易赤字が全体としてドラスティックに増大するということを意味している」としている。このロジックはそれが現実のものになるかどうかは別として，米韓FTAとTPPという2つの自由貿易協定を前に，日韓双方との貿易赤字がそれぞれ拡大してしまうという，アメリカ自動車メーカーが置かれた位置を表すものとして象徴的であるし，USITCの主張から論理的に演繹した秀逸な反対論となっている[23]。

第3に，先に述べた超金融緩和がもたらしたドル価値下落は，アメリカの輸出競争力を下支えすることには貢献する。したがって，前出のAAPCも為替介入には批判的である。すなわち日本の円売り介入に対する批判と言える（AAPC 2012, 6-7）。このことはドル安を是とする現時点でのオバマの輸出拡大路線に合致している。他方で，こうした行きすぎたドル安は，先に見たように共和党やタカ派は否定的であった。あるいは，金融界の立場に立てば，金融緩和によるドルの大量供給は金融市場の下支えのためには必要であるものの，他面では一定程度のドル高は，アメリカの金融資産の価値を維持するためには必要だからである。

以上のように，投資と雇用を拡張するために追求されている輸出増大計画とTPPも，必ずしも製造業で所期の効果を生み出すものにはなるとは限らないと言わざるをえない。

---

23) もっとも，日本のTPPへの参加については，全体としては，農業，情報産業，ソフト，通信，金融含むサービス産業，医療技術，個別企業ではGE，キャタピラー，また全米商工会議所など，賛成の意見が多い。サービスに密接に関わる医療用機器で世界的なシェアを持ち，また金融サービスを拡大して，今やサービス業となった観のあるGEが，オバマ政権と一体となってTPPを推進している一方，公的資金で救済されたGMをはじめとする自動車産業は現時点では日本のTPP参加に反対している，という構図が，アメリカ産業の置かれた状況を象徴的に表している。

3. 現代資本主義の長期停滞と新自由主義,「日本化」

3-1 アメリカ経済の実態と新自由主義的経済政策

　ここまで見てきたように,ある程度の売上増大や生産増大があっても投資には慎重であり,利益の急回復を最優先するという資本の行動と,それゆえ国民経済（マクロ経済）では生産能力と雇用は拡大せずに,企業の下に投資機会の乏しい潤沢な資金が累積していくという構図は,すでに2000年頃から一貫して見られたものである。

　こうした構図は,第2節で見たような諸政策では根本的に転換することはできないし,これらの諸政策も危機前と比べて根本的に変化したとは言い難い。もちろん,オバマ政権になってから,それまでの新自由主義的政策は表面的には否定されてきているし,いくつかの面ではそうした意図が表れてもいる。例えば,金融肥大化への反省に基づく金融規制の強化や製造業への回帰の志向,富裕層増税による所得再分配,財政赤字が背景にあるとはいえ軍事予算の削減といった諸点である。しかしながら,他方では,野党共和党が二面性を持つだけでなく,オバマ政権の経済政策自体も多分に前政権との共通性を有するものになっている。本章で見てきた点も含めていくつか挙げれば,（1）金融機関や大資本は財政政策・金融政策（FRBの証券買い入れ,国債買い入れ）を総動員して救済し,金融緩和政策に過度に依拠すること,（2）増税（ブッシュ減税の廃止,富裕層増税）が困難であるだけでなく,企業減税政策を投資拡大・雇用増大の切り札にしようとしていること,（3）したがって2011年夏の債務引き上げ問題以降に見られるように,結局,エンタイトルメントなどでの歳出削減で対応せざるをえないこと,（4）しかも軍事費削減はオバマの意図とは別に共和党の巻き返しも予想されること,といったことである。これらは,新自由主義的政策パッケージそのものである。「減税政策」にしても,それは所得再分配政策というよりは,雇用創出へのいわゆるトリクルダウンポリシーとなっている。しかし,こうしたトリクルダウンポリシーが実体経済の成長に抑制的に作用してきたことは,1980年代以降,事実によって実証されていると言ってよ

い。「かつての雇用創出へのトリクルダウン・アプローチは，今や a drip-drip policy になってしまった」（Rasmus 2012）。よって，実体経済の引き上げのためにも，また，実体経済が停滞しているからこそ，資本の利潤獲得のためには金融市場に依拠せざるをえない構図も続くことになる[24]。

　ところで，ここで「新自由主義的政策」と言う時，その理念ないし建前と実際に行われてきた政策との違いを，改めて確認しておくことが重要である。例えば，その金融政策は，建前の上ではマネタリズムであり，過度な金融緩和政策とは逆の立場にある。また，財政政策については，言うまでもなく「大きな政府」ではなく「小さな政府」を理念とする。しかし，実体経済が伸び悩む場合には超金融緩和により景気回復を図り，財政赤字を厭わず巨大な戦費を投入し，企業家および投資家には大規模に減税して投資を刺激しながら，大企業や大銀行がひとたび窮地に陥れば公的資金を莫大に注入して救済する等々，その看板の下で行われてきたことは，その建前とは真逆である。すなわち，オバマ政権が新自由主義との共通性を少なからず有していると言う時，それは，こうした「新自由主義」の名の下に実際に行われてきた政策との共通性という意味においてである。つまり，オバマ政権以前のブッシュ政権の時代でも，新自由主義の「理念」が掲げるように国家は経済過程に介入しなかったとか，「小さな政府」であったとかということでは全くなく，財政赤字を巨額に出しながら国家が大々的に介入してきたのであるが，オバマ政権では，その内容が，当初は部分的に修正される可能性を持ちながらも，結局は元通り企業減税などに依拠した経済政策になっているということである。

　この点で，CEA（2012, 81-85）が，現在の財政赤字の原因として，ブッシュ政権での減税政策やスペンディングポリシーの影響が大きく，オバマ政権以降の緊急経済対策などの度重なる財政出動，特に TARP による金融救済の影響は小さいと位置づけていることは，興味深い。これは，その見立て自体が，前

---

[24] この点で，グリーンスパンとバーナンキの連続性は，FRB はオバマ政権そのものではないにしても，指摘しておかなければならない。例えば Rasmus（2010, 267）参照。

政権の責任を大きく見せようとしている点でいささか政治的でもあり，そのまま受けとることには慎重であるべきだが，むしろ次の2点が読み取れる。

第1に，一般に新自由主義的政策を遂行していたと見られているブッシュ政権を，「大きな政府」であったと位置づけることになっていることである。イラク戦争などの巨大な軍事支出や，減税や補助金による手厚い財政出動があったことの指摘である。

第2に，ブッシュ減税が歳入の不足を歴史的低水準に押し下げたと批判的に述べながらも，他方で，経済を下支えし雇用を創出するための現政権での減税政策も，歳入不足の一部の原因になっている，と見ていることである。ここでは，現政権でも減税政策が歳入にマイナスの影響を及ぼしていることを自覚していることが興味深い点なのではなく，減税政策は雇用創出のためであるということをわざわざ断っていることが興味深いという意味である。これは，本章で見てきたように「減税こそが雇用を創出する」という共和党と全く相通ずる考え方である。

こうして，共和党であれ民主党であれ，一方が新自由主義を標榜し，他方がそれに否定的なポーズをとっていたとしても，その内実は，国家の介入と大きな政府にならざるをえないということを，自ら述べる形になっている。そして，減税政策が雇用を創出するという観点も両者で共有している。この意味で，「新自由主義」は，決して小さな政府でも国家の経済への不介入でもないし，それはまた，ブッシュ政権からオバマ政権へと共通する性格として引き継がれているということを，見ておかなければならない。

3-2 「日本化」と現代資本主義としての共通性

最後に，以上のような構図は，日本にも同様にあてはまる。むしろ日本が先行したと言ってもよい。すなわち，一部の大企業の利益だけが回復する一方で，投資や雇用，賃金や消費といった諸指標に表れる実体経済は全般的に伸び悩み，それゆえ財政政策・金融政策の効果も薄く，外需に依存せざるをえないという構図である。また金融緩和にもかかわらず実体経済への貸出が伸び悩

み，投機的資金が一層増大し，それがまた国債へも流入することで，巨額の財政赤字を抱えて国債が格下げされているにもかかわらず長期金利が低下するといった構図である[25]。

こうした状況を指して，「日本化」と言われることがしばしばある。逆に，バーナンキのように，当初，日本の量的緩和政策とは違ってアメリカでは「信用緩和」であるとして，日本との違いをことさら強調しようとしていた論者もいる（Bernanke 2010）。それは，日本の2000年代の量的緩和政策が当座預金残高目標であったのに対して，QE2は中央銀行のバランスシートの拡大が事実上の目標値であり，同じ量的緩和でも「日本とは違う」ということであった。しかし，先に見たようにその後の国債等の大量買入によっても効果が薄いことなど，建前はともかく状況は酷似している。もっとも，「日本化」という表現は，それを認める論者が使う場合にも，また逆にアメリカについてはそれを否定しようとして使う場合にも，いずれも世上言われる通俗的な表現であって，問題はむしろ，そうした表現がしばしば登場せざるをえないほどに，現代資本主義に共通の性格が両者に表れているということにある[26]。つまり，アメリカが「日本化」したのではなく，アメリカもまた日本と同様に，実体経済の停滞が根本的問題として長期にわたって横たわっており，一時のバブル的な景気「拡張」を別にすれば，その根本的な問題を克服できないまま，財政政策・金融政策も本格的な対策にはなりえないという，共通性である。

こうした現代資本主義の長期的な停滞と，他方での金融の肥大化による一時

---

25) 日本の状況については，佐藤（2010, 2011）。ただし，その後のリストラクチャリングの動きは，日本では1990年代後半以降，アメリカ以上に一層ラディカルに出ているとも言える。日本の会計基準で言えば，営業利益はプラスの値を確保しながら，リストラを進めることで最終損益に赤字を計上するが，そのリストラが売上の伸び悩みとなって跳ね返り，そうした市場の伸び悩みの下で優勝劣敗が進んで一層のリストラが選択される，といった悪循環である。
26) ここで，現代資本主義に共通というのは，例えば欧州でも，その先進国であるドイツでは一定程度の景気拡張にもかかわらず，国内の雇用はそれほど大きくなかったし，また周辺国の経済成長率よりも低かった。このことがギリシア問題の実体経済面での根本的な背景の1つになっている。例えば，Lapavitsas et al.（2010, 13-20），高田（2012）。

的なマクロ経済の拡張とその崩落という現象を，資本の運動から一般化して明らかにする作業が今後の課題として求められる。その際，2008年の危機以降，現代の資本主義は必ずしも新自由主義と決別できていないのではないかという第3節で述べた点は，それが第2節で展開したような経済政策に現われているだけでなく，第1節で明らかにしたような資本の運動に規定される動きでもあり，さらに検討を続けていくべき論点である。

参　考　文　献

佐藤拓也（2010）「2008年世界経済危機と現代資本主義の性格」一井昭編『グローバル資本主義の構造分析』中央大学出版部。

佐藤拓也（2011）「日本資本主義の長期停滞――投資の抑制と利潤の拡大を中心に」（『経済』No.189，6月号）。

高田太久吉（2012）「欧州経済統合の矛盾と金融・財政危機」（『前衛』No.880, 3月号）。

滝井光夫（2011）「米国の第2次景気対策とその効果」，『季刊　国際貿易と投資』Spring 2011/No.83（http : //www.iti.or.jp/）。

内閣府（2005）『世界経済の潮流』2005秋。

内閣府（2011）『世界経済の潮流』2011Ⅱ。

ブラインダー，アラン（2011）「【オピニオン】共和党が主張する財政支出の「雇用破壊」効果」，『The Wall Street Journal　日本語版』2011年6月21日（http : //211.14.1.15/index.php/layout/set/popup/Opinions/Opinion/node_252584）。

みずほ総合研究所（2010）「みずほ米州インサイト　米国の国家輸出戦略―『5年で輸出倍増』計画の概要と実現可能性―」4月19日（http : //www.mizuho-ri.co.jp/publication/research/insight/）。

American Automotive Policy Council (AAPC) (2012), The American Automotive Policy Council's (AAPC) Views Regarding Japan's Expression of Interest in the Trans-Pacific Partnership (TPP) Trade Negotiations. Regurations.gov. Request for Comments on Japan's Expression of Interest in the Proposed Trans-Pacific Partnership Trade Agreement (http : //www.regulations.gov/#!docketDetail ; rpp=100 ; so=DESC ; sb=postedDate ; po=0 ; D=USTR-2011-0018).

ABC News (2010), General Electric Paid No Federal Taxes in 2010. March 25 (http : //abcnews.go.com/Politics/general-electric-paid-federal-taxes-2010/story?id=13224558#.T2r9TcVqB8E (accessed March 22, 2012).

Bernanke, Ben S. (2010), The Crisis and the Policy Response, At the Stamp Lecture, London School of Economics, London, England. January 13 (http : //www.federalreserve.gov/newsevents/speech/bernanke20090113a.htm).

Bernanke, Ben S. (2011), Statement by Ben S. Bernanke, Chairman Board of Governors of the Federal Reserve System, before the Committee on Financial Services, U.S.

第 7 章　世界経済危機からの「回復」と経済政策の矛盾　273

　　House of Representatives. July 13 (http : //www.federalreserve.gov/newsevents/testimony/bernanke20110713a.htm).
Board of Governors of the Federal Reserve System (2012), Monetary Policy Report to the Congress. February 29 (http : //www.federalreserve.gov/monetarypolicy/mpr_default.htm).
Boehner, John A. (2011), Summary of the Revised Budget Control Act of 2011, Washington. August 1 (http : //www.speaker.gov/News/DocumentSingle.aspx?DocumentID=254628).
Brenner, Robert (2006), *The Economics of Global Turbulence*.Verso.
Bureau of Labor Statistics. Labor Force Statistics from the Current Population Survey (http : //data.bls.gov/cgi-bin/surveymost?ln).
Council of Economic Advisers (CEA) (1998), *Economic Report of the President 1998*. U.S.Government Printing Office (http : //www.gpo.gov/fdsys/browse/collection.action?collectionCode=ERP).
Council of Economic Advisers (CEA) (2010), *Economic Report of the President 2010*. U.S.Government Printing Office (http : //www.gpo.gov/fdsys/browse/collection.action?collectionCode=ERP).
Council of Economic Advisers (CEA) (2012), *Economic Report of the President 2012*. U.S.Government Printing Office (http : //www.gpo.gov/fdsys/browse/collection.action?collectionCode=ERP).
Duménil, G. and D. Lévy (2011), *The Crisis of Neoliberalism*. Cambridge : Harvard University Press.
Export Promotion Cabinet and Trade Promotion Coordinating Committee (2010), Report to the President on the National Export Initiative : The Export promotion Cabinet's Plan for Doubling U.S. Exports in Five Years. September (http : //www.whitehouse.gov/sites/default/files/nei_report_9-16-10_full.pdf).
Fisher, Richard W. (2010), Texas : What Makes Us Exceptional? Where Are We Vulnerable? December 2. Federal Reserve Bank of Dallas Website (www.dalasfed.org).
Fisher, Richard W. (2011a), Connecting the Dots : Texas Employment Growth ; a Dissenting Vote ; and the Ugly Truth (With Reference to P.G. Wodehouse). August 17. Federal Reserve Bank of Dallas Website (www.dalasfed.org).
Fisher, Richard W. (2011b), Explaining Dissent on the FOMC Vote for Operation Twist (With Reference to Jan Mayen Island, Paul Volcker and Thor's Hammer). September 27. Federal Reserve Bank of Dallas Website (www.dalasfed.org).
FOMC (2011), Statement. September 21 (http : //www.federalreserve.gov/newsevents/press/monetary/20110809a.htm).
FOMC (2012a), Statement. January 25 (http : //www.federalreserve.gov/newsevents/press/monetary/20120125a.htm).
FOMC (2012b), Statement of longer-run goals and policy strategy. January 25 (http : //www.federalreserve.gov/newsevents/press/monetary/20120125c.htm).
Foster, John Bellamy, and Fred Magdoff (2009), *The Great Financial Crisis : Cause and*

Consequences. Monthly Review Press.

Freeman, Alan (2009), Investing in Civilization. In *Bankruptcies & Bailouts*, ed. Guard, Julie, and Wayne Antony, 145–166. Fernwood Publishing.

Gandel, Stephen (2011), Obama Tax Plan : Would Buffet Rule Kill Jobs? *TIME*, September 21 (http : //business.time.com/2011/09/21/obama-tax-plan-would-buffett-rule-kill-jobs/).

General Motors Co. (GM). (2010), Annual Report Pursuant to Section 13 or 15(D) of the Securities Exchange Act of 1934, For the fiscal year ended December 31, 2010.

General Motors Co. (GM). (2011), Annual Report Pursuant to Section 13 or 15(D) of the Securities Exchange Act of 1934, For the fiscal year ended December 31, 2011.

Harman, Chris (2010), Not all Marxism is dogmatism : a reply to Michel Husson. *International Socialism*. Issue 125.

Heniff Jr,Bill. Elizabeth Rybicki, Shannon M. Mahan (2011), The Budget Control Act of 2011, Congressional Research Service (http : //www.fas.org/sgp/crs/misc/R41965.pdf).

Hoover, Kent (2012), Obama Business Tax Plan : Too Little, Too Late? *Portfolio.com*. February 22 (http : //www.portfolio.com/business-news/2012/02/22/business-groups-say-obama-corporate-tax-plan-disappoints).

Husson, Michel (2010), The debate on the rate of profit. *International Viewpoint*, No. 426n.

International Union, United Automobile, Aerospace and Agricultural Implement Workers of America (UAW) (2012), Japan's Expression of Interest in the Proposed Trans-Pacific Partnership (TPP) Trade Agreement. January 13. Regurations.gov. Request for Comments on Japan's Expression of Interest in the Proposed Trans-Pacific Partnership Trade Agreement (http : //www.regulations.gov/#!docketDetail ; rpp=100 ; so= DESC ; sb=postedDate ; po=0 ; D=USTR-2011-0018).

Joint Committee on Taxation (2010), JCX-54-10, Estimated Budget Effects of the "Tax Relief, Unemployment Insurance Reauthorization, and Job Creation Act of 2010". December 10 (http : //www.jct.gov/publications.html?func=select&id=48).

Lapavitsas, C., A. Kaltenbrunner, D. Lindo, J. Michell, J.P. Painceira, E. Pires, J. Powell, A. Stenfors, N. Teles (2010), Eurozone Crisis : Beggar Thyself and Thy Neighbour. Research on Money and Finance. March (http : //www.researchonmoneyandfinance. org/).

National Bureau of Economic Research (NBER) (2010), Announcement of June 2009 business cycle trough/end of last recession. September 20. Information on Recessions and Recoveries, the NBER Business Cycle Dating Committee, and related topics (http : //www.nber.org/cycles/main.html).

National Bureau of Economic Research (NBER) (2003), Announcement of November 2001 business cycle trough/end of last recession. July 17. Information on Recessions and Recoveries, the NBER Business Cycle Dating Committee, and related topics (http : //www.nber.org/cycles/main.html).

National Federation on Independent Business (NFIB) (2012a), Small Business Lost in Corporate Tax Reform Shuffle. February 22 (http : //www.nfib.com/nfib-on-the-move/nfib-on-the-move-item?cmsid=59490).

National Federation on Independent Business (NFIB) (2012b), Testimony Before the United States Congress on Behalf of the National Federation of Independent Business. Testimony of Dewey W. Martin, CPA, House Committee on Ways and Means. March 7 (http : //www.nfib.com/).

OECD (2010), *Information technology outlook 2010*, OECD Publishing (http : //dx.doi.org/10.1787/it_outlook-2010-en).

Pollin, Robert. (2011), U.S. Government Deficits and Debt Amid the Great Recession : What the Evidence Shows. Political Economy Research Institute (PERI), University of Massachusetts Amherst, *Workingpaper Series*, No 263.

Rasmus, Jack (2010), *Epic Recession : Prelude to Global Depression*. Palgrave-Macmillan.

Rasmus, Jack (2011), President Obama, the Jobs Crisis and Corporate America's Game Plan. *In These Times*, February 15 (http : //www.inthesetimes.com/).

Rasmus, Jack (2012), The U.S. Jobs Crisis- the Bigger Picture. February 5 (*http : //jackrasmus.com/2012/02/05/the-u-s-jobs-crisis-the-bigger-picture/*).

Recovery.gov. Breakdown of Funding (http : //www.recovery.gov/Transparency/fundingoverview/Pages/fundingbreakdown.aspx)(accessed March 22, 2012).

Rubin, Jennifer (2012), Obama's terrible tax. *The Washington Post*, Post Opinions. February 22 (http : //www.washingtonpost.com/blogs/right-turn/post/obamas-terrible-tax-plan/2012/02/22/gIQA 8 vvQTR_blog.html).

Sato, Takuya (2012), The evolution of service economics as part of the theory of contemporary capitalism. *International Critical Thought* 2, No. 1, March : 83-98.

Smith, Murray E.G. (2010), *Global Capitalism in Crisis : Karl Marx & the Decay of the Profit System*. Fernwood Publishing.

The American Federation of Labor-Congress of Industrial Organizations (AFL-CIO) (2012), AFL-CIO Comments in Response to "Request for Comments on Japan's Expression of Interest in the Proposed Trans-Pacific Partnership Trade Union. Regurations.gov. Request for Comments on Japan's Expression of Interest in the Proposed Trans-Pacific Partnership Trade Agreement (http : //www.regulations.gov/#!docketDetail ; rpp=100 ; so=DESC ; sb=postedDate ; po=0 ; D=USTR-2011-0018).

The Wall Street Journal (2011), Full Text : Republicans' Letter to Bernnanke Questioning More Fed Action. September 20 (http : //blogs.wsj.com/economics/2011/09/20/full-text-republicans-letter-to-bernanke-questioning-more-fed-action/).

The White House and Department of the Treasury (2012), The President's Framework For Business Tax Reform. A Joint Report by The White House and the Department of the Treasury. February (http : //www.treasury.gov/resource-center/tax-policy/Documents/The-Presidents-Framework-for-Business-Tax-Reform-02-22-2012.pdf).

U.S. Census Bureau. Quarterly Financial Report, 1987-2011 (http : //www.census.gov/econ/qfr/).

White House (2010), Remarks by the President in State of the Union Address. January 27 (http : //www.whitehouse.gov/the-press-office/remarks-president-state-union-address).

White House (2011), Remarks by the President to the Chamber of Commerce. February 7 (http : //www.whitehouse.gov/photos-and-video/video/2011/02/07/president-obama-addresses-us-chamber-commerce#transcript).

White House (2012), Remarks by the President in State of the Union Address. January 24 (http : //www.whitehouse.gov/the-press-office/2012/01/24/remarks-president-state-union-address).

Zoellick, Robert B. (2012), Opening Remarks on Food Prices/Pre-G-20. February 15 (http : //go.worldbank.org/MZ9M2W2UM0).

第 8 章

現代世界恐慌分析の基礎視角

はじめに

本章の課題は，1980年代以降繰り返し世界経済を襲っている経済・金融危機／恐慌（Krise）の真因をその全体像において根底的に解明するための基本的分析枠組と，そこで解明されるべき主要な理論的諸問題および現状分析へ向けての論点展開の方向性を示すことにある。それはマルクスが構想した世界市場恐慌論を現代の世界恐慌分析に適用するための理論的基礎を確定しようとする試みでもある。

1. 世界経済危機分析の視点
　　　——マネタリストおよびケインジアン的見解を超えて——

1980年代以降，新自由主義思想に基づく経済諸政策のもとで，金融の規制緩和と自由化が急速に進められた。この金融市場の変容とともに80年代以降世界市場で勃発した経済危機／恐慌（Krise）は，崩落に先立つ拡張過程において金融バブルの形成と崩壊を伴うという特徴的な様相を露わにするようになった。こうした事態を顕著に示す事象を時系列的に掲げれば以下のようである。

① 1980年代後半の日本におけるバブルの形成と90年代初めにおけるその崩壊。それ以後，日本経済はデフレ・スパイラルを伴う長期の不況に陥

り，1997年には大型金融機関（山一証券，北海道拓殖銀行など）の倒産を伴う深刻な経済危機に突入した。

② 1996年から97年にかけてのアジア通貨危機ではタイ，インドネシア，韓国，マレーシア，フィリピンなどのアジア諸国で金融危機が勃発した。その後これら諸国は大幅な経済収縮に陥り，それは世界経済全体に波及した。そしてそれは日本では①の大型金融機関倒産の遠因となった。

③ 1998年から2000年にかけて，アメリカを中心に発生したドットコム・バブルの形成と崩壊およびそれに伴う経済停滞。

④ 2002年からアメリカの景気回復を主導した住宅バブルの形成（これは周知のように，サブプライム・ローンの盛況に大きく依存するものであった）と2008年のリーマン・ショックによるその終焉。これを契機に発生した世界金融危機は2008年世界恐慌へと発展し，2009年の世界GDPは戦後初めてマイナスを記録した。

以上のように，1980年代以降発生した世界経済危機／恐慌（Krise）がいずれも金融バブルの形成と崩壊を直接的契機としていることから，現代におけるKriseの本質を金融危機または金融恐慌としてのみ捉え，その原因を結局のところ金融市場の不備や金融政策の失敗にのみ帰着せしめる見解も多く見られる。（例えば，植田和男編著『世界金融・経済危機の全貌－原因・波及・政策対応－』慶應義塾大学出版会，2010年など。）こうした見解は確かに一面の真理を突いているとはいえ，しかしその問題側面のみが一面的に強調されるならば，1929年世界大恐慌の原因についてのフリードマンの所説と同様，極めて表面的で不十分な分析とならざるをえないであろう。そのフリードマンの見解とは次のようなものである。

1929年恐慌は，通常の不景気がマネーサプライの減少によって恐慌に転化したものであり，その原因は，連邦準備が「真性手形説」（すべての通貨・証券はその背後に実際的な物品を裏づけとして持っているべきであるとする考え方）に基づいて銀行貸し付けを拒否したことにある。この金融引き締めの窒息効果によって，銀行の倒産と収入・物価・雇用の減退が連鎖的に拡大し大恐慌に発展し

た。連邦準備制度が不景気が恐慌になるのを防ぐ政策を使い損ねたことが恐慌の原因なのである（ミルトン・フリードマン，アンナ・シュウォーツ著，久保恵美子訳『大収縮 1929-1933―「米国金融史」第 7 章―』，日経 BP クラシックス，2009 年）。

　しかし 1929 年世界大恐慌においても，また 2008 年世界恐慌においても，恐慌分析において問われるべきは，そもそも多くの銀行が中央銀行に対して最終的な貸し付けを仰がざるをえなくなるような，そうした実体経済の収縮を余儀なくさせる危機的状況が，実体経済そのもののなかに，なぜ，いかにして形成されていったかなのである。金融危機が実体経済の危機にいかに波及・移行していったかを問うよりも前に，まずこの問題が明らかにされていなければならない。しかしマネタリストにおいてはこの問題視点が完全に欠落しているのである。

　サミュエルソンはこうしたフリードマンの金融市場および金融政策の視点のみからする分析の一面性を批判し，それに続けて「連邦準備制度の金融政策を，景気循環を制御する万能薬とみなす経済学者は今日ではほとんどいないであろう」（ポール・サミュエルソン『経済学』，都留重人訳，岩波書店，1974 年）と断じたが，2008 年世界恐慌の原因を金融市場の不備や金融政策の失敗にのみ帰せしめる今日的見解は，結局のところこのすでに不十分さが証明されている所説の復刻版以上のものとはなりえないであろう。

　ところでクルーグマンはケインジアン的視点から，1990 年代の世界同時不況の原因を有効需要の不足に求めている。すなわち，1990 年代後半においては「この 60 年ほどの間で初めて，経済の需要サイドの欠陥，すなわち利用可能な生産能力を使用させるに充分な民間消費が不足するという欠陥が，世界の大部分にとっての好況を導くのに明らかな制約となってしまった」のだと（P. Krugman, "The Return of Depression Economics", W. W. Norton & Co. NY. : London, 1999. P. 155. 三上義一訳『世界大不況への警告』早川書房，1999 年，256 ページ）。この見解は，マネタリストが看過した実体経済の需要面に照明を当てたという点に限って言えば，一定の評価を与えることができるであろう。しかし明らかにされるべきは，そもそもその利用可能な生産能力と民間消費とはどのような状態

において均衡するのか，そしてその均衡はなぜ，いかにして破られてしまったのか，またその民間消費の不足という「欠陥」が発生してしまった根因はどこにあるのかなのである。クルーグマンのようにその原因を単に新自由主義的緊縮政策に求めるだけでは，現代の経済危機の根因を解明したことにはならない。また1990年代の世界同時不況においても，金融バブルの形成と崩壊が危機突入への重要な契機となっている以上，その金融危機と世界同時不況との関連も明らかにされなければならない。

それでは，以上に見たマネタリストおよびケインジアン的見解を超えて，現代世界恐慌を資本制的生産様式に内在的な諸矛盾の総合的爆発として，また資本制的生産の内的論理によって規定される必然的現象として解明するためにはいかなる分析視角に立つべきであろうか。結論を先に示すと，核心的論点は以下の3点にある。

第1に，まず1980年代以降に勃発した経済危機／恐慌（Krise）を特徴づける金融バブルを発生させた巨大な投機的資金の発生源泉が明らかにされなければならない。それは現代資本主義のいかなる構造的要因から生み出され，またそれは現代の金融市場のなかでどのように増幅されていくのか。そしてこの投機的資金の運動が実体経済に及ぼす影響はどのようなものであるのか。

第2に，現代においても経済危機／恐慌（Krise）は全般的過剰生産を基本現象とする。ただしその過剰生産の形態は，現代資本主義の独占的市場構造の下では，販売不能な大量の商品在荷の発生という形ではなく，生産設備の稼働率の大幅な低下として，すなわち過剰生産能力の一挙的な顕在化として現象するであろう。そのことは裏を返せば，Kriseに先立つ拡張過程において，生産能力の過剰な蓄積が潜在的形態において進行しているということを意味するのであるが，その過剰蓄積は現代世界経済のいかなる再生産構造的連関を通じて，いかにして世界市場規模で進展していくのか，その構造とメカニズムが明らかにされなければならない。

第3に，この世界市場的規模で進展していく過剰蓄積過程を限界づける資本制的生産に固有の内的制限機構が明らかにされなければならない。それは金融

バブルの崩壊とともにどのように作動し資本制的蓄積過程を限界づけることになるのか

2. 現代資本主義における金融市場と実体経済

現代の金融市場は実体経済の規模と較べて著しく肥大化し，その運動の独立性を強めている。この点を自由競争段階における両者の連関と対比して図式的に示せば図8-1のようである。

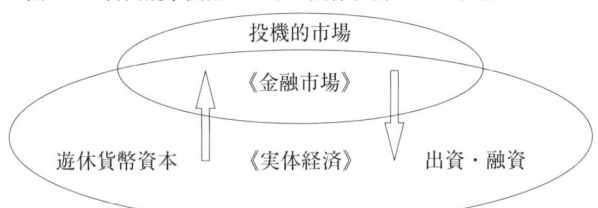

図8-1　自由競争段階における実体経済と金融市場との連関

```
        投機的市場
    《金融市場》
  ↑         ↓
遊休貨幣資本　《実体経済》　出資・融資
```

図8-1は自由競争段階の実体経済と金融市場との関係を図式的に表したものである。資本制的生産様式の一所産であり，またその内在的機構である信用制度は，他人資本を動員し，飛躍的な資本蓄積と生産拡張を推進することによって，資本制的再生産過程をその「弾力性が許容する極限まで強行」せしめ，またそれは「過剰生産および商業上の過度投機の主要槓杆」として現れることによって，価値増殖の内在的な桎梏と制限を突破させ，「矛盾の暴力的爆発である恐慌を促進」する作用を果たす。逆に，拡張過程挫折・反転の局面においては，それは再生産過程の攪乱と収縮を強力的に増幅する要因として作用する。

すなわち自由競争段階においても，信用制度および金融市場の運動は実体経済に対して攪乱的作用を及ぼす側面を本質的に持っていた。しかしそれはあくまでも，主体である実体経済の矛盾の累積過程の「促進要因」として，または矛盾爆発による強力的調整過程の「増幅要因」として位置づけられるものであった。もちろん自由競争段階においても，金融市場の暴走（特に投機的資金の攪乱

的運動）が実体経済の動きから独立して進行し，それが逆に実体経済の動きを規制するという事態はあったであろうが，しかしそこには金本位制度下に特有のさまざまな歯止めが存在していたのであり，したがって自由競争段階の金融市場は基本的には実体経済のなかに包摂されていたと見てよいであろう。

ところが現代資本主義においては様相は一変する。図8-2はそれを図式的に表したものである。すなわち今日においては金融市場は実体経済から遊離して著しく肥大化し，そして投機的色彩を極めて強くしている。そしてそのなかで金融的利得を求めて動くマネーの額は実体経済を完全に飲み込むほどの大き

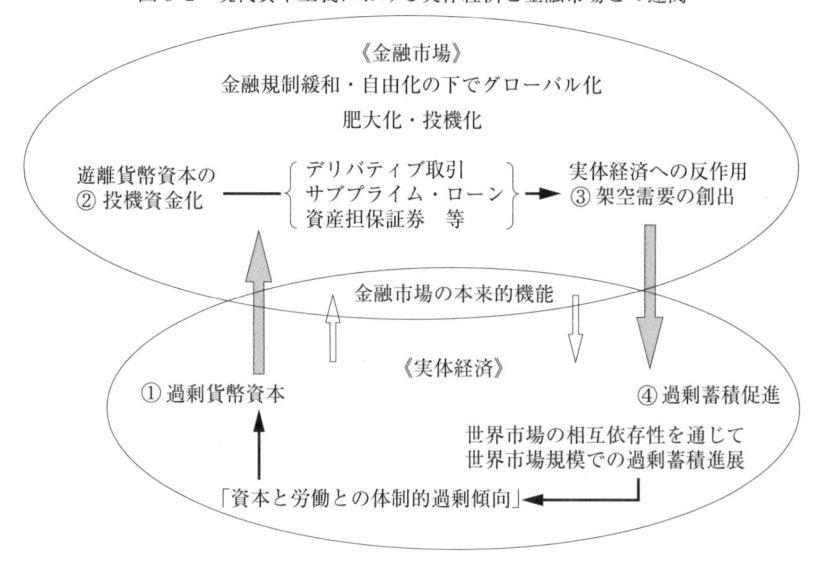

図8-2　現代資本主義における実体経済と金融市場との連関

《金融市場》
金融規制緩和・自由化の下でグローバル化
肥大化・投機化

遊離貨幣資本の　　デリバティブ取引　　実体経済への反作用
②投機資金化　　　サブプライム・ローン　③架空需要の創出
　　　　　　　　　資産担保証券　等

金融市場の本来的機能

《実体経済》

①過剰貨幣資本　　　　　　　　　　　　　④過剰蓄積促進
　　　　　　　　　　世界市場の相互依存性を通じて
　　　　　　　　　　世界市場規模での過剰蓄積進展

「資本と労働との体制的過剰傾向」

表8-1　実体経済とマネーの規模（2006年の概数，イングランド銀行およびIMF統計からの試算）

世界GDP	50兆ドル
世界金融資産総額	150兆ドル（預金・現金・債券・株式時価合計）
マネー流通高	600兆ドル（デリバティブ取引等）
資産担保（二次）証券	15兆ドル
貿易決済に必要なドル	15兆ドル以下

さなのである。具体的数字としては表8-1に見られるように，アメリカの住宅ローン残高が最高潮に達した2006年時点において，全世界の金融資産総額は世界GDPの3倍であり，金融的利得を求めて流通するマネーはその金融資産総額の4倍，すなわちマネーの年間流通量は世界GDPの12倍もの大きさになっていたのである。したがって現代世界恐慌分析においては，この投機的資金（マネー）の実体経済から遊離した独自の運動と，それが実体経済に及ぼす影響の問題の考察は避けて通ることができない。このように変容した金融市場と実体経済の連関のなかで，現代の信用制度および金融市場はかつて持っていたその2面の作用――拡張過程においては資本制的再生産過程をその「弾力性が許容する極限まで強行させ」ることによって「恐慌を促進」し，収縮過程においてはそれを強力的に増幅する――をいかに具現しているのか。またそこには現代資本主義に特有の新たな質的側面が付加されているのか否か。まずこの投機的資金の形成とその運動の問題から見ていこう。

3. 遊離貨幣資本の発生源泉とその増幅機構およびマネーの運動が実体経済に及ぼす影響

3-1 遊離貨幣資本の発生源泉

表8-1で見たように，現代においては年間に実体経済の12倍もの大きさのマネーが流通している。そしてこのマネーは現金，預金，債券，株式，などのさまざまな形で存在する金融資産が種々の金融的手法を通じて増幅されたものとみなしうる。それではそもそも，このマネーの元となる金融資産はどのように形成されたのであろうか。その発生源泉または発生根拠をわれわれは，独占段階における「資本と労働との体制的過剰傾向」現出の論理に見出すことができる（この点については，富塚良三「独占段階の蓄積様式」『企業研究』第14号，2008年を参照のこと）。すなわち，独占段階においては新投資が限界利潤率を基準に行われることによって投資機会が著しく不足し，巨大独占企業が獲得する膨大な利潤は実体経済のなかに投資部面を見出すことができずに過多となり（図8-2①の過剰貨幣資本の形成），その大量の過剰資金が金融的利得を求めて金融市

場へと流れ込んでいくのである（①から②への太い矢印）。この遊離貨幣資本は現実具体的には，中東産油国に蓄積されたオイルマネーという形態，または中国をはじめとする新興経済諸国の外貨準備という形態，あるいは世界最大の債権国である日本に堆積するジャパンマネーという形態で把握されうるものであろうが，こうした遊離貨幣資本（または過剰貨幣資本）の発生根拠と発生源泉は，「資本と労働との体制的過剰傾向」というこの現代資本主義の構造的特質のなかにあるのである。

3-2　巨大投機資金（マネー）の形成

それでは次に，金融市場に吸収・堆積した遊離貨幣資本または過剰貨幣資本（現実には様々な形態で存在する金融資産）は，なぜ，またどのような手法によって増幅され，巨大な投機的資金すなわちマネーとなるのであろうか。その理由もわれわれは「資本と労働との体制的過剰傾向」という独占資本主義の構造的特質のなかに見出すことができる。すなわち，独占的市場構造の下においては実体経済そのもののなかに投資機会が不足しているのであるから（金融機関から見れば有利な貸付先や運用先が欠如しているのであるから），その過多となった貨幣資本は金融市場そのもののなかに新たな利得の領域を作り出していかざるをえない。すなわち金融市場はさまざまな金融手法とさまざまな金融商品を考案・開発していかざるをえない必要性に迫られているのである。この傾向が1980年代以降の急速な金融規制緩和と自由化の下で促進され，この時期以降，金融市場の肥大化と投機化が異常な勢いで進展していったことは周知のところであろう。デリバティブ取引，サブプライム・ローンおよびさまざまな資産担保証券がそれである。こうして実体経済のなかで形成された図8-2①の大量の過剰貨幣資本は金融市場そのものの中で幾層倍にも増幅され投機的資金として暴走し始めることになるのである（図8-2②から③への矢印の内容）。

3-3　マネーの運動が実体経済に与える影響

それでは次に，この巨大なマネーの運動ないしは暴走は実体経済にどのよう

な影響を及ぼすであろうか。この問題に関して現代世界恐慌分析においても明らかにされるべきは，やはり信用制度が持つ次の2面の作用であった。すなわちまず第1に，この巨大な投機的資金の運動が実体経済の過剰蓄積を加速・促進していく過程の現代資本主義に特有な態様の解明（図8-2③から④への矢印）。第2は，この巨大な金融市場の一角が崩れ金融破綻の連鎖が金融市場全体に広がっていった場合，この信用破綻による再生産過程の攪乱・収縮の増幅作用が現代資本主義の下ではどのような独特の形態で進行していくのかである。

　以上の2点を考慮しつつ，1996年から97年にかけて勃発したアジア通貨危機とそれに続いて発生した経済危機 Krise の過程を見ていこう。この通貨危機に先立つ時期においては，資本移動の自由化が急速に促進されたことにより，タイ，インドネシア，韓国，マレーシア，フィリピンなどの金融市場がまだ十分に整備されていないアジア諸国に先進諸国から大量の投機的短資が流入した。そしてこの資金流入はこれら諸国に急速な経済発展をもたらした。しかしこのような資金の過度な流入は不動産・株式バブルを招来し，96年から97年にかけてそのバブルが崩壊すると投機的短資は一斉にこれら諸国から引いていった。しかしこの短期資金が現地の銀行やノンバンクを介して現地企業や不動産に長期貸付の形態で投下されていたため，各金融機関は直ちに資金不足に陥り企業倒産や金融機関の経営破綻が相次ぐ結果となった。短期的投機資金を長期資金として運用したこと，または運用せざるをえなかったことが信用崩壊の致命傷となったのである。

　アジア通貨危機においては，こうして発生した金融危機に乗じて，ヘッジ・ファンドなどの国際的金融機関が投機的利得を狙った当該国通貨の売り浴びせを行ったことにより，通貨当局は固定相場制を支えきれず，一挙的・国家的な経済破綻に陥ったのである。以上の過程を表面的にのみ見れば，アジア通貨危機もそれに続いた経済危機 Krise も，すべて全面的に投機的資金の運動によるものであるように見える。しかしその経済危機 Krise の原因をより厳密に分析するためには，他面でその投機的資金の流入によって当該国で進展していた実体経済の成長すなわち資本蓄積の内実が問われなければならない。すなわち通

貨危機に遭遇したアジア諸国における経済「発展」は果たして正常な経済成長であったのか，それとも国際的分業関係のなかにおける過剰蓄積として進展していたのかという問題である。この問題は再生産構造論的分析によって明らかにされなければならない。

　リーマン・ショックを契機に勃発した2008年世界恐慌についても信用制度が持つ2面の作用からの分析が必要である。まず第1の側面，リーマン・ショックに先立つ2000年からサブプライム問題が表面化する2006年までの間に，サブプライム・ローンなどを組み込んだ資産担保証券やその2次証券の盛況な取引が実体経済に大きな景気拡大効果をもたらしたことはよく知られている。サブプライム・ローンとは，(1)過去12カ月以内に30日延滞を2回以上，または過去24カ月以内に60日延滞を1回以上している，(2)過去24カ月以内に抵当権の実行と債務免除されている，(3)過去5年以内に破産宣告を受けている，(4)返済負担額が収入の50％以上になる，こうした者をも対象とする極めて信用度の低い住宅ローンのことである。しかしこれにより創出された住宅需要によってアメリカの住宅バブルは煽られていった。またこの時期，住宅の時価とローン残高との差額を新たなローン枠として設定するホームエクイティ・ローンなる貸付方式が盛況となり，それによって建設需要のみならず家具，家電，自動車等に対する新たな消費需要が形成されていった。また過剰貨幣資本は建設業を中心に新投資のための資金としても供給されていた。サブプライム・ローンとそれを組み込んださまざまな証券の取引を巡る巨大なマネーの運動は金融市場および実体経済を不安定化させたという側面と同時に，それが実体経済にもたらした一連の景気拡大効果もまた看過されてはならない。そしてこのマネーの運動がもたらした一定の「需要創出効果」（それは住宅価格の上昇が止めば直ちに破綻するという意味で「架空的」なものであったとはいえ）は単にアメリカ国内でのみ発揮されたのではなく，それは世界市場全体に波及し，2000年代の全世界的な景気拡大の原動力となっていたのである。そしてこうした状況の下で世界市場規模での過剰蓄積が進展していったのである。これについては次節で見る。

4. 世界市場の有機的連関と過剰蓄積の進展メカニズム

4–1　マルクスの世界市場恐慌分析の問題視点

　自由競争段階においても，恐慌はその本来的形態においては「世界市場恐慌」として発現する。なぜならば，機械制大工業が資本にとって適合的な世界市場を形成・創出し，資本制的生産はそれに依存しつつ急速かつ飛躍的な拡張を遂げていくからである。安価な工業製品は「外国市場征服のための武器」であり，それは「外国市場の手工業的生産物を破滅させることによって……外国市場を強制的に自己の原料の生産部面に転化させる」。かくして機械制大工業は「地球の一部分を，工業を主とする生産地域と」主にその工業地域のための「農業を主とする生産地域に転化させ」，先進工業国を主軸とする「新たな国際分業（体制）を創出」していく（K. Marx, "Das Kapital"〔以後 K.と略記〕Ⅰ, Dietz Verlag, S. 474–5）。国際貿易は確かに当事国双方を利するという側面をも持つが，しかしその本質は，強大な資本力による強力的な外国市場の獲得・維持活動そのものにほかならない。

　以上のような本質を持つものとして強力的に推進されていく「対外貿易」は，不可避的に過剰蓄積を発生させそれを促進していく。すなわちそれは「再生産の諸要素」（資本家階級と再雇用労働者・追加雇用労働者のための消費財，および補填に当てられるべき生産財と追加生産手段として用いられるべき生産財）の間に本来存在すべき「厳密な比率関係（das strenge Verhältniß）」を突破させ，「再生産の内在的限度（das immanente Maß der Reproduction）」を失わせる（新 MEGA 第Ⅱ部第 4 巻第 1 分冊〔以後Ⅱ/4.1 と略記〕, S. 354–5. 中峯照悦他訳『資本の流通過程』大月書店，268 ページ）のである。

　しかもこの過剰蓄積は，以下の事情によってほとんど不可避的に世界市場規模で進展していかざるをえない。そしてここに世界市場恐慌の〈実在的可能性〉が形成されることになる。すなわち「外国貿易によって，一方の国で原料，半製品，補助材料，機械の形で存在する剰余生産物の一部分は，他国の消費可能な対象として存在する剰余生産物の形態へと転化される。……そのため，外国

貿易は，一定の所与の需要を考えずに，その生産手段の尺度にしたがって活動する資本主義的生産にとって必要である。……したがって，再生産過程は同一国内の相互に対応する等価物の生産に依存するのではなく，外国の市場における等価物の生産，つまり世界市場の吸収力と拡張に依存している」のである。「そのために，不一致のより拡大された可能性が，それゆえにまた恐慌の可能性がある」のである（II/3.6, S.2255-6）。

マルクスによって19世紀後半に看破されたこの世界市場の有機的連関把握に基づく世界市場規模での過剰蓄積進展の不可避性，したがってまた〈世界市場恐慌の実在的可能性〉に関する以上の問題視点は，1980年代以降の世界恐慌をその全体像において根底的に解明する上においても決定的に重要である。

4–2 世界市場規模での過剰蓄積進展の構造とそのメカニズム

こうした問題意識を底辺に持ち，世界経済全体の再生産的連関を視野に入れながら，世界市場規模で進展していく過剰蓄積の態様を実証的に解明しようと試みたものとして，村上研一の研究は評価されてよい。村上は「外需依存的『景気拡大』の構造と限界—2000年代日本の再生産・貿易構造分析—」（関東学院大学『経済系』第246集，2011年1月）において，2000年から2008年世界恐慌に至るまでの日本の再生産・貿易構造とその変容を産業連関表およびその関連統計を用いて分析し，以下の結論を導いている。

この時期の日本経済は「景気拡大」局面にあると言われながら，個人所得は減少し国内消費は縮小した。そのなかで，成長産業は輸出が好調な自動車産業と，同様に輸出目的の金属，化学，一般機械に絞られたが，消費財については国内消費が低迷していることに加えて中国からの輸入が増加したので国内生産の比重が低下し，結果として再生産構造の外需依存性が著しく高まった。そして以下の関係が重要であるので，あらかじめ図8-3を示しておく。

輸出品目のうち，自動車は北米をはじめとして全世界に輸出されたが，金属・化学製品および一般機器・電気機器は主としてアジアNIEs諸国に輸出された。中国には主として労働手段が輸出された。さらにアジアNIEs諸国に輸

図 8-3

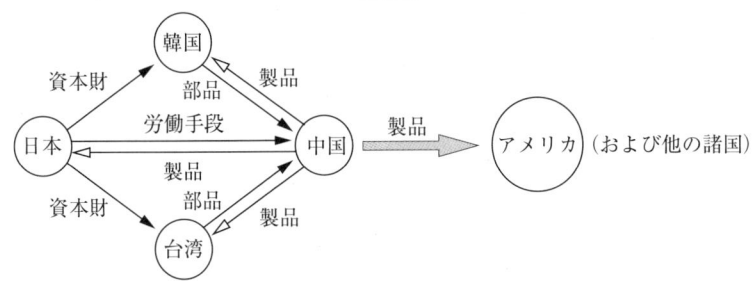

```
            韓国
      資本財 ↗ ↑ ↖ 製品
           部品
      労働手段
日本 ───────→ 中国 ──製品──→ アメリカ（および他の諸国）
           製品
      資本財 ↘ ↓ ↗ 製品
           部品
           台湾
```

出された資本財の投入・産出関係を国際産業連関表によって追求していくと，日本から輸出された資本財は主として韓国と台湾で電子部品などの機械部品に加工され，それはさらに中国に輸出されてそこで組み立てられ製品化されるという国際分業関係が形成されていた。

そしてここで村上が，世界市場規模で進展する過剰蓄積の1つの態様を示すものとして重視しているのが次の関係である。すなわち，この中国で完成された製品はアジア域内の需要に対しては明らかに過剰で，それは中国からアメリカを中心に世界各国に輸出され，結果として中国貿易は「世界各地域への大幅な輸出超過になっている」（村上前掲論文，105ページ）ことである。村上は，このような形態において日本一国においても，またアジア的規模での生産体制においても過剰生産体質が構造化しており，それは「世界的規模での過剰生産の潜在的累積を内包」（同上，110ページ）するものであると指摘している。

さらにこの村上の研究と関連して注目されるべきは図8-4に示されている数値である。

この図からわかるように，リーマン・ショック前の2006年において，アメリカは東アジア，日本，EU，南米のすべての国と地域に対して貿易収支が大幅な赤字（輸入超過）となっており，したがってこの時期アメリカは，あたかも巨大なブラックホールであるかのごとくに世界中の商品を吸引し続けていたのである。先に村上が指摘していた——アジア的規模での過剰生産体質の構造化は，「世界的規模での過剰生産の潜在的累積を内包」している——という関係を，以上のことからも確認することができる。そしてこのアメリカの底なし

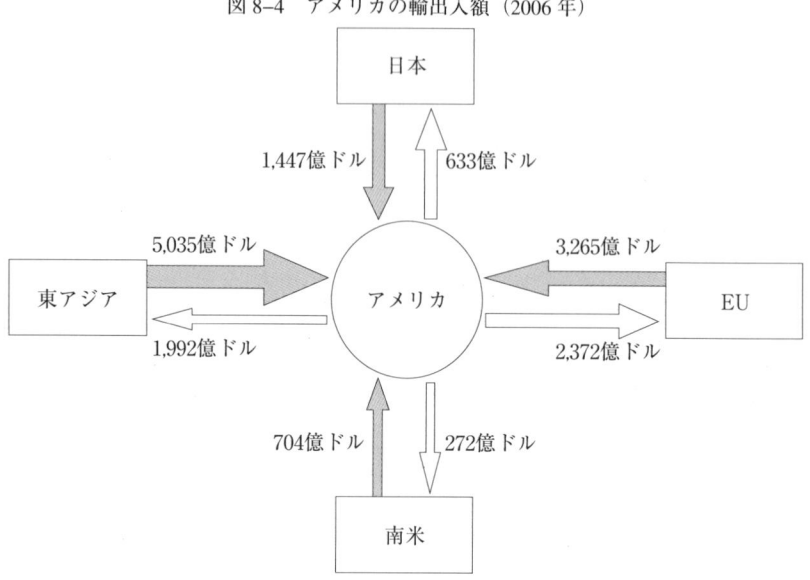

図 8-4　アメリカの輸出入額（2006 年）

（出所）中野剛志・柴山桂太『グローバル恐慌の真相』集英社新書, 28 ページより作成。

沼のような需要を「創出」していたものが先に見たサブプライム・ローンの盛況によってもたらされた住宅バブルであり, この住宅バブルをもたらした根本的な要因が過剰な投機的資金の運動であったのである。現代世界恐慌分析の不可欠の環である〈過剰な投機的資金の運動〉と〈世界市場規模で進展する過剰蓄積過程〉の問題は以上のように連繋している。

5. 資本制的生産の内的制限機構と現代世界恐慌

5-1　デヴィッド・ハーヴェイおよび伊藤誠の現代世界恐慌分析の方法的観点

デヴィッド・ハーヴェイ著『資本の謎』（"The Enigma of Capital and Crisis of Capitalism", Profile Books, 2011, 森田成也他訳, 作品社, 2012 年）はサブプライム金融危機に端を発する 2008〜09 年の世界恐慌の原因と, この恐慌が世界経済に及ぼした影響をマルクス恐慌論の観点から解明しようとしたものとして興味深い。本節ではこのハーヴェイの所説と, 本書の日本語版解説として「『資本の

謎』の謎解きのために」を寄稿している伊藤誠の所説を手がかりに，現代世界恐慌を必然化せしめる資本制的生産の内的制限機構について考察する。

　伊藤はハーヴェイの恐慌分析の方法的観点を「多原因的接近」と呼んでいる。すなわちハーヴェイは，資本制的蓄積過程には「いくつもの潜在的な限界と制限」が存在し「それらがいずれも恐慌の可能性をつくり出す」として，「貨幣資本の不足，労働問題，部門間の不比例，自然的限界，有効需要の不足」などの諸制限を掲げ，「これら諸事情のいずれか一つでも，資本の流れの連続性を遅滞ないし中断させるなら恐慌を引き起こす」のだとしている（同上書149–150ページ）。この方法と対照的なのが，資本制的生産の内的諸制限のどれか1つに恐慌発生の「支配的説明を探し求めようとする」方法的観点であり，これを「単一要因説」と呼ぶとすれば，ハーヴェイおよび伊藤はマルクス経済学に基づく「単一要因説」的恐慌学説を事実上次の5つの型に分類している（同上書，351ページ）。

表8–2　資本制的生産の内的諸制限と「単一要因説」的恐慌学説

(A) 利潤生産の条件の制限に恐慌の原因を求める見解：「資本過剰論」
　① 「資本の絶対的過剰生産」…賃金騰貴→市場利潤率低下に原因をみる
　　　　　　　　　　　　　　　　　　　　　　　　　＝「利潤圧縮説」
　② 「利潤率の傾向的低下法則」…資本の有機的構成の高度化→一般的利潤率低下
　　　　　　　　　　　　　に原因をみる　＝「利潤率の傾向的低下説」
(B) 利潤実現の条件の制限に恐慌の原因を求める見解：「商品過剰論」
　③ 「労働者階級の消費限界」…に原因をみる　　＝「過少消費説」
　④ 「部門間の不比例の螺旋的拡大」…に原因をみる＝「不均衡説」
(C) 「貨幣恐慌の第2類型」説

　①〜④については一般的によく知られているであろうが（C）については若干説明を要する。伊藤は，2008年の「サブプライム恐慌は，あきらかに金融の相対的に自立的な作用に大きく依存して展開されて」おり，それは「一般的な生産・商業恐慌の特別の段階として生ずる貨幣恐慌とは区別されなければならない種類の貨幣恐慌」であるとする。そして「マルクスも『資本論』の恐慌論の一面として，信用の弾力的拡張を利用した投機的取引の展開とその崩壊による貨幣・信用恐慌の壊滅的打撃を重視し，『貨幣資本がその運動の中心とな

り，したがって銀行や株式取引所や金融界がその直接の部面となる』(K I, S. 243)」恐慌，したがって「産業や商業にはただはね返り的に作用する」ものとしての恐慌を明らかに認識しているとし，この種の恐慌を「貨幣恐慌の第2類型と名付けている」(伊藤誠『サブプライムから世界恐慌へ』青土社，2009年，123-4ページ)。以上のように規定された「貨幣恐慌の第2類型」の事例として伊藤が掲げているのは，17世紀オランダのチューリップ恐慌，18世紀イギリスのサウスシー・バブル，1929年世界大恐慌，1980年代末の日本のバブルとその崩壊，97年のアジア経済危機，2001年アメリカのITバブル崩壊，そして今回のサブプライム恐慌である(同上書，124-5ページ)。この点についてはハーヴェイも，恐慌論研究の「伝統的な理論陣営」として表8-2の(A)(B)を挙げた後，これに加えて「最近では，いくつかの明白な理由から，恐慌形成の環境的・金融的諸側面により多くの注意が向けられている」(ハーヴェイ前掲書，149ページ)として新たな形態の金融恐慌，すなわち伊藤の言う「貨幣恐慌の第2類型」に注目している。

　伊藤が掲げた「貨幣恐慌の第2類型」の事例のうち，1929年世界大恐慌以後発生した事態について言えば，確かにそれらの事態においては「貨幣資本がその運動の中心となり，したがって銀行や株式取引所や金融界がその直接の部面となる」貨幣恐慌または金融パニックが見られたことは事実であろうが，しかしそれによってもたらされた経済危機は明らかに「産業や商業にただはね返り的に作用する」といった程度のものではなかった。したがってそれらの事例を，マルクスが言う特別の種類の貨幣恐慌すなわち「貨幣恐慌の第2類型」としてよいかどうかには疑問が残る。むしろ「生産・商業恐慌の特別の段階として生ずる貨幣恐慌」の現代資本主義における変容された発現形態として把握すべきではなかろうか。1929年以降発生した世界経済危機／恐慌(Krise)をすべて「貨幣恐慌の第2類型」に含める見方を突き詰めていくと，それは結局，第1節で見たマネタリスト的見解に帰着していくように思われる。しかし1929年世界大恐慌も含めて，金融政策だけによる恐慌回避は不可能であったであろうことがすでに明らかになっているのと同様に，(C)の要因だけで現代の世

界経済危機／恐慌（Krise）を解明することができないこともまた明らかであるように思われる。

　それではハーヴェイおよび伊藤は現代の世界経済危機／恐慌（Krise）を規定する資本制的生産の内的制限をどこに求めたか。まず「1973年に戦後資本主義の高度成長を終焉させた世界経済危機」についてはハーヴェイと伊藤は同一見解である。すなわちそれは「先進諸国における労働力商品に対する産業資本の過剰蓄積による労賃の騰貴にともなう利潤圧縮を一因として発生した」（同上書，353ページおよび92ページ）のだと。それでは2008年世界恐慌についてはどうか。ハーヴェイは次のように言う。「2008〜09年の恐慌を利潤圧縮という観点から理解することは不可能である。むしろ，過剰に豊富な労働供給による賃金抑制とその結果としての消費者の有効需要の不足の方がはるかに深刻な問題として噴出しうる」（同上書，93ページ）と。すなわち，「多様な恐慌論を……道具箱のようにすべて保持して，史実としての現実の恐慌の解明に役立てようとする接近方法」（同上書，353ページ）からすると，1973年世界経済危機の原因は①の利潤圧縮にあり，2008〜09年恐慌の原因はそれとは異なる③の労働者階級の「過少消費」ということになる。果たしてこのような理解は現代世界恐慌の根因を正しく把握しているものと言えるであろうか。

　結論から言えば，こうした見解は一面的・表面的であり，こうした方法的観点から現代世界恐慌の根因を真に理論的に解明することはできない。（ただしこのことは，ハーヴェイの労作がこれまでにない斬新な視点からする現代世界恐慌のユニークな現状分析であり，経済学のみならず政治・思想・地理学の幅広い分野から恐慌の深奥を把握するための豊富な材料を提供してくれる力作であることを決して否定するものではない。）

5-2　マルクス恐慌論の方法的観点とマルクス恐慌論の理論構成

　本項ではマルクス恐慌論の方法的観点がハーヴェイの「多原因的分析」とは全く相容れないものであること，またそれは決して「単一要因説」として分類できるものでもないことを，マルクス恐慌論の理論構成に即して明らかにしてい

く。「多原因的分析」とは要するにかつてハーバラーが定式化した「障害物理論」——それは「ブームの崩壊についてありそうな理由を分類し」「ブームを独特の障害物レースにたとえて，馬は一連のハードルを飛び越さなければならないが，必ずといってよいほどそのどれか1つのハードルで転倒する」(G. Haberler, "Prosperity and Depression", 1958, Geoge Allen & Unwin, Ltd. 松本達治他訳『景気変動論（下）』東洋経済新報社，343ページ）という理論構成をとる景気変動論——と同等のものと見ることができる。しかしマルクス恐慌論の方法的観点はそれとは全く次元の異なるものなのである。

すなわちマルクス恐慌論は，資本制的生産の本質に根ざす資本制的生産に内在的な恐慌の諸契機（内的諸制限および諸限界）が相互にいかに有機的に関連し合い条件付け合って，資本が資本である以上（恐慌として以外には）乗り越えることができない絶対的な限界を指定することになるのか，その資本制的生産の内的制限機構の作動メカニズムを総体として解明する理論装置なのである。そしてこの恐慌分析において，「恐慌の究極の根拠」として措定されている関係が「生産と消費の矛盾」，すなわち「生産の無制限的拡大への傾向と労働者階級の狭隘な消費限界との間の矛盾」である。したがって表8-2に掲げられた①～④の資本制的生産の内的諸制限（マルクスがそれらを資本制的生産に固有の内的諸制限として規定していることは間違いないが）は，決して単なる資本制的生産にとっての種々の異なる障害物（ハードル）として並置されているものではない。それらはある一定の有機的連繋の下に，「恐慌の究極の根拠」としての「生産と消費の矛盾」へと集約されていく構造を持つものとして把握・認識されなければならないのである。その有機的連繋とは次のような関係である。

まず価値増殖を自己目的とする資本制的生産は，本来的に「生産の無制限的拡大への内的・不可抗的傾向」を持つが，その内的傾向は表8-2②の「利潤率の傾向的低下法則」を背後に貫徹させる資本制的競争過程において現実化し強力に推進されて行く。なぜならば「特別剰余価値・成立→消滅のメカニズム」によって媒介されるこの過程においては，「価値法則が競争の強制法則」となって現れ，新生産方法の導入がまさに「破滅の脅威をもって」各資本家に強制さ

れていくからである。ここにおいて蓄積法則は各個の資本家がその一動輪たるにすぎない社会的機構の作用となって現れる。

またこの無制限的な拡大過程は，資本制的生産の本質に根ざす固有の力学（賃金法則）によって，労働者階級の消費を相対的に狭い枠内に限定しての「生産のための生産・蓄積のための蓄積」の過程として展開されざるをえない。したがって，消費需要が相対的に抑制され，しかも競争に促迫されつつ進行するこの過程においては，生産と消費の間に本来保持されるべき一定の比率関係（それを体現する一定の再生産構造的連関）が乗り越えられ，生産財部門の拡大率が消費財部門の拡大率をたえず上回っていく第Ⅰ部門の自立的発展が，すなわち表8-2④の「不比例的な螺旋的拡大」が進行していかざるをえない。「生産と消費の矛盾」すなわち「生産の無制限的拡大への傾向と労働者階級の狭隘なる消費限界との間の矛盾」はかかる形態において，動学的矛盾として自己を貫徹する。資本制的拡張過程が恐慌へと帰結すべき「生産と消費の矛盾」の累積過程として展開されざるをえない根拠はここにある。またこの矛盾の累積過程を別の角度から見れば，それは「消費と価値増殖との間の正常な比率関係を保持するには過剰」な蓄積が進展していく過程でもある。しかし第Ⅰ部門の自立的発展という形態において進展していく過剰蓄積は，それがより大なる過剰蓄積によって蔽われていく限り実現問題を顕在化させることはない。またこの過程を一定期間持続させる要因としてもう1つ看過してはならないのは，ここにおいては消費需要も（生産財需要の増加率に比べて相対的に低率であるとはいえ）一定程度は増大していくという事実である。過剰蓄積の累加も結局のところ最終消費需要の一定程度の増大に依存しているという，この再生産の構造的連関を認識しておくことは，次に見る拡張過程挫折・反転の論理を理解する上でも重要である。かくして過剰蓄積過程は実現問題を顕在化させることなく一定期間進展していきうるのだが，しかし顕在化しないことによって第Ⅰ部門の自立的発展が一層進展していくのであるから，このことによって実現問題は潜在的に一層激化していくのである。「生産と消費の矛盾」の累積過程としての拡張過程の構造と動態は概略以上のように把握されうる。

ところで，この過剰蓄積過程の別の側面として産業予備軍の吸収が進み，それがある一定限度を超えると賃金率が高騰し始める。そしてその賃金率高騰によって資本総体が取得する剰余価値量が蓄積前と同じかまたはそれを下回るような事態に至れば，利潤率は激落し，その点において蓄積は停止する。表8-3①の「資本の絶対的過剰生産」の現出である。すなわち「資本の絶対的過剰生産」は確かに利潤生産の条件を阻害し，蓄積を停止させる要因ではある。しかし「賃金騰貴→市場利潤率低下」というこの問題側面からだけ資本制的生産過程への制限性を見る限り，「資本の絶対的過剰生産」は決して同一規模での再生産の継続を妨げる要因ではない。すなわち，高水準とはいえ価値増殖可能な限度内の賃金率で，同一規模での再生産が継続されていくという事態は大いにありうるとされなければならない。それが厳密な論理的思考の必然的帰結である[1]。換言すれば，「資本の絶対的過剰生産」を利潤生産の条件の阻害要因としてだけしか把握しない理論的観点に立つ場合には，この規定から再生産過程の全面的崩落の必然性を導き出すことはできないということである。

しかし「資本の絶対的過剰生産」には，資本制的生産の内的制限として別の一面がある。すなわちこの局面に至れば，蓄積が停止すると同時に，追加雇用もそれ以上の賃金上昇も停止するのであるから，それはまさに表8-3③の「労働者階級の消費限界」(＝特殊資本制的な労働者階級の消費需要の増大限界)を劃す関係にほかならないのである。したがって「資本の絶対的過剰生産」は，利潤生産の条件を制約する内的制限であると同時に，利潤実現の条件をもまた制約する内的制限として把握されなければならないのである。かくしてこの後者の規定性に制約されて，すなわち利潤実現の条件の全面的阻害によって，過剰蓄積の累加と消費需要の一定の増大に依拠して進展してきた過剰蓄積過程が絶対

---

[1] したがって実現の問題をその理論体系の枠外に完全に放逐しているリカードが，「富源の終焉 the end of resources」(しばしば「資本の絶対的過剰生産」の原型とも言われる。この点については玉野井芳郎「資本の蓄積と資本の過剰」『金融経済』第4号を参照のこと)に至っても決して商品の全般的過剰生産は生じないとしているのは，完全に首尾一貫した理論的態度なのである (この点については，松橋透「古典学派における資本蓄積と恐慌」，『商学論纂』第24巻2号を参照のこと)。

的に限界づけられることになる。

　資本制的生産に内在的な恐慌の諸契機が，相互に有機的に関連し合い条件づけ合って，資本が資本である以上，恐慌として以外には乗り越ええない絶対的な限界を指定する関係は概略以上のように把握されなければならない[2]（なお以上に関しては，松橋透「恐慌の必然性を規定する基本論理」『企業研究』第14号，2008年を参照のこと）。そして現代世界恐慌の必然性を規定する内的制限機構の作動メカニズムの解明においても，以上の論理がいかように変容されつつ貫徹しているかという問題視点からの分析がなされる必要があるのである。

5-3　2008年世界恐慌と資本制的生産の内的制限機構

　それではこれまでの考察を踏まえて，マルクス世界市場恐慌論の理論的枠組みを現代世界恐慌分析に適用してみよう。まずサブプライム恐慌または2008年世界恐慌においては，それに先立つ拡張過程のなかで恐慌となって爆発すべき矛盾が醸成されていったと見なければならない。このことはハーヴェイも事実上指摘しており，また伊藤は明確に次のように述べている。

---

[2]　以上のように見てくるならば，「生産と消費の矛盾」を「恐慌の究極の根拠」として措定するマルクスの恐慌論は，伊藤がそう誤り解釈しているように，決して「過少消費説」と同列に論じてよいものではなく，それとは全く次元の異なる理論構成を持つものであることがわかるであろう。また実際，表8-2①〜④の資本制的生産の内的諸制限をそれぞれ単独の障害物とみなす観点からは恐慌の必然性は決して明らかにされえない。
　　例えばハーヴェイと伊藤は，「1973年に戦後資本主義の高度成長を終焉させた世界経済危機」の原因を表8-2①の「労賃の騰貴にともなう利潤圧縮」に求める点で一致しているが，実はこれは極めて一面的かつ表面的な見方なのであって，その要因の作用だけによっては決して1973年世界恐慌の原因も明らかにされえない。このことは本文中で論じたことからも明らかであろうが，より詳しくは，松橋透「『収益性危機』と利潤率の傾向的低落」，『商学論纂』第24巻1号，1982年を参照のこと。また純理論的観点から見ても，宇野恐慌論の基本シェーマである「賃金騰貴→利潤率下落」という関係だけからは（たとえ伊藤誠『信用と恐慌』〔東京大学出版会，1973年〕におけるように信用による攪乱作用を導入してそれを補完したとしても）決して恐慌の必然性は論定しえないのである。この点に関しては，松橋透「恐慌の必然性の論定をめぐる諸論点」『資本論体系9-1』有斐閣，1997年所収，および「資本制的生産の内的制限機構と世界経済危機」『商学論纂』第54巻3号，2012年を参照のこと。

「サブプライム恐慌に先行する景気の回復・上昇は本書〔ハーヴェイ前掲書〕でも内容的にはそう記述しているように，住宅・建設・不動産の分野にわたる消費ブームとそれを助長する金融ブームが主要因となっていた。そのかぎりでは，〔ハーヴェイが言うように〕労働者大衆の過少消費による有効需要の不足が直接の原因となったというよりも，むしろ特異な過剰消費のブームが恐慌を準備したともいえる。実質賃金が抑制されていながら，そのような消費ブームが実現されていたのは，これも本書〔ハーヴェイ同上書〕が指摘しているように，先進諸国で設備投資に十分吸収されえないで，過剰化している金融資金が，グローバルな証券市場を介し，アメリカなどの消費者金融に大量に注ぎ込まれ，低所得のサブプライム層にまで，投機的な住宅ローンを拡大し続けたことによる」（ハーヴェイ同上書，354 ページ）。

伊藤の以上の論述は，図 8-5 のように整理することができる。

図 8-5 と図 8-2 を対比してみればわかるように，伊藤およびハーヴェイとわれわれは実は同じ事実を見ている。しかし図 8-5 と図 8-2 では 1 カ所異なっている点がある。それは④の捉え方である。すなわち過剰資金の運動によって

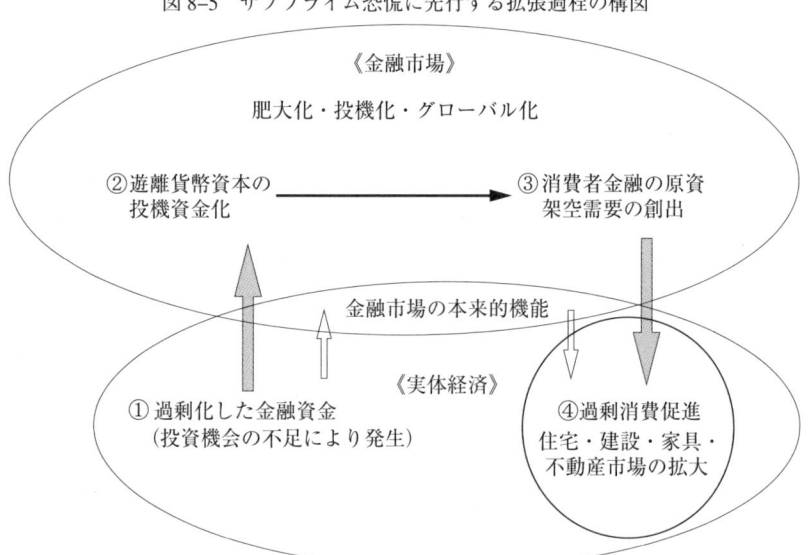

図 8-5　サブプライム恐慌に先行する拡張過程の構図

《金融市場》
肥大化・投機化・グローバル化

②遊離貨幣資本の　　　　→　　　③消費者金融の原資
　投機資金化　　　　　　　　　　架空需要の創出

金融市場の本来的機能

《実体経済》

①過剰化した金融資金　　　　　　④過剰消費促進
　（投資機会の不足により発生）　　住宅・建設・家具・
　　　　　　　　　　　　　　　　不動産市場の拡大

形成された架空需要が実体経済にもたらした事態を,「過剰蓄積」(図 8-2) として捉えるか,それとも「過剰消費」(図 8-5) として捉えるかの違いである。「過剰蓄積」と「過剰消費」とは表裏の関係のようであり,一見どちらの面から捉えても差異はないように思える。しかし実はそうではない。伊藤が言う「過剰消費」とはおそらく,本来の支払能力を超える消費という意味であろう。しかしこのように捉えた場合,この過剰消費の消失はただそれによって買われていた商品の実現困難を意味するだけであるから,それだけでは決して「恐慌を準備」するような性質のものとしては把握しえないであろう。すなわち「過剰消費」としてのみ把握する伊藤においては再生産構造論的視点が完全に抜け落ちているのである。

他方,「過剰蓄積」として把握した場合,そこには先に見たように,本来あるべき生産と消費との構造連関を乗り超えての過剰な蓄積という再生産構造論的問題が浮かび上がってくる。そしてこの問題視点こそが重要なのである。それではこの再生産構造論的問題とは何か。それは前節の図 8-3 と図 8-4 で見たように,2008 年世界恐慌に先立つ 2000 年代の拡張過程において,アジア規模での再生産構造においても,また世界全体の貿易構造から見ても,アメリカの過剰消費に依存した蓄積構造が——言い換えるとアメリカの消費需要が益々増大し続けることを前提にした全世界的な生産拡大体制が——形成されていたということである。ここにリーマン・ショック後の世界経済の大収縮,すなわち 2008 年世界恐慌の最深の原因があったと見なければならない。こうした過剰蓄積構造の下において消費需要が減退すれば,それは直ちに実現問題を顕在化させる。そして現実にこの過剰蓄積過程に限界を劃したもの,それがサブプライム・ローンの行き詰まりとその象徴としてのリーマン・ショックであった。したがってリーマン・ショックはただ世界金融危機を招来しただけではない。それはそれまで世界中からの商品を飲み込んでいたアメリカのサブプライム層の消費市場という深淵を瞬時に消し去ってしまったのである。

以上のように世界市場規模で過剰蓄積過程が進展していくなかで,その一環を占める日本では典型的な「第 I 部門の自立的発展」が進行していた。すなわ

ち外需依存の輸出向け自動車生産およびその関連産業とアジアNIEs向け資本財産業のみが成長を遂げ，これと対照的に，雇用削減と非正規雇用の増大によって国内の所得および消費は停滞し国内向け消費手段生産の構成比が大きく低下していくという事態が進行していたのである（村上，前掲論文）。こうした形態において過剰蓄積が進展していたことが，世界金融危機による金融的ダメージでは日本が先進国中で最も軽度に近かったにもかかわらず，2008年世界恐慌では先進国中最も大きな打撃を受けた理由であった。そしてこのことは，世界市場規模で進展していた過剰蓄積こそが，2008年世界恐慌の最深の原因であったことの裏返しの表現であると言えよう。

それでは「実感なき景気回復」と言われた日本の拡張過程において，もし賃金所得の上昇による消費需要の増大があったとしたら，すなわち国内の実現条件が好転していたとすれば，日本は恐慌を回避するかまたはその影響を軽微に止めることができたであろうか。答えは否であろう。なぜならば，既に外需依存の「第I部門の自立的発展」が進行している下で，仮に消費需要の顕著な増大をもたらすような賃金引き上げが行われたとすれば，世界市場を巡る熾烈な競争のなかに置かれている日本企業はその賃金コストの上昇から収益率を大幅に低下させ，この利潤生産の条件の阻害から蓄積の停頓と生産の海外移転が進行し，これによって日本経済が大きく収縮することが推測されるからである。すなわち，グローバリゼーションが進展している現代資本主義の下においては，外需依存を強めれば強めるほど，その過剰蓄積過程の進行途上で，賃金が上がってもまた上がらなくても問題を解決しえないという二律背反に遭遇するように思われる。したがって，内需に基盤を置く自立的な再生産構造をいかに構築していくかということが最重要課題であると思われる。

以上，現代世界恐慌を根底的に解明するためには，過剰な投機資金の形成と運動およびその実体経済への影響，世界市場規模で進展する過剰蓄積過程の構造とその動態，および資本制的生産の内的制限機構とその作動メカニズムという3つの問題視角からの分析とそれら相互の密接な有機的連繋における総合が必要であると思われる。

執筆者紹介 （執筆順）

一井　昭（いちい あきら）　客員研究員（中央大学名誉教授）
米田　貢（よねだ みつぐ）　研究員（中央大学経済学部教授）
平野　健（ひらの けん）　研究員（中央大学商学部准教授）
渋井康弘（しぶい やすひろ）　客員研究員（名城大学経済学部教授）
鳥居伸好（とりい のぶよし）　研究員（中央大学経済学部教授）
秋保親成（あきほ ちかなり）　研究員（中央大学経済学部助教）
佐藤拓也（さとう たくや）　研究員（中央大学経済学部教授）
松橋　透（まつはし とおる）　研究員（中央大学商学部教授）

グローバリゼーションと日本資本主義　　　　中央大学経済研究所研究叢書　57

2012 年 11 月 15 日　発行

編著者　　鳥　居　伸　好
　　　　　佐　藤　拓　也
発行者　　中央大学出版部
　　代表者　遠　山　　暁

東京都八王子市東中野 742-1
発行所　中央大学出版部
電話 042(674)2351　FAX 042(674)2354

Ⓒ 2012　　　　　　　　　　　　　　　電算印刷
ISBN 978-4-8057-2251-0

中央大学経済研究所研究叢書

6. 歴史研究と国際的契機　中央大学経済研究所編　A5判　定価1470円
7. 戦後の日本経済——高度成長とその評価——　中央大学経済研究所編　A5判　定価3150円
8. 中小企業の階層構造　中央大学経済研究所編　A5判　定価3360円
　　——日立製作所下請企業構造の実態分析——
9. 農業の構造変化と労働市場　中央大学経済研究所編　A5判　定価3360円
10. 歴史研究と階級的契機　中央大学経済研究所編　A5判　定価2100円
11. 構造変動下の日本経済　中央大学経済研究所編　A5判　定価2520円
　　——産業構造の実態と政策——
12. 兼業農家の労働と生活・社会保障　中央大学経済研究所編　A5判　定価4725円　〈品切〉
　　——伊那地域の農業と電子機器工業実態分析——
13. アジアの経済成長と構造変動　中央大学経済研究所編　A5判　定価3150円
14. 日本経済と福祉の計量的分析　中央大学経済研究所編　A5判　定価2730円
15. 社会主義経済の現状分析　中央大学経済研究所編　A5判　定価3150円
16. 低成長・構造変動下の日本経済　中央大学経済研究所編　A5判　定価3150円
17. ME技術革新下の下請工業と農村変貌　中央大学経済研究所編　A5判　定価3675円
18. 日本資本主義の歴史と現状　中央大学経済研究所編　A5判　定価2940円
19. 歴史における文化と社会　中央大学経済研究所編　A5判　定価2100円
20. 地方中核都市の産業活性化——八戸　中央大学経済研究所編　A5判　定価3150円

中央大学経済研究所研究叢書

21. 自動車産業の国際化と生産システム　中央大学経済研究所編　A5判　定価2625円
22. ケインズ経済学の再検討　中央大学経済研究所編　A5判　定価2730円
23. AGING of THE JAPANESE ECONOMY　中央大学経済研究所編　菊判　定価2940円
24. 日本の国際経済政策　中央大学経済研究所編　A5判　定価2625円
25. 体制転換——市場経済への道——　中央大学経済研究所編　A5判　定価2625円
26. 「地域労働市場」の変容と農家生活保障
——伊那農家10年の軌跡から——　中央大学経済研究所編　A5判　定価3780円
27. 構造転換下のフランス自動車産業
——管理方式の「ジャパナイゼーション」——　中央大学経済研究所編　A5判　定価3045円
28. 環境の変化と会計情報
——ミクロ会計とマクロ会計の連環——　中央大学経済研究所編　A5判　定価2940円
29. アジアの台頭と日本の役割　中央大学経済研究所編　A5判　定価2835円
30. 社会保障と生活最低限
——国際動向を踏まえて——　中央大学経済研究所編　A5判　定価3045円〈品切〉
31. 市場経済移行政策と経済発展
——現状と課題——　中央大学経済研究所編　A5判　定価2940円
32. 戦後日本資本主義
——展開過程と現況——　中央大学経済研究所編　A5判　定価4725円
33. 現代財政危機と公信用　中央大学経済研究所編　A5判　定価3675円
34. 現代資本主義と労働価値論　中央大学経済研究所編　A5判　定価2730円
35. APEC地域主義と世界経済　今川・坂本・長谷川編著　A5判　定価3255円

中央大学経済研究所研究叢書

36. ミクロ環境会計とマクロ環境会計　A5判　小口好昭編著　定価3360円
37. 現代経営戦略の潮流と課題　A5判　林昇一・高橋宏幸編著　定価3675円
38. 環境激変に立ち向かう日本自動車産業　A5判　池田正孝・中川洋一郎編著　定価3360円
　　――グローバリゼーションさなかのカスタマー・サプライヤー関係――
39. フランス―経済・社会・文化の位相　A5判　佐藤清編著　定価3675円
40. アジア経済のゆくえ　A5判　井村・深町・田村編　定価3570円
　　――成長・環境・公正――
41. 現代経済システムと公共政策　A5判　中野守編　定価4725円
42. 現代日本資本主義　A5判　一井・鳥居編著　定価4200円
43. 功利主義と社会改革の諸思想　A5判　音無通宏編著　定価6825円
44. 分権化財政の新展開　A5判　片桐・御船・横山編著　定価4095円
45. 非典型型労働と社会保障　A5判　古郡鞆子編著　定価2730円
46. 制度改革と経済政策　A5判　飯島・谷口・中野編著　定価4725円
47. 会計領域の拡大と会計概念フレームワーク　A5判　河野・小口編著　定価3570円
48. グローバル化財政の新展開　A5判　片桐・御船・横山編著　定価4935円
49. グローバル資本主義の構造分析　A5判　一井昭編　定価3780円
50. フランス―経済・社会・文化の諸相　A5判　佐藤清編著　定価3990円
51. 功利主義と政策思想の展開　A5判　音無通宏編著　定価7245円
52. 東アジアの地域協力と経済・通貨統合　A5判　塩見英治・中條誠一・田中素香編著　定価3990円

━━━━━━━ 中央大学経済研究所研究叢書 ━━━━━━━

53. 現 代 経 営 戦 略 の 展 開　　高橋宏幸・林　昇一編著
　　　　　　　　　　　　　　　　Ａ５判　　　定価 3885 円
54. Ａ　Ｐ　Ｅ　Ｃ の 市 場 統 合　Ａ５判　長谷川聰哲編著
　　　　　　　　　　　　　　　　　　　　　定価 2730 円
55. 人口減少下の制度改革と地域政策　塩見英治・山﨑　朗編著
　　　　　　　　　　　　　　　　Ａ５判　　　定価 4410 円
56. 世 界 経 済 の 新 潮 流　　　田中素香・林　光洋編著
　　　　──グローバリゼーション，地域経済統合，Ａ５判　定価 4515 円
　　　　　　　経済格差に注目して──

＊定価は消費税 5% を含みます．